北京师范大学国家“985工程”资助项目

全面依法治国，首在法治民生

U0838926

2015 中国民生发展报告

——法治民生

China Minsheng Development Report (2015)

北京师范大学政府管理学院
北京师范大学政府管理研究院 著

北京师范大学出版集团
BEIJING NORMAL UNIVERSITY PUBLISHING GROUP
北京师范大学出版社

图书在版编目(CIP)数据

2015中国民生发展报告/北京师范大学政府管理学院，北京师范大学政府管理研究院著. 一北京：北京师范大学出版社，2015.11

ISBN 978-7-303-19632-6

Ⅰ. ①2… Ⅱ. ①北… ②北… Ⅲ. ①社会保障－研究报告－中国－2015 Ⅳ. ①D632.1

中国版本图书馆CIP数据核字(2015)第255046号

营销中心电话 010-58805072 58807651
北师大出版社学术著作与大众读物分社 http://xueda.bnup.com

2015 ZHONGGUO MINSHENG FAZHAN BAOGAO
出版发行：北京师范大学出版社 http://www.bnupg.com
北京市海淀区新街口外大街19号
邮政编码：100875
印 刷：北京中印联印务有限公司
经 销：全国新华书店
开 本：787 mm×1092 mm 1/16
印 张：22.5
字 数：380千字
版 次：2015年11月第1版
印 次：2015年11月第1次印刷
定 价：68.00元

策划编辑：马洪立 责任编辑：李洪波
美术编辑：袁 麟 装帧设计：袁 麟
责任校对：陈 民 责任印制：马 洁

《2015中国民生发展报告》编委会

前　言

党的十八届四中全会作出了全面依法治国的决定，复兴中的中国进入全新的“法治时代”，法治成为治国理政的常态。中国的民生保障、改善和发展也进入了法治时代。这是中国民生发展史上一个新的里程碑。

民生的保障、改善和发展，民生中国梦的实现，人治不行，只有靠法治，建立起一套行之有效地体制、机制，才能持久、有效地保障民生目标的实现。因此，法治民生，是一个需要认真研究和探讨的理论和实践话题。北京师范大学“民生课题组”的学者们，致力于“民生”这个既古老又年轻的恒久不变的主题，进行了持续不断的研究，取得了一系列丰硕的成果，产生了广泛的社会影响。

首先，构建了一个研究框架。课题组参照联合国、世界银行发布的报告的格式，每年邀请不同领域的知名专家，通过多次头脑风暴会议，汇集专家的智慧，筛选出一个民生领域的话题，进行深入探讨和研究。2011 年是“十二五”的开局之年，我们的选题为“迎接‘十二五，保障与改善民生挑战”，对“十二五”期间的民生发展进行了展望：2012 年针对欧洲主权债务危机、西亚中东动乱和美国占领华尔街等事件，提出了“跨越变革世界的民生陷阱”的主题；2013 年针对新型城市化进程中出现的各种民生问题，提出了“新兴城市化进程中的民生隐忧”主题：2014 年针对习近平总书记提出的“中国梦”，课题组以“民生中国梦”为主题进行深入研究；2015 年课题组围绕“法治民生”这个主题，进行了深入研究，提出了一系列有价值的见解和观点。

其次，提出了我们的核心概念和观点。一个研究成果是否有新意，需要有自己的核心概念。课题组通过研究，创建了民生研究的核心概念，提出了“中国民生发展指数”“民生陷阱”“民生隐忧”“民生中国梦”“法治民生”等概念，并提出了“民生发展三阶段论”“民生发展三陷阱论”“新城市化发展进程中的四大民生隐忧论”“民生是‘中国梦’的基础”“‘中国梦’首先是‘民生梦’”“全面依法治国首先要依法治理民生”等观点。

最后，构建了一套民生发展评价指标体系。课题组在充分研究与总结国内外民生等相关理论与实践成果的基础上，结合中国经济、社会发展现实，构建了一套民生发展的监测指标体系和指数测算体系，选择了最能够反映民生发展状况的6个一级指标、45个二级指标，每年对全国除西藏、台湾、香港和澳门等省市之外的30个省、自治区和直辖市进行民生发展情况测度并排名，为省级地方政府的民生发展提出对策。2014年同时对35个省会城市和计划单列市的民生发展进行了测度。2015年首次对中国293个地级以上城市的民生发展进行了测度，并客观地进行了诊断和排行，为地级以上城市的民生发展提供了有针对性的参考。

课题组对民生问题的研究引起了社会的广泛关注，李克强总理曾作出批示，《光明日报》、人民网、人民论坛等媒体作了比较详细的报道。课题组还与《人民日报》旗下的《民生周刊》合作，召开了两次“中国民生发展论坛”。《2012中国民生发展报告——跨越变革世界的民生陷阱》还获得国家外译工程资助，在美国的Homa & Sekey Books出版了英文版。

以“法治民生”为主题的《2015中国民生发展报告》在内容上具有两个突出特色：一是具体将法治理念渗透到民生发展的各个领域，分析了法治教育、法治就业、法治收入、法治医疗、法治养老、法治住房、法治环境、法治民生安全等，并对如何实现法治民生提出了有针对性的建议。二是运用中国民生发展指数3.0版，对全国35个省会城市及计划单列市进行了民生发展指数测算和排序，首次对293个地级以上的城市的民生发展指数进行测算并排名，对每一个城市的民生发展在全国和所在省区内的地位分别进行排序，首次测度出全国民生发展地级城市100强。

报告内容丰富，逻辑清晰，观点鲜明，是民生领域新的研究成果。我们坚信，北京师范大学民生课题组通过坚持不懈的扎实研究，一定会推动中国民生事业的发展，结出更加丰硕的果实。

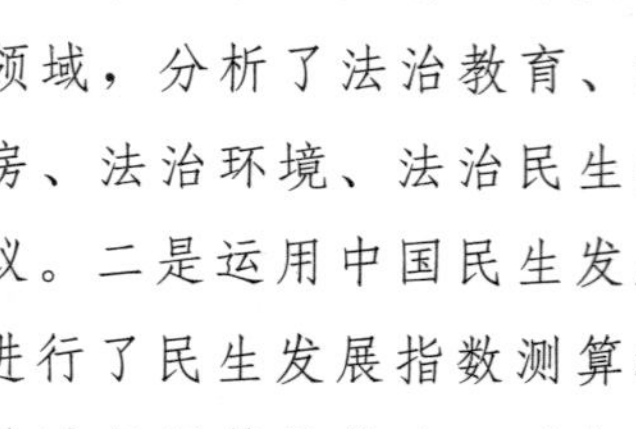

二零一五年十月一日

目　录

第1章　概述——法治民生

1.1　法治是破解民生难题的重器　1
1.2　法治民生的内容　2
1.3　法治民生的对策　4
1.4　35个省会城市、计划单列市和293个地级以上城市民生发展指数　5

第2章　法治——破解民生难题的重器

2.1　法治民生的涵义和内容　7
2.2　法治民生的历史演变　18
2.3　中国法治民生的现状和存在的问题　22
2.4　依法保障和发展民生　32

第3章　法治教育，规范关系，促进公平

3.1　我国法治教育的发展历程　41
3.2　我国法治教育的成就　44
3.3　我国法治教育存在的问题　49
3.4　我国法治教育的未来　56

第4章　法治就业，快乐工作，满意收入

4.1　用法治保障公民就业权的平等实现——快乐工作的逻辑起点　60
4.2　用法治保障劳动合同的良性运行——快乐工作的过程维护　70
4.3　用法治保障劳动收入的满意取得——快乐工作的必然结果　77
4.4　用法治规范劳动争议的处理——快乐工作的保障机制　96

第 5 章　法治医疗，看得起病，健康生活

5.1　缓解看病难看病贵的出路在于建设法治医疗　107
5.2　建设法治医疗缓解看病难看病贵的重点领域　111
5.3　推进法治医疗缓解看病难看病贵的制度保障　119

第 6 章　法治养老，老有所养，老有所乐

6.1　中国特色国情下法治养老的选择　128
6.2　我国法治养老建设的现状　129
6.3　法治养老的国际经验借鉴　141
6.4　我国法治养老建设的展望　147

第 7 章　法治住房，住有所居，住有宜居

7.1　中国住房法治进程及其现状　152
7.2　法治住房及住宅工程质量的国际经验　159
7.3　我国住宅建筑工程质量保险法治化困境及成因　168

第 8 章　法治环境，碧水蓝天，依法捍卫

8.1　法治环境的背景、意义和发展阶段　185
8.2　法治环境现状与问题　191
8.3　中国法治环境实现路径　209

第 9 章　法治民生安全，护航尘世幸福

9.1　法治民生安全的现实逻辑　216
9.2　中国民生安全梦实现路径上的法治障碍　222
9.3　破除中国民生安全梦实现路径上的法治障碍　238

第 10 章　加强法治建设，护佑民生发展

10.1　优良的民生立法　246
10.2　规范文明的民生执法　256

10.3　权威公正高效的民生司法　260
10.4　权义相宜的民生普法　264

2015 中国民生发展指数报告

一、编制中国民生发展指数的背景及意义　269
二、中国民生发展指数的指标设计原则、思路及结构　270
三、数据处理及测算方法　276
四、2015 中国民生发展指数——省会城市与计划单列市部分　278
五、2015 中国民生发展指数——地级市部分　289
六、数据处理说明　330

指标定义与数据来源

专栏目录

专栏 2-1　“民生导向”彰显法治　9
专栏 2-2　习近平的民生观　15
专栏 2-3　工资单上看民生　24
专栏 2-4　2015 年全国各地最低工资标准　28
专栏 2-5　中国贫困的现状　31
专栏 2-6　“十一五”以来已经通过正在实施或正在建立的民生立法　32
专栏 3-1　教育法律体系的内在一致性　51
专栏 3-2　《教育法》缺少对不履行义务的处罚条款　52
专栏 3-3　教育管理中违反教育法律侵害学生受教育权利　54
专栏 3-4　北京市对非本地户籍学生入学管理办法　55
专栏 4-1　“十二五”时期我国就业形势依然严峻　63
专栏 4-2　湖南省多措并举全力做好少数民族就业服务工作　66
专栏 4-3　山东省日照市多举措促毕业生就业加强扶持力度　67
专栏 4-4　全国总工会公布 2015 年拖欠工资十大典型案件　84

专栏 4-5　恶意欠薪罪：犹如摆设的奇葩罪名　89
专栏 4-6　保障农民工收入，工会在行动　93
专栏 4-7　全国总工会公布 2014 年度劳动违法典型案件　97
专栏 5-1　兰溪试点推行“分级诊疗、双向转诊”制度　110
专栏 5-2　“KYN 模式”　112
专栏 5-3　2015，药品招标将迎来颠覆性改变　116
专栏 5-4　辽源成为“全科医生执业方式和服务模式改革试点城市”　118
专栏 6-1　中国 65 岁以上人口占比首超 10%　127
专栏 6-2　新老年法今日起实施子女“常回家看看”写入法律　133
专栏 6-3　2015 年养老金亏空超 3000 亿　136
专栏 6-4　国内首部综合性社会养老服务地方性法规将实施　137
专栏 6-5　加快推进基本公共服务均等化　139
专栏 6-6　养老保险应重视个性化需求　140
专栏 7-1　推进住房法制化建设，为住房事业发展提供法律基础　154
专栏 7-2　住有宜居：居住中国梦　155
专栏 7-3　2015 年，中国楼房进入“中年危机”　157
专栏 7-4　美国住房立法历史回顾　160
专栏 7-5　南非《扩大房屋使用权保护法》和《禁止非法驱逐和非法占有土地法》　164
专栏 7-6　大力发展责任保险，健全安全生产保障和突发事件应急机制　170
专栏 8-1　环境监察人员需要多大执法权　190
专栏 8-2　北京露天烧烤举报量同比增一倍　191
专栏 8-3　新《环境保护法》实施后全国首例畜牧养殖水污染环境公益诉讼案开庭　195
专栏 8-4　黑龙江开出环保史上最大罚单华能供热被罚 200 万　198
专栏 8-5　60 多位外媒记者发问北京大气污染治理　200
专栏 8-6　“水十条”出台，向水污染宣战　203
专栏 8-7　中国推进“圈区管理”，减少“洋垃圾”污染　206
专栏 8-8　治污，寸“土”不让　207
专栏 8-9　中国环保部：公民发现环保部门不履职可举报　211
专栏 8-10　环境污染第三方治理任重道远　214

专栏 9-1　从“毒豆芽”事件看《食品安全法》的实施　229
专栏 9-2　食品安全标准的清理和完善　230
专栏 9-3　“代扣分”的主要顾客：出租车等营运车辆　231
专栏 9-4　张海超“开胸验肺”事件　232
专栏 9-5　12306 信息泄漏事件　234
专栏 9-6　英国反恐怖主义立法：构建立体化反恐格局　236
专栏 9-7　湖南女子抵抗家暴杀夫获缓刑 256 个红手印为其求情　238
专栏 9-8　成都男司机暴打变道女司机背后的法律问题　240
专栏 9-9　象山县人大代表叶海静跟踪监督过期药品回收见效　242
专栏 10-1　重大环境污染案件应“一案双查”　259

表　目

表 4-1　中国城镇就业目标与实现情况(2001—2014 年)　68
表 4-2　1995—2014 年城镇单位就业人员平均货币工资指数及居民消费价格指数　79
表 4-3　2015 年各省市作出的最低工资标准调整(截至 2015 年 8 月)　94
表 6-1　1939—1967 年美国主要社会保障法案与养老保险覆盖范围变动　144
表 7-1　国际上强制实行保险立法的国家或地区　166
表 8-1　《环境保护法》修订历程　194
表 8-2　2014 年中国空气质量达到及好于二级的天数　196
表 8-3　大气污染防治法律法规　198
表 8-4　环境空气质量标准的形成历程　201
表 8-5　我国公众参与环境治理主要事件(2004—2015 年)　211
表 9-1　2008—2013 年全国各类民生安全事件数量　217
表 9-2　2007—2012 年公安部门查处的治安案件类型及数量　218
表 9-3　2015 年上半年各地“砍人事件”　219
表 9-4　2008—2014 年国内部分恐怖主义犯罪事件　219
表 9-5　安全物品的属性　220

表 9-6 公共安全服务的类型 221
表 9-7 我国食品安全监管部门分工 229
表 9-8 近年来部分“毒驾”事故回顾 232

图 目

图 4-1 2001—2015 年全国高校毕业生人数 62
图 4-2 中国近年城镇登记失业人数与失业率统计(2000—2014 年) 63
图 4-3 1995—2014 年中国 GDP 及城镇单位就业人员工资总额增长率 78
图 4-4 1995—2014 年城镇单位就业人员平均货币工资指数及居民消费价格指数 80
图 4-5 2003—2014 年中国全国居民收入基尼系数 81
图 4-6 中国城乡收入差距(1978—2014 年) 82
图 4-7 全国各省份现行最低工资标准(截至 2015 年 5 月) 95
图 4-8 2001—2013 年中国劳动争议案件及其当事人数量 97
图 7-1 现行住宅建筑工程质量管理体制各主体关系图 172
图 7-2 我国目前探索的住宅建筑工程质量工程保险制度 179
图 7-3 新型住宅建筑工程质量强制保险制度架构 181

Contents

Chapter 1 Introduction: Enhancing Minsheng by Rule of Law

1.1 Key to Dealing with Difficulties of Minsheng Development: Rule of Law 1
1.2 Contents of Enhancing Minsheng Development by Rule of Law 2
1.3 Policy Suggestions on Enhancing Minsheng Development by Rule of Law 4
1.4 Minsheng Development Index of 35 Provincial Capital Cities and Cities Specifically Designated to the State Plan, 293 Prefecture-level and above Prefecture-level Cities 5

Chapter 2 Rule of Law: Key to Dealing with Difficulties of Minsheng Development

2.1 Definition and Content of Enhancing Mingsheng Development by Rule of Law 7
2.2 Historical Evolution of Enhancing Minsheng Development by Rule of Law in China 18
2.3 Status quo and Problems of Enhancing Minsheng Development by Rule of Law in China 22
2.4 Accomplishing and Developing Minsheng by Rule of Law 32

Chapter 3 Enhancing Education by Rule of Law: Normalization Relations and Improving Impartiality

3.1 Historical Evolution of Enhancing Education by Rule of Law in China 41
3.2 Achievements of Enhancing Education by Rule of Law in China 44

3.3 Problems of Enhancing Education by Rule of Law in China 49
3.4 Prospect of Enhancing Education by Rule of Law in China 56

Chapter 4 Enhancing Employment by Rule of Law: Working Happily with Satisfied Payment

4.1 Securing Equal Employment Right by Law: Starting Point of Working Happily 60
4.2 Ensuring Employment Contract by Law: Protecting the Process of Working Happily 70
4.3 Guaranteeing Satisfied Payment by Law: Result of Working Happily 77
4.4 Tackling Labor Disputes by Law: Institutions for Working Happily 96

Chapter 5 Enhancing Healthcare by Rule of Law: Affordable Healthcare and Living Healthily

5.1 Enhancing Healthcare by Rule of Law: Alleviating the Problems of Inadequate and Overly Expensive Healthcare Service 107
5.2 Key Domains in Alleviating the Problems of Inadequate and Overly Expensive Healthcare Service by Rule of Law 111
5.3 Institution Building in Alleviating the Problems of Inadequate and Overly Expensive Healthcare Service by Rule of Law 119

Chapter 6 Enhancing Elder Care by Rule of Law: Supportive and Enjoyable life for Elders

6.1 Choice of Enhancing Elder Care by Rule of Law with the Chinese Characteristics 128
6.2 Status quo of Enhancing Elder Care by Rule of Law in China 129
6.3 International Lessons and Experience 140
6.4 Prospect of Enhancing Elder Care by Rule of Law in China 147

Chapter 7 Enhancing Housing by Rule of Law: Livable Home to Live

7.1 Historical Evolution and Status quo of Enhancing Housing by Rule of Law in China 152

7.2 International Lessons and Experience of Housing 159
7.3 Dilemma and Causes of Insurance for Quality of Housing in China 168

Chapter 8 Enhancing Environmental Governance by Rule of Law: Defending Clean Water and Blue Sky

8.1 Background, Significance and Evolution of Enhancing Environmental Governance by Rule of Law 185
8.2 Status quo and Problems of Enhancing Environmental Governance in China 191
8.3 Countermeasures for Ensuring Environmental Governance by Rule of Law 209

Chapter 9 Enhancing Public Security for Minsheng Development by Rule of Law: Securing Happiness

9.1 Realistic Logic for Enhancing Public Security for Minsheng Development 216
9.2 Obstacles to Enhancing Public Security for Minsheng Development in China 222
9.3 Tackling Difficulties in Enhancing Public Security for Mingsheng Development in China 238

Chapter 10 Strengthening Rule of Law and Improving Minsheng Development

10.1 Well-defined Legislation for Minsheng Development 246
10.2 Proper Law Enforcement for Minsheng Development 256
10.3 Effective Justice for Minsheng Development 260
10.4 Promulgating Law based on Balance of Rights and Obligation 264

Report of Minsheng Development Index in China 2015

Background and Significance of Minsheng Development Index 269
Principles, Line of Thoughts and Structure of Minsheng Development Index 270

Methods for Data Analysis 276
China Minsheng Development Index 2015: Provincial Capital Cities and Cities Specifically Designated to the State Plan 278
China Minsheng Development Index 2015: Prefecture-level and above Prefecture-level Cities 289
Specification of Data 330

Indicators and Source of Data

第1章　概述
——法治民生

党的十八届四中全会作出全面依法治国的决定，复兴中的中国进入全新的“法治时代”，法治成为治国理政的基本方式，中国的民生保障、改善和发展也进入了法治时代。

>> 1.1　法治是破解民生难题的重器 <<

中国的民生跨越了保障阶段，正处于改善和发展阶段，但我国还处于社会主义初级阶段，民生的改善和发展面临着很多难题。解决这些难题需要进行顶层设计，一要靠法制；二要靠发展。法治民生，指的是从法律关系的角度，公民普遍依法享有民生保障、改善和发展的各种权利，并由国家通过各种积极行为维护和保障实现各种关涉公民生存、发展的社会性权利的状态，它首先表现为一种宪法关系。用法律解决民生领域中权利交叉、责任不明、职责不清，监管不力、滥用职权、失职渎职的问题，将宪法已经确认的公民权利付诸实际运作，以充分的公民权利来监督权利、制约权利，让权利不敢懈怠以至于滥用。法治民生，是彻底解决民生问题，使民生得到彻底长久保障的必然选择。

法治民生指的是法律关系中权利主体享有的权利与义务的总和，一是用法律的形式规定和保障人们的民生权利；二是加强民生立法，构建民生法治体系；三是实行人性民生执法，打造民生服务型政府；四是建立民生财政，使民生保障、改善和发展有法可依，老百姓有稳定预期。

法治民生经历了历史的嬗变，从古典语义上的法治民生到救亡启蒙时代的法治民生，再到现代意义上的法治民生，其中蕴含的语义是有差别的。今天的中国，法治民生虽然取得了很大的成绩，但还存在很多问题。法治民生尚未形成常态化，长官意志、人治民生的现象经常出现，民生领域的法制体系不健全，民生法治的公共产品短缺，再加上执行过程中存在的梗阻现象，导致出现民生法制真空状态，居民参与政府民生重大决策缺少法律依据，畸形的民生二元结构、三元结构仍然根深蒂固，严重制约着我国的法治民生进程。

民生问题本质上是权利问题，加快民生立法是法治民生的基础，依法行政是法治民生的保障，实施有效、及时的司法救济是法治民生的有效补充。

>> 1.2 法治民生的内容 <<

教育是重要的民生事业，而教育法治化则是深化教育改革、促进教育事业发展的重要保障，也是教育治理体系和治理能力现代化的重要标志。我国已初步形成了多层次教育法律体系，教育治理理念开始了从法制到法治的转变，愈发重视通过教育法治化保障基本受教育权和促进教育公平，重视用法律、法规对不同教育主体的权利义务关系进行规范。教育法治化还存在许多问题，法律供给严重滞后于现实需求，立法质量不高、现实针对性不强，科学、规范的教育法治的运行机制尚未建立，教育的公平性和救济性还难以得到切实保障。未来需要加速立法工作进程，修改和完善现行教育法律、法规和规章，加大教育执法的力度，进一步理顺不同教育主体之间的法律关系，将教育公平作为教育法律制定和执行的核心价值理念。

就业是民生之本，收入是民生之源。中国政府近几年注重加强在劳动就业与收入分配领域的民生立法，颁布并实施《就业促进法》《劳动合同法》和《劳动争议调解仲裁法》等配套法律法规，用法治的权威保障公民就业权的平等实现，构筑快乐工作的逻辑起点；用法治的力量保障劳动合同的良性运行，实现快乐工作的过程维护；用法治的优势保障劳动收入的满意取得，确保快乐工作的必然结果；用法治的程序规范劳动争议的处理，完善快乐工作的保障机制，确保劳动者合法权益的实现与民生质量的改善。

在中国未富先老的社会，面对前期医疗改革过多地侧重经济效益忽视社会公益性现状，缓解和妥善解决老龄化社会“看病难、看病贵”的出路在于以法治思维和措施推进医疗保障的法治建设。推进医疗法治化建设需要从“看病难、看病贵”的源头治理入手，依法推进预防健康管理，让群众不生病、少生病；合理布局医疗网络，解决群众方便就医问题；规范基本药物制度，解决群众看病的经济支出问题；健全全科医生制度，解决群众健康医疗管理和缓解病患轻重缓急。为确保医疗法治化建设，要从公共财政卫生投入增长幅度、加速中医立法、政府和社会办医相结合、构建和谐医患关系等方面着手，为医疗法治化和规范化提供立法保障。

养老，民生之所依。“法治养老”是促进养老保障体系发展、完善的必经之路。“老有所养”“老有所乐”等目标能否更好地实现，要依靠法治化建设，要通过法律的保障和制度的落实来固化改革发展成果。养老保障法治化建设，要从养老保障立法入手，加强养老保障法律体系建设，借鉴国外发达国家养老保障体系建设经验，构建中国特色的法治养老蓝图。

法治住房是住有所居和住有宜居的基础，住有所居、住有宜居是法治住房的目的。建立完备配套的住房法律体系，推进住房法制化建设，为住房事业发展提供法律基础，由“住有所居”向“住有宜居”的“居住中国梦”政策方向提升与转型。住宅建筑工程质量是“住有宜居”目标的最大威胁。加强住宅建筑工程质量强制保险立法、依法推行住宅建筑工程质量保险制度，已成为住有宜居政策的重要法治保障。

环境就是民生，保护绿水青山是对民生基本福祉的最强维护。新中国成立以来，我国在治理大气污染、水污染、固体废物污染和土壤污染等领域的立法方面取得了长足进步，但是仍然存在较为严重的“有法不依，执法不严”等问题，法律武器未能有效捍卫人民群众基本环境权益。在“依法治国”的国家发展战略背景下，应进一步明确“科学立法、严格执法、公正司法、全民守法”的法治2.0原则。科学配置立法权限在源头实现科学立法；制度创新，强化环境保护执法与监督力量；鼓励公民参与和引入PPP等新型政策工具，形成多主体参与的环境治理法治化体系；建立第三方治理机制，为环境治理法治化转型和升级的可持续发展奠定良好的市场环境与基础。

民众幸福感是检验政府能力的试金石，而法治民生安全是幸福感的保障。伴随着现代化与工业文明的拓展，中国进入一个安全感普遍匮乏的时代，食品、家庭内部、职业、交通、信息、治安等民生领域普遍存在安全隐忧。“公共安全”作为一种公共物品，需要政府履行职能完善“民生法治安全”保障，这也是“依法治国”战略的重要内容。新中国成立以来，涉及民生安全的各方面立法已然取得一定的成效，但食品安全、交通安全、职业安全等民生安全领域存在执法困境，在网络信息安全、反恐怖主义、反家庭暴力等方面仍然缺失法制。实现法治民生安全，需要多元主体共同参与到公共治理中来，充分发挥政府、人民代表和社会三个主体作用，强化政府责任，明确代议机构责任，并鼓励社会参与法治民生建设。

>> 1.3 法治民生的对策 <<

立法分配权利，执法落实权利，司法救济权利，普法宣扬权利，坚持不懈地推动法治建设，才能切实长久地护佑民生。优化民生立法，要立“良法”，追求良善的价值：公平正义，控权，积极回应社会各阶层的利益诉求；激发社会活力，创造和谐秩序；凝聚价值共识；固守道德底线。要具备程序美德：充分的一般性、公开公布、可预期、可理解、不矛盾、相当一致和能够实现。完善民生法律体系，以赋予公民基本的民生权利为核心，以为民生改善、发展维持和创造良好的社会秩序为外缘；将自由迁徙权、诉权、环境权等重要权利入宪并具体化；下位法严格服从上位法；突显政府服务职能和责任。规范文明民生执法，服务民生是执法的重中之重；发扬民主，多元合作；落实岗位责任，树立良好形象；细化行政执法标准和目标；端正执法目的；合乎情理；联动执法。权威公正高效民生司法，发挥检察机关的司法特色，主动关注民生、加强法律监督、强化司法救助；加强法院独立性；遵循正当的司法程序和规则。权义相宜民生普法，树立法治信仰；培养法治思维和能力；摆正民生心态，尤其要杜绝投机心态和阿 Q 心态。

>> 1.4　35 个省会城市、计划单列市和 293 个地级以上城市民生发展指数 <<

“民生”自古以来一直是社会发展与进步不可忽视的关键，关系到人心向背和事业的兴衰。研究民生问题，对于推进中国特色的社会主义伟大事业，具有重大的理论价值和现实意义。本报告构建了“中国民生发展指数 3.0 版”，对全国 293 个地级以上城市民生发展情况定量测量，分析各地区民生发展进程，对全国 35 个省会城市及计划单列市进行民生发展指数测算并排名；对全国 293 个地级以上城市进行民生发展指数测算并排名；首次评选出“地级以上城市民生 100 强”；对地级以上城市的民生发展状况分省进行排序，标示出其在本省的地位。本指数报告在政策层面为市域民生发展提供决策咨询和发展引导。

第2章　法治
——破解民生难题的重器

党的十八届四中全会就全面推进依法治国作出决定，这在中国历史上是一个新的里程碑。行进在复兴之路上的中国，进入全新的“法治时代”。综观世界近现代史，凡是顺利实现现代化的国家，都较好地解决了法治和人治问题。相反，一些国家陷入这样那样的“陷阱”，没有顺利迈进现代化门槛，很大程度上与法治不彰有关。世界社会主义发展史上，不少国家没能解决好法治和人治的问题，没能跳出“人存政举，人亡政息”的人治怪圈。新中国成立以来既吃过破坏法治的苦头，也尝到了法治昌明的甜头。历史深刻启示我们，法治是治国理政的基本方式。在我们这样一个13亿多人口、56个民族的大国，要保证国家统一、法制统一、政令统一、市场统一，实现经济发展、政治清明、文化昌盛、社会公正、生态良好，必须织密法治之网、强化法治之力，以律均清浊，以法定治乱，秉持法律这个准绳、用好法治这个方式，在法治轨道上统筹社会力量、平衡社会利益、调节社会关系、规范社会行为，化解各种社会矛盾和问题，才能顺利推进全面深化改革进程，确保我国社会在深刻变革中既生机勃勃又井然有序。

民生，百姓的生计，国家的根本，是党和国家治国理政的基础。一个国家、一个社会的安定与否，首先在于老百姓的民生改善如何。民生改善、发展得好，国家就富庶，人民就安康；民生改善和发展得不好，国家就疲弱，百姓就遭殃。因此，依法治国，首先就要依法治理民生，要像习近平总书记所说的，要依法保障全体公民享有广泛的民生权利，努力维护最广大人民根本利益，保障人民群众对美好生活的向往和追求。

>> 2.1　法治民生的涵义和内容 <<

2.1.1　法治民生的涵义

“民生”是人民的生计，是人民的全部生存权和普遍发展权，是与实现人的生存权利有关的全部需求和与实现人的发展权利的普遍需求。解决好民生问题，是共产党人追求的最终目标，是党和政府施政的最高准则，更是改革发展最紧迫、最重要的问题。民生好则国运兴，人民的日子过得好不好，满意度高不高，是国家建设的重要指标，是改革发展事业进步的重要标志，更是体现执政党执政能力的主要表现。“民惟邦本，本固邦宁”，历史和实践的经验告诉我们，以人为本，改善民生，事关国家、民族的兴旺。

法治民生包含主体、客体以及内容等要素。法治民生的主体是指在法律关系中民生保障责任的义务承担者。“民生”中的“民”应为社会主体的“公民”，公民是宪法意义上的权利主体，我国现行宪法第二章“公民的基本权利与义务”即表明这一点。“公民”的法律意义首先意指具有一国国籍的人，但公法语境尤其是置于宪法关系中理解公民概念，应赋予其国籍之外更为深远的内蕴，至少应与公共权力、公共生活联系起来，表明其超越生理意义上自然人性质而具有了公共特质的人。我国宪法中规定的各项权利以公民作为享有主体，典型意义的民生问题如就业、教育、医疗、住房等均以公民权利的样态呈现，中华人民共和国公民在年老、疾病或者丧失劳动能力的情况下，有从国家和社会获得物质帮助的权利。因此，公民构成民生的基本权利主体。国家成为维护民生的义务主体，通过各种途径，创造劳动就业条件，加强劳动保护，改善劳动条件，并在发展生产的基础上提高劳动报酬和福利待遇。针对教育，国家培养青年、少年、儿童在品德、智力、体质等方面全面发展。国家对于从事教育、科学、技术、文学、艺术和其他文化事业等有益于人民的创造性工作，给以鼓励和帮助；针对休息，国家发展劳动者休息和休养的设施，规定职工的工作时间和休假制度，等等。在法制意义上，民生的保障义务主要有国家并通过国家权力行为承担和实践。在法律关系中，国家是当然的与公民相呼应的另一方主体。

法治民生的客体，是指主体的认识与实践活动的对象。民生问题所涉及法律关系的客体由于民生内涵的丰富性呈现出比较复杂的状态。一份未必完全却比较流行的民生问题清单是：教育是民生之基，就业是民生之本，收入是民生之源，就医是民生之急，社保是民生之托，住房是民生之要，治安是民生之盾。其中涉及公民的教育、就业、收入、医疗、社保、住房以及治安等问题，也是在公民与国家的法律关系中，主体权利义务的具体指向。将民生相关法律关系的客体界定为公民的生存与发展两个类别的面向。生存是公民作为生命体的第一需要，生存的实现也是享受其他权利的前提。马克思、恩格斯指出：我们首先应该确立一切人类生存的第一个前提也就是一切历史的第一个前提，这个前提就是：人们为了能创造历史，必须能够生活，但是为了生活，首先就需要衣、食、住以及其他东西。生存同发展密不可分，联合国通过的发展权利宣言指出：发展权利是一项不可剥夺的人权，由于这种权利每个人和所有各国人民均有权参与、促进并享受经济、社会、文化和政治的发展，在这种发展中，所有人权和基本自由都能获得充分实现。

民生的保障、改善和发展是刚性的，解决民生问题要靠发展，但发展并不能解决所有民生问题，不注重人民群众生命安全的发展，不注重法制建设和社会公平正义的发展，不但解决不了民生问题，反而会加剧社会矛盾，损害人民的权利和利益。近几年来，我国在食品安全、药品监管、安全生产等民生领域不断出现重大问题，从假药到有毒食品，从"大头娃娃"到"结石婴儿"，从沱江、松花江污染，到太湖污染，层出不穷的人为灾难事故和污染事故，让普通百姓日益感到民生的艰辛和对日常生活中食品、药品和饮用水的基本安全感的担心。民生事故一次比一次严重，性质一次比一次恶劣，直接危及人民群众的民生利益乃至生命安全，中央为此出台了新中国成立以来最严厉的行政问责，领导作了许多重要讲话，各级政府发了许多重要文件，出台了许多重要规定，开展了很多专项整顿治理，处理了一批又一批的人，但问题依然屡禁不止，出台的规定、措施犹如稻草人，管不了长久和根本。症结就在于红头文件口号性的东西太多，实质性的内容少，没有可操作性，没有强制力，没有从体制机制上解决问题。因此，解决、改善和发展民生，只有走法治道路，建立完善、细化、可操作的法律规定，才能遏制损害民生的事件发生。法治民生，是民生保障、改善和发展的必由之路。

民生与法治并不矛盾，要想真正保障民生，必须通过法治的渠道。一方面，法治并不仅仅是一种形而上的价值诉求，或者程序化的规则训诫，它更是一种特定时空背景下的社会实践，它与特定历史场域下的其他社会实践深深地联系在一起，它也必须回应特定时空背景下特定民族的社会、政治诉求；也即是说，法治的实践性品格，要求法治对于转型期中国的民生难题做出自己的贡献。另一方面，法治本身，作为基本的治国方略，在破解民生难题方面，具有自己的独特优势，无论是经济刺激还是政策调控，如果缺乏法治的监督与制约，则很难实现解决民生问题的初衷，甚至有可能成为腐败的温床，所以，民生必须依靠法治的保障。民生问题从表面上看是一个社会、经济问题，但其实质，则是一个典型的权利问题，而权利正是法治的要义所在，法治赋予了人民参政权、教育权、劳动与社会保障权等广泛的基本权利，并通过立法、执法、司法等环节给予“民之生计”以全方位的保障，即通过法治保障民生、构建民生法治。①

专栏 2-1　“民生导向”彰显法治

立足现实问题，积极“问法于民”“立法为民”，法律才能更充分体现民意，更顺畅抵达人心，释放出更多民生的红利。

重典治霾，处罚无上限；规范广告，不能说“疗效”……近日，包括大气污染防治法修订草案、食品安全法修订草案、广告法修订草案在内的多部法律修订草案，提交十二届全国人大常委会审议，引起舆论广泛关注。舆论关注，一方面，说明公众知法、用法的意识逐渐增强；另一方面，也体现了立法和修法的民生导向、民意关切。关注这些法律，因为它们确实与每个人的权益都息息相关：食品安全法保障的是“舌尖上的安全”；大气污染防治法或许能让人少吸入一点 PM2.5；而一部细致入微的广告法，既可以换来荧屏前的耳根清净，也能让广告更称职地成为“消费向导”。

① 付子堂，邓伟云．民生法治论纲．载李林，王家福主编．依法治国十年回顾与展望．中国法制出版社，2007.

公众的权益是天大的事。每一项政策的出台，每一部法律的制定，都应该以民众的诉求和社会的关切为出发点，以维护民众的合法权益为最终归宿。法律法规关乎社会关系调整，立法修法尤其应当注重民生导向。正如十八届四中全会所要求的，“要恪守以民为本、立法为民的理念，贯彻社会主义核心价值观，使每一项立法都符合宪法精神，反映人民意志，得到人民拥护”。

法律是民生的兜底工程。没有切实可行的法律法规，保障民生将是一句空话。完善的法律，对于保障民生起码有两个方面的重要意义。一是执法部门于法有据。比如一些虚假广告中的明星代言，以往的执法中就因为没有明文规定而难以追责。二是民众维权有法可依。民众不缺少维权意识，缺的往往是维权工具，这容易使纠纷解决脱离法治轨道，甚至酿成恶性事件。在法律框架内，通过治理者和民众的共同努力，民生保障才会有切实的基础。

立法修法的民生导向，也应当有更加丰富的内涵。食用了无良商家售卖的有毒食品，法律为受害人提供求偿工具，这是满足民生诉求；对于毗邻居民区的重污染企业，环境部门加大执法力度，确保居民喝上安全的水、呼吸干净空气，这是保障民生权利。以民生为导向立法修法，不仅要能够实时满足民生诉求，也要切实保障民生权利。比如，转基因食品安全性问题存在争议，需要给大家选择的权利，食品安全法修订草案二审稿增加了“按规定进行标识”的条款，正体现了这一点。

“法律的权威源自人民的内心拥护和真诚信仰”，而要赢得人心，法律既要植根于正确的理念，也要着眼于现实的需求。经济社会发展日新月异，不能与时俱进的法律，必将遭遇执行难题，有损法律之权威。唯有不断关注民意、直面问题，法律才能跟得上时代的脚步。环境敏感期，大家要求对排污企业用重典，污染饮用水源的石化企业仅仅收到50万元的罚单，显然落后于时代；信息化时代，弹窗广告病毒般发展，“一键关闭”的强制要求就很有必要。“法律的生命力在于实施，法律的权威也在于实施”，再完善的法律，如果不能在保障民生中体现有效性，其权威也难免会打折扣。

“完善立法项目征集和论证制度，健全立法机关主导、社会各方有序参与立法的途径和方式，拓宽公民有序参与立法途径”，这是四中全会对科学立法、民主立法提出的要求。立足现实问题，积极“问法于民”“立法为民”，法律才能更充分体现民意，更顺畅抵达人心，释放出更多民生的红利。

资料来源：贾壮．人民日报，2014-12-24．

2.1.2　法治民生的内容

2015年6月25日，经济学人智库(The EIU)在报告《长期宏观经济展望：2050主要发展趋势》中对全球82个国家进行预测，以名义国内生产总值计，中国将在2026年赶超美国成为世界最大经济体，并至少将这一领先地位保持至2050年。报告预计到2026年，中国将以微弱优势领先美国，中国名义国内生产总值预计达28.6万亿美元，超过美国同期的28.3万亿美元。同时，到2050年，中国国内生产总值将达105.9万亿美元，比同期美国的70.9万亿美元高出30万亿美元。中国经济的高速发展，为中国民生的改善和发展提供了坚实的基础。

法治民生的内涵要得以充分实现，人民的民生权益要得到充分尊重和保障，就必须全面落实法治民生的基本方略。我们时代的民生话语，并不是一种满足于温饱水平的物质需求，而是公民政治、经济、文化权利的全面实现，法治无疑是公民民生权利实现的最坚实保障。必须通过宪法和以宪法为指导准则的各种法律法规的制定和实施，保护公民的民生基本权利为己任，解决民生难题。

中国改革和建设的最终目的是满足人们日益增长的物质和文化需求，这就需要解决民生问题，民生问题涉及人们的衣、食、住、行，最重要的是促进教育机会的均等，实施积极的就业政策，逐步缩小收入分配的差距，建立覆盖城乡的社会保障体系。国务院前总理温家宝曾经谈到民生问题时说，“解决民生问题要让人民生活得快乐和幸福，要保障人民的民主权利，在社会推进公平与正义。”“要让人民生活得更加幸福、更有尊严，让社会更加公正、更加和谐。”让人民生活得“更有尊严”，不仅从政治角度表达了政府对人民尊严的承诺，更是从法理层面彰显了政府对人民所应承担的重要责任，具有重大的法治意义。

法治民生的内容包括法律关系中权利主体享有的权利与义务的总和。这就是说，用法律关系来规范公民的基本民生权利、国家负有的多层次的民生及其实施和保障，以消弭因社会、经济发展带来的贫困、失业、不公等社会弊病，如社会救助、就业促进、普及教育等。公民的民生权利主要指向其社会权，民生意义上的国家义务则更多表现为社会保障义务。具体来说，公民的民生权利包括工作权、享受公正和良好的工作条件权、组织和参加工会权、社会保障权、获得相当的生活水准权、受教育权、参加文化、享受科学进步及其应用所产生的利益等各种经济、社会、文化权利，等等。从法律关系的角度来说，民生指的是公民普遍依法享有并由国家通过各种积极行为维护和保障实现各种关涉自身生存、发展的社会性权利的状态，它首先表现为一种宪法关系。

法制是民生的根本保障。第一，用法律的形式规定和保障人们的民生权利。公民与国家权利义务的结合点就在于维护和促进全社会公民的生存与发展。民生意义上的生存是指人们获得足够的食物、衣着、住房以维持有尊严的相当生活水准的状态。生存与发展所依托的社会资源需要国家的供给，并且是动态和多元化的。伴随社会发展和人类自身认知水平能力的提高，公民的生存问题已不限于简单的生命延续。《世界人权宣言》将民生界定为：人人有权享有为维持他本人和家属的健康和福利所需要的生活水准，包括食物、衣着、住房、医疗和必要的社会服务。而《经济、社会及文化权利国际公约》第 11 条第 1 款则规定：承认人人有权为他自己和家庭获得相当的生活水准，包括足够的食物、衣着和住房，并能不断改进生活条件。发展的内涵同样具有广泛性，除了意味着主体生活水平的提高与改善外，还意味着其在经济、社会、政治、文化、教育、卫生和社会福利等各方面的全面进步以及社会公正的实现。所以发展权利宣言不仅确认发展权是一项不可剥夺的人权，而且明确宣布，由于这种权利，每个人和所有各国人民均有权参与、促进并享受经济、社会、文化和政治发展。因此，法治民生，最基础的工作就是用法律确定公民在民生方面所具有的不可剥夺的各项权利以及国家应该承担的不可推卸的重任，使国民对自身的民生保障、改善和发展所享有的权利有一个准确的预期。

第二，加强民生立法，构建民生法治体系。民生法治体系的构建，是包括政府机关在内的所有立法机构的要务。法治民生，就要从民生的起点到终点构筑起完整的法律体系，建立民生保障法、就业保障法、失业救济法、薪酬正常增长法、义务教育法、终生学习法、养老保障法、疾病救济法、住房保障法、生命安全保障法、私有财产保障法、退休保障法、休息权利法、民生权益保障法、困难群体基本民生保障法等，使人们对民生改善和发展有稳定的预期，不至于为吃、穿、住、行、生、老、病、死、葬发愁，真正实现学有所教，劳有所得，病有所医，老有所养，住有所居。

民生立法中最为关键的要素，就是要遵从“尊严”的要求，落实人人平等的理念，着力清理现有制度中关于民生不平等因素，比如如何打破城乡分割局面，实现社保和福利待遇城乡一体化，让人人都有机会分享改革的成果。要围绕民生问题，设计和重构关系人民生计的制度体系。诸如保障就业权利、促进就业公平，缩小贫富差距、完善分配制度，抑制房价过高、加强宏观调控，保障人人享有受教育的权利，实现教育公平等，这些刚性的民生举措，无不需要各级政府的积极有为，或修订不合理规定，或出台新政。中国政府免除农业税和农业特产税通过立法实现，通过立法实行免费的九年义务教育，实行覆盖城乡的低保制度也要建立法制，保障住有所居也要建立法制，涉及有关人的全面发展等事项尤为值得政府狠花力气解决。只有通过法治解决人的“尊严”的制度问题，才能谈得上使人人活得有尊严，老百姓的民生权利才不会因为政府的更替和领导人的变化而发生变化。

第三，实行人性民生执法，打造民生服务型政府。要实现人人享有“活得有尊严”的权利，就要政府“认真对待权利”，真正关怀、尊重和保护公民的民生权利。实际上，人人享有“活得有尊严”的权利本身对应的是各级政府的民生服务义务。而这些权利的实现，很大程度决定于政府依法行政、人性执法。要“更有尊严”，就要求各级政府官员真正树立“公仆”意识，切实为人民群众办理惠及民生的实事，而不是百般刁难、当官作老爷。要“更有尊严”，还需要政府以人为本、人性执法，而不是动不动使用暴力拆迁、钓鱼执法等野蛮举措。要“更有尊严”，还需要政府及时公开民生信息，处理民生事务时尽量与民协商，塑造合作行政、协商行政、和谐行政的良好局面，促进民生服务型政府的建设。

保障、改善和发展民生是政府的公共责任，维护公民“更有尊严”要正确把握公民权利与政府义务的关系，视公民为“主人”，扎实落实民生保障和改善“更有尊严”的要求。要鼓励广大民众参与行政过程，监督政府行为，建立有效表达机制，预防民生事务领域的腐败现象。要吸收民间力量进入民生领域，构建公私合作机制，并进行良好的政府规制。要把“尊严 GDP”纳入各级政府或官员的考核体系，与经济 GDP、法治 GDP、绿色 GDP 等一道成为政府和官员的绩效考核指标。要真正实行民生问责制，对漠视人的尊严和民生利益、造成人民民生利益和幸福指数损失的失职、渎职、不作为和乱行为进行问责追究。

第四，建立民生财政，使民生保障、改善和发展有法可依，老百姓有稳定预期。长期以来，中国老百姓普遍存在着上学难、看病贵、就业难、收入分配差距等严重的民生问题，影响社会稳定与经济持续发展，因此，建立民生财政，关注民生，成为公众对政府决策的最大期待，医疗改革、收入分配、就业、住房、教育与培训等民生问题成为最受关注的话题。

民生财政具有普世性价值，承载着人文关怀的终极诉求，是一种植根于中国历史传统与国人信仰之中的善良情结与人文关怀。由此形成的民生工程、民生政策、民生法制、民生财政乃至民生中国等，成为一个正义社会的前提条件、评价政府行为的道德标准以及人的权利与自由的重要组成部分。法治民生，就是用法律的刚性规定，优化财政支出结构，保障和改善民生至少要占到中央财政支出的 2/3，着力增加与人民生活直接相关的教育、医疗卫生、社会保障和就业、住房、文化等民生领域的财政支出总额。

民生是对人们生活状态的整体性、一般性描述，而不完全是个人的幸福感受和心理满足，并不凸显纯粹的个体偏好。民生直接关乎人之生活质量，具有共性，需要诉求于公共途径加以解决，必须借助政府行为并最终通过法律调整的方式，以制度化的手段得到保障。这些“共同需要”便构成了民生财政的支出边界，主要包括养老、医疗、住房、教育、就业、生产生活基础设施等。民生所涉及的各个具体单项问题，可以通过归纳、整合的方式以一定的标准进行类型化，如深圳市政府于 2007 年出台的《深圳市民生净福利指标体系》，将收入分配与公平、安全水平、社会保障水平、公共服务水平、人的全面发展水平五个方面作为民生净福利的具体范围，是一种类型化的成功尝试，为从整体上把握民生提供了可靠蓝本。

民生财政具有合法性、合理性、程序性、人本性四方面的因素，其中的合法性指的是经由权力机关批准，使政府支出获得明确的授权，它既不是应急性的政策措施，也非偶然性的“送温暖”行动，而必须依托并受制于法制。即使为应对经济社会发展中出现的紧急特殊状况——比如自然灾害、经济危机而需要调整财政支出时，亦应当遵循“先有预算后有支出、无预算即无支出”的基本原则，通过加强财政应急预算编制、强化预算审批等方式回归法制化的解决轨道。民生财政的法制化，其本质是将民生财政运作的整个过程纳入法制的轨道，通过制定具有权威性与约束力的法律规范对财政行为进行约束。

民生财政法制化的基本框架，包括从制度上廓清民生领域的具体边界，在确立民生财政支出范围的同时强化财政投入民生的硬约束；构建财政支出的来源保障与财政支出的具体方式制度，包括对公债、税收、政府融资机制的完善，转移性支付与购买性支付的规范；建立民生财政实施绩效的评价体系及激励、约束机制，使民生财政法制化落到实处。

专栏 2-2　习近平的民生观

我国从 2000 年开始已进入老龄化社会，截至 2013 年底，我国 60 岁以上老年人口数量已突破 2 亿。

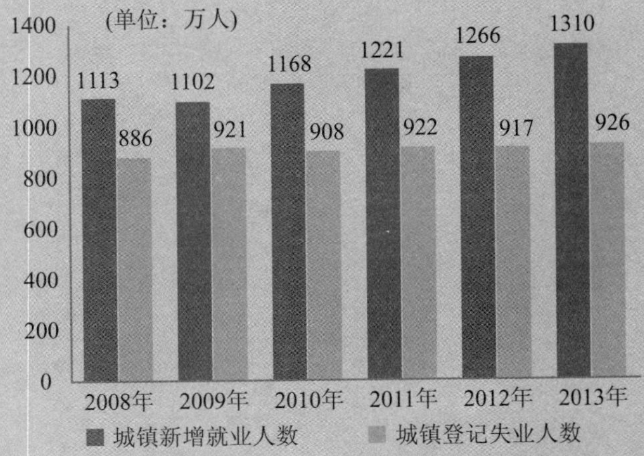

2008—2013 年城镇新增就业人数及城镇登记失业人数

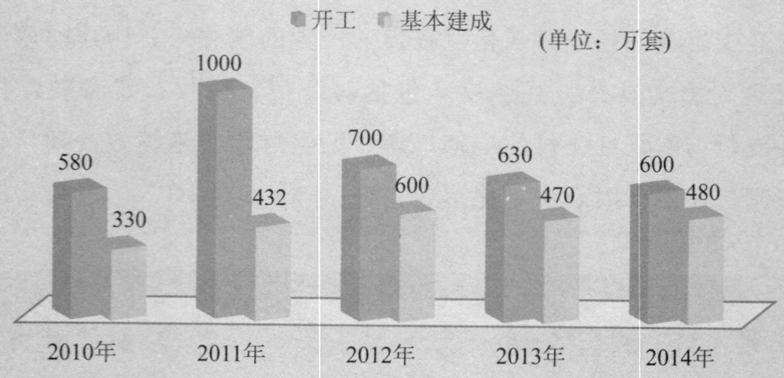

1. 近五年我国城镇保障性安居工程建设任务

党的十八大以来，习近平总书记多次发表重要论述，阐明自己的“民生观”，指出保障和改善民生的重要意义，提出当前和今后一段时期民生工作的着力点，将广大人民群众凝聚到追求幸福中国的目标上来。习总书记的“民生观”宏观层面具有原则性、实惠性、持久性，具体层面涵盖住房、就业、养老等关乎老百姓生活的各个方面。

2.“一切工作出发点、落脚点都是让人民过上好日子”

习近平总书记说，“要完善制度、改进工作，推动养老事业多元化、多样化发展，让所有老年人都能老有所养、老有所依、老有所乐、老有所安。”民生连着民心，民心关系国运。民生问题是中国改革最大的问题，解决民生问题是最大的政治，改善民生是最大的政绩。正如习近平总书记所说：“我们党和政府做一切工作出发点、落脚点都是让人民过上好日子。”关注民生、重视民生、保障民生、改善民生，是党和政府的神圣职责和终极目标。党的十八大报告指出，加强社会建设，必须以保障和改善民生为重点。要多谋民生之利，多解民生之忧，解决好人民最关心、最直接、最现实的利益问题，在学有所教、劳有所得、病有所医、老有所养、住有所居上持续取得新进展，努力让人民过上更好生活。

不断改善民生，是实现以国家富强、民族振兴、人民幸福为主要内容的“中国梦”的题中之意和最终理想。梦想成真，民生改善是最好诠释。共筑中国梦，需要经济社会的不断发展，更需要民生的持续改善，这是复兴之本、梦想之基。几十年来，发展经济，改善民生，始终是党和政府最重要的工作。从生活质量到生态环境，各级政府通过坚持不懈的努力，拓展着民生工作的内涵与外延。这种着眼于人的全面发展的“大民生”观，让亿万人民逐步共享发展成果。

3.“让群众得到看得见、摸得着的实惠”

习近平总书记说，“就业是民生之本，解决就业问题根本要靠发展。”谋民生之利，解民生之忧，新一代领导班子对民生问题高度重视。就业是民生之本，教育是民生之基，分配是民生之源，社保是民生之依，稳定是民生之盾。党和政府坚持把解决好人民群众最关心、最直接、最现实的利益问题放在各项工作的首要位置。十八届三中全会部署的 60 项改革中，有 18 条是关乎民生的，包括医疗、教育、就业、住房等。

习近平总书记说，“住房保障要经得起历史检验。”推进住房保障和供应体系建设，是满足群众基本住房需求、实现全体人民住有所居目标的重要任务。总的方向是构建以政府为主提供基本保障、以市场为主满足多层次需求的住房供应体系。到 2015 年全国保障性住房覆盖面达到 20%左右。

我国每年新增 1000 多万就业人口，必须大力促进就业创业。习近平总书记强调解决就业问题根本要靠发展，没有一定增长不足以支撑就业、解决就业问题，把经济发展蛋糕做大，把就业蛋糕做大。

“让所有老年人都能老有所养、老有所依、老有所乐、老有所安。”习近平总书记对我国养老保障问题指明了美好前景。按照联合国标准，2000 年我国已经进入人口老龄化社会，且我国老龄化速度要高于部分发达国家，但与此同时，经济实力却相对落后，“未富先老”成为特征之一。相关的养老产业仍在起步阶段，面对万亿元的老年人市场需求，目前国内相关产品服务的缺口较大。

空谈误国，实干兴邦。发展是硬道理，实现高水平民生，最根本的是要发展经济。保障和改善民生，与发展经济是相辅相成的：发展经济也是做好其他一切事情的基础和前提，只有经济发展了，才能够有条件、有财力更好地保障和改善民生；民生得到保障和改善了，也必将更好地调动群众发展经济、促进社会和谐的积极性、主动性、创造性。因此，习近平总书记强调，要实现经济发展和民生改善良性循环。只有实现了这两方面的良性循环，才能实现人与人、人与经济活动、人与环境和谐共存的良好局面，从而让老百姓真正感受到我国民生改善的红利。

4.“保障和改善民生没有终点站只有新起点”

习近平总书记说，“各级党委和政府要加强组织领导，落实各项目标任务和政策措施，努力把住房保障和供应体系建设办成一项经得起实践、人民、历史检验的德政工程。”民生改善“没有最好，只有更好。”民生改善是一项长期的、系统的、艰巨的、复杂的工程。正如习近平总书记所强调的：“保障和改善民生是一项长期工作，没有终点站，只有连续不断的新起点。”这深刻阐述了解决民生问题的重要性和长期性，是高度的政治清醒，更是坚决的责任担当。

保障和改善民生是“立党为公，执政为民”思想的具体体现，需要踏石留印、抓铁有痕，实现经济发展和民生改善良性循环。这就要求各级各地党委政府、党政官员，要有长期抓、坚持做的决心和作为。要善始善终、善做善成，接力奋斗、持续努力，杜绝临时观念和等要靠思想。要狠抓落实、一抓到底，切忌虎头蛇尾、一曝十寒，要不断满足人民群众日益增长的民生需求，不断打造中国经济升级版，不断保障和改善民生。要善于涉险滩、破难题，以更大的勇气、更坚的决心、更强的魄力，以更新的理念、更高的标准、更实的举措，全面推进民生幸福工程，不断刷新“民生高地”的惠民高度，让老百姓过上更有保障、更有尊严的幸福生活。

改革开放以来，我国民生状况得到了极大改善。城乡居民收入持续稳步增长、世界上最大的社会保险体系初步建构，医疗保障覆盖人口逐步扩大，人民群众健康水平显著提高，教育改革不断向前推进，人民群众的幸福指数不断提高……

资料来源：根据 2014 年 8 月 14 日中经网资料改编.

2.2 法治民生的历史演变

2.2.1 古典语义上的法治民生

探究和厘清“民生”一词的渊源流变，人们发现，它是一个地地道道的中国古代词汇，古已有之。公认的说法是最早出现在《左传》，其中有所谓“民生在勤，勤则不匮，是勤可以免饥寒也。”[①]这里的“民生”是指人的生计，表现为人

① 左传·宣公十二年.

们的生活资料保障等物质需求和就业教育等社会保障方面，很少政治语境涵义，因此更无法治上的延伸。一直到晚清民国时期，伟大的革命先行者孙中山先生提出了“民生主义”的政治纲领，并将其与民主、民权并列为“三民主义”，这时就赋予了“民生”的政治文化意蕴和涵义。

中国古代是一个以农耕文明为主的小农经济大国，农业是保障人们民生资料的主要来源，精耕细作、勤劳俭朴，民生就更有保障。因此，统治者看重勤劳的个人美德，注重对人的伦理教化，除了战国时期的法家代表人物外，鲜有从国家立法的角度去对待民生的，这也并不偶然，所以近代政治家同时也是理学大师的曾国藩有“民生以稼事为先、国计以丰年为瑞”的说法。但实际上，以农耕文明为基础的皇权社会，农业的发展状况，本身就是重要的政治内容，所以才将“民生”与“国计”并重。中国古代政治典章制度中的重要内容“祭地”，本就源于农业生产，但被用来表示皇权合法性的“以德配天”。更进一步，中国古代的民生话语，实际上是和“民本”话语紧密联系在一起的。所以，此时对于民生的理解，除了农业社会成员个人品德的要求，更为重要的是皇权社会统治合法性的一种体现和强调。

重视民生、以民为本的思想，在我国古代政治思想史上可谓源远流长。先秦诸子百家中，思想家们无论出于什么目的，大都重视民之生计疾苦，如《左传》《论语》《礼记》中均有孔子及其弟子关于请求当时国君轻徭薄赋，使民休养生息的话语，并将其上升到了君民关系的高度；主张兼爱非攻的墨家学派、主张无为的道家学派、秉持的实际上也是类似的主张。儒家代表人物孟子，将老百姓的民生与王道紧密结合，民之生计，养生丧死无憾，王道之始，而生民之道，则在于“制民之产”与“取民有制”，即一方面要发展生产，保障民生，同时也要防止取民无度，财富严重不公。只有重视民生，得到人民的支持，才有资格做天下的共主，才能得天下。其重视民生的经典话语“民为贵，社稷次之，君为轻”，千百年来被广为传颂。孟子之后，汉代思想家贾谊将民生看做是国家的根本，其名作《过秦论》指出，秦二世而亡就在于不重视民生，陷民于水火之中。秦汉之后两千多年，中国的历代统治者、思想家，也都认识到了民生疾苦与政权统治合法性的关联所在。所以，《尚书，大誓》中那句“民为邦本，本固邦宁”，才具有了不同寻常的政治文化意蕴。

但是，中国古代的民生话语中，尽管“民本主义者”强调民生，并没有把国家的统治权给予人民，仍把这种主权归之于君王，统治者对民生的重视，只是停留在道德层面，民生被看成是统治者对老百姓的一种恩惠，是统治者为了稳固统治基础所需要的一种手段，根本无法上升到法治的层面。可见，民生疾苦固然成为衡量古代皇权统治合法性的重要因素，即所谓"民唯邦本"；但是，邦之主权，仍然属于君主，民生也罢，民本也罢，其中之民，自然只能是"臣民"而非"公民"；"民生"之"生"，基本上也局限于满足物质需要的程度。

2.2.2 民生主义：救亡启蒙时代的法治民生

经历了"三千余年一大变局"的近代中国，西方列强利用船坚炮利，给予古老的中华帝国以前所未有的生存压力。洋务派、维新派、革命派纷纷提出自己的救国方略，伟大的革命先行者孙中山先生提出民生就是"人民的生活、社会的生存、国民的生计，群众的生计"，后来他又提出"民生就是人民的生活、社会的生存、国民的生计、群众的生命"①，在吸收了中国古代儒家思想中重视民生文化成分的基础上，将民生上升到"主义"的高度，丰富了民生的内涵、外延、逻辑起点、政治意图。孙中山先生的民生主义，需要政治革命、社会革命"毕其功于一役"才可行，② 需要平均地权、发展工商实业，再通过核定地价、涨价归公、与民共享等步骤。③ 可以说，这时的民生已经有了法治的内涵，解决土地问题，"若能将平均地权做到，那么社会革命已成七八分了"，④ 自由发展工商实业，防止资本家垄断，采用国家社会主义政策将大企业如铁道、电气、自来水等事业归国家所有等，⑤ 均需要通过国家立法才能实现。1923 年，民生主义被写入国民党党纲，"民生主义：防止劳资阶级之不平，求社会经济之调节，以全民之资力，开发全民之富源"，"国民政府本革命之三民主义、五权宪法，以建设中华民国"，"建设之首要在民生，故对于全国人民之食、衣、住、行四大需要，政府当与人民协力，共谋农业之发展，以足民食；共谋织造

---

① 三民主义. 岳麓书社，167.

② 《民报》第一号，孙文："发刊词"，参见《孙中山全集》第 1 卷第 288～289 页，中华书局，1981.

③ 沈渭槟. 平均地权本义的由来和演变. 安徽史学，2007(2).

④ 孙中山全集. 中华书局，1981：319.

⑤ 夏良才. 孙中山与亨利·乔治. 近代史研究，1986(6).

之发展，以裕民衣；建筑大计划之各式屋舍，以乐民居；修治道路、运河，以利民行。”[①]国民政府时期的各种宪法性文件，也均将其作为重要的制宪指导原则并载入具体的宪法文本，1931年的《中华民国训政时期约法》，1936年公布的《中华民国宪法草案》(五五宪草)中，国民政府时期通过的唯一一部正式宪法，1946年的《中华民国宪法》中均包含民生内容专章。[②] 梁启超曾经针对当时的情况就说过，“法治主义是今日救世之唯一主义”。[③]

无论是早期的平均地权、改革旧有经济制度，还是晚期的节制资本、防止劳资阶级不平，其内容能被写进当时统治者的最高活动纲领(国民党党纲)和整个社会共同体的根本政治准则(宪法)。虽然民国时候由于内忧外患，宪法形同虚设，但这时民生不仅仅是一种形而上的价值诉求，或者程序化的规则训诫，它更是一种特定时空背景下的社会实践，它回应了特定时空背景下特定民族的社会、政治诉求，使得民生具有了法治意义上的文化意蕴。

2.2.3　当代中国社会转型期的法治民生话语

建立一种和谐有序的生活世界，是千百年来中国人民的政治理想，更是从1840年以来饱受半殖民地半封建社会落后挨打之苦的先辈们渴求中华民族实现伟大复兴的美好愿望。1949年10月1日的开国大典，见证了中华民族结束落后挨打局面、中国人民翻身做主人的历史场景；1978年党的十一届三中全会开

---

① 中华民国法规大全. 第一册14～15. 转引自夏新华、胡旭晟等整理：《近代中国宪政历程：史料荟萃》，第599页，中国政法大学出版社2004年版。《建国大纲》在国民政府制宪活动中，处于形式上的最高地位，虽然各方势力对于制宪活动争讼不断，但均声称“依据建国大纲、总理遗教”。

② 法学界对孙中山先生民生思想的宪政实践关注不多，实际上，孙中山先生的民生思想除了对国民党政府制宪活动的重要影响，对当时学者们的宪政思想影响也非常明显。民国时期以民生主义为题的宪法学著述颇多，张知本拟定的宪草更是直接把宪法分为基本原则、民族、民生、民权四大部分；吴经熊所拟宪草中也分民族、民权、民生等篇，在民生一篇中包括“国民生计”与“国民教育”两章。

③ 梁启超. 中国法理学发达史论. 饮冰室合集(二)，文集(十五)，中华书局，1989：93。法治能否救国？这一我们今天看来明显具有功利色彩的一种所谓法治工具主义的说法，但在当初，却又似乎是先哲们身处内外交困之复杂政局的一种救国情怀和现实自我定位。处于和平年代的我们，似乎更应以一种同情的理解的态度来看待前辈们在乱世之中为求美好蓝图之如履薄冰的复杂形态。

始改革开放，中国逐步成为举世瞩目的经济大国，中国人民的民生得到了大幅度的改善和发展。2007 年 10 月党的十七大报告明确指出，“必须在经济发展的基础上，更加注重社会建设，着力保障和改善民生，推进社会体制改革，扩大公共服务，完善社会管理，促进社会公平正义，努力使全体人民学有所教、劳有所得、病有所医、老有所养、住有所居，推动建设和谐社会。”[①]关注民生，致力于解决、改善和发展民生，成为新时代党中央领导集体为建设和谐社会而定下的基本方略，也成为执政党依法执政的出发点和落脚点，实现好、维护好、发展好最广大人民的民生权益，不断满足人民日益增长的物质文化需要，做到发展为了人民、发展依靠人民、发展成果由人民共享，促进人的全面发展。中国的民生发展，真正进入了法治的轨道，先后出台了一系列的法律，保证民生有法可依，如废止收容遣送办法，尊重保障人权写入宪法，取消农业税，实行免费义务教育，出台“物权法”和“安全法”等，这一系列关注民生、重视民生、保障民生、改善民生的措施出台，不仅提高了人民生活水平，而且增强国家凝聚力和民族自信心。

着力保障和改善民生，必须逐步完善符合国情、比较完整、覆盖城乡、可持续的基本公共服务体系，提高政府保障能力，推进基本公共服务均等化。党的十八大明确指出：加强社会建设，必须以保障和改善民生为重点，提高人民物质文化生活水平，是改革开放和社会主义现代化建设的根本目的。要多谋民生之利，多解民生之忧，解决好人民最关心、最直接、最现实的利益问题，在学有所教、劳有所得、病有所医、老有所养、住有所居上持续取得新进展，努力让人民过上更好生活。

>> 2.3 中国法治民生的现状和存在的问题 <<

法治民生在很大程度上是一种历史实践，具有明显的时空维度。所以，当代中国的法治民生大业，必须在借鉴古今中外先进法治民生成果的同时，立足于当代中国的民生现实实际，回应当代中国人民的特定社会、政治需求。当代中国的法治民生建设本身，也是社会主义现代化建设中的重要组成部分。因

① 2007 年 10 月 15 日胡锦涛在中国共产党第十七次全国代表大会上的报告。

此，既不能抽象地就法治谈法治，也不能孤立地就法治谈法治。

2.3.1　中国民生法治的现状

中国民生法治已经取得了很大的成就。具体来说，一是民生所有领域都实现了法律全覆盖，基本实现了有法可依。教育、医疗、就业、养老、住房、社会保障等各个领域，都初步建立起了民生法律体系，改变了长期以来民生领域法律滞后的局面。

二是社会救助实现了法制化，传统的临时性、单一性社会救济向法制化、制度化社会救助转型。经过改革开放 30 多年的努力，我国社会救助制度实现从临时性、单一性社会救济向法制化、制度化社会救助的历史转型，救助管理的科学化、信息化、规范化水平明显提升，以城乡低保、农村五保为基础，专项救助为支撑，临时救助为辅助，覆盖城乡、项目多样、功能整合的社会救助制度框架基本形成。救助制度改革创新加快推进，各项救助制度配套衔接切实加强，各项救助标准和补助水平大幅提高。目前，低保制度实现城乡全覆盖。农村五保供养实现由农村集体互助共济向以财政保障为主的历史转型。城乡医疗救助制度全面建立，重特大疾病医疗救助开始试点。临时救助制度在全国各个省市推开，社会救助标准与物价上涨挂钩联动机制普遍建立。为保障社会救助公平、公正，全国 143 个城市开展救助申请家庭经济状况核对试点工作，建立了跨部门、多层次、分类别的救助申请家庭经济状况核对机制。

自然灾害救助步入法制化轨道。2005 年，国务院颁布《国家自然灾害救助应急预案》；2010 年，国务院发布《自然灾害救助条例》，对灾害救助作了全面规范。2011 年对该条例进行了修订，各级政府相应制定了应急预案和相关配套制度，建立起来相关机构，成立了国家减灾委，从中央到地方形成了比较完整的救灾应急体系和减灾救灾综合协调机制，自然灾害救助步入法制化轨道。救灾补助项目新增旱灾救助、过渡性生活救助、遇难人员家庭抚慰、“三孤”人员安置项目，将因自然灾害造成的公路、铁路滞留人员纳入救助范围，年均救助受灾群众 9000 多万人次，救灾补助标准也大幅提高。国内已建设了 18 个中央救灾物资储备库，减灾救灾装备水平和保障能力切实增强，基本实现灾害发生后 24 小时内受灾群众得到初步救助。

社会福利制度从补缺逐步迈向适度普惠，社会福利政策不断完善，受惠范围逐渐由孤寡老人、残疾人、孤儿、弃婴等特殊群体向全社会拓展，社会福利事业正在由补缺型向适度普惠型迈进。大部分省份建立了 80 岁以上高龄老人生活补贴制度和生活困难老人养老服务补贴制度，各省均出台了老年人社会优待政策。以居家为基础、社区为依托、机构为支撑，资金保障与服务提供相匹配的社会养老服务体系初步建立。针对孤儿保障，国家已从孤儿抚养、教育、医疗、康复、成年后就业、住房等方面作了全面福利制度安排；同时，积极探索把事实上无人抚养儿童分类纳入保障范围。此外，残疾人社会福利制度不断完善，面向公众的基本社会服务不断拓展。婚姻登记服务基本实现全国联网，基本殡葬服务免费政策逐步推开。社区公共服务、志愿互助服务、商业性便民利民服务得到发展。

优抚保障范围不断扩大水平全面提升，新型退役士兵安置制度已经确立并付诸实施，军队离退休干部和伤病残退役军人安置保障制度及服务方式不断完善，优抚保障范围不断扩大，包括带病回乡退伍军人、烈士老年子女、农村老党员和城镇老党员等在内的优抚对象，2011 年年底就达到 952.6 万人。拥军优抚安置制度不断改革创新，为保障优抚安置对象权益、服务国防和军队现代化建设、稳定改革发展稳定大局发挥了不可替代的作用。

慈善事业从传统向现代法治型转型，包括慈善组织、社会捐赠等均建立起了相关的法律法规，国家民政部先后颁布了两个为期五年的慈善事业发展指导纲要，出台了《公益慈善捐助信息公开指引》。一些省份出台了相关的地方性法规，从政策扶持、慈善组织孵化、慈善行业能力建设特别是政府购买服务等方面给予慈善事业相应的支持。

专栏 2-3　工资单上看民生

2015 年以来，不少人的工资单发生了变化，多数央企高管的工资缩水，部分央企全员降薪，近 4000 万机关事业单位人员的工资开始调整，330 多万乡村教师也将迎来“最无争议的涨薪”。一张小小工资单，见证着中国收入分配改革的进程，也折射着中国经济和民生改革的重点和路径。

央企高管“钱袋子”缩水

【背景】央企高管薪酬畸高的问题一直饱受诟病。由于央企高管薪酬结构不尽合理，与企业业绩挂钩不紧密，且缺少中长期激励，再加上薪酬监管体制也不够健全，一些央企高管薪酬增长过快，与职工收入差距过大，甚至在企业巨亏的情况下仍然可以拿高额年薪。此外，央企高管往往具有双重身份，既有高管工资，又有“高官”待遇。上述问题一定程度上影响着企业发展和社会公平正义。

【政策】2015 年 1 月 1 日，《中央管理企业负责人薪酬制度改革方案》正式实施，改革后的薪酬结构由此前的基本年薪加绩效年薪，改为基本年薪、绩效年薪加任期激励收入。基本年薪根据上年度中央企业在岗职工年平均工资的一定倍数确定。改革首批涉及 72 家央企的负责人，包括中石油、中石化、中国移动等组织部门任命负责人的 53 家央企，以及其他金融、铁路等 19 家企业。人社部副部长邱小平曾表示，改革后多数中央管理企业负责人的薪酬水平将会下降，有的下降幅度还会比较大。

【案例】在 2015 年全国两会期间，中国电力投资集团总经理陆启洲透露，此前他最高年薪曾经拿过 80 多万，现在如果绩效、中长期激励都完成，一年可以拿到 50 万元多一点；中国通用技术集团董事长贺同新称，按照 2014 年的税前数字，他的薪水大约下降了 45%～50%。

【解读】百姓不满意的主要是央企高管“脚踏两只船”和“高薪低能”，一些央企高管既有官员身份和福利，又可以在企业业绩不佳的情况下拿到天价薪酬，也就是说，老百姓并非仇富，而是仇不公。因此，这轮央企薪酬改革有助于解决公平问题，并将有力推动国企改革和收入分配改革进程。

部分效益不好央企全员降薪

【背景】当前，中国经济下行压力较大，受宏观经济形势放缓、行业不景气等因素影响，部分央企尤其是能源类央企的效益面临较大下滑。在官方“效益下降的企业工资总额必须下降”的要求下，央企薪酬只升不降的好日子似乎也走到了拐点。

【政策】2 月 9 日，国资委下发《关于认真做好 2015 年中央企业负责人经营业绩考核工作的通知》，其中规定：利润总额目标值比上年增长的，工资总额按照行业工资增长调控线适用范围合理确定；利润总额目标值下降的，同口径工资总额不得增长。6月2日，国资委下发《关于进一步做好中央企业增收节支工作有关事项的通知》，其中规定：严格落实工资总额和效益挂钩机制，企业工资总额增幅不得超过效益增幅，效益下降的企业工资总额必须下降。

【案例】5月22日，煤炭行业龙头央企神华集团公开宣布，2015年会按全员工资总额的10%下调员工的薪酬总额度。神华集团表示，受煤炭市场持续低迷、煤价大幅下降及电价下调等不利因素的影响，神华利润下降，降工资符合企业运作规律。据中国神华季报显示，一季度实现营业收入399亿元，同比下降34.5%；净利润56.9亿元，同比下降45.1%。

【解读】央企降薪直接原因是经营效益的下降，这也意味着央企的管理进入了"新常态"，之前那种央企员工收入与业绩关联不紧密，什么时候都"旱涝保收"的局面逐渐发生改变。薪酬多少，必须看业绩好坏，这也倒逼央企改革创新、降本增效和提质升级。

近4000万机关事业单位人员调薪

【背景】近年来，养老金"双轨制"引发诸多争议，今年这一制度终于被终结。1月14日，《国务院关于机关事业单位工作人员养老保险制度改革的决定》公布，近4000万机关事业单位人员将告别"免缴费"时代，开始缴纳基本养老保险。而基于降低改革难度等考虑，机关事业单位人员的工资也同步进行调整。对于大部分机关事业单位人员来说，每个月的工资条虽然会增加养老保险、职业年金的缴费，但由于基本工资的上涨，最终实发工资一般会变多。

【政策】2015年初，国务院办公厅转发了三个实施方案，一是公务员基本工资的调整；二是事业单位工作人员基本工资的调整；三是机关事业单位离退休人员待遇的调整。此次工资制度调整重在优化工资结构，并向基层倾斜。从5月上旬到6月初，国务院总理李克强先后两次要求各地尽快落实机关事业单位人员工资调整。截至6月下旬，机关事业单位调整基本工资标准准备工作全部完成。从6月起，地方已陆续开始兑现增加的工资，全国范围内将于7月底前基本完成。

【案例】陕西、山东等多地开始落实工资调整。陕西某县一位普通科员在微博上晒出了自己涨工资的情况。这位工龄6年、税后月薪3000多元的陕西公务员在接受记者采访时表示，此次工资结构调整，工资各项有涨有降，总体来看，扣除养老保险、职业年金的缴费后，拿到手的比之前涨了 71 元。

【解读】养老金“双轨制”的终结，有助于缩小企业退休人员和机关事业单位退休人员的“待遇差”，从而保障社会公平。而机关事业单位人员的工资调整，将优化当前“基本工资低、津贴补贴高”的不合理工资结构。工资向基层倾斜，保障基层人员的合理待遇和应有的尊严，有利于调动广大基层公务员的积极性，稳定基层工作队伍，鼓励人员向基层流动。

乡村教师将迎“最无争议涨薪”

【现状】受城乡发展不平衡、交通地理条件不便、学校办学条件欠账多等因素影响，乡村教师长期面临着尴尬而无奈的局面：条件艰苦、工作繁累、收入微薄。这极大地影响了乡村教师从教的积极性，进而制约了乡村教育的健康发展。

【案例】根据媒体报道，“90 后”李某在四川广元市大山深处的石牌村带着 36 个不同年龄的孩子。五年来，她既当班主任又当校长。她的同龄人外出打工，一年到头总能存下两三万元，但她只有 1000 元的月薪。老公多次劝她别干了，甚至提出“离婚”。像她一样挣扎在理想和现实边缘的年轻乡村教师，不在少数。

【政策】国务院 6 月初印发的《乡村教师支持计划（2015—2020 年）》提出，要提高乡村教师生活待遇。各地要依法依规落实乡村教师工资待遇政策，依法为教师缴纳住房公积金和各项社会保险费。加快实施边远艰苦地区乡村学校教师周转宿舍建设。按规定将符合条件的乡村教师住房纳入当地住房保障范围，统筹予以解决。这次提出强有力的举措来切实提高乡村教师生活待遇，一是全面落实集中连片特困地区乡村教师生活补助政策，让每一位符合条件的乡村教师都能享受到生活补助，越往基层越是艰苦，待遇越高。二是要求各地一定要依法保证乡村教师的工资水平不低于当地公务员的工资水平，并按规定解决好社会保险、医疗、住房等问题，让广大教师安心从教、长期从教。

【解读】按照上述，330 万乡村教师的工资待遇将有明显提高，生活待遇将获得较大改善，这次可以预期的乡村教师涨工资，受到了公众的一致赞同，被称为“最无争议涨薪”。有评论指出，提高乡村教师生活待遇，让他们除了“放不下孩子们”之外，可以有更多的理由和热情留在这片土地上。

2.3.2 中国法治民生存在的问题

尽管我国的法治民生取得了一定的成就，但离真正维护人的“尊严”的民生法治化还有一定的距离。尽管这些问题的存在原因很复杂，有历史性原因，也有结构性原因，更有社会转型性原因。不管什么原因，这些问题的存在，制约着法治民生的发展。

首先，法治民生尚未形成常态化，长官意志、人治民生的现象经常出现，导致老百姓对民生保障、改善和发展缺乏准确的预期。例如，中国七百多万公务员十多年没有增加工资，在世界范围内很少见。公务员不是高收入职业，但应该是一份体面的职业，应根据经济社会发展状况调整薪资。但是，由于缺乏公务员正常调薪的法律化、制度化规定，导致公务员涨薪需要某个领导人发话。如果领导人的思维被社会舆论或对公务员有偏见的所谓民意所绑架，就会导致公务员工资长期得不到调整。另外，由于缺少正常的薪资增长法律，使得公务员的收入遭到社会诟病，许多行政机关利用自己手中的权力，设置“小金库”，发放各种名目繁多的福利和补贴，严重破坏了财政制度，甚至造成公务员队伍收入不等，贫富不均，形成各种蚕食公务员肌体的腐败现象。

专栏 2-4　2015 年全国各地最低工资标准

最低工资指劳动者在法定工作时间提供了正常劳动的前提下，其雇主(或用人单位)支付的最低金额的劳动报酬。最低工资不包括加班工资、特殊工作环境、特殊条件下的津贴，最低工资也不包括劳动者保险、福利待遇和各种非货币收入。最低工资一般由一个国家或地区通过立法制定。在国外，除了政府可以制定最低工资之外，某些行业的组织也可以自行制定该行业的最低工资。最低工资可以用月薪制定，也可以用每小时的时薪制定。最低工资的制定反映了监管机构对劳动者权益的保护。在国外，最低工资是政府对劳动市场的正当干预。

随着 2015 年 7 月 1 日内蒙、四川两省区调整最低工资标准，全国已有湖南、海南、西藏、天津、深圳、山东、陕西、北京、上海、天津、甘肃、山西、四川、内蒙古等 14 个地区先后宣布提高最低工资标准。其中上海、深圳两地最低工资水平超过 2 千元大关，小时最低工资标准最高的是北京，达到 18.7 元。

从最低工资标准的“含金量”来看，上海、北京均明确最低工资标准不包含“个人应缴纳的各项社会保险费和住房公积金”，用人单位应按规定另行支付，因此，这两地的最低工资标准“含金量”更高。《最低工资规定》明确，最低工资标准一般采取月最低工资标准和小时最低工资标准的形式。月最低工资标准适用于全日制就业劳动者，小时最低工资标准适用于非全日制就业劳动者。各地区的最低工资标准每两年至少要调整一次。黑龙江省最低工资标准已经两年多未调整，目前执行的仍然是 2012 年 12 月 1 日调整的最低工资标准，最高档月最低工资标准为 1160 元。

尽管今年以来中国经济下行压力依然较大，但上调最低工资标准的地区却并未明显减少。数据显示，2014 年全国共有 19 个地区调整了最低工资标准，而 2015 年过去一半时间，已有 14 个地区上调了最低工资标准。

地区	标准实行日期	月最低工资标准(元)			
		第一档	第二档	第三档	第四档
北京	2015.04.01	1720			
天津	2015.04.01	1850			
河北	2014.12.01	1480	1420	1310	1210
山西	2015.05.01	1620	1520	1420	1320
内蒙古	2014.07.01	1500	1400	1300	1200
辽宁	2013.07.01	1300	1050	900	
吉林	2013.07.01	1320	1220	1120	
黑龙江	2012.12.01	1160	1050	900	850
上海	2015.04.01	2020			
江苏	2014.11.01	1630	1460	1270	
浙江	2014.08.01	1650	1470	1350	1220
安徽	2013.07.01	1260	1040	930	860
福建	2013.08.01	1320	1170	1050	950
江西	2014.07.01	1390	1300	1210	1060
山东	2015.03.01	1600	1450	1300	
河南	2014.07.01	1400	1250	1100	

续表

地区	标准实行日期	月最低工资标准(元)			
		第一档	第二档	第三档	第四档
湖北	2013.09.01	1300	1020	900	
湖南	2015.01.01	1390	1250	1130	1030
广东	2015.05.01	1895	1510	1350	1210
其中：深圳	2015.03.01	2030			
广西	2015.01.01	1400	1210	1085	1000
海南	2015.01.01	1270	1170	1120	
重庆	2014.01.01	1250	1150		
四川	2014.07.01	1400	1250	1100	
贵州	2014.07.01	1250	1100	1000	
云南	2014.05.01	1420	1270	1070	
西藏	2015.01.01	1400			
陕西	2015.05.01	1480	1370	1260	1190
甘肃	2015.04.01	1470	1420	1370	1320
青海	2014.05.01	1270	1260	1250	
宁夏	2013.05.01	1300	1220	1150	
新疆	2013.06.01	1520	1320	1240	1160

资料来源：北京本地宝，2015-07-03.

其次，民生领域的法制体系不健全，民生法治的公共产品短缺，再加上执行过程中存在的梗阻现象，导致出现民生法制真空状态。一些职能部门和利益集团钻民生法治体系不健全的空子，谋取自身利益，再加上干部民生政绩观念缺失，使得法治民生还有很长的路要走。到目前为止，我国尚没有制定出民生保障法、最低工资保障法等一些保障民生基本权利的法律。公民对于自身到底有哪些民生权力，需要承担什么样的民生义务；政府要承担哪些民生义务，都不清楚，更无法通过规范的民生指标体系对政府的执政能力进行评价。特别是由于没有建立相应的民生保障标准，使得民生的基本保障到底需要多少财政开支，贫困人口的标准是什么，联合国的标准还是中国自己的标准？没有法律规定，所以无从评价中国的民生发展状况。

再次，政府制定出台重大民生决策听证无法可依，居民参与政府民生重大决策缺少法律依据。到目前为止，我国尚未制定出“重大民生决策听证法”，导致政府在编制涉及重大公共利益以及与人民群众息息相关民生决策事项时，没有办法依法依规进行听证，缺少透明度，老百姓也没有渠道知晓甚至直接表达涉及自身民生利益的诉求，尤其是困难群体对其民生权益受损，缺乏正常的民生利益表达机制，更无法通过正常的法律渠道保障自身利益，最后不得不铤而走险，通过极端的方式来维护自身利益，从而引发社会矛盾。

最后，畸形的民生二元结构、三元结构仍然根深蒂固，严重制约着我国的法治民生进程。我国长期施行从人力、物力、财力等方面优先支持城市发展的制度和政策，对广大农村的重视和投入较少。畸形发展的城乡二元结构，人为地把社会成员摆在了两个截然不同的生存与发展的起点上，而且由于制度、习惯的刚性使这种不平等具有了一种难以打破的平稳态势，形成了一种强有力的自我内循环。改革开放以来，我国从计划经济体制向社会主义市场经济体制过渡，在这种社会转型过程中，新旧社会结构因素长期并存，政府的第一要务是发展经济，解决广大人民群众的温饱问题，这使得公共资源大多优先用于经济和产业领域，社会与公共事业方面(救灾、扶贫、公共卫生、环境保护、食品安全等)的比重相对较少，导致民生改善滞后。再加上在体制改革过程中，国有经济改革和经济部门的所有制结构多元化，社会资源被不同阶层和利益集团解构和分割，整个社会追求效率优先，而公平在一定程度上被忽视，由此造成了比较严重的收入差距扩大和分配不公平问题，引起社会结构的震荡及不稳定，民生问题由此产生。

专栏2-5　中国贫困的现状

中国早已成为世界第二大经济体，同时还存在巨大的贫困人口。中国扶贫的任务十分艰巨。据国家统计局数据显示，目前全国农村尚有7017万贫困人口，约占农村居民的7.2%。

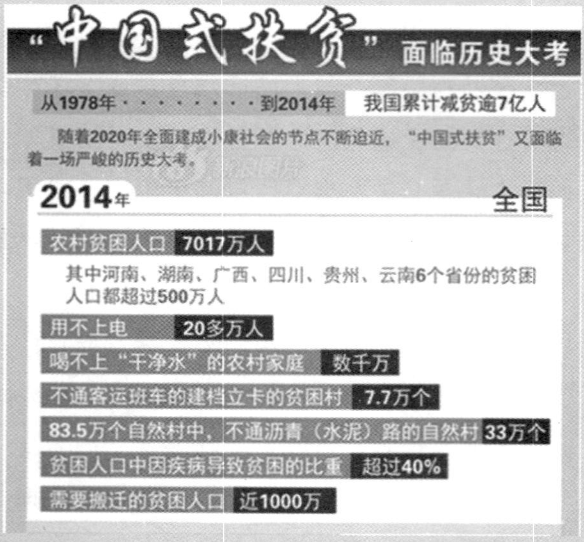

资料来源：新浪网，2015-06-23.

>> 2.4 依法保障和发展民生 <<

依法保障和发展民生，真正实现法治民生，一要积极推动民生立法、科学立法，健全全社会公众有序参与民生立法的途径和渠道，尽快建立起民生法治体系，有效保障老百姓的民生权利。

专栏 2-6 "十一五"以来已经通过正在实施或正在建立的民生立法

1. 中华人民共和国物权法，2007 年 3 月 16 日通过
2. 中华人民共和国劳动合同法，2007 年 6 月 29 日通过
3. 中华人民共和国就业促进法，2007 年 8 月 30 日通过
4. 中华人民共和国劳动争议调解仲裁法，2007 年 12 月 29 日通过
5. 中华人民共和国食品安全法，2009 年 2 月 28 日通过
6. 中华人民共和国农村土地承包经营纠纷调解仲裁法，2009 年 6 月 27 日通过

7. 消费者权益保护法(修改)，已通过

8. 中华人民共和国人民调解法，2010年8月28日，第十一届全国人大常务委员会第十六次会议

9. 行政复议法(修改)，国务院

10. 职业教育法(修改)，国务院

11. 促进科技成果转化法(修改)，国务院

12. 公共图书馆法，国务院

13. 基本医疗卫生法，国务院

14. 食品安全法(修改)，国务院

15. 药品管理法(修改)，国务院

16. 土地管理法(修改)，已提请审议

17. 环境保护法(修改)，已提请审议

18. 水污染防治法(修改)，国务院

19. 大气污染防治法(修改)，国务院

20. 土壤污染防治法，全国人大环资委

21. 野生动物保护法(修改)，全国人大环资委

22. 增值税法等若干单行税法，国务院

23. 税收征收管理法(修改)，国务院

24. 粮食法，国务院

25. 种子法(修改)，全国人大农委

26. 森林法(修改)，国务院

27. 中小企业促进法(修改)，全国人大财经委

28. 旅游法，已通过

29. 红十字会法(修改)，全国人大教科文卫委

30. 社会救助法，国务院

31. 慈善事业法，全国人大内司委

32. 安全生产法(修改)，国务院

33. 刑法修正案，委员长会议

34. 行政诉讼法(修改)，委员长会议

35. 反不正当竞争法(修改)，国务院

36. 反家庭暴力法，国务院

37. 刑事被害人救助法，委员长会议

38. 农村扶贫开发法

39. 学前教育立法

资料来源：根据相关资料整理

2.4.1 民生问题本质上是权利问题

转型期时代影响法治民生的因素是多元、复杂的，政治因素、社会因素、文化因素、全球化因素以及历史因素、经济因素杂糅，诸多矛盾和利益冲突交织，使得当代中国法治民生更加复杂，成为一个多维度的难题。所以，法治民生是一个系统工程，需要多种社会调控机制通力合作，更需要法治的有效监督与制约。解决民生问题，第一要有制度的保障，而最坚实的制度保障，则莫过于法治的保障。民生问题的最终解决，需要发挥法律功能，设定相应的法律机制来保证其适宜的解决与安排。法治作为一种治理国家的根本方略，对于权利的重视，对于规则稳定性、透明性的强调，对于司法权威的尊崇，对于政府权力的制约和政府义务的要求，均使得法治可以为解决当代中国的民生难题做出自己应有的贡献。

民生问题从表面上看是社会问题和经济问题，但实质上首先是一个典型的权利问题。权利是法治的要义所在。经济贫困一定程度上是社会权利贫困的折射和表现，经济贫困的深层原因不仅仅是各种经济要素的不足，更重要的是社会权利以及与社会权利相关的政治权利、文化权利和经济权利的贫困。所以，治理与消除经济贫困的治本之道，是强化社会权利的平等和保障社会权利的公正。解决民生问题，实际上就是解决权利配置、权利实现机制、权利保障机制的实现问题，解决“特定群体无法享受社会和法律所公认的足够数量和质量的工作、住房、教育、分配、医疗、财产、晋升、迁徙、名誉、娱乐、被赡养以及平等的性别权利，而且由于他们应该享有的社会权利被削弱和侵犯而导致相对或绝对的经济贫困”①。

公民权利的彰显，无疑需要法治的切实保障。所以，破解民生难题，离不开法治的深入，即通过法治保障民生、构建民生法治。《宪法修正案》中对“公民的合法的私有财产不受侵犯”的确认，对“国家建立健全同经济发展水平相适应的社会保障制度”的承诺，是宪政视野下对民生的最权威保护。

2.4.2　加快民生立法是法治民生的基础

在解决法治民生问题上，人大应积极发挥重要作用，行使好立法权，坚持立法为民。要始终坚持将最广大人民的根本利益作为立法工作的出发点和落脚点，紧紧围绕构建社会主义和谐社会的目标任务，将保障和改善民生作为重点，更好地解决利益关系的调整问题。在立法项目的确定上，应当优先考虑与人民群众切身利益息息相关的、带有普遍性的民生问题，在深入调查研究、广泛听取民意、充分科学论证的基础上确定立法项目。在法规草案的起草过程中，应当坚持走群众路线，为民众搭建充分表达利益诉求的平台，畅通渠道，让民众有充分、完整表达的机会，力争使出台的法规能最大限度地代表大多数人的利益。在草案审议中，要统筹兼顾好不同利益诉求之间的关系，合理满足各方面的利益诉求，处理好保障和改善民生与中心工作和大局的关系。要在民主立法、科学立法上下工夫，以克服部门利益法制化的问题，不但要在社会立法中多考虑民生问题，在行政立法、经济立法等立法工作中也应当民生优先。

教育、就业、分配、社会保障是民生问题的四大基础领域。宪法作为国家的根本大法、治国安邦的总章程，也是公民基本权利最权威的宣示。在通过公众参与等法律措施充分了解公民权利需求的基础上通过立法优化权利配置，通过相关法律制度确保公民权利的实现，当公民权利受到侵害之时，通过司法得到及时的救济。可以说，权利的彰显过程，就是法治的运行过程，着力保障和改善民生，其要旨即是公民权利的充分彰显。

“社保乃民生之依”，基于保险原理、互济原则和政府责任制定的于 2011 年 7 月 1 日起正式实施《社会保险法》，是实现国家法治民生社会保障目标的重

① ［美］洪朝晖．论中国城市社会权利的贫困．江苏社会科学，2003(2)：117～118.

要制度安排之一，有效保障了老百姓抵御生、老、病、残和失业五大社会风险，具有奠基性和开拓性，它第一次将宪法的社会保障原则具体化，明确了国家建立覆盖全体公民且城乡一体化的社会保险体系的政府责任，包括财政责任、行政责任和经办责任，以及公民参加社会保险计划的受益权利和缴费义务，这是我国民生保障法制化的一个里程碑。“就业乃民生之本”。我国关于劳动方面的法律日渐完善，但关于工人工资增长、职业福利等基本权利仍缺少具体的制度设计。应建立协商机制，提高劳动报酬的比重，合理调整收入分配关系，努力构建和谐劳动关系，改善民生，让劳动人民更有尊严地生活。

“医疗乃民生之急”，要“病有所医”；“稳定乃民生之盾”，安居是稳定的重要前提，要“住有所居”。尤其是受到广泛关注的住房保障，早在2009年，就有专家呼吁，尽快启动住房保障法立法，明确政府住房保障和市场监管责任。医疗卫生方面的立法情况更为紧迫。1994年3月，我国已经开始医药卫生体制改革，2007年，新一轮医药卫生体制改革又高调启动。促进基本医疗卫生服务制度化、规范化。但迄今为止，尚未有一部统一的卫生法出台基本医疗卫生保健法。

法治民生，要求立法反映人民的意愿，代表人民的利益，充分体现“民之生计”。现行《宪法》明确规定，“中华人民共和国的一切权力属于人民”，加强民生立法，应当体现人民的意志，发扬社会主义民主，保障人民通过多种途径参与立法活动。通过听证、公众参与等法定程序确保人民在民生立法进程中的主体地位，并在立法体系中将民生问题、人民反映的热点、难点问题、与人民利益密切相关的问题放在更为突出的位置，通过召开座谈会、论证会、听证会等多种形式，广泛听取各方面意见，增强民生立法的透明度和公众参与度。《物权法》《就业促进法》《劳动合同法》《个人所得税法》《劳动争议调解仲裁法》等一系列旨在保障公民民生基本权利的法律法规的先后出台，使得2007年被称为中国民生立法的关键之年。2009年审议通过的《社会保险法》《基本医疗卫生保健法》《精神卫生法》《社会救助法》《慈善事业法》《老年人权益保障法》等，以及《住房保障法》充分体现了党和政府关注民生、体察民意、尊重民权的立法思路，通过对公民作为权利主体之主体性的彰显，确保立法的民生意旨。

2.4.3　依法行政是法治民生的保障

法治民生，要求行政机关依法行政，最大限度地保证民生政策能够真正落实和持续，以实现惠及民生的初衷。政府的权力来源于人民，服务于人民，而不得高于人民的利益之上。因此，政府行政必须强调依法行政、执法为民。现实法律世界中的各项执法工作，都与民生问题息息相关，广大执法部门，着力解决人民最关心、最直接、最现实的利益问题，把为人民安居乐业提供有力的法治保障和法律服务作为自己的基本职责，全面满足人民群众的民生需求，并通过行政诉讼、行政复议等法律手段，确保执法为民宗旨的实现。各级政府应当把着力保障和改善民生作为履行政府职责、实现政府绩效的核心评价标准。如果说古代统治者的民生举措是为了维护统治的需要进而对臣民恩赐的话，那么，现代法治国家中政府的民生举措则是必须履行的法定义务，着力保障和改善民生也成为衡量、评价政府能力的一项核心指标。

行政的实践革新是公民社会权实现的直接依赖。行政活动与公民民生息息相关，民生要求下的行政实践革新包括行政权力在各个方面恪守法治界限，行政权力尊重和关注社会生活中每一个个体的权益，行政权力积极主动履行社会保障职能，行政权力改良执法方式与公民建立平等对话和谐关系。

2.4.4　实施有效、及时的司法救济是法治民生的有效补充

法治民生，要求司法给予公民权利以及时、有效的救济，维护公民的民生权利，使公民享有的民生权利真正得到落实。如果公民的权利很难得到及时、有效的救济，再好的权利设置也将流于形式，更谈不上对“民之生计”的落实和保障。无救济则无权利，一次司法不公的危害，其恶果超过十次犯罪，这些经典的西方法学谚语，无不说明司法救济在公民民生权利系统中的重要地位。在一定程度上，司法既是民生权利系统的最后防线，也是民众对民生权利法律体系信赖与否的一个重要标尺。因此，发扬司法为民的光荣传统，深化司法改革，增强司法的公信力，为保障和改善公民民生提供有力的司法保障，把保障和改善民生贯彻到行政审判和非诉行政案件执行的每一个环节，以积极的态度救济民权，以优质的服务减轻民负，以快捷的审理解除民忧，以公正的裁判保

障民利，以有力的执行实现民愿，在公民民生权利遭到侵害时及时有效的救济，对于保障公民的基本民生权利至关重要。依法坚决打击危害人民群众生命财产安全和侵犯公民人身权利、民主权利的犯罪活动，突出查办教育、就业、食品安全、医疗卫生、社会保障、征地拆迁、抢险救灾、移民补偿等领域发生的职务犯罪案件，有针对性地加大法律监督的力度，从办理的每一起案件、受理的每一项诉求入手来促进解决人民群众最关心、最直接、最现实的利益问题，真正体现司法为民、司法护民，把人民法庭建设成为群众感知司法公正的“民生窗口”，建设成为人民法院联系群众的“情感纽带”，用司法惠民的“阳光”让群众打官司公正、便宜、方便，才能确立民众对司法系统和国家的真正信赖，才能确立法律自身在民众心目中的权威地位，通过司法给予公民民生权利以最强有力的维护，进而最大限度地保障民生。①

法治民生不仅仅局限于物质文化需求，而是包含了教育、就业、收入分配、社会保障等多方面的社会需求。它不再是救亡图存时代的富民强国话语，也不再是改革开放初期解决温饱问题的思路，而是一种对人的自由平等全面发展的追求。它既非依赖于“君主臣本”政治文化结构下君主的恩赐，亦非救亡图存格局下民生话语的流于形式，而是体现了当代背景下特殊的政治文化意蕴。法治民生，构建民生法治体系，成为解决民生问题与建设现代法治的绝佳交汇点。正如习近平总书记所说，法治民生工作面广量大，具有稳定性、连续性、累积性等特点。要有坚持不懈的韧劲，一件接着一件办，不要贪多嚼不烂，不要狗熊掰棒子，眼大肚子小。要发扬钉钉子精神，不能虎头蛇尾。我们要一诺千金，说到就要做到，务求扎实，开空头支票不行。立下愚公志，打好攻坚战，心中常思百姓疾苦，脑中常谋富民之策。这样法治民生才能真正实现。

参考文献

[1]《左传·宣公十二年》.

[2]《三民主义》. 岳麓书社，167.

[3]付子堂等. 民生法治论[J]. 中国法学，2009(6).

[4]付子堂、邓伟云. 民生法治论纲[J]. 依法治国十年回顾与展望，2007.

① 付子堂. 民生法治论. 中国法学，2009(6).

[5]洪朝晖．论中国城市社会权利的贫困[J]．江苏社会科学，2003(2)：117～118.

[6]沈渭槟．平均地权本义的由来和演变[J]．安徽史学，2007(2).

[7]夏良才．孙中山与亨利·乔治[J]．近代史研究，1986(6).

[8]孙中山全集第 1 卷[M]．中华书局，1981：288～289，319.

[9]梁启超．饮冰室合集[M]．中华书局，1989：93.

[10]夏新华、胡旭晟等．近代中国宪政历程：史料荟萃[M]．中国政法大学出版社，2004：599.

第3章 法治教育，规范关系，促进公平

法治是现代治理体系的本质特征，法治是实现教育治理体系和治理能力现代化的重要标志。教育工作的法治化，主要是指国家教育行政机关权力的行使必须依据宪法和法律的授权进行，依法推进教育的改革和发展，实现宪法和法律所设定的教育发展和改革目标；坚持依法行政，行政决策和管理措施都要于法有据，以法治思维和法治方式推进教育的改革与发展，实现教育治理体系和治理能力的现代化。

教育是重要的民生事业，当前我国的教育改革正进入深水区，迫切需要以法治方式保障改革的顺利和深入推进。比如，人口流动带来教育格局变化、留守儿童教育权利亟待保障、高考制度改革等牵涉社会不同群体的利益，要平衡这些利益，就必须更好地发挥法治在教育改革中的引导和规范作用。因此，法治对于教育改革发展无疑具有十分重要的意义。党的十八届四中全会首次以全会的形式专题研究部署全面推进“依法治国”，审议并通过了《中共中央关于全面推进依法治国若干重大问题的决定》(以下简称《决定》)，提出了关于依法治国的一系列新观点、新举措，对于教育法治化的推进有着重要的指导意义。

首先，促进基本教育公共服务体系建设，政府需要依法全面履行教育职责。教育行政部门要改变依赖行政命令的管理手段，拓展行政指导、第三方评估等多种方式的综合运用。不同的管理方式都要求法律依据，坚持法定职责必须为、法无授权不可为。其次，建立现代学校制度，需要法治引航。建设现代学校制度是构建中国特色社会主义现代教育体系的组成部分。进一步明确政

府、学校、家长、学生等不同主体在教育法律关系中的权力或权利、职责或义务，则是建立现代学校制度的前提和基础，也是教育治理现代化的法律基础。这些都需要通过法治来保驾护航。最后，深化教育改革需要法治保障。立法和改革决策要相衔接，教育改革关系千家万户，必须要把握好改革和法治之间的关系，做到重大改革于法有据，立法主动适应改革和经济社会发展需要。

3.1　我国法治教育的发展历程①②

3.1.1　法治教育的萌芽阶段

从新中国成立初期到十一届三中全会之前，中国教育法制建设开始萌发，但经常受到干扰和破坏。新中国成立之初，废除了以前的旧法，根据情势制定了一批教育法规、法令，内容包括教育事业的计划管理、中小学教育的改进与发展、课程改革、学校领导关系、师资的培养与管理等方面。1954 年，新中国第一部宪法诞生，但法制观念并没有在社会生活中植根。1958 年，在全国开展了以勤工俭学、教育与生产劳动相结合为中心的教育革命。在这场改革中必要的法规制度遭到了破坏，扰乱了正常的教学秩序，降低了教学质量等。从 1961 年起，在大时局的变动中，中央同样对教育事业进行了调整、巩固、充实、提高，发布了由教育部草拟的《教育部直属高等学校暂行工作条例》《全日制中学暂行工作条例》《全日制小学暂行工作条例》，为各级学校制定了明确的工作规程。“文化大革命”时期，国家的立法工作完全停顿，已有的法律、法规丧失了权威性，司法工作也失去了其应有的独立性。从新中国成立到十一届三中全会的 30 年间，除《宪法》中有关教育的条款外，没有由国家权力机关通过的对全国教育起统领作用的教育法，民主法制没有得到有效发展。

① 劳凯声．改革开放 30 年的教育法制建设[J]．教育研究，2008(11)．

② 陈小红，聂伟，王火生．中国教育法制建设 30 年：回顾与前瞻[J]．教育学术月刊，2009(9)．

3.1.2 法治教育的起步阶段

十一届三中全会到 20 世纪 90 年代中期，依法治国确定为引领国家拨乱反正、强国兴邦的治国方略，法制建设进入了新时期。教育界重新颁发了 1961 年的大、中、小学《工作条例》，逐步恢复学校的教学秩序。1980 年 2 月，全国人民代表大会常务委员会通过了《学位条例》，该条例以适应社会主义现代化建设的需要，促进我国科学专门人才的成长，促进各门学科学术水平的提高和教育、科学事业的发展为立法目的，是新中国成立以来最高权力机关制定的第一部有关教育的法律。1982 年 12 月，全国人民代表大会制定了新的《中华人民共和国宪法》，宪法有关教育的规定和教育法的制定，为依法治教提供了最高的法律依据。1986 年 4 月全国人民代表大会通过了《义务教育法》，以法律的形式规定国家实施九年义务教育，对提高民族素质，推进社会主义现代化建设，加强教育法制都有重要的影响。1993 年 10 月，全国人民代表大会常务委员会《教师法》，明确了教师在我国社会主义现代化建设中的重要地位，对教师的权利、义务、任用、考核、培训和待遇等方面作了全面的规定，是我国教师队伍建设走向规范化、法制化的根本保障。同期，国务院也制定了《幼儿园管理条例》《残疾人教育条例》《普通高等学校设置暂行条例》等 16 部相关的行政法规，对新中国成立以来制定的数百个教育行政法规进行了整理和汇编，初步结束了教育工作无法可依的局面。各地有权制定地方性法规的人民代表大会及其常务委员会，根据所辖地区教育发展情况，颁布了一批地方性法规。

20 世纪 90 年代以来，依法治国逐步深入人心，以法治来推进教育事业改革与发展得到了社会的普遍认同。1995 年 3 月，全国人民代表大会审议通过了《教育法》，从 1995 年 9 月 1 日起施行。《教育法》的颁发和实施，对于进一步落实教育优先发展的战略地位，保障教育改革与发展，促进社会主义现代化建设，都产生了重大而深远的影响，是我国全面走上依法治教轨道的重要标志。《教育法》规定了我国教育的社会主义性质，确立了教育优先发展的战略地位，强调了各级政府优先发展教育事业的责任，规定了公民平等受教育的权利，确认了教育的公益性质，为教育事业规定了基本的发展方向。《教育法》肯定了教育体制改革在“简政放权”方面所取得的成果，规定了包括国家和社会力量在内的多元办学体制。《教育法》规定了建立在教育结构改革基础上的教育基本制度，把义务教育、职业教育和成人教育纳入学制系统之中，规定为我国教育的基本制度。此外《教育法》还把社会文化生活教育、未成年人的校外教育等也纳入了法律调整的范围，确立和完善终身教育体系的原则。《教育法》全面规定了发展教育条件的保障措施，以法律的形式保证和增加教育投入，改善办学条件，确保教育优先发展战略地位的真正落实。为了保证和增加国家对教育的投入，《教育法》还作了"各级人民政府教育财政拨款的增长应当高于财政经常性收入的增长，并使按在校学生人数平均的教育费用逐步增长，保证教师工资和学生人均公用经费逐步增长"的规定。

3.1.3　法治教育深化发展阶段

20 世纪 90 年代中期开始，教育法制建设深化发展，教育法治体系初步成型。1995 年以后，以《教育法》为依据，我国又制定了《职业教育法》《高等教育法》《民办教育促进法》《义务教育法》的修订及一大批行政法规和地方性法规、规章相继出台，基本形成了我国教育法律体系的框架，教育立法进入全面、系统的阶段。同时，还建立和完善了教育执法监督制度，加强了教育执法工作，教育法治体系初步成型。

1996 年，全国人民代表大会常务委员会通过了《教育法》，该法是以实施职业教育涉及的社会关系为调整范围的单行法，是职业教育工作的法律依据。在我国，职业教育包括各级各类职业学校教育和各种形式的职业培训。该法调整的主要内容包括我国职业教育的体系、职业教育的实施、职业教育的保障条件等方面。1998 年，全国人民代表大会常务委员会通过了《高等教育法》，该法是以高等教育部门内外部关系为调整范围的单行法，是高等教育工作领域的法律依据。我国高等教育通常包括专科教育、本科教育和研究生教育等不同层次，这些都纳入该法的调整范围。有关学位授予工作中产生的关系及问题也应属于该法调整和规范的范围，因此，《学位条例》也是包括在这一类中的。从其调整的范围看，除了高等学校的研究生教育之外，还包括科学研究机构所实施的研究生教育。2002 年，第九届全国人民代表大学常务委员会第三十一次会议通过了《民办教育促进法》，该法是调整民办教育部门内外部关系的单行法，是社会力量参与办学的法律依据。民办教育是指国家机构以外的社会组织或者个人，利用非国家财政性经费，面向社会实施的教育。纳入该法调整的主要有民办学校及其他教育机构的设立、民办学校的组织与活动、民办学校的教师与受教育者、民办学校资产与财务管理、国家对民办学校及其他教育机构的管理、国家对民办教育的扶持和奖励、民办学校的变更与终止等事务。

>> 3.2 我国法治教育的成就 <<

3.2.1 初步形成了五层次结构的教育法律体系①

20 世纪 80 年代以来，国家在法治教育方面做了大量工作，全国人大及其常委会先后制定颁布了《学位条例》《义务教育法》《教师法》《教育法》《职业教育法》《高等教育法》《民办教育促进法》等教育法律。与此同时，国务院发布或批准了 17 项教育行政法规，地方省市人大相继制定了 138 项地方性教育法规，国家教育行政部门也颁布了 200 余项教育规章。劳凯声认为，我国教育法的体系框架，可以根据制定机关的不同和法律形式的不同划分为不同的层次，根据法律规范内容的不同划分为不同的部门。具体地说，教育法的体系结构由纵向五个层次和横向六个部门构成。

《教育法》是我国教育法体系的第一个层次。它是以宪法为依据制定的基本法律，是全部教育法规的母法，是协调教育部门内部以及教育部门与其他社会部门相互关系的基本准则，也是制定教育领域不同部门的单行法律及行政法规、规章的依据。《教育法》由全国人民代表大会制定，但是《教育法》作为调整教育关系的母法，它的一些规定难免原则化，必须靠下位的法律、法规、规章来支撑。单行法律是我国教育法体系的第二个层次，主要调整各个教育部门的内外部关系。现已有《义务教育法》《职业教育法》等几部单行法律，由全国人大常务委员会制定。教育行政法规是教育法体系的第三个层次，主要是为实施《教育法》和各单行法而制定的规范性文件，此外，《教育法》或各单行法未予规

① 劳凯声．改革开放 30 年的教育法制建设[J]．教育研究，2008(11).

范的问题，也可由行政法规加以调整。属于这一层次的行政法规由国务院制定和发布，它是我国教育法的主体，应根据教育事业发展的需要予以增加或调整。地方性法规、自治条例、单行条例是教育法体系的第四个层次。地方性法规是有地方立法权的人民代表大会及其常务委员会为执行国家有关教育的法律、行政法规，根据本行政区域的实际需要而制定的规范性文件。自治条例、单行条例则是民族自治地方的人民代表大会依照当地民族的政治、经济和文化的特点而制定的规范性文件。政府规章是教育法体系的第五个层次，属于这一层次的政府规章一般由国务院各部委制定和发布，其效力要低于行政法规。政府规章的制定主要依据法律和行政法规，并且可以因实际工作的需要而决定其内容。

3.2.2　教育治理理念开始了从法制到法治的转变

近年来，我国教育领域的治理理念也经历了从教育法制到教育法治的转变。“法制”和“法治”是一对相互联系而又相互区别的概念。两者都强调静态的法律制度以及将这种静态的法律制度运用到社会生活当中的过程。不同表现在：第一，法制是法律制度的简称，属于制度的范畴，是一种实际存在的东西；而法治是法律统治的简称，是一种治国原则和方法，是相对于“人治”而言的，是对法制这种实际存在东西的完善和改造。第二，法制的概念不包含价值判断，法治包含了价值内涵，强调了人民主权。第三，法制是“以法治国”，法就是工具、手段；法治是“依法治国”，法是目标，是价值取向。第四，在任何国家都存在法制；而只在民主制国家才存在法治。由此可见，法制是法治的前提条件和基础。没有法制，也就谈不上法治。“法治”一词蕴含了法律调整社会生活的正当性，它要求社会生活的法律化，要求维护公民的自由，使人们的正当要求有了程序化、制度化的保证，增强了社会成员的安全感。由此，“法制”的目标就是“法治”，法制的发展前途必然是最终实现法治。

教育法制侧重于将法律作为教育行政管理的工具规范其行政过程，手段化色彩明显，注重教育行政管理的制度化和有效性，呈现出一种“自上而下的治理方式”。教育法制要求国家健全各种教育制度，包括教育管理制度，强化行政对教育的管理与控制，缺乏对教育行政权力行使的有力限定与规范，教育行政权力行使程序被忽视，其他利益主体的权利相对弱化，对不同群体和机构的参与权利和自治权利不够重视。相对于教育法制，教育法治不仅要求教育法治内容的合理性、教育行政权力的来源正当，同时还要求教育行政权力的程序合法，关注受教育权的实现与教育公平的实质结果。

教育法治化的要求被提出，国家通过各种努力逐步实现教育治理理念向法治化转变。在充分总结近年来教育管理体制问题和改革经验基础上，2015年教育部出台了《关于深入推进教育管办评分离促进政府职能转变的若干意见》，提出深入推进教育管办评分离，促进政府职能转变，加快健全学校自主发展、自我约束的运行机制，简政放权、加快建设法治政府和服务型政府，建立健全政府、学校、专业机构和社会组织等多元参与的教育评价体系，到2020年，基本形成政府依法管理、学校依法自主办学、社会各界依法参与和监督的教育公共治理新格局。此外，教育法治在目标上更加注重教育公平的实现，将国家资源投入向中西部地区教育事业倾斜，加大农村地区的教育投入，强化对随迁子女和留守儿童公平受教育权的保护，鼓励发展特殊教育，满足特殊群体的教育需求，教育领域公民寻求权利救济的司法途径也日益畅通。

3.2.3 愈发重视通过教育法治化保障基本受教育权，促进教育公平

教育公平是发展教育、配置教育资源的根本原则，也是教育法治建设的指导原则，是国家发展教育事业、推进教育法治化的本质要求。当前中国还存在一些教育公平方面的问题，主要包括城乡之间的教育公平问题、社会不同群体间的教育公平问题、区域教育公平问题、民办教育与公办教育的教育公平问题等。

针对城乡教育资源配置不平衡，2004年教育部颁发了《2003—2007年教育振兴行动计划》，旨在解决农村教育资源不足的问题，明确省、市、县政府在农村教育管理中的责任；2012年，为缩小区域教育差距，教育部颁布《县域义务教育均衡发展督导评估暂行办法》，努力推进县域基础教育阶段教育资源配置的均衡化。有关社会困难群体的受教育权问题包括：进城务工随迁子女的入学问题，以及残疾人等存在自身障碍的社会人员的教育问题。针对进城务工人

员子女的教育问题，几大部委联合出台《关于进一步做好进城务工人员就业农民子女义务教育工作的意见》，要求人力资源流入地的政府相关部门负责安排进城务工人员子女接受义务教育阶段的基础教育。2010年开始，国家又逐步推行异地高考，这是中国教育体制的重大变革，将促进教育公平的深化。保障残疾人的受教育权一直为国家所重视，中国颁布了《残疾人权益保障法》《残疾人教育条例》等法律、法规，并于2008年签署联合国《残疾人权利公约》。依据上述法律、法规、国际文件精神，中国积极发展特殊教育等教育形态、鼓励兴办聋哑学校等，积极保障残疾人基本教育权利的实现，保障困难群体的教育公平。为实现区域教育公平目标，国家扶持中西部地区教育事业，开展西部教育扶持计划，为西部地区培养定向师资力量，加强西部地区教育设施建设。教育部2013年、2014年的工作重点都把发展西部民族教育、促进区域公平作为重要内容。此外，国家积极扶持民办教育，通过制定《民办教育促进法》《民办教育高等学校设置暂行规定》等法律法规，确立了民办教育的法律地位，民办学校享有同公立学校同等的保障机会，民办学校的学生平等享有宪法和法律所保障的受教育权，民办教育在一定程度上已成为教育公平发展的重要组成部分。①

3.2.4 重视对不同教育主体的权利义务关系进行规范

改革开放以来，我国教育体制改革不断深化，政府、学校、社会关系逐步理顺，但政府管理教育还存在越位、缺位、错位的现象，学校自主发展、自我约束机制尚不健全，社会参与教育治理和评价还不充分。2010年《国家中长期教育改革与发展规划纲要(2010—2020年)》提出，要促进管办评分离，形成政事分开、权责明确、统筹协调、规范有序的教育管理体制，同时指出："各级政府要切实履行统筹规划、政策引导、监督管理和提供公共教育服务的职责，建立健全公共教育服务体系，逐步实现基本公共教育服务均等化，维护教育公平和教育秩序。"十八届三中全会《决定》明确要求，要深入推进管办评分离，扩大省级政府教育统筹权和学校办学自主权，完善学校内部治理结构。十八届四中全会对深入推进依法行政、加快建设法治政府作出了一系列制度安排，从而

① 李林，田禾．中国法治发展报告 NO.13(2015)(R)．社会科学文献出版社，2015：147～165.

为推进教育管办评分离，促进政府职能转变，厘清政府、学校、社会之间权责关系，构建三者之间良性互动机制，提供了重要的方向。

2015 年教育部出台了《关于深入推进教育管办评分离促进政府职能转变的若干意见》(以下简称《意见》)，提出深入推进教育管办评分离，促进政府职能转变，就是要按照完善和发展中国特色社会主义教育制度、推进教育治理体系和治理能力现代化这一总目标，以落实学校办学主体地位、激发学校办学活力为核心任务，加快健全学校自主发展、自我约束的运行机制；以进一步简政放权、改进管理方式为前提，加快建设法治政府和服务型政府，主动开拓为学校、教师和学生服务的新形式、新途径；以推进科学、规范的教育评价为突破口，建立健全政府、学校、专业机构和社会组织等多元参与的教育评价体系。到 2020 年，基本形成政府依法管理、学校依法自主办学、社会各界依法参与和监督的教育公共治理新格局，为基本实现教育现代化提供重要制度保障。

《意见》围绕依法确定权力和依法行使权力，要求从七个方面加大依法行政力度：一是加大政府简政放权力度；二是推行清单管理方式；三是加快国家教育基本标准建设；四是健全依法、科学、民主决策机制；五是建立健全教育行政执法机制；六是加强和完善政府服务机制；七是加大行政监督和问责力度。对于“建设依法办学、自主管理、民主监督、社会参与的现代学校制度”，《意见》提出了以下主要措施：一是依法明确和保障各级各类学校办学自主权；二是加强学校章程和配套制度建设；三是完善学校内部治理结构；四是健全面向社会开放办学机制；五是完善校务公开制度。对于“建立科学、规范、公正的教育评价制度”，《意见》提出了以下主要举措：一是推动学校积极开展自我评价；二是提高教育督导实效；三是支持专业机构和社会组织规范开展教育评价；四是切实保证教育评价质量；五是切实发挥教育评价结果的激励与约束作用。该《意见》的出台及其后继举措，对于进一步规范教育领域不同主体的权利义务关系，开创教育公共治理的新格局，将产生长远的影响。

3.3　我国法治教育存在的问题①

在我国教育法制建设三十多年的进程中，社会正处于由计划经济向市场经济转型的复杂时期，各法律关系主体的利益关系复杂多变，法律的稳定性特征与市场经济的发展性不同步，难以起到保障教育优先、持续发展，促进教育现代化的作用。由于我国教育立法尚处于起步阶段，立法经验不足，立法人员素质参差不齐，立法计划性不周全，立法程序性不强，立法民主化程度不高等问题比较突出，导致教育法律体系不全，难以起到依法保障教育事业发展的作用；已经出台的法律、法规和规章存在诸多瑕疵，严重影响了教育法的权威和教育法的实施效果。因此，要实现教育法制现代化，认清社会转型期教育发展的复杂性，必须先“治法”，找出教育法制建设中存在的问题，实行科学立法、民主立法，构建出能够规范办学行为、保障教育发展可依、可信、可行的、完善的教育法律体系。

3.3.1　教育法律体系尚需进一步完善

中国现行的教育法律体系中，教育法律仅有 8 部，教育行政法规以及部门规章共 72 部，其余以地方性法规和地方性规章及其他规范性文件的形式存在。法律供给严重滞后于现实需求，主要体现在立法缺口大，下位法滞后问题严重。

教育立法的缺口大，一些重要的教育法律、法规还没有出台。如我国还没有“教育财政法”“学校法”“学生法”“学前教育法”，“成人教育法”等。这些法律法规的缺失，对我国教育法体系的健全不无影响。学校是实现国家教育权、公民受教育权的主要场所，学校教育的管理水平和教育质量直接关系到国家教育权的落实和公民受教育权的实现。我国有各级各类学校 20 余万所，学生 3 亿多人，至今仍然没有一部“学校教育法”对涉及如此庞大人群的学校教育进行严格规范，导致学校教育权利不明、职责不清，学生在学校的受教育权利和应该履

① 陕西师范大学高等教育研究与评估中心．改革开放 30 年来我国教育法制建设的成就、问题与走向[J]. 新中国成立 60 年陕西教育 30 年法制建设理论研讨会获奖论文，2010(4).

行的义务也没有明确的法律条款予以规范。现实中“应试教育”禁而不止，“素质教育”推而不行，学生在校伤害事故让学校体育课不敢上、课外活动不敢开展、对社会实践更是望而却步，这些都与没有一部严格规范学校、教师、学生、家长的权利和义务的“学校教育法”直接相关。《教育法》关于教育投入和条件保障的许多原则性规定，由于没有“教育财政法”“教育投入法”等单行法律进行具体规范而难以有效贯彻实施，“国家保障教育事业优先发展”的战略决策无法切实执行，导致教育特别是基础教育(尤其是农村基础教育)的发展滞后于社会经济的发展。同时，在我国教育立法实践中，实体法是对公民享有什么样的权利、履行什么样的义务进行详尽地规定，但如何维护自己的权利，怎样去履行义务，则是程序法中要进行全面、细致地规定，但我国的教育实体法较多，程序法的缺失则是不争的事实。程序法滞后，导致有法不依、违法难究的现象屡有发生。同时，教育法规中还有相当一部分用了“暂行”“试行”的名称，有的已用了十几年，长时期“试用”，既不进行修订也不作为正式法规发布，必然降低教育法的效力和权威。

下位法律滞后问题相当严重。法律能否得到有效地贯彻执行，在于其是否有实效性。法律只有严密、完备，具有可操作性，才会体现它的法律效力。一般来说，全国人民代表大会及其常务委员会制定的法律高度概括、原则，是从整体大局出发，就教育问题进行立法，如《义务教育法》《教师法》《教育法》等，都是以统一的模式就我国某一方面的教育进行概括性、原则性地立法。但具体怎么贯彻执行总原则的精神，则需要下位法律逐级进行具体化，使其具有可操作性。目前我国下位法律滞后问题严重，使得法律具体实施中面临困难。如《义务教育法》作为一部法律，只能就大致方针作出决定，具体的实施尚须配套的法规作保障，否则难以体现义务教育法的实效性和权威性。而我国在 1986 年正式颁布了《义务教育法》，而《义务教育法实施细则》则在 1991 年才正式出台，配套的实施法规迟至 6 年以后才出台，从而在很长一段时间影响了该法律的贯彻落实。因此，只有下位法律在上位法律的指导下，及时有效地制定出台，使教育法律得以具体化、操作化，才能体现出法律的权威性，便于人们执行遵守。

专栏 3-1　教育法律体系的内在一致性

原《义务教育法》第 10 条规定："国家对接受义务教育的学生免收学费。"但该法于 1986 年 7 月 1 日起施行后学校一直在收费，直到 1992 年《义务教育法实施细则》出台，才在第 17 条中补充规定："实施义务教育的学校可收取杂费"，但是，已经过去的 6 年中收取的费用到底是学费还是杂费？既没有任何人或组织对学校收费提出质疑并监督《义务教育法》第 10 条的实施，也没有任何人或组织对《义务教育法》第 10 条本身的合理性和可行性提出质疑，更没有人对《义务教育法实施细则》第 17 条违背上位法的规定提出异议。

3.3.2　立法质量有待进一步提高

由于我国教育法制建设尚处于起步阶段，立法经验不足，已经出台的一些法律、法规和规章质量不高，现实针对性不强，降低了教育法的权威性和实施效力。

从立法技术看，教育法律法规的用语比较空泛，原则性表述多，可操作性不强。教育法规是教育行为的规范，应该解决由谁作和怎么作的问题，因此可操作性应是教育法律法规用语最重要的特点。一般而言，高层次的法律法规可以较为原则，而低层次的法规性文件则必须详细，最后达到能够解决法律执行过程中可能遇到的所有问题。我国教育法律法规在立法技术上的缺陷，必然影响法律法规应有的效力。

现行一些教育法律法规只设定了国家和地方各级政府的义务条款，但多数条款没有设定不履行义务的处罚条款。不少法律规范只有法定条件和行为准则而无法律后果，导致一些法律关系主体虽不履行义务却不必承担法律责任，使违法行为得不到惩处，教育法的实施不力与立法本身存在这样的缺陷有着直接的因果关系。汪习根分析发现，在 9 部与教育直接相关的教育法律中，只有 2006 年修订的《义务教育法》设置了违反教育公平的相关法律责任。① 9 部教育

① 汪习根，周翠彬．中国教育公平的法律规范分析及改革构想[J]．湖北社会科学，2010(7)．

法律中有 8 部没有设置与教育公平相关的法律责任，其中有两部法律根本没有设置法律责任条款；在设置了法律责任条款的 7 部法律中，有 5 部法律的责任条款数量不超过 5 条，责任条款数量超过 10 条的只有 1 部法律。这种责任条款缺失的状况，体现了目前我国教育法律的可操作性差，实效难以保障。

专栏 3-2 《教育法》缺少对不履行义务的处罚条款

《教育法》第 53 条第 1 款规定："国家建立以财政拨款为主，其他多种渠道筹措教育经费为辅的体制，逐步增加对教育的投入，保证国家举办的学校教育经费的稳定来源。"第 54 条规定："国家财政性教育经费支出占国民生产总值的比例应当随着国民经济的发展和财政收入的增长逐步提高。具体比例和实施步骤由国务院规定。"第 55 条还规定了各级人民政府对教育的投入要实现"三个增长"。但是，这些义务性规范在《教育法》第九章"法律责任"中却找不到相应法律后果的表述。《义务教育法》第 12 条规定："实施义务教育所需事业费和基本建设投资，由国务院和地方各级人民政府负责筹措，予以保证。"该条也是只有义务而无责任。由于这些义务性条款都未明确义务主体不履行义务所应承担的法律后果，对违法行为无法追究法律责任，背离了法是由国家强制力保证实施的行为准则这一根本特征，这些条款都得不到很好的落实也就不足为怪了。

地方性法规缺乏特色。我国由于地域广阔，各地经济、文化发展水平不平衡，因此很难用一个统一的模式、框架来规范全国教育的同步发展，这就要求各地根据教育法总的规定和本地区的实际，对本地区的教育发展提出要求，并把这些要求用地方性法规的形式确定下来。从我国的地方性法规实际状况来看，各地的教育法律法规中的实施办法大同小异，即"复印现象"相当严重。在缺乏调研、考查的情况下，盲目照搬其他地区的地方性法规，不能体现本地区教育发展的特点，结果是教育法律法规流于形式，难以适应本地区的教育特点。

3.3.3 科学、规范的教育法治运行机制尚未建立，教育公平性和救济性难以得到切实保障

“科学执政、依法执政、民主执政”，反映在教育法治上就必须加强对有关教育的立法、执法、司法、守法和法律监督等活动和过程进行科学、严格的制度规范。当前，在教育立法上，法律体系的完整性、下位法与上部门立法的协调性都还不太理想；存在执法不严、司法不公的状况，公民的自觉守法意识尚未形成；法律监督体系尚未建立。这都迫切要求完善教育法制的运行机制。

从管理理念上看，按照依法治理的原则和方式来管理教育、发展教育和规范各种教育活动的管理理念尚未确立。比如，一些县、市政府在进行农村教育布局调整时只考虑资源集中整合，只考虑缩减教师编制、减少财政投入，对《教育法》规定的“国家扶持边远贫困地区发展教育事业”，“各级人民政府采取各种措施保障适龄儿童、少年就学”，原《义务教育法》第9条规定的“地方各级人民政府应当合理设置小学、初级中等学校，使儿童、少年就近入学”等视而不见，大规模撤并农村小学，一些农村小学被撤销后，边远地区村民的子女要步行十几公里上学。政府这种只顾减少财政负担、加重老百姓负担的做法违背了《教育法》《义务教育法》的有关规定，侵害了农村边远村落农民子女受教育的权利。谭细龙在湖北某市的农村教育调查中发现，撤销农村小学后农民子女入学非常不便。农村税费改革实施后，该市的行政建制从17个乡镇(街道)合并为11个。农村中小学也随之进行了布局调整，撤销、合并了一批义务教育阶段的农村学校，农村小学减少了39所，农村初中减少了3所。该市某镇2003年学校布局调整，一次就撤销了5所小学，被撤学校所在村的学生上学最近的要走5公里，远的要走20多公里。小学急剧减少的现象在全国也很普遍，2000—2006年《全国教育事业发展统计公报》的数据显示，全国小学每年平均减少3万多所。“九五”末的2000年全国有小学55.36万所，到“十五”末年仅剩36.62万所，全国有37万个乡(镇)6572万个行政村减去乡镇中心小学数，有小学的行政村不到一半。在城镇化加速的情况下，城镇小学在增加，减少的主要是农村小学。只有大力发展乡村教育，办好农村小学、教学点，才能保障适龄儿童、少年的“就近入学”权利，使所有的农民都能接受良好的教育和服务，才能更好地为建设农村和谐文化，推进新农村建设服务。

专栏 3-3　教育管理中违反教育法律侵害学生受教育权利

湖北某市某镇猴档村 2003 年布局调整撤销猴档村小学后，改设教学点。该村 5 个村民小组共 800 多口人，居住分散，学生住址距离教学点最远的达 6 公里。原猴档小学的 3～5 年级学生转到 5 公里外的刘猴小学，教学点只剩下 1～2 年级 11 名学生和学前班 8 名学生，该教学点仅配置了两名教师，只得进行复式教学。这两位教师一位 48 岁，一位 57 岁，连汉语拼音都不会，只能自己边学边教，教学质量难以保证，这些学生的完整受教育权利难以得到保障。该教学点负责人介绍，因为小学低段学生年龄太小，农民家长不愿意送孩子到更远的学校就读，如果该教学点撤销，他们的子女只能辍学。据猴档村的村民反映，撤销“村小”以后，他们的三年级以上的孩子要到 5 公里以外的刘猴小学上学，每天家长要接送，浪费大量的人力和时间，影响正常的生产劳动，中午孩子午餐要 1～3 元钱，困难家庭难以承受。由此看来，这种撤销学校的做法不仅仅违背了《教育法》《义务教育法》的有关规定，也侵害了学生“就近入学”接受符合国家标准教育质量的受教育权利，还加重了农民负担，打乱了农民的生产生活秩序。

资料来源：谭细龙．论我国教育法制建设中的问题及其对策．中国教育法制评论，2009(6).

再如当前的教育法治并未能对随迁子女的受教育权提供实质性的保护。教育部发布的 2013 年全国教育事业发展统计公报显示，全国义务教育阶段在校生中进城务工人员随迁子女共 1277.17 万人，农村留守儿童共 2126.75 万人。国家“两为主”政策(以流入地政府管理为主，以城市公立学校接收为主)为农民工随迁子女在城市就学提供了保障，新修订的《义务教育法》也作了明确规定，然而这些政策并未得到很好执行，农民工子女在城市接受教育依然困难重重。按照新修订的《义务教育法》的规定，义务教育是国家统一实施的所有适龄儿童、青少年必须接受的教育，是国家必须予以保障的公益性事业，随迁不应该成为平等行使受教育权的障碍，现实中却存在着大量有法不依的现象。

专栏 3-4　北京市对非本地户籍学生入学管理办法

2008 年的《北京市实施〈中华人民共和国义务教育法〉办法》规定："非本市户籍的适龄儿童、少年，因父母或者其他法定监护人在本市工作或者居住需要在本市接受义务教育的，由父母或者其他法定监护人持本人及儿童、少年的身份证明、居住证明、工作证明等材料，经居住地所在街道办事处或者乡、镇人民政府审核确认后，到居住地所在区、县的教育行政部门确定的学校联系就读；学校接收有困难的，可申请居住地所在区、县的教育行政部门协调解决。"2010 年的《北京市中小学校学生学籍管理办法》规定："义务教育阶段学生在本市借读的，需持家长在京居住证明、户口簿等，经暂住地街道办事处或乡、镇人民政府确认后，开具在京借读证明，到暂住地就近的中小学校联系借读。接收有困难的，由区、县教育行政部门协调解决。"2012 年的《北京市教育委员会关于 2012 年义务教育阶段入学工作的意见》则规定："非本市户籍的适龄儿童、少年，因父母或者其他法定监护人在本市工作或者居住需要在本市接受义务教育的，由其父母或其他法定监护人持本人在京暂住证、在京实际住所居住证明、在京务工就业证明、户口所在地乡镇政府出具的在当地没有监护条件的证明、全家户口簿等证明、证件，经居住地所在街道办事处或者乡镇人民政府审核确认后，到居住地所在区县教委确定的学校联系就读；学校接收有困难的，可申请居住地所在区县教委协调解决。"

不难发现，在所需证件上，政策口径并不统一。2008 年要求三证，2010 年只要求两证，2012 年又变成了五证。但这些政策并没有前后相继的关系，新政策的发布并不意味着旧政策的终止，这就意味着在外来务工人员子女入学资格这一问题上并没有绝对权威的政策可依。官方的要求一直不明确，而这种不明确的申请要求和指引也会造成很多家长在申请上不必要的障碍。在实际操作中，需要多少证件由地区政府说了算。证件办齐并不容易，一方面，很多家长对于办证过程等信息不了解，有的家长听说办证麻烦要交钱就不办了，有些地区政府甚至在临开学前停止办理各项证件，或者以各种理由推迟办理；另一方面，一些证件如无人监护证明需要回原籍办理。办齐证件也并非一定拿到了入读公办学校的通行证，部分公办学校会以学位有限等各种理由将农民工子女拒之门外。

资料来源：海闻、于菲．农民工随迁子女教育政策分析：基于对北京市的调研．教育学术月刊，2014(8).

教育部等部门 2003 年发布的《关于进一步做好进城务工就业农民子女义务教育工作的意见》中规定“流入地政府要制订进城务工就业农民子女接受义务教育的收费标准，减免有关费用，做到收费与当地学生一视同仁”；2008 年《国务院关于做好免除城市义务教育阶段学生学杂费工作的通知》中再次规定“对符合当地政府规定接收条件的进城务工人员随迁子女，要按照相对就近入学的原则统筹安排在公办学校就读，免除学杂费，不收借读费”。因此，对农民工子女免除借读费应当是迁入地义务教育阶段的应有做法。

>> 3.4 我国法治教育的未来 <<

3.4.1 加速立法工作进程，修改和完善现行教育法律、法规和规章

加快立法工作进程，将现实需求强烈的教育法律、法规置于各项工作的优先位置，如《学校法》《教育投入法》《学前教育法》《教育质量评价法》《考试法》《教师聘任条例》等，形成以《教育法》为基本法，辅之以教育单行法和大量教育行政法规、地方性法规、行业性法规的上下有序、层次分明、体系完备、协调统一的教育法律体系，为我国教育的规范、健康、可持续发展奠定坚实的法律基础，扫除教育发展中的法律制度障碍，使教育发展走上规范化、法制化的轨道。

任何法律法规都是时代的产物，随着社会的变迁，教育法律法规也应做出相应的修改以至于废除。我国现行的教育法律、法规和规章，绝大多数是在《立法法》(200 年颁布)、《行政许可法》(2003 年颁布)等实施前颁布的，随着社会向市场经济的转型和依法治国纲领的实施，现行法律中有不少条款与《立法法》《行政许可法》等法律、法规的规定相抵触。加快对现有教育法律法规的修订工作，废除大量歧视性条款，重视现行规章、规范性文件的审查、清理工作，对不符合改革的原则与精神，或与上位法相抵触的，应当依照法定权限和程序及时修改或废止，从而保证教育法律关系中不同法律主体的地位和权利。

3.4.2　强化教育法治，进一步理顺不同教育主体之间的法律关系

教育法治的关键必须明确教育行政权力的合理配置，主要包括政府与社会教育权力的配置、中央和地方教育权力的配置、教育行政部门与相关行政部门的教育权力配置、教育行政部门与学校等教育机构教育权力的配置。应该以党的十八大三中、四中全会的精神为指导，围绕《教育部关于深入推进教育管办评分离促进政府职能转变的若干意见》，通过深入研究和实践，将好的经验和做法进行提炼，最终体现为更具权威性、稳定性、操作性的法律法规。

在工作重心上应该明确政府、学校教育机构的法律地位和各自责任，合理确定政府对教育的监管范围和监管方式，使得政府对教育的监管方式更加科学化、规范化。健全依法、科学、民主决策机制，把公众参与、专家论证、风险评估、合法性审查、集体讨论决定作为重大教育决策法定程序。完善教育法律法规执法体系，规范教育行政权力行使程序。

3.4.3　将教育公平作为教育法律制定和执行的核心价值理念

促进教育公平是世界发达国家教育发展的主题：日本通过教师和校长定期轮换的制度，达到教育师资的配置均衡，实现学校之间的均衡发展；芬兰实行全国统一的教育经费和教学设施投入标准，全国统一的教师资格准入标准，学校和班级之间不分重点和非重点，保证每个学生享有平等的优质教育资源。发达国家的教育发展和立法轨迹充分说明，实现教育公平的前提和保障是教育立法。教育法律的核心是法律内容，是对教育活动的具体规范。教育法律通过国家的强制力量，保障公民享有平等受教育的权利。

在教育立法中必须确定教育公平的法律原则。汪习根对与教育直接相关的法律的调查中，仅 2006 年修订的《义务教育法》确立了教育公平的立法原则，其他几部法律几乎没有提及教育公平。① 以公平为尺度，对我国目前教育法律

① 汪习根，周翠彬．中国教育公平的法律规范分析及改革构想[J]．湖北社会科学，2010(7)．

体系中的法律和行政法规进行逐条梳理，量化分析这些法律法规中的公平因素，不难发现，无论是直接体现教育公平还是间接体现教育公平的法条，所占比例都非常少，此外还存在极少数体现教育不公平的法条。同时，绝大多数的教育类法律和半数以上的教育行政法规，没有对违反教育公平的法律后果进行任何规定。

目前我国教育法律法规中的公平因素还远远不能达到实现教育公平的要求。国家立法机关在今后的立法过程中必须将教育公平作为教育法律制度的价值原则，不断增加公平因素，对现有条款修订时要对不公平条款进行清理和调整。同时，违反教育公平的法律后果和法律责任进行清晰的设置，增强对教育公平法律责任的执行力度。同时，建立针对困难群体和落后地区的利益补偿机制。教育不公在很多时候并非源于人自身的勤勉或懈怠，而是源于人的自然存在环境或社会制度的结构性失衡，比如困难群体①，中西部不发达地区和农村地区。国家需要制定利益补偿机制，比如建立扶助农村贫困地区教育发展的长效机制，从政策和制度上给予其一定的补偿。②

3.4.4 加大教育执法的力度

要建立严格的教育执法制度。各级政府和教育职能部门必须依法行政，在各自的职责范围内履行相应的职责，正确地规范引导教育的改革和发展。同时，加强对教育执法情况的监督检查，充分发挥教育督导系统的日常督查作用。可以考虑采取将教育法律法规的落实纳入主管官员或地方政府领导政绩考量的标准体系，以解决部分领导只关注地方 GDP 的增长而不关心教育领域发展的问题。严格实行教育执法责任制，对于教育法律法规的落实实行专人负责，以克服多头领导、扯皮现象，提高教育法律法规执行的权威与效力。

---

① 教育困难群体通常是指在自然地理、先天和社会因素的制约下不能平等地接受教育或所受教育的程度与水平低于一个社会提供的基本教育资源与教育条件的学龄人群。在我国，教育困难群体不仅包括原有的或传统意义上的困难群体如残疾儿童，而且包括进城务工农民子女即流动儿童等。

② 孙晶晶．教育公平法律保障的基本原则[J]．湖北社会科学，2010(7).

参考文献

[1]陈小红，聂伟，王火生．中国教育法制建设 30 年：回顾与前瞻[J]．教育学术月刊，2009(9).

[2]劳凯声．改革开放 30 年的教育法制建设[J]．教育研究，2008(11).

[3]孙晶晶．教育公平法律保障的基本原则[J]．湖北社会科学，2010(7).

[4]陕西师范大学高等教育研究与评估中心．改革开放 30 年来我国教育法制建设的成就、问题与走向[J]．新中国成立 60 年陕西教育 30 年法制建设理论研讨会获奖论文，2010(4).

[5]汪习根，周翠彬．中国教育公平的法律规范分析及改革构想[J]．湖北社会科学，2010(7).

[6]李林，田禾．中国法治发展报告[R]．社会科学文献出版社，2015：147～165.

第4章　法治就业，快乐工作，满意收入

就业是民生之本，收入是民生之源。近年来，中国政府加快了在劳动就业和收入分配等民生领域的立法工作，有力地保障了公民劳动就业权和工资报酬权的实现。首次颁布《就业促进法》及其配套政策，用法治的权威规定政府扩大就业的义务，用法治的力量保障公民的劳动就业权；实施《劳动合同法》《劳动争议调解仲裁法》等一系列法律法规，规范劳动关系，处理劳动争议，建立、维护并发展稳定和谐的劳动关系，确保劳动者快乐工作；深化收入分配领域的多项改革，不断提高最低工资标准，完善工资支付法律保障，确保劳动者取得满意收入。

>> 4.1　用法治保障公民就业权的平等实现——快乐工作的逻辑起点 <<

实现就业是保障和改善民生的基本前提。必须用法治权威保障公民就业权的平等实现，这是公民实现快乐工作、取得满意收入的基础条件。

4.1.1　公民就业权的民生意义

我国《宪法》第42条规定，“中华人民共和国公民有劳动的权利和义务。”《宪法》赋予公民的劳动就业权，在具体内容上包括职业获得权，即要求政府提供工作机会的权利，拒绝用人单位非法解雇的权利；自由择业权，即劳动者有

权按照自己的意愿选择职业；平等就业权，即劳动者享有平等地获得就业机会的权利，不得出现就业歧视。

公民就业权的实现具有重要的民生意义。世界银行发表的《2013 年世界发展报告：就业》指出：就业是发展中国家的发展基石，是“应对贫困和脆弱性的最佳保险”。中国作为世界上人口最多的发展中国家，总人口约占世界人口总量的 1/5(2013 年为 19.3%)，劳动年龄人口(指 15～64 岁)占世界总量比重的 22.0%,[①] 这就决定了就业是中国的民生之本和安国之策，解决就业问题是保障和改善民生的基本前提和重要途径。

在我国，严峻的就业形势和巨大的就业压力直接影响到部分公民就业权的实现，间接影响到失业者个人及其家庭成员的民生质量，进而影响到社会的和谐与稳定。因为“失业首先威胁着作为社会细胞的家庭的稳定，进而影响到社会秩序的稳定。这种影响不仅是经济方面的，也有社会和心理上的影响。失业者有可能失去原有的勇气、自信和自尊，引发各种反社会的行为。这些不满情绪和愤怒都可能导致社会的摩擦和冲突，甚至导致不同程度的骚乱，造成社会秩序的紊乱。相反，当人们安居乐业时，对整个社会秩序的稳定有着积极的促进作用，也就是古人所提倡的‘仓廪实而知礼节’。”[②]

从法理上讲，公民的劳动就业权要么对应着政府的义务，如政府负有促进就业、确保公平就业等义务；要么对应着用人单位的义务，如用人单位负有保障公平录用劳动者、不得非法解雇劳动者等义务。只有政府和用人单位履行好各自的义务，劳动者的就业权才能得以实现，劳动者其他民生权利，如劳动报酬权、休息休假权、劳动保护权、社会保险权等，才有了实现的前提和基础。

4.1.2　公民就业权的实现障碍

尽管实现就业的民生意义重大，但在社会转型期，我国面临巨大的就业压力，许多公民劳动就业权的实现面临诸多障碍，主要表现为：

一是劳动力供求总量矛盾突出，导致充分就业难。近年来，我国就业形势

---

① 胡鞍钢，杨竺松，鄢一龙．就业发展“十三五”基本思路与目标——构建更高质量的充分就业型社会[J]. 北京交通大学学报(社会科学版)，2015(1).

② 李炳安．劳动权论[M]. 人民法院出版社，2006.

依然十分严峻，就业任务依然十分艰巨。新成长劳动力、农村富余劳动力、下岗失业人员劳动力大军“三碰头”。2013 年，我国劳动年龄人口达到 9.2 亿。与此同时，“十一五”以来，受全球经济危机的影响，我国实体经济受到影响，出口导向型贸易困难加大；经济快速增长日益受到国内资源、环境等因素制约，经济结构调整和发展方式转型等人为因素导致经济增速放缓，劳动力需求相对减少。每年的劳动力供求缺口在 1000 万个左右，导致就业矛盾依旧突出。我国高校毕业生人数逐年增加，2015 年全国高校毕业生总数将达到 749 万人，比 2014 年再增加 22 万人，青年劳动力就业问题仍是就业工作需要解决的首要问题。

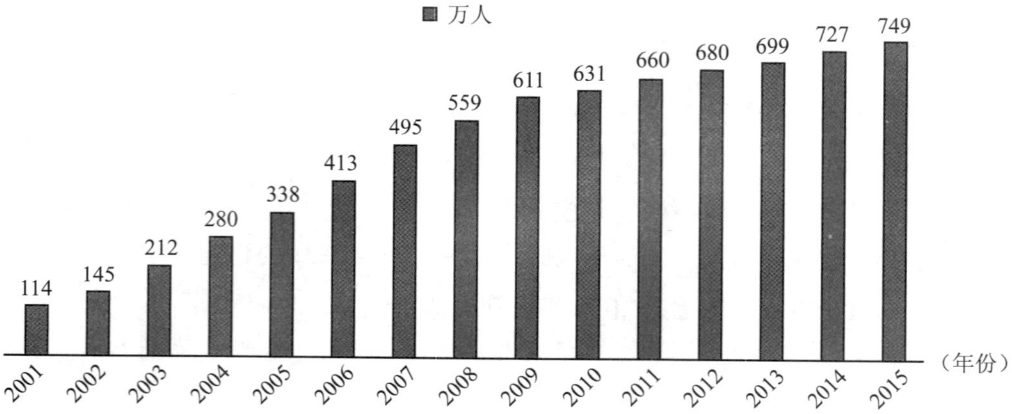

图 4-1　2001—2015 年全国高校毕业生人数

资料来源：中国教育在线，http://www.eol.cn/html/c/2015gxbys/index.shtml.

二是劳动力结构性矛盾突出。一些传统行业出现大批下岗失业人员，而一些新兴的产业、行业和技术职业需要的素质较高的人员又供不应求，劳动者的职业能力和素质亟待提高。

三是人力资源市场不规范，就业歧视现象比较严重。一些非法中介机构提供虚假信息，损害劳动者权益现象突出；一些职业中介机构、用人单位因劳动者性别、年龄、身体残疾等原因，实施就业歧视、侵害劳动者合法权益的现象时有发生。

四是职业教育和培训工作相对滞后。我国产业结构调整和市场国际化趋势对劳动者的职业能力和素质提出了更高的要求，进一步建立并完善以就业为导

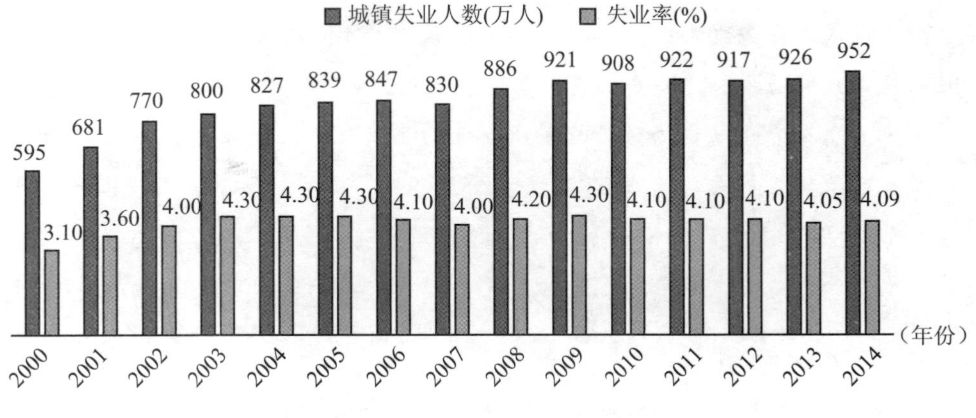

图 4-2　中国近年城镇登记失业人数与失业率统计(2000—2014 年)

资料来源：1. 2000—2012 年数据来源于百度文库，http://wenku.baidu.com.

2. 2013—2014 年数据来源于中国就业，http://www.chinajob.gov.cn.

向的职业教育和培训，加强就业前培训、在职职工培训以及对进城就业农村劳动者的技能培训等，就显得十分迫切。

五是下岗失业人员等就业困难群体普遍存在，急需建立和完善公共就业服务体系以及对就业困难人员的就业援助制度。

专栏 4-1　“十二五”时期我国就业形势依然严峻

“十二五”时期，人力资源和社会保障事业发展仍面临着诸多挑战。从国际看，金融危机影响深远，世界经济增长速度减缓，各种形式的保护主义抬头，我国发展的外部环境更趋复杂。从国内看，我国发展中不平衡、不协调、不可持续的问题依然突出，制约科学发展的体制机制障碍依然较多。从就业发展自身看，还面临许多深层次矛盾和突出问题。主要表现在：就业形势更加复杂，就业总量压力和结构性矛盾并存，高校毕业生等重点群体就业问题依然十分突出；社会保障体系在体现公平性、适应流动性、保证可持续性等方面均有待加强；人才队伍建设与更好实施人才强国战略的要求还不相适应，高层次创新型人才成长发展机制尚不健全；充满生机活力的选人用人机制和科学的评价机制尚未形成；职工工资正常增长机制和支付保障机制还不完善，工资收入分配差距较大；劳动关系协调机制、纠纷调处机制和劳动监察执法机制还不完善，劳动关系领域进入矛盾多发期；人力资源和社会保障公共服务能力比较薄弱，难以满足人民群众日益增长的公共服务需求。

未来五年人力资源和社会保障事业发展的主要目标之一是努力实现充分就业。就业规模持续扩大，就业结构进一步优化，就业局势保持稳定。五年城镇新增就业 4500 万人，转移农业劳动力 4000 万人，城镇登记失业率控制在 5%以内。

资料来源：人力资源和社会保障部. 人力资源和社会保障事业发展“十二五”规划纲要.

为解决我国长期、艰巨而复杂的就业问题，不仅需要有《宪法》《劳动法》等综合性法律对促进就业的原则性要求，而且需要专门的有具体规定的就业促进立法。一是通过就业促进立法，将多年实践证明行之有效的促进就业政策上升为法律规范，明确并强化政府促进就业的责任，建立促进就业的制度保障和长效机制。二是美国、日本等发达国家的实践证明，促进就业作为政府当然的职责，只有通过立法，才能按照“全面推进依法治国，努力建设法治政府”的目标，明确政府在促进就业中的重要职责，使政府工作不越位、不缺位、不错位。三是促进就业涉及的主体非常广泛，不仅涉及宏观经济和社会政策制定部门，也涉及微观的人力资源市场管理和公共就业服务机构；不仅涉及企事业单位用人主体，也涉及劳动者就业主体。就业工作的这些特性，决定了只有制定专门的《就业促进法》，才能强化政府促进就业的责任、保障公民劳动就业的权利，才能破解就业难题、保障社会民生。

4.1.3 公民就业权的法律保障

我国《就业促进法》的立法调研和起草工作从 2003 年下半年启动，历经 4 年时间，广泛征求社会各界意见和建议，经过多次修改和审议。2007 年 8 月 30 日，第十届全国人大常委会第二十九次会议表决通过《就业促进法》，自 2008 年 1 月 1 日起施行。《就业促进法》分九章、共 69 条，不仅全面规定了政府促进就业的方针、职责和政策体系，而且还以专章规定了公平就业，同时对就业服务和管理、职业教育和培训、就业援助等都做了详细规定。自此，公民就业权这一重要民生权利的实现获得了强有力的法律支撑和制度保障。

《就业促进法》的基本内容可以概括为：一个方针、一面旗帜、六大责任、五项制度、十大政策。

一个方针。即坚持劳动者自主择业、市场调节就业、政府促进就业的方针。所谓“政府促进就业”，就是要充分发挥政府在促进就业中的重要职责，通过发展经济和调整产业结构，实施积极就业政策，扩大就业机会；通过规范人力资源市场，维护公平就业；通过完善公共就业服务与加强职业教育和培训，创造就业条件；通过提供就业援助，帮助困难群体实现就业等。这一方针最早在中央文件中提出来，《就业促进法》首次在法律中予以明确，并贯穿法律的整个内容。

一面旗帜。即高举公平就业的旗帜，创造公平的就业环境。劳动者依法享有平等就业和自主择业的权利。劳动者就业，不因民族、种族、性别、宗教信仰等不同而受歧视。《就业促进法》要求用人单位招用人员、职业中介机构从事职业中介活动，应当向劳动者提供平等的就业机会和公平的就业条件，不得有就业歧视。违反法律规定实施就业歧视的，劳动者可以向人民法院提起诉讼。

六大责任。《就业促进法》对政府在促进就业中承担的重要职责作出了明确规定，主要包括六个方面的内容：发展经济和调整产业结构增加就业岗位、制定并实施积极的就业政策、规范人力资源市场、完善就业服务、加强职业教育和培训、提供就业援助。

五项制度。《就业促进法》通过法律形式将就业工作制度化，从而使就业工作纳入法制化轨道。从大的方面讲，主要包括：加强对就业工作组织领导的政府责任制度，加强对劳动者工作的公共就业服务和就业援助制度，加强对市场行为规范的人力资源市场管理制度，加强对人力资源素质提升的职业能力开发制度和加强对失业治理的失业保险及预防制度。

十大政策。《就业促进法》将经过实践检验行之有效的积极就业政策上升为法律规范，主要从十个方面进行了规定，即有利于促进就业的经济发展政策，财政保障政策，税收优惠政策，金融支持政策和城乡统筹、区域统筹、群体统筹的就业政策，以及支持灵活就业、实施就业援助的政策，还有失业保险促进就业的政策。值得一提的是：《就业促进法》通过多种政策机制，强化了对中小企业、自主创业和灵活就业的支持，对化解就业压力、解决就业问题是非常有帮助的。《就业促进法》还明确了对就业困难群体、就业困难地区和零就业家庭的就业援助政策，对困难群体就业问题的解决和民生问题的改善发挥了积极作用。

由于《就业促进法》建立了促进就业的跨部门分工合作机制和工作目标责任制，引导地方政府和相关部门高度重视就业工作，出台了适用于本地区、本行业的配套政策措施，有力地推动了全国各地就业促进工作的开展。

专栏 4-2　湖南省多措并举全力做好少数民族就业服务工作

近年来，湖南省各级各部门认真贯彻党的民族政策，把少数民族就业这项民生工程摆在更加突出的位置，本着“平等、团结、互助、和谐”的原则，全面推进全省少数民族就业工作，少数民族就业工作取得了显著成效，大多数少数民族下岗失业人员实现了再就业。

一是加大培训力度，提升少数民族就业创业能力。进一步完善少数民族就业政策体系，加大政策宣讲力度，鼓励少数民族就业创业。完善少数民族就业市场和信息服务体系，搭建交流平台，为少数民族就业创业提供信息服务。健全少数民族就业指导服务体系，加大就业工作人员培训和培养力度，建设一支全员化、专兼结合的就业工作队伍和一支高水平、专业化、相对稳定的就业指导教师队伍。切实把职业发展与就业指导课程建设纳入人才培养工作。重点加强职业生涯和就业指导的学科建设和课程体系建设，积极开展各类实践活动。积极落实少数民族就业政策，围绕产业结构调整、重点项目和重点工程实施，引导企业充分挖掘就业岗位，促进少数民族就业，引导中小企业改善用工的环境，吸引少数民族就业。

二是努力拓宽少数民族就业创业渠道。开设了少数民族就业创业“绿色通道”，为少数民族就业免费提供创业项目推介、创业培训、政策咨询、供求信息、求职登记、职业介绍等“一条龙”服务。搭建平台，举办“春风行动”在企事业用人单位和高校毕业生之间搭起了相互交流的平台。加大对少数民族就业困难人员的援助力度。坚持“帮、包、保”就业联动援助制度，对少数民族的零就业家庭、低保家庭、贫困残疾人家庭给予求职补贴和培训补贴，开展各项援助工作。

三是切实加强少数民族就业创业服务。开展离校未就业高校毕业生实名制登记活动。做好应届离校高校毕业生信息衔接和应届离校高校毕业生实名制登记工作，积极为本省高校少数民族应届未就业高校毕业生建立实名登记台账，实现动态跟踪服务。促进少数民族学生与少数民族民贸民品企业对接，为少数民族学生创造实习机会，积累就业创业经验。一方面，搭建少数民族毕业生与民族地区联系平台，组织开展少数民族毕业生到民族地区就业创业推介活动；另一方面，着力打造少数民族特色村寨、民族风情文化、民族特色饮食、民贸民品企业等民族优势品牌，加快民族地区经济发展，为少数民族毕业生提供广阔的就业空间。

资料来源：党建网，2015-04-25.

专栏 4-3　山东省日照市多举措促毕业生就业加强扶持力度

今年，山东省日照市继续把高校毕业生就业工作摆在更加突出位置，采取有效的措施，促进高校毕业生就业。

努力拓宽就业渠道，全方位促进毕业生就业。国有企业积极履行社会责任，实行公开招聘制度，吸纳更多毕业生实现公平就业。给予小微企业社保补贴，鼓励其积极吸纳毕业年度毕业生就业。继续拓展高校毕业生就业见习基地，吸纳 600 名以上毕业生参加见习，见习留用率达到 80%以上。征集 180 名“三支一扶”和“社区就业”招募计划，引导毕业生到基层就业。开发“社区服务公益性”岗位，安置特困家庭毕业生就业。

加强创业扶持力度，引导毕业生自主创业。加强创业载体建设，建设 1 处政府主导的市级大学生创业孵化基地，新认定 2 家市级大学生创业孵化示范基地。开展就业创业政策进校园活动，培训有创业意愿的大学生 500 名以上。提高创业补贴标准，加大小额担保贷款力度，将创业房租补贴和奖励补贴扩大到孵化基地以外的大学生创业者，引导 300 名以上大学生实现自主创业。

强化实名跟踪服务，推动毕业生实现更高质量就业。市、县、街道（乡镇）及村居、社区人力资源社会保障服务平台对离校未就业应届高校毕业生实行实名登记、动态跟踪、一站式就业服务，促进其尽快实现就业，就业率稳定在 90%以上，特困家庭毕业生全部就业。

资料来源：中国教育在线，2014-05-08.

在从中央到地方各级政府的共同努力下，在《就业促进法》及配套政策的保障作用下，我国提前实现"十二五"规划的就业目标。前三年(2011—2013 年)，城镇新增就业达到了 3797 万人，远超三年阶段性目标 2700 万人；四年累计超过 5000 万人，提前实现"十二五"规划 4500 万的目标(见表 4-1)。① 《就业促进法》的制定和实施为保障和改善民生做出了巨大贡献。通过实施积极就业政策和再就业工程，建立了基本生活保障制度，妥善解决了数百万国有企业下岗职工再就业问题；通过实施城乡统筹的就业政策，积极推动农村富余劳动力有序转移；通过经济持续快速发展和积极就业政策的良性互动，较好地解决了大学生就业问题；面对国际金融危机对就业的巨大冲击，通过全面落实国家积极扩大就业的各项政策，为"保增长、保民生、保稳定"的大局做出了重要贡献。

表 4-1　　中国城镇就业目标与实现情况(2001—2014 年)

时期	规划指标	目标值	完成值
"十五"	五年城镇新增就业人数(万人)	4000	4200
	城镇登记失业率(%)	5	4.2
"十一五"	五年城镇新增就业人数(万人)	4500	5771
	城镇登记失业率(%)	5	4.1
2011 年	城镇新增就业人数(万人)	900	1221
2012 年	城镇新增就业人数(万人)	900	1266
2013 年	城镇新增就业人数(万人)	900	1310
2014 年	城镇新增就业人数(万人)	900	1322
2011—2014	累计城镇新增就业人数(万人)	3600	5119
	城镇登记失业率(%)	5	4.09(2014)

资料来源：胡鞍钢，杨竺松，鄢一龙．就业发展"十三五"基本思路与目标——构建更高质量的充分就业型社会[J]．北京交通大学学报(社会科学版)，2015(1)；2014 年国民经济和社会发展统计公报，2015-2-26，作者有改动。

4.1.4　完善《就业促进法》的对策建议

在我国，《就业促进法》从制定到实施，填补了就业领域的立法空白，是我

① 胡鞍钢，杨竺松，鄢一龙．就业发展"十三五"基本思路与目标——构建更高质量的充分就业型社会[J]．北京交通大学学报(社会科学版)，2015(1)．

国在民生领域立法的巨大进步。但是，我们也需要正视《就业促进法》的局限与不足。有人评论说《就业促进法》是典型的“软法”①。据统计，《就业促进法》69个条文中，除了“促进”一词外，涉及“鼓励”“倡导”“引导”“扶持”“支持”“帮助”“服务”词语的达29处之多，涉及35个法条，仅“鼓励”一词就有15处，涉及12个法条，是典型的非强制性“软法”规范。《就业促进法》出现“应当”的有20次，涉及17个法条；出现“不得”有11次，涉及8个法条。按理说，“应当”和“不得”都属于强制性法律规范，但部分条文由于缺少相应的罚则规定，只能被认定为“软法”规范。例如，《就业促进法》第三章对就业歧视作了禁止性规定之后，仅仅规定了“违反本法规定，实施就业歧视的，劳动者可以向人民法院提起诉讼”，没有规定违反禁止性规定应当承担什么样的法律后果，即没有规定相应的法律责任。这不仅不符合立法技术的要求，也将直接影响到禁止性规定能否得到落实。从立法技术要求看，法律规范包括行为模式和法律后果两个基本要素，必须完整，缺一不可。而《就业促进法》虽然规定了反就业歧视的行为模式，但在“法律责任”一章中却只字未提就业歧视的法律责任，这就会使就业歧视肆无忌惮，也给劳动执法带来难题。对于劳动者来讲，无救济即无权利，当他们受到就业歧视时，没有相应的法律救济途径，就意味着他们平等就业的基本权利无法得到保障。因此，总体上看，《就业促进法》的原则性过强，法律性偏弱，难以对违法行为进行惩处和对法律责任予以追究，法律的宣示性意义大于实践性意义。②

《就业促进法》的宣示性意义大于实践性意义，这其中的差距，可以通过司法解释、部门规章、地方法规规章逐步缩小。今年是《就业促进法》付诸实施的第8个年头，许多省份都自行制定了《〈就业促进法〉实施细则》。今后，可以考虑由国务院牵头制定统一的、适用全国的《〈就业促进法〉实施细则》，也可以鼓励各省区结合自己的实际情况各自制定《实施细则》，以细化《就业促进法》的相关规定，弥补《就业促进法》的立法不足。当然，在此过程中，需要通过转变政府职能、提升政府公信力等有效举措，加大《就业促进法》和相关促进就业政策的执行力度，确保发挥实效作用。

① 李孝保、强昌文．软法视野下的《就业促进法》[J]．学术界，2014(1).

② 尹良平．《就业促进法》若干问题的评析[J]．法制与社会，2012(2).

将来时机成熟，修改《就业促进法》时，一定要创新促进就业的责任追究机制和权利救济途径。《就业促进法》作为典型的“软法”，它不以国家强制力为保障，但可通过其他途径，发挥软法的“实际约束力”。因此，需要考虑政府责任形式及其责任追究渠道的创新，从而实现权利救济途径的创新。传统法律主要是通过三大诉讼途径，追究民事、行政及刑事三大责任形式，体现一种事后的、被动的责任追究模式，无法及时回应社会发展和变化，面临正在兴起的新型法律部门及“软法”的挑战。全球公共治理兴起背景下，国家和政府职能的转变，其“责任”的追究必然强调“角色的科学设置、权利义务的制衡及责权利的统一，与近年来兴起的问责制不谋而合”。[①] 这种新型的责任追究方式有两个鲜明特点：第一，强调内部的监督和制约；第二，事前追究。故更符合“软法”实施机制的责任追究方式。《就业促进法》开宗明义，首次通过立法明确规定促进就业是政府义不容辞的责任，要求政府把就业工作放在经济社会发展的突出位置，把就业率的高低和失业率的控制作为经济社会发展的一个最重要的指标。这种责任形式只有使用问责的形式，才能实际发挥作用。

>> 4.2 用法治保障劳动合同的良性运行——快乐工作的过程维护 <<

在人力资源供大于求的环境下，劳动者经过激烈的市场竞争，找到用人单位后，通过签署劳动合同建立劳动关系。为用法治手段保障已经建立的劳动合同关系的良性运行，2007 年 6 月 29 日，十届全国人大常委会第 28 次会议审议通过了《劳动合同法》。作为继《劳动法》之后劳动法领域内最重要的一部法律，《劳动合同法》是对《劳动法》中劳动合同制度的进一步完善和细化，它的施行无疑对保障劳动关系良性运行、保护劳动者合法权益产生重要影响。

4.2.1 《劳动合同法》的立法背景

全国人大之所以制定全新的《劳动合同法》，主要原因是制定于 10 多年之

① 史际春，邓峰．经济法总论[M]．法律出版社，2008：200.

前的《劳动法》严重滞后于现实需要，对保护劳动者的合法权益、保障和改善民生作用不力。

一是劳动法适用范围窄，对灵活就业劳动者合法权益保护不力。1994年《劳动法》制定时，既为了保护劳动者的合法权益，同时也是为了对企业用工制度进行改革，因而侧重于企业劳动关系的调整。而对事业单位、社会团体及其他用工形式的劳动者不完全适用，造成适用范围较窄，不能使所有劳动者都一律平等地获得劳动法的保护。同时，《劳动法》实施12年来，我国劳动关系领域出现了许多新的用工形式，如劳务派遣、非全日制用工等。近些年，参加各种灵活就业的劳动者规模越来越大，占到城镇就业人口的20%～41%。[①] 新的用工形式在《劳动法》中没有规范或者规范较少，出现法律的真空。缺乏法律规制的结果往往就是劳动者权益维护的缺位。

二是劳动合同签订率低，出现劳动争议时劳动者的合法权益得不到有效保护。《劳动法》明文规定劳动合同应采取书面形式，但并未规定不以书面形式签订劳动合同将承担什么法律责任，因此，这一规定虽已实施了10多年，但有些用人单位仍然无视法律不与劳动者签订书面劳动合同。我国劳动合同平均签订率并不高，建筑业、餐饮服务业的签订率只有40%左右，农民工劳动合同签订率在30%左右。2005年全国人大常委会在劳动执法检查中发现，中小型企业和非公有制企业的劳动合同签订率不到20%，个体经济组织的劳动合同签订率更低。即使在东南沿海经济发达地区，非公有制经济组织的劳动合同签订率也很低。有些企业只与管理人员、技术人员签订劳动合同，而不与一线工人签订劳动合同。[②] 劳动合同签订率低的原因很复杂。许多用人单位不愿签订劳动合同，主要是为了降低用工成本，逃避缴纳社会保险费和解雇工人的法律责任。有些劳动者不敢提出签订劳动合同的要求，主要是在劳动力供大于求的形势下，劳动者处于弱势。劳动合同签订率低带来的直接问题就是出现劳动争议的时候很难处理，尤其是劳动者在申请仲裁、提起诉讼时，由于缺乏有力的证据，他们的合法权益也往往得不到有效保护。

---

① 黎建飞.《劳动合同法（草案）》的立法背景与创新[J]. 中国社会科学院研究生院学报，2006(4).

② 王迎娣. 浅议《劳动合同法》的立法背景[J]. 广西教育学院学报，2008(6).

三是劳动合同短期化现象突出，导致劳动关系缺乏稳定性。全国人大常委会的劳动执法检查显示，到 2005 年，全国劳动合同期限以短期合同为主，已签订劳动合同中 60%以上是 3 年以下的短期合同；签订无固定期限的仅占 20%。多是一年一签，有的甚至一年几签。有些企业花最低的用工成本使用青年工人最有活力的“青春期”。① 劳动合同短期化的主要原因是用人单位试图通过短期劳动合同，最大限度地自由选择劳动者，并最大程度地降低用工成本。这种状况不仅损害了劳动者的合法权益，也影响了劳动者的职业稳定感和对企业的归属感，影响了他们为企业长期服务的工作热情。由此可见，解决劳动合同短期化的问题，不仅关系到劳动者的切身利益，也关系到企业的长远发展，是一个双赢的选择，有利于劳动关系的稳定和谐。

四是用人单位利用自己在劳动关系中的强势地位，频繁侵犯劳动者合法权益。劳动力供大于求是我国目前存在并将长期存在的客观形势。用人单位相对于劳动者无论是在经济上、组织上、就业市场上、资源的配置上都处于强势地位。“强资本、弱劳工”现象在劳动关系领域普遍存在，② 不少用人单位利用自己在劳动关系中的强势地位侵犯劳动者的合法权益。例如：有些用人单位违反法律、法规规定，拖延、克扣工人工资；有些用人单位拖欠巨额社会保险费；滥用试用期，规避对劳动者的法定义务；不执行劳动定额标准，随意延长劳动时间，不支付加班费；黑煤窑奴役“劳工”，“血汗工厂”屡禁不绝；劳动争议案件连年递增，如此等。劳动关系领域的不和谐、不稳定现象，既损害劳动者的合法权益，影响劳动者的生活质量，又可能导致严重的社会问题，因为劳动风险有可能演化为大规模上访和群体性事件，会引发社会动荡和社会风险。

4.2.2 《劳动合同法》的立法亮点

2008 年 1 月 1 日开始施行的《劳动合同法》，在保护劳动者合法权益、保障和改善民生方面立法亮点频出，概括起来主要有以下十个方面。

第一，应对多种用工主体和用工形式，《劳动合同法》适用范围有所扩大。我国《劳动法》自 1995 年 1 月 1 日起施行后，民办非企业单位、基金会、合作或

① 王迎娣．浅议《劳动合同法》的立法背景[J]．广西教育学院学报，2008(6)．

② 金英杰．《劳动合同法》的立法背景与立法趋势[J]．北京市工会干部学院学报，2007(4)．

合伙律师事务所等新型用工主体不断出现。《劳动合同法》扩大了劳动法的适用范围，增加了民办非企业单位等组织及其劳动者；明确事业单位与实行聘用制的工作人员之间也应订立劳动合同。同时，我国劳动关系领域出现了劳务派遣、非全日制用工等新型用工形式，它们既能满足用人单位灵活用工的需求，也能满足劳动者灵活就业的需要，因此得到了广泛的应用。但是，劳务派遣等新型用工形式也容易被一些用人单位用来逃避法律义务，损害劳动者合法权益。为此，《劳动合同法》不但确认了劳务派遣、非全日制用工等新型用工形式的合法性，同时，在第五章中用第二节和第三节共 16 个条款来规范劳务派遣和非全日制用工，更好地保护了劳动者的合法权益。

第二，用人单位规章制度的制定程序更加严格。用人单位有权制定规章制度对劳动者进行管理，但原有法律对用人单位规章制度的产生程序没有规定，所以出现了诸如“迟到一次罚二百”“上厕所不能超过五分钟”“如果结婚就辞退”“外地男女工不能谈恋爱”等不合法、不合理的规章制度。这些违背法律和公平、正义原则的规章制度不仅严重侵犯了职工权益，而且对构建和谐劳动关系、和谐社会造成一定损害。因此，《劳动合同法》第 4 条对用人单位制定规章制度进行了严格规范，要求用人单位制定的规章制度不但条款内容上要合理合法，而且必须符合民主程序和公示程序等要求，强化了工会、职工代表大会以及员工在用人单位规章制度制定过程中的权利。

第三，用人单位不与劳动者签订书面劳动合同将面临强大罚则。用人单位与劳动者建立劳动关系，就应当签订书面劳动合同；形成劳动关系而没有签订书面劳动合同的，法律上称为“事实劳动关系”。《劳动合同法》针对签订劳动合同的时间以及事实劳动关系的法律责任作了严格规定：已建立劳动关系，未同时订立书面劳动合同的，应当自用工之日起一个月内订立书面劳动合同；用人单位自用工之日起超过一个月不满一年未与劳动者订立书面劳动合同的，应当向劳动者每月支付二倍的工资；用人单位自用工之日起满一年不与劳动者订立书面劳动合同的，视为用人单位与劳动者已订立无固定期限劳动合同。严厉的处罚规则使得用人单位不敢不与员工签订劳动合同。

第四，引导用人单位和劳动者订立长期或无固定期限劳动合同。《劳动合同法》在《劳动法》的基础上，增加了两种新的须签订无固定期限合同的情形，同时明确规定了用人单位违反法律规定不签订无固定期限劳动合同的法律责任。长期或无固定期限的劳动合同，被认为是构建和谐劳动关系的重要基础。因此，立法者试图通过这些条款架构起国内长期或无固定期限劳动合同的用工制度，推动长期或无固定期限劳动合同在国内“落地生根”。

第五，劳动合同中细节问题同样要规范。根据《劳动合同法》第 17 条的规定，劳动合同必备条款中增加了工作地点、工作时间和休息休假以及社会保险等条款。明确要求用人单位在与劳动者订立劳动合同时，将“职业危害”和“防护措施”在劳动合同中明确写明，不得隐瞒或欺骗。同时，《劳动合同法》对劳资双方可以约定的任意条款与不得约定的禁止条款都做了明确规定，如劳动合同中不得出现“合同履行期间，发生死伤病残，公司概不负责”或“工伤概不负责”等类似内容的霸王条款；用人单位招用劳动者时“不得扣押劳动者的居民身份证和其他证件，不得要求劳动者提供担保或者以其他名义向劳动者收取财物”，对劳动者权益的保护更为细致、严密。

第六，防止试用期成“白用期”，加大对劳动者保护力度。《劳动合同法》限定了试用期限，最长不得超过 6 个月；而且同一用人单位与同一劳动者只能约定一次试用期。《劳动合同法》规定劳动者在试用期的工资不得低于本单位相同岗位最低档工资或者劳动合同约定工资的 80％，并强调试用期工资不得低于用人单位所在地的最低工资标准。《劳动合同法》限定用人单位不得随意解除处在试用期内的劳动者。用人单位在试用期解除劳动合同的，应当向劳动者说明理由。

第七，严格界定出资培训并限制违约金的适用范围。《劳动合同法》规定，用人单位为劳动者提供专项培训费用，对其进行专业技术培训的，可以与该劳动者订立协议，约定服务期。劳动者违反服务期约定的，应当按照约定向用人单位支付违约金；违约金的数额不得超过用人单位提供的培训费用；用人单位要求劳动者支付的违约金不得超过服务期尚未履行部分所应分摊的培训费用。除上述情形外，用人单位不得与劳动者约定由劳动者承担的违约金。

第八，用人单位单方解除劳动合同将有更多法定条件。劳动者有下列情形之一的，用人单位可以解除劳动合同：在试用期间被证明不符合录用条件的；严重违反用人单位的规章制度的；严重失职，营私舞弊，给用人单位造成重大损害的；劳动者同时与其他用人单位建立劳动关系，对完成本单位的工作任务造成严重影响，或者经用人单位提出，拒不改正的；因本法第 26 条第 1 款第 1 项规定的情形致使劳动合同无效的；被依法追究刑事责任的。

第九，劳动合同解除或终止经济补偿成本总体增加。《劳动合同法》第 46、47 条详细规定了劳动合同解除或终止的经济补偿金问题，总体上看，增加了用人单位在与员工解除或终止劳动合同时的经济补偿成本。按照现行《劳动法》的规定，只有解除劳动合同时才支付补偿金，而劳动合同到期自然终止则不用支付补偿金。目前劳动合同短期化的原因，主要就是用人单位为了尽可能降低解雇成本，将合同期限缩短使之到期自然终止，避免解除劳动合同时支付劳动者经济补偿金。因此，第 46 条第 5 项做了相应规定，更有利于保护劳动者的合法权益。另外，在经济补偿金的计算标准上，第 47 条区分了高端劳动者和一般劳动者。对高收入者进行了两个高额限定，一个是月平均工资标准的限定，另一个是经济补偿金总额的限定。把高端劳动者和一般劳动者区分开，进行两种经济补偿，体现出劳动合同法对于一般劳动者的倾斜保护，避免在经济补偿金标准上出现过分悬殊。

第十，大力推行集体合同制度。我国劳动关系领域出现的种种矛盾，本质在于劳动者与用人单位的力量和地位相差悬殊，依靠双方自主调整有时只能使情况进一步恶化。因此，需要建立多层次的调节机制。在这一多层次的调节机制中，由于法律只能规定最低标准，普通劳动合同更多体现用人单位单方意志，集体合同制度无疑成为协调劳动关系至关重要的制度安排。《劳动合同法》第 5 章第 1 节对集体合同制度做了专门规定，无疑有重要现实意义。

4.2.3　《劳动合同法》的实施效果

根据学术界的研究，我国《劳动合同法》施行 8 年来，执法效果逐渐明显，立法目的初步实现，[①] 主要表现在以下三个方面。

首先，劳动合同签订率大幅提升。通过对上海、深圳等 9 城市 1850 名工人的调查发现，劳动合同签订率为 65.5%。从表面上看，这一数据并不高，但是区分企业规模和所有制后，结论会有所不同。从企业规模看，1000 人以上的企业被访者劳动合同签订率为 88.9%，300～1000 人的企业为 79.2%，300 人以下的小企业为 57.5%。从所有制看，“三资”企业的被访者劳动合同签订率最

① 徐道稳．劳动合同法立法目的已初步实现[N]．中国社会科学报，2011-06-14.

高，达到 92.4%，其余依次是国有企业(80.2%)，集体、股份制企业(76.1%)，私营企业(56.0%)。而在 2005 年，全国人大常委会执法检查组通过检查发现，城镇国有、集体及外商投资企业的劳动合同签订率达到 85%左右；中小型非公有制企业劳动合同签订率不到 20%，个体经济组织的签订率更低。此次调查表明，小型企业、非公有制企业的劳动合同签订率已有大幅提高。

在已经签订劳动合同的被访者中，固定期限劳动合同的比例为 70.7%，无固定期限劳动合同为 24.5%，以完成一定工作任务为期限的劳动合同为 4.9%。其中无固定期限劳动合同的比例明显高于我们的日常感受。在固定期限劳动合同中，期限为 1 年的占 39.4%，2 年的占 21.1%，3 年的占 30.2%，3 年以上的占 9.3%。不难计算，在已经签订劳动合同的被访者中，期限在 3 年以上(包括无固定期限)的劳动合同比例达到 52%，在所有被访者中该比例达到 34%。在劳动合同法实施前，大部分劳动合同期限在 1 年以内，劳动合同短期化倾向明显。本次调查表明，劳动合同法实施后，劳动合同短期化的问题得到明显改善，劳动关系趋于稳定。

其次，劳动合同对劳动者权益保护产生积极效应。劳动者权益包括工资、工时、休息休假、社会保险、劳动保护、职业培训等内容，这里重点分析签订劳动合同对收入和养老保险的影响。通过回归模型分析发现：第一，对被访者收入影响最大的因素依次是教育状况、岗位类别、行业类别、单位工龄、性别和是否签订劳动合同，其中，是否签订劳动合同对收入的重要性占 7.7%，具有统计学意义。这说明签订劳动合同对收入的影响方向是积极的，但程度是有限的，不能夸大劳动合同对收入的影响效果。第二，对被访者是否参加养老保险有显著影响的因素包括年龄、教育状况、单位工龄、行业类别、企业规模和是否签订劳动合同，其中，年龄、教育状况和是否签订劳动合同三个变量影响最显著，合同签订者参加养老保险的概率是未签者的 2.34 倍。换言之，年龄越大，教育程度越高，已签订劳动合同者参加养老保险的可能性越大。

最后，劳动合同签订者对劳动权益的感受更好。为了更多地了解劳动合同的权益保护效应，我们还调查了劳动者对权益保护的主观感受，调查的问题是“劳动合同法生效后，下列各项权益您是否感受到明显的变化?”选项有“比以前更好；和以前差不多；比以前更差；说不清楚”。分析表明，是否签订劳动合同影响被访者对劳动权益的主观感受，劳动合同签订者的主观感受要好于未签订者；被访者对社会保险的感受最好，其余依次是职业培训、工时休假、劳动保护、劳动报酬和福利待遇。劳动合同虽然影响劳动者的主观感受，但是其解释力并不大。实际上，主观感受取决于现实状况，只有劳动者的法定权利转变为实有权利，其合法权益真正得到有效保护，劳动者才能有良好的感受。因此，劳动者的现实处境和享受权利的状态才是重要的解释变量。

>> 4.3　用法治保障劳动收入的满意取得——快乐工作的必然结果 <<

就业是直接影响国计民生的大工程，收入分配也是直接关系老百姓“钱袋子”的大事件。中国政府为解决劳动收入分配中存在的种种问题，制定或修改了相关法律法规，深化劳动收入分配体制改革，用法治保障劳动者取得满意收入。

4.3.1　建立劳动者工资动态增长机制，持续提高劳动者收入分配比重

改革开放以来，我国收入分配制度发生了深刻变化，确立了按劳分配为主体、多种分配方式并存的分配制度，坚持了“市场机制调节、企业自主分配、平等协商确定、政府监督指导”的分配原则，建立并完善最低工资制度、工资指导线制度等，激发了劳动者的工作热情，使人们的工资性收入稳定增加。但普通劳动者收入增长相对缓慢，劳动报酬占初次分配比重持续下降是当前收入分配领域最突出的问题之一。主要表现为：

一是劳动者报酬增长落后于经济增长。统计数据显示，多数年份劳动报酬总额增长持续慢于 GDP 的增长。图 4-3 反映了 1995 年到 2014 年我国 GDP 的增长速度与城镇单位就业人员工资总额增长速度。

二是劳动者人均报酬增长落后于劳动生产率的增长。除 2002 年等少数年份人均劳动者报酬增速快于劳动生产率增长外，多数年份人均劳动者报酬增速均慢于劳动生产率增速，从慢 0.4 个百分点到慢 4.8 个百分点。

三是企业与劳动者分配关系不协调。多年来，初次收入分配中，企业和劳动者的关系发生了此消彼长的显著变化，最突出的是私营企业从业人员、其他

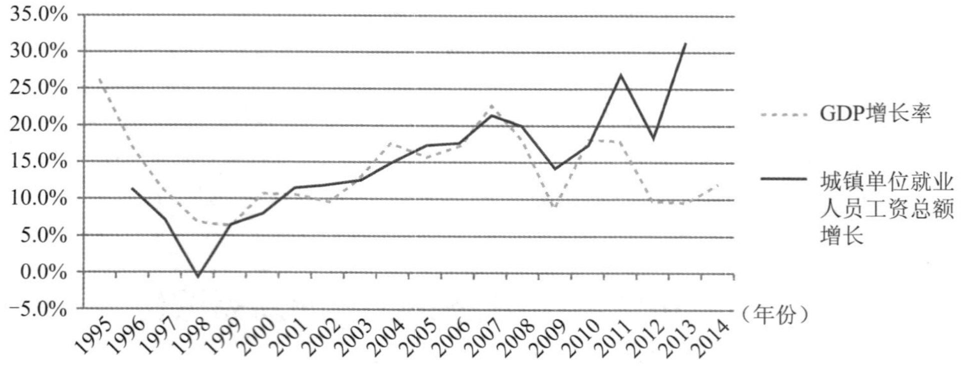

图 4-3 1995—2014 年中国 GDP 及城镇单位就业人员工资总额增长率

数据来源：根据《中国统计年鉴(2014)》《中华人民共和国 2014 年国民经济和社会发展统计公报》相关数据整理所得。

企业一线职工和农民工的工资水平整体偏低、增长缓慢，直接影响劳动报酬参与分配的比重。2000 年，政府、企业和居民三者收入初次分配比例为 17.4%、17.9%和 64.7%；到 2008 年，这一分配比例变为 17.5%、25.3%和 57.2%。9 年间，政府收入比重上升 0.1 个百分点，企业收入比重上升了 7.4 个百分点，居民收入比重下降 7.5 个百分点。①

以上三点共同导致了改革开放以来，我国工资总额占 GDP 的比重呈现走低趋势，1978 年为 16.1%，1990 年为 15.8%，2000 年为 10.7%，2005 年为 10.9%。在市场经济成熟的国家，劳动者工资总额占 GDP 的比重普遍都在 54%～65%之间，如美国为 58%。即使像印度这样的不发达国家，劳工工资也比我们高。印度人均 GDP 只有中国的一半，但是其制造业工人的全部报酬却是中国的 2.5 倍。② 我国工资总额占 GDP 的比重持续走低，会抑制劳动者的消费水平和消费能力，对保障和改善民生极为不利。

我们在看到劳动者工资稳步增长的同时，更要看到对许多劳动者来说，劳动收入负担的增长快于劳动报酬的增长。这一方面是由于近几年由劳动者报酬收入所缴纳的各种税费和社会保险呈上升趋势；另一方面，我们不能忽略通货膨胀等因素对劳动者生活质量造成的压力。表 4-2 罗列了 1995 至今若干年城镇

① 尹艳林．提高劳动者报酬 改善国民收入分配[J]．中国发展观察，2011-03-11.

② 高明华．优先保护劳动者权益是正确选择[N]．新京报，2006-12-28.

单位就业人员平均货币工资指数及居民消费价格指数[①]，图 4-4 则展示了近二十年来这两个指数的变化趋势，我们可以从中观察到，城镇单位就业人员平均货币工资指数与居民消费价格指数的变化趋势基本一致，但居民消费价格指数在 1995—1999 年间经历了较大幅度的下降之后，又逐渐回升；而城镇单位就业人员平均货币工资指数则相对平稳，每年的增幅多在 10%～15%之间。尽管工资的增长速度仍较快，但近 5 年来工资涨幅明显减小，物价水平的提高相对明显。

表 4-2　　1995—2014 年城镇单位就业人员平均货币工资指数及居民消费价格指数

年份	城镇单位就业人员平均货币工资指数	居民消费价格指数	年份	城镇单位就业人员平均货币工资指数	居民消费价格指数
1995	118.9	117.1	2005	114.3	101.8
1996	111.8	108.3	2006	114.6	101.5
1997	107.8	102.8	2007	118.5	104.8
1998	115.5	99.2	2008	116.9	105.8
1999	111.7	98.6	2009	111.6	99.3
2000	112.2	100.4	2010	113.3	103.3
2001	116.1	100.7	2011	114.4	105.4
2002	115.4	99.2	2012	111.9	102.6
2003	112.9	101.2	2013	110.1	102.6
2004	114.0	103.9	2014	—	102.0

数据来源：根据《中华人民共和国 2014 年国民经济和社会发展统计公报》相关数据整理所得。

今后，政府应在千方百计增加就业的基础上，采取有效措施持续提高劳动者收入分配比重。

首先，进一步完善劳动者工资正常增长机制。坚持妥善处理企业和职工的分配关系，引导企业改进对工资分配的管理和调节，探索形成企业和职工利益共享机制，逐步建立企业随着效益提高稳步增加普通职工工资的制度。抓紧制定和完善职工工资、工作时间以及劳动定额、计件单价等劳动标准，推动行业

① 1995 年之前统计年鉴中相关指标为“职工平均工资指数”，其统计口径与城镇单位就业人员平均货币工资指数不同，因此这里仅使用 1995 年之后的数据。

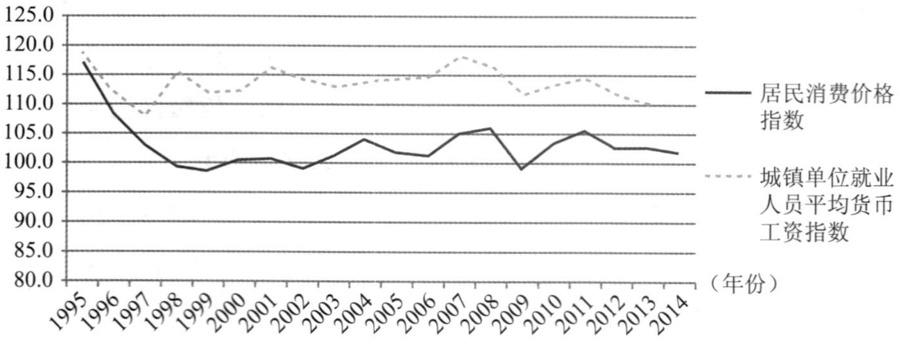

图 4-4　1995—2014 年城镇单位就业人员平均货币工资指数及居民消费价格指数

数据来源：根据《中国统计年鉴(2014)》《中华人民共和国 2014 年国民经济和社会发展统计公报》相关数据整理所得。

性、区域性工资集体协商。

其次，加强政府对企业工资分配的宏观指导。推动将企业职工工资增长纳入国民经济和社会发展中长期规划和年度计划。通过规划引导和政策规定，进一步发挥工资指导线、劳动力市场工资指导价位和行业人工成本信息的调节作用。进一步健全工资指导线制度，搞好企业薪酬调查和信息发布，完善劳动力市场工资指导价位，为企业提供科学的行业人工成本信息指导，增强指导线的权威性和有效性。

再次，改善对劳动报酬收入的再分配调节。建议对工资薪金所得税率结构进行调整，减少税率级次，拉开税率级距，提高低档税率对应的应纳税所得额标准，将起征点提高到平均工资的 1.5～2 倍，减轻中低收入者税负。同时，各级财政要切实加大对社会保障的投入，减轻企业和个人缴费负担，使社会保险费用的筹措比例降至合理水平。

最后，适时制定对劳动者工资正常增长机制进行确认的《工资法》。① 为适应市场经济体制改革的需要，20 世纪 90 年代颁布了《劳动法》及《工资支付办法》，以促成体制外劳动力市场价格体系的形成。但是，这些法律、规章没有对劳动者工资的正常增长机制做出详细规定。而我国法律对投资者和劳动者在

① 杨娟，何志昌．论劳动者工资正常增长机制的建立及其法律完善[J]．重庆交通大学学报，2012(5)．

分享企业利润方面做出规定的《公司法》《劳动法》均未打破传统的投资者获得利润、劳动者取得工资的观念。公司法的理论不能科学解释为什么企业利润分配应由投资者来决定，劳动法的理论又不能解释劳动者为什么除了获得工资外，不能决定利润的分配。只能由一部打破传统企业利润分配方法的法律——《工资法》对劳动者工资正常增长机制及依据该机制所确定的劳动者工资增长标准进行法律确定，才能保证我国劳动者的工资水平正常提升；对制定标准的主体、所应参考的劳动者工资增长要素、各自的职责及为了确保标准的执行对监督主体和职责与处罚措施加以详细规定，才能真正为劳动者公平分享经济发展成果提供法律保障，劳动者工资正常增长机制才能够真正发挥作用。

4.3.2　深化劳动收入分配制度改革，解决劳动收入差距过大的问题

近年来，不同群体、不同行业、不同地区之间收入差距不断扩大，分配不公成为影响经济持续发展、威胁社会和谐稳定的重要隐患。

2015 年 1 月 20 日，国家统计局发布了 2014 年全国居民收入基尼系数——0.469，为自 2003 年以来的最低值。如图 4-5 所示，十年来，我国的基尼系数经历了从攀升到回落的过程，但远远超出 0.4 的警戒线。

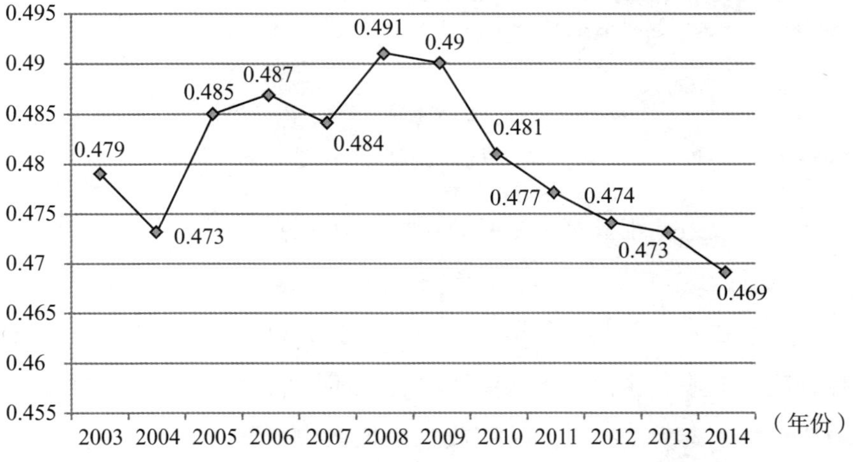

图 4-5　2003—2014 年中国全国居民收入基尼系数

数据来源：中国新闻网．中国基尼系数六连降 贫富差距仍超警戒线[EB/OL]，http：//www.chinanews.com/gn/2015/01-20/6986564.shtml，2015-01-20.

一方面，从国际比较的视角看，中国已经是收入差距最大的国家之一。根据联合国 2012 年发布的“经过不平等调整后的人类发展指数”(Inequality-adjusted Human Development Index)，在 135 个可得数据的国家中，中国以 0.425 排名第 88 位，而收入差距最小的瑞典基尼系数仅为 0.25。

另一方面，从国内收入分配现状看，城乡、地域、行业和社会成员个体之间的收入差距扩大已成为不争的事实。其中城乡收入差距扩大是中国收入分配恶化的最重要的决定性因素之一。改革开放以来，中国的城乡收入比由 1978 年的 2.57∶1 逐渐下降到 1983 年的 1.82∶1，但在随后的 30 年里上升至 2012 年的 3.10∶1，上升幅度超过 50%。

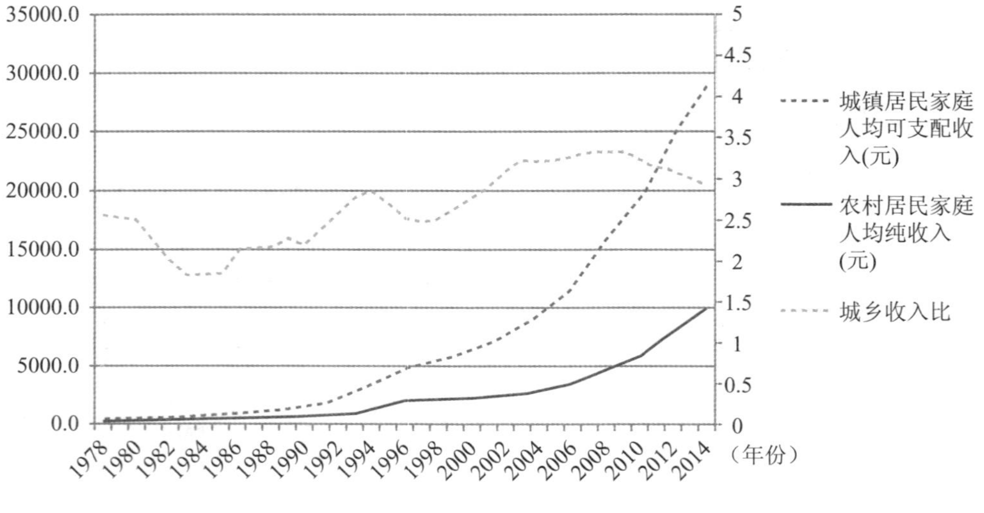

图 4-6　中国城乡收入差距(1978—2014 年)

数据来源：《中国统计年鉴(2014)》《中国 2014 年国民经济和社会发展统计公报》。

此外，行业收入差距显著也是导致中国整体收入差距扩大的重要原因。根据 2013 年的统计数据，占据平均工资“前三甲”的行业分别为金融业，信息传输、软件和信息技术服务业，科学研究和技术服务业；排名垫底的三个行业则是农、林、牧、渔业，住宿和餐饮业，水利、环境和公共设施管理业；收入最高的金融业人均工资为 99653 元，而收入最低的农、林、牧、渔业人均工资是 25820 元，仅为前者的 1/4。①

① 根据《中国统计年鉴(2014)》整理所得。

尽管我国当前的收入分配形势不容乐观，但我们应该看到格局已有所改善。党和政府重新定位了初次分配与再次分配的关系，强调“初次分配和再分配都要兼顾效率和公平，再分配更加注重公平”，并在近年来相继出台一系列政策措施，如连续8年提高企业退休人员基本养老金水平，年均增长10%；连续10多年出台涉农“中央一号文件”，惠农力度不断加大；加大对低收入群众的帮扶力度，实现最低生活保障制度全覆盖，基本建立城乡社会救助体系；等等。[①] 在这些政策的落实下，城乡收入比的上升已减缓，逐渐平稳，甚至已有下降趋势；2012年行业收入差距与2011年相比，在行业特征上表现为知识密集型行业而非垄断行业，因此尽管差距较大，但相对合理。[②]

2013年2月，国务院同意并转发了发展改革委、财政部、人力资源社会保障部《关于深化收入分配制度改革的若干意见》，提出了35条关于收入再分配的改革措施和政策手段。归纳起来，主要的调节机制是提低、扩中、调高。

首先，应努力提升低收入者的工资水平。对于低工资人群来说，他们的工资是需要提高的，但提低政策的工具应该多样化，政策力度需要加强。以低保政策为例，城市的低保政策无论是覆盖面还是政策标准，都比农村相对好一些。农村很多地方低保没有做到“应保尽保”，现在大约5000多万农民享受低保，难以实现全员覆盖；而且农村的低保水平普遍偏低，一些地方的低保标准是依据旧贫困线，以大约每月100块钱的贫困标准来识别所谓贫困家庭，在这种情况下很多低保家庭每人每月只拿五六十块钱，低保的支持力度相当有限。

其次，调整和完善税收政策，在总体减税的基础上优化税收结构。中国的税收结构不合理，直接税比例偏低，间接税比例偏高，不但不利于调节收入分配，而且有可能会扩大收入差距。今后要增加直接税，减少间接税，通过这样的办法调节收入分配。我国的增值税、营业税、消费税需要降低税率；增加直接税，主要是调整个人收入所得税，加快推进房产税和遗产税征收。当然，还应该加强对高收入人群的税收监管，保证高收入人群合理纳税。

---

① 人民网. 怎么解决分配不公：劳有所得干有所值[EB/OL]. http://finance.people.com.cn/GB/15422818.html，2011-08-16.

② 陈斌开，曹文举. 从机会均等到结果平等：中国收入分配现状与出路[J]. 经济社会体制比较，2013(6).

再次，转移财政支出应向民生领域进一步倾斜，重点增加教育和医疗领域的投入，特别是加大对农村和落后地区的投入，增加相关社会福利项目，努力推行公共服务均等化。

最后，建立官员财产公示制度，继续加大反腐败力度。因为许多人认为腐败、非法收入、权力寻租等是当前收入分配不公的最主要因素。

通过采取以上措施，我们有理由相信，中国收入分配格局将会有更加清晰、更加明朗的未来。

4.3.3 完善工资支付保障制度，解决恶意拖欠工资的问题

我国劳动报酬领域存在的另一个严重问题是劳动报酬发放不及时，存在工资被无端克扣和恶意拖欠的现象。在建立正常的工资增长机制的基础上，还要进一步完善工资支付保障制度。因为工资再高，只有进入了老百姓的腰包里才能发挥其应有的作用。尽管我国早已出台了《劳动法》《劳动合同法》及相关规定，对工资支付的形式、对象、时间和数额都作出了较为详细的要求，但关于劳动者被拖欠工资的案例仍层出不穷，在农民工这个困难群体中问题尤为严重。恶意欠薪已逐渐成为影响社会稳定的重要隐患，并由此引发了许多社会问题。

专栏 4-4　全国总工会公布 2015 年拖欠工资十大典型案件

全国总工会就 2015 年上半年我国劳动关系领域的劳动违法案件进行了梳理，并从中挑选出 10 起拖欠劳动报酬的典型案件予以集中发布。其中建筑施工、加工制造等劳动密集型企业仍是欠薪主体。

1. 中铁一局及湖北利川开福劳务有限公司欠薪案

2015 年 2 月 2 日，湖北利川开福劳务有限公司 32 名农民工投诉被拖欠工资。长春市总工会法律援助中心经调查发现，中铁一局承建长春市北郊污水处理厂环保项目，将土建工程分包给开福劳务有限公司，32 名在该项目务工的农民工工资被拖欠已长达一年，中铁一局与农民工双方就拖欠数额存在争议，市总工会法律援助中心于 2 月 5 日召集中铁一局、开福劳务公司及农民工代表等进

行协商处理。经逐笔核实，各方对所拖欠104.49万元工资没有异议，并达成由中铁一局长春污水项目部分三笔支付全部欠薪的协议。第一笔574997元和第二笔204068.51元已于2015年2月13日前支付，第三笔265865.5元，将于2015年10月31日保修金到期后进行支付。

2. 承包人李某欠薪案

2015年2月5日，在黑龙江省七台河市宝泰隆嘉园一标段建筑工地打工的农民工华某向七台河市总工会反映工资被拖欠。总工会调查发现，大庆建筑安装集团有限公司授权李某为该建筑工程承包人。楼体竣工待验收时，李某失去联系，拖欠工资近200万元，涉及农民工170人。2月11日，在七台河市总工会提议下，召开了市劳动关系三方协调会议，会议决定由市劳动保障监察局将李某涉嫌拒不支付劳动报酬问题移送公安机关依法处理。后李某主动与市总工会联系，表示愿意积极筹资按合同约定的70%发给农民工工资。市总工会代表农民工据理力争，李某最终承诺先按合同约定的80%给农民工发欠薪，其余部分待工程验收后一次性结清。2月17日(农历腊月二十九)，农民工拿到了约定的80%的欠薪。

3. 泸州太昌建筑安装工程有限公司欠薪案

2014年1月，史某等农民工代表来到四川泸州酒业集中发展园区工会联合会求助，反映包括他们在内的100余名农民工2012年到泸州太昌建筑安装工程有限公司中飞项目部工地务工，2013年9月工程结束后，该公司仍有65.8万元工资未予结算，农民工索要工资无果。工会迅速开展法律援助，多次找到该公司和中飞项目部，要求依法支付拖欠的农民工工资，但该公司拒不承认欠薪事实。2014年8月，史某等以追索劳务报酬为由，将太昌建筑安装工程有限公司及其中飞项目部全权代理人银某告上法庭。2015年1月5日，泸州市江阳区法院依法开庭审理了该案。2015年3月23日，泸州市江阳区法院判决太昌建筑安装工程有限公司支付欠款共计65.8万元。

4. 中航长城大地建功集团有限公司欠薪案

2015年3月8日，彭某等50余名民工向贵州铜仁市困难职工帮扶中心反映，他们于2014年10月到铜仁市碧江区一项目做工。用工方中航长城大地建功集团有限公司与他们约定，工程完工经验收后一次性付清所有工钱。2015年1月，项目完工验收后用工方却未如约支付工钱。50余名农民工多次找工地负责人协商，但项目负责人总以各种借口拖延。铜仁市总工会立即派员到项目部与相关负责人协调，经过两天的耐心劝导，项目部负责人在工会监督下按比例先行向彭某等农民工支付 40 万元，余款 55 万元则于 2015 年 3 月 11 日在工会的监督下支付完毕。

5. 厦门中碳建筑规划院欠薪案

2015 年 5 月 27 日，厦门中碳建筑规划院员工陈某、罗某等向厦门市总工会投诉，反映他们被拖欠近 3 个月的工资，且单位没有为他们缴纳社会保险费。厦门市总工会及时向规划院了解情况。规划院相关负责人表示，规划院因效益问题目前没钱，但已设法筹款以便支付工资；未缴社会保险费则是因为员工入职时双方已经协商，由规划院将用人单位应缴的社会保险费，以现金方式补贴给员工。厦门市总工会告知规划院，用人单位拖欠工资是违法行为，也不能以协商方式规避参加社会保险的责任。经多次调解，双方达成协议，由规划院于 6 月 20 日之前支付所拖欠的工资，随后为其补缴社会保险费。

6. 郴州首成鞋业厂恶意欠薪案

2015 年 5 月 20 日，李某等 11 名农民工向湖南省宜章县总工会投诉被首成鞋业厂拖欠工资。经查，首成鞋业厂未办理任何证照，老板首甲、首乙为躲避债务，可能已逃往广东东莞。随后，案件由劳动监察大队移交至宜章县公安局。5 月 31 日，县公安局、县劳动监察大队、县总工会组成联合办案工作组赴广东东莞。6 月 1 日，在当地公安部门协助下，首甲、首乙被找到。联合办案工作组人员依法劝导首甲、首乙纠正违法行为。得知后果的严重性后，首甲、首乙表示愿意支付拖欠 11 名农民工的 2.6 万元工资。目前，李某等 11 名农民工已拿到了被拖欠的工资。

7. 承包人李某欠薪案

2014 年 12 月 16 日，宁夏回族自治区总工会得知有 48 名农民工被拖欠工资后，立即派员了解情况。调查了解到，2013 年中建二局承建银川市西夏区万达广场，后将部分工程转包给四川丽达建筑公司，丽达公司又将部分工程转包给包工头谢某，谢某再次将部分水电暖工程转包给李某。2014 年施工单位之间因工程结算问题发生分歧，由李某雇用的 48 名农民工工资被拖欠，确认欠薪额为 36.8 万余元。自治区总工会支持 48 名农民工依法向银川市西夏区法院起诉。2015 年 3 月 27 日，西夏区法院支持了农民工的全部诉讼请求，判决李某支付所拖欠的农民工工资 36.8 万元，谢某和四川丽达建筑公司承担连带责任。

8. 上海森磊鞋业有限公司欠薪案

2015 年 5 月 5 日，上海森磊鞋业有限公司职工到上海市奉贤区金汇镇社区事务受理中心集体上访，要求政府部门出面解决被森磊公司拖欠的 2015 年 3 月至 4 月的工资。奉贤区劳动监察大队会同金汇镇政府、镇总工会等及时赶往森磊公司，安抚职工，调查取证。经查，5 月 4 日，森磊公司张贴告示称，公司法定代表人王某因犯罪已被黄浦区人民法院判刑，与公司有关的债权债务以及其他一切纠纷请通过法律途径处理。森磊公司拖欠 68 名职工 2015 年 3 月至 4 月的工资共计 50 万元。在金汇镇政府督促下，企业方和职工代表通过协商达成协议，约定 2015 年 6 月 7 日支付 2015 年 3 月的欠薪，2015 年 7 月 31 日支付 2015 年 4 月的欠薪。至 2015 年 6 月底，森磊公司已支付欠薪总额的 70%。

9. 成都新丰运物流有限公司欠薪案

2014 年 12 月，王某向四川省总工会反映被拖欠报酬。四川省总工会通过调查得知，2008 年 2 月，王某到成都星风云物流有限公司工作，当时已经超过 60 岁。由于公司经常不按时支付报酬，2013 年 9 月 1 日，王某提出辞职，并要求公司结清拖欠的工资。9 月 17 日，公司给王某写了欠条，注明欠工资 31451 元。2013 年 10 月到 2014 年 5 月，公司先后支付王某共计 6000 元。其后，公司变更名称为成都新丰运物流有限公司，新的法定代表人不承认拖欠王某工资。四川省总工会委托律师代理王某向成都市武侯区人民法院提起诉讼。2015 年 3 月 17 日，武侯区法院判决成都市新丰运物流有限公司支付王某劳务报酬共计 25451 元。判决生效后，新丰运物流公司未依法履行判决。目前律师已经代理王某申请强制执行。

10. 天津玛哈格尼木业有限公司欠薪案

2015 年初，徐某、曹某因被拖欠工资到天津市职工法律援助中心求助。据查，2013 年 6 月 3 日，徐某、曹某到天津玛哈格尼木业有限公司工作，并签订了为期一年的劳动合同。合同到期后没有续签，但二人仍留在公司原岗位工作，直至 2014 年 12 月 31 日。在此期间，公司未为二人缴纳社会保险费，并时常拖欠工资。徐某、曹某认为，因未续签劳动合同，公司应当支付其 2014 年 7 月 3 日至 2014 年 12 月 31 日的双倍工资。公司提出解除与二人的劳动关系。徐某、曹某依法申请仲裁，中心指派律师免费为二人代理此案。2015 年 3 月 12 日，天津市东丽区劳动仲裁委员会作出仲裁调解书，由天津玛哈格尼木业有限公司向徐某、曹某支付拖欠工资共计 28840 元。

资料来源：中工网，2015-08-04.

面对“欠薪”这一“顽疾”，以温家宝总理帮助重庆农妇熊德明讨要被拖欠的工资为发轫，各级党委、政府采取了各种措施予以清欠，收到了一定效果，但远远未从根本上解决问题，往往是旧的积欠未完全解决，新的积欠又产生了。造成这种局面的原因是复杂的，但立法滞后、相关法律法规不够健全，造成处罚手段薄弱，应是一个重要的原因。

现行规范劳动者与用人单位劳动工资关系的法律法规主要包括 1995 年 1 月 1 日起正式生效的《劳动法》《最高人民法院关于审理劳动争议案件适用法律若干问题的解释》以及《民法》《民事诉讼法》《企业破产法(试行)》和国务院制定的行政法规、各部委制定的劳动规章等。总的说来，各类相关法律、法规体系庞杂、效力等级不一，相关规定时有冲突，对劳动工资关系的规定较为原则，不易操作执行。

根据当前的法律设置，劳动者在处理被拖欠薪金的争议中的权利救济途径有以下几种：一是与用人单位协商解决，二是由劳动争议处理机构调解，三是由劳动争议仲裁机构仲裁，四是向人民法院提起诉讼。协商和调解是一种较为便捷的途径，周期短，成本低，但由于内置于用人单位的体制内，实际效果往往极为低微。仲裁和诉讼在裁决、判决生效后具有强制执行力，但程序较为烦琐，周期较长，费用较高，对于既缺乏经济基础又缺少相关法律知识的劳动者一方来说，执行裁决、判决难本身就是顽疾，因而，通过这两种方式解决劳动工资关系纠纷的效果就可想而知了。

2011 年 5 月 1 日起实施的《刑法修正案(八)》增加了有关欠薪入罪的法律规定，明确“以转移财产、逃匿等方法逃避支付劳动者的劳动报酬或者有能力而不支付劳动者的劳动报酬，数额较大，经政府有关部门责令支付仍不支付的，处三年以下有期徒刑或者拘役，并处或者单处罚金；造成严重后果的，处三年以上七年以下有期徒刑，并处罚金。”

2013 年最高人民法院出台了《关于审理拒不支付劳动报酬刑事案件适用法律若干问题的解释》，其中明确规定了欠薪入刑的四种行为，“隐匿财产、恶意清偿、虚构债务、虚假破产、虚假倒闭或者以其他方法转移、处分财产的；逃跑、藏匿的；隐匿、销毁或者篡改账目、职工名册、工资支付记录、考勤记录等与劳动报酬相关的材料的；以其他方法逃避支付劳动报酬的。”

2015 年 1 月 6 日，最高人民法院、最高人民检察院、人力资源和社会保障部、公安部联合下发了《关于加强涉嫌拒不支付劳动报酬犯罪案件查处衔接工作的通知》，这意味着欠薪犯罪将受到更严厉的打击。① 尽管我国将“拒不支付劳动报酬罪”纳入了刑法并出台了司法解释，但由于需要从行政领域过渡到刑事领域，劳动保障领域的行政执法与刑事司法衔接还存在一些问题，再加上部分规定不明确，导致一些涉嫌犯罪案件止步于行政处理，无法有效移送公安机关立案侦查，在一定程度上影响了刑法打击犯罪的效果。为此，最高法、最高检、公安部、人保部四部门共同制定下发了通知。为了解决行为人逃匿后相关证据无法获得的问题，通知规定，由于行为人逃匿导致工资账册等证据材料无法调取或用人单位在规定的时间内未提供有关工资支付等相关证据材料的，人社部门应及时对劳动者进行调查询问并制作询问笔录，同时应积极收集可证明劳动用工、欠薪数额等事实的相关证据，依据劳动者提供的工资数额及其他有关证据认定事实。对于行为人拖欠劳动者劳动报酬后“逃而不匿”的问题，通知规定，人社部通过书面、电话、短信等能够确认其收悉的方式，通知其在指定的时间内到指定的地点配合解决问题，但其在指定的时间内未到指定的地点配合解决问题或明确表示拒不支付劳动报酬的，视为“以逃匿方法逃避支付劳动者的劳动报酬”。

专栏 4-5 恶意欠薪罪：犹如摆设的奇葩罪名

(1)恶意欠薪罪将原本民事领域的行为纳入刑事制裁体系，试图靠刑罚威慑来解决恶意欠薪问题不现实。

针对拖欠劳动者工资的事件不断发生，《刑法》在 2011 年修订时增设了“拒不支付劳动报酬罪”对恶意欠薪行为进行制裁。而在此前，中国已有《劳动法》《工作支付暂行规定》《最低工资标准》《劳动合同法》《劳动调解仲裁法》等相关的法律对恶意欠薪进行规制。

然而，欠薪本就是民事领域的问题，原本刑法是无须加以干涉的。不检讨过往的民事行政法律机制为何未能发挥实效，而是轻率将恶意欠薪行为纳入刑事

① 徐博，王政．最高检等四部门下发通知严打欠薪犯罪[N]．检察日报，2015-01-07．

制裁体系，试图靠刑罚威慑来解决恶意欠薪问题是不现实的。劳动者要拿到欠薪，只能通过民事途径，或者由相关职能部门介入予以督促和查处。刑法能让恶意欠薪者受到惩处，但它本身并不解决劳动者的欠薪问题。如果恶意欠薪罪得不到全面有效的执行，没有落到实处，那么该罪名也只不过是个泡影。

(2)恶意欠薪罪无法遏制欠薪行为。据人社部数据，2013 年劳动保障监察机构查处欠薪案件 24.36 万件，比 2012 年多 11.7%。

恶意欠薪罪在规制恶意欠薪行为上并没有起到预期的作用，自 2011 年恶意欠薪罪入刑以来，欠薪案件高发、多发的态势没有得到根本性改变。根据人社部数据显示，2012 年全国各级劳动保障监察机构共办理拖欠工资等待遇案件 21.8 万件，2013 年共查处欠薪案件 24.36 万件，比 12 年多 11.7%。以广州为例，2014 年 6 月，广州市中院发布的《广州劳动争议诉讼情况白皮书(2011—2013)》显示，广州劳动争议案件整体处于上升态势，案件总量一直处于高位运行，而以广州市中院 2012 年审理的二审劳动争议案件为例，用人单位未依法支付劳动报酬及福利待遇的案件约占 87%。

(3)恶意欠薪罪判定标准复杂，实际操作时也将司法机关的责任转嫁给讨薪者。据人社部数据，2013 年前三季度共移交涉嫌恶意欠薪案件 2039 件，立案 1423 件，进入司法审判程序的不足 10%。

欠薪构成犯罪的条件是以转移财产、逃匿等方法逃避支付劳动者的劳动报酬或者有能力支付而不支付劳动者的劳动报酬，经政府有关部门责令支付仍不支付。对此存在操作上的困难：是否实施了转移财产、逃匿等方法逃避支付的行为难以查处；劳动者证明劳动关系存在的难度也非常大。此外，被欠薪者要追究用人单位的刑事责任，必须先申请“政府有关部门责令支付”，而这无疑将司法机关的责任转嫁给了劳方；而且只有资方出于故意的罪过拒不支付劳动报酬，才能构成犯罪。

恶意欠薪罪举证的难点在于主观故意的认定，大多数案例要借助于客观行为推导行为人的主观方面，而且侦查成本较之其他犯罪更高，侦查面涉及范围更广。正因为恶意欠薪罪的认定条件过于苛刻，启动司法程序困难重重，据人社部数据显示，2013 年前三季度，全国各级劳动监察机构共办理拖欠工资等案件 17.4 万件，向公安机关移送涉嫌拒不支付劳动报酬罪案件 2039 件，公安机关立案 1423 件，最后进入司法审判程序的不足 10%。

(4)劳动保障领域的行政执法与刑事司法衔接脱节，行政证据无法作为刑事司法证据。湖南隆回翔宇五金厂欠薪案就因证据不足在移交公安机关后被退回不予受理。

恶意欠薪罪不但没有从根本上解决劳动者的欠薪问题，反而由于刑法介入了劳资纠纷问题，曾经治理恶意欠薪的主管部门将本来由自己管理的简单的劳资纠纷案件推给司法机关通过刑事诉讼来解决。在处理拒不支付劳动报酬案件的实践中，因劳动保障监察执法手段有限，尽管劳动保障监察机构发现企业负责人涉嫌犯罪，也尽最大能力调取欠薪证据，但在无法证明逃匿等情形下，公安机关常常会以证据不足为由拒收。此外，《行政执法机关移送涉嫌犯罪案件的规定》并未对在行政执法过程中采集的证据的法律地位、证明规则作出规定，导致在实践中，劳动保障监察机构向公安机关移送案件时，会随案移送涉嫌犯罪的调查询问笔录、工资欠条等相关证据，诉讼证据质量往往达不到要求，不利于拒不支付劳动报酬罪进入司法程序。

(5)审理案件"先刑后民"原则加大了劳动者维权的难度。只有案件在被移送起诉后，劳动者才能提起刑事附带民事诉讼，程序复杂、成本高、耗时长。

《劳动法》第 79 条为劳动者和用人单位解决劳动争议设置了"协商—调解—仲裁—诉讼"的渠道，由此可知，劳动争议的解决必须经过仲裁才能起诉。劳动仲裁前置的目的是减轻法院对案件审理的负担，但调解委员会和劳动仲裁的设立却拖长了劳动者的维权时间，使法院错过最佳的调查取证期。实践中部分劳动者并不知有仲裁程序，当他们起诉到法院时已经错过申请仲裁期，法院只能以案件未经仲裁裁定不予受理。

恶意欠薪的行为，是发生在民法领域的违法行为，具体讲就是一种民事债权债务纠纷。审理案件应当根据"先刑后民"原则，当恶意欠薪罪被移送起诉之后，劳动者才能向法院提起刑事附带民事诉讼。由于民事诉讼程序和劳动争议仲裁程序过程较为复杂、付出的成本较高、耗费时间较长，而劳动报酬的支付还得通过刑事附带民事诉讼中的民事程序来解决，因此拒不支付劳动报酬罪的执行过程中将会加大劳动者维权的难度。

(6)恶意欠薪罪无法规制政府的欠薪行为。2014 年，因为安徽萧县政府拖欠数千万工程款，承包市政工程的包工头杨某服毒自尽。

如果是政府欠薪，在政府部门有能力支付又不支付的情况下，隶属于政府的劳动行政部门完全可以拒绝发出责令支付的命令。而没有经过行政部门责令支付的程序是构成不了本罪的，所以，恶意欠薪罪无法规制政府的欠薪行为。

2014年3月27日，承建安徽萧县市政工程的包工头杨某，2009年至2012年间，在萧县市政工程招标中中标获得超亿元合同。根据合同，萧县政府应按工程进度每月付款，但政府言而无信，工程款一拖再拖，直到2014年初，被拖欠数千万元工程款，而萧县政府仍没有偿还工程款的意思，走投无路的杨某决定服药自尽。

(7)对于欠薪问题，欧美均以“工资优先支付”原则处理，只要存在拖欠，不论原因如何，都要优先支付劳动者的工资。

如《西班牙劳动者宪章》第32条规定：工资的支付享有比用人单位其他支付的优先权；应支付的工资具有比其他任何应支付的欠款均优先的权利，哪怕这些支付是以财产做抵押的；无论是在业主开始履行破产手续或者是正在办理企业财产支付一项或多项欠款手续时，都应当执行工资支付优先权。此外，法国也在立法中确立了工资债权优先权制度。尽管中国的欠薪现象严重，却没有“优先支付劳动者工资”制度的规定。

资料来源：网易新闻，2015-01-21.

要为劳动者的工资支撑起一把有效的保护伞，除了政府要完善立法、严格执法，出台并落实相应政策外，工会组织及劳动者个人也应增强维权意识、有所行动，从而形成多方合力。而工资集体协商制度，是其中一种重要的机制。工资集体协商，目的在于搭建一个企业内部的劳资对话平台，使职工的工资分配诉求能够得到企业的正面回应，实现企业内部的利益整合，借此提高劳动者的收入水平。从实际效果来看，在建立工资集体协商制度之后，企业出现了经济效益和职工收入的双增长；同时，企业职工的知情权、参与权、建议权的实现程度有所提高，企业劳动关系更加和谐。①

① 王天玉．臆断与实情：工资集体协商制度运行的实证分析[J]．西南民族大学学报(社会科学版)，2014(1).

专栏4-6　保障农民工收入，工会在行动

2014年岁末年初，又是全国各地农民工欠薪案件数量的“高发期”。不少辛苦劳作了一年的农民工，却面临工钱被拖欠的困境。因地制宜，采取多种措施，千方百计保证农民工尽早拿到工资，切实维护广大农民工的合法权益，各级工会组织正在积极行动。

广西区总工会专门下发通知，要求各市级总工会普遍建立农民工工资应急周转金制度。各市级总工会从工会经费中拿出一定比例专项资金作为应急周转金，主要用于应急解决欠薪逃匿、突发恶性欠薪案件。应急周转金用于垫付农民工部分工资或基本生活费，待拖欠工资案件结案后，优先从追回的工资欠薪中扣回。

浙江省总工会联合省人力资源和社会保障厅、省公安厅等7个部门，组建11个督察组，在全省范围内开展农民工工资支付情况专项检查。要求各地做到欠薪案件快速处置，实现欠薪突发和群体性事件60分钟现场应急响应，基层调解个体欠薪问题1天内回复，群体欠薪问题7天内解决。要以专项检查为载体，进一步完善浙江省行政执法与刑事司法衔接机制，严肃处理拖欠农民工工资问题，依法查处涉嫌拒不支付劳动报酬犯罪的案件。

广东作为农民工大省，针对“两节”期间欠薪事件高发，广东工会发挥法律援助机构和志愿者的作用，让工人们通过正规渠道维权。目前广东省建立工会法律援助机构1168个，1000多个职工服务中心全部设立法律援助服务窗口，初步形成覆盖全省的工会法律援助服务网络。全省工会系统拥有以1100多名专职律师为主体的专兼职法律援助工作人员和志愿者队伍8000多人，组建了一支水平高、业务强的职工法律援助队伍。

与此同时，许多地方工会通过设立企业劳动关系信息员，充分发挥工会职工律师团和12351职工维权热线、法律援助服务站的作用，加强举报投诉接待力量，举办现场接访和清欠援助专场活动，对举报投诉拖欠农民工工资问题建立“绿色通道”；加强跨区域联动维权合作，坚持24小时值班，主动依法为农民工维权。

资料来源：中华全国总工会网站．摘自工人日报，2014-01-07.

4.3.4 落实最低工资制度，解决弱势劳动者民生问题

如果说工资支付保障制度使劳动者"劳有所得"，最低工资制度则是对劳动者"劳有应得"的有力保障。自 1994 年 7 月《劳动法》的颁布最终以国家法律的形式确立了我国的最低工资保障制度以来，国家发展规划、部门规章、两会文件中多次强调，各地最低工资标准纷纷出台并随着经济的发展屡屡上调。据人力资源和社会保障部公布的数据显示，2011 年全国有 24 个省份调整了最低工资标准，平均增幅 22%；2012 年有 25 个省份调整最低工资标准，平均增幅为 20.2%；2013 年有 27 个地区对此进行了调整，平均调整幅度为 17%；2014 年则有 19 个省份调整了最低工资标准，平均增幅为 14.1%；初步统计，2015 年第一季度，已经有湖南、海南、西藏、山东和深圳等地调整了最低工资标准，平均增幅为 11.3%。[①] 图 4-7 为截至 2015 年 5 月全国各省份正在执行的最低工资标准，[②] 而表 4-3 则列举了 2015 年全国几个地区最新调整的最低工资标准。

表 4-3　　2015 年各省市作出的最低工资标准调整(截至 2015 年 8 月)

地区	标准实行日期	月最低工资标准(元)	非全日制用工 小时最低工资标准(元)
广西	2015.01.01	1400/1210/1085/1000	13.5/11.5/10.5/9.5
湖南	2015.01.01	1390/1250/1130/1030	13.5/11.9/11.4/10.7
西藏	2015.01.01	1400	13
海南	2015.01.01	1270/1170/1120	11.2/10.3/9.9
山东	2015.03.01	1600/1450/1300	16/14.5/13
上海	2015.04.01	2020	18
天津	2015.04.01	1850	18.5
北京	2015.04.01	1720	18.7
甘肃	2015.04.01	1470/1420/1370/1320	15.5/15/14.4/13.9
广东	2015.05.01	1895/1650/1510/1350/1210	18.3/15.8/14.4/13.3/12

① 各省最低工资标准 2015 最新消息[EB/OL]，http：//www.southmoney.com/touzilicai/qita/201504/318120.html，2015-04-23.

② 数据为各省份最低工资标准中的最高一档.

续表

地区	标准实行日期	月最低工资标准(元)	非全日制用工小时最低工资标准(元)
其中：深圳	2015.03.01	2030	18.5
山西	2015.05.01	1620/1520/1420/1320	17.7/16.6/15.6/14.5
陕西	2015.05.01	1480/1370/1260/1190	14.8/13.7/12.6/11.9
福建	2015.07.01	1500/1350/1230/1130	16/14.3/13/12
湖北	2015.09.01	1550/1320/1225/1100	16/15/14/12.5

数据来源：中国劳动咨询网资料库，http：//hr.51labour.com/data/list-4.html.

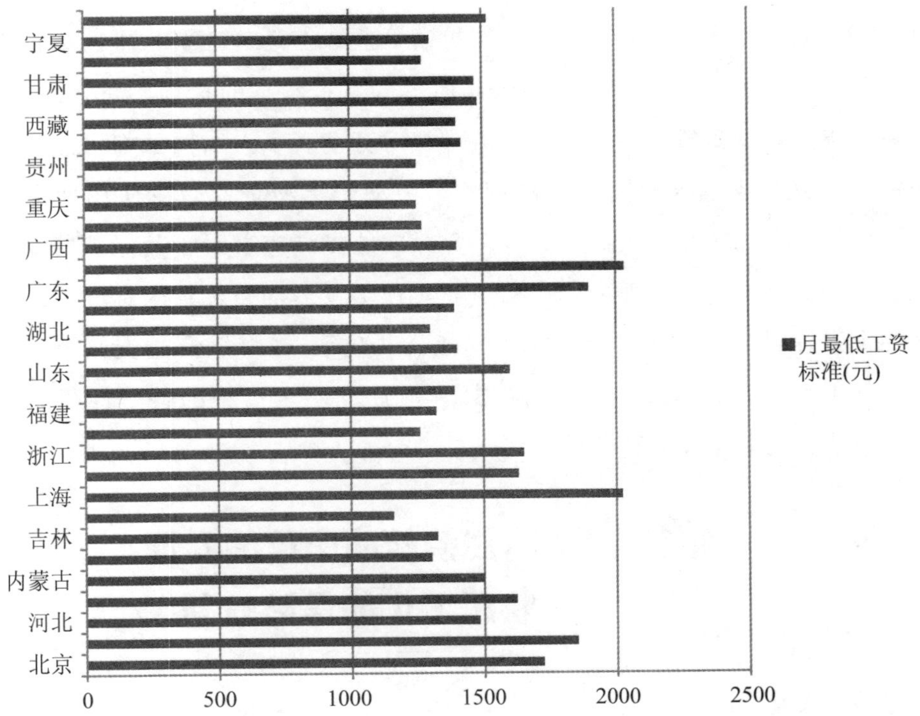

图 4-7　全国各省份现行最低工资标准(截至 2015 年 5 月)

从时间角度看，我国的最低工资标准虽然每年都在提升，但 5 年来增速不断放缓。从空间角度看，由于制定最低工资标准的权力下放到了各省、自治区、直辖市，各地的具体标准和方法存在差别，导致一些地区最低工资标准不甚合理。到目前为止，深圳市最低工资标准为全国最高，达到 2030 元/月，其次为上海、天津。一直被认为是富裕地区的浙江和江苏最低工资标准仅为 1650

元/月和 1630 元/月。另外两个直辖市北京由 2013 年的 1560 元/月调整到了 1720 元/月，重庆则仍停留在 1250 元/月的偏低水平上。辽宁、吉林、黑龙江、安徽、宁夏和新疆 6 个省份已经连续两年多没有调整最低工资标准，违背了国务院“最低工资标准每两年至少调整一次”的规定。

最低工资标准，指劳动者在法定工作时间或依法签订的劳动合同约定的时间内提供了正常劳动的前提下，用人单位依法应支付的最低劳动报酬。其主要目的是保障低收入劳动者的基本生活水平，缓解其生活的贫困状态，从而避免由收入分配不公平、贫富差距过大导致的经济和社会问题。因此，政府会根据物价和生活成本因素的变化对其不断调整。近年来我国最低工资标准调整频率之高、调整幅度之大，反映了政府力图提高低收入劳动者工资水平、改善工资分配关系、缩小收入差距的迫切要求，但最低工资水平的提高不可操之过急。有学者指出，最低工资标准锦标赛式的增长对劳动者个人和国家都可能产生负面作用，导致产业或行业间的混乱调整，劳动密集型企业减少雇用使穷人失业、经济情况更加糟糕。因此，最低工资标准的提高应着眼于其保护劳动者个人足够应对其基本生活需要的作用，而非实现保发展的目标；困难群体的生活保障和个人发展，应依靠社会保障及其他公共政策。① 从实际情况来看，近三年来最低工资标准的增长已有所“降温”，但标准制定过程的科学性仍有待加强，政策执行的效果还有待检验。

>> 4.4 用法治规范劳动争议的处理——快乐工作的保障机制 <<

劳动争议是指劳动关系双方当事人因实现劳动权利和履行劳动义务而发生的纠纷。用法治方式建立并完善劳动争议的处理机制与程序，有助于及时修复出现问题的劳动关系，全面救济劳动者的合法权益，确保劳动者快乐工作、改善民生。

---

① 万海远．最低工资政策不能承受之重[J]．南风窗，2014(4)．

4.4.1　我国劳动争议发案率居高不下，严重影响劳动者的民生质量

用人单位克扣工资、劳动者艰难讨薪、工伤认定困难重重、合同问题引发争议……近年来，各种劳动纠纷、劳动争议事件屡见报端。国家统计局相关数据显示，近十年来我国每年的劳动争议案件受理数和结案数整体呈上升趋势，案件数量和当事人数量在 2008 年达到峰值后虽有所下降，但仍处于高位运行的态势(详见图 4-8)。

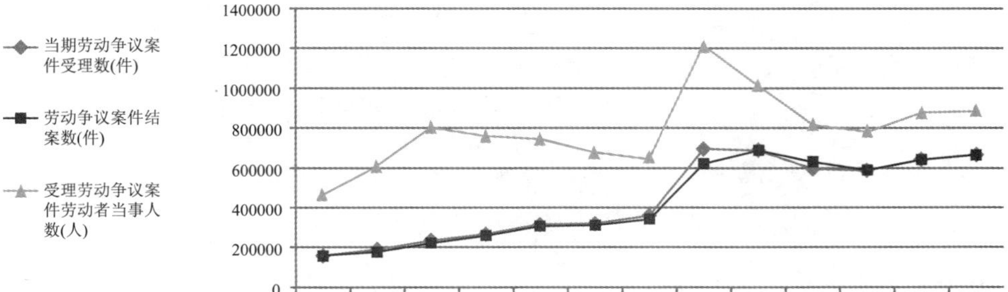

	2001年	2002年	2003年	2004年	2005年	2006年	2007年	2008年	2009年	2011年	2010年	2012年	2013年
当期劳动争议案件受理数(件)	154621	184116	226391	260471	313773	317162	350182	693465	684379	600865	589244	641202	665760
劳动争议案件结案数(件)	150279	178744	223503	258678	306027	310780	340030	622719	689714	634041	592823	643292	669062
受理劳动争议案件劳动者当事人数(人)	467150	608396	801042	764981	744195	679312	653472	1E+06	1E+06	815121	779490	882487	888430

图 4-8　2001—2013 年中国劳动争议案件及其当事人数量

数据来源：根据国家统计局网站年度数据整理所得。

专栏 4-7　全国总工会公布 2014 年度劳动违法典型案件

在《劳动法》施行 20 周年之际，全国总工会专门梳理了 2014 年我国劳动关系领域的违法案件和劳动事件，并从中挑选 10 起具有典型意义的例子进行集中公布。

NO. 1　浙江新东方烹饪学校侵犯女性平等就业权。

河南籍应届女大学生郭某在应聘新东方烹饪学校文案职位时，多次因烹饪学校“限招男性”的招聘条件被拒。2014 年 7 月 8 日，郭某向杭州市西湖区人民法院提起诉讼。9 月 10 日，法院公开审理了此案，11 月 12 日，法院作出判决，

认为烹饪学校文案职位不属于法定女性禁忌劳动范围，烹饪学校未对郭某是否符合招聘条件进行审查，而仅以岗位限招男性为由拒绝录用郭某的事实成立。根据《劳动法》《就业促进法》等法律的规定，认定烹饪学校行为属于就业性别歧视，侵犯了郭某的平等就业权，给郭某造成了一定的精神损害，应向郭某赔偿精神损害抚慰金 2000 元。

NO. 2　深圳可立克科技股份有限公司、德林克电子有限公司非法使用童工。

2013 年年底，深圳市可立克科技股份有限公司、德林克电子有限公司因非法使用童工被媒体举报。2014 年初，经相关部门调查核实，两公司 73 名四川凉山籍彝族员工中，未满 16 周岁童工 9 人，其中深圳可立克科技股份有限公司使用 2 人、德林克电子有限公司使用 7 人。2014 年 1 月 3 日，深圳市宝安区人社部门对两公司非法使用童工等违法行为发出劳动监察限期整改指令书，1 月 10 日和 14 日，分别对深圳可立克科技股份有限公司、德林克电子有限公司处以 1 万元和 3.5 万元的行政罚款。

NO. 3　安徽青山水电设备安装有限公司拒绝与劳动者签订书面劳动合同。

安徽青山水电设备安装有限公司于 2013 年 8 月 1 日与胡某建立劳动关系。公司每月向胡某支付工资 2500 元，但不与其签订书面劳动合同，也未给其缴纳社会保险费。胡某与公司多次协商无果，于 2014 年 6 月向当地劳动争议仲裁委员会申请仲裁。经审理裁定，公司因未与胡某签订书面劳动合同，应按照劳动合同法有关未签劳动合同支付双倍工资的规定，另向胡某支付 21774 元。

NO. 4　四川遂宁四坚建筑装饰工程有限公司要求员工签订不平等承诺书。

2013 年 12 月，四川遂宁四坚建筑装饰工程有限公司要求员工签署承诺书，承诺内容包括：员工无任何理由拒绝公司的工作安排，包括工作上的应酬接待也绝对服从；自愿放弃星期天、节假日(春节除外)，坚持下午不定时下班；迟到一分钟接受处罚 130 元；自愿将每月实领工资的 30%押在公司，押满 2 万元为止。该承诺书引发员工普遍不满，有员工在网上公开此事。当地工会和劳动监察部门得知后，前往该公司调查，在确认网络举报情况属实后，向公司发出整改通知书，要求立即纠正违法行为。该公司在一周内进行了整改，并承诺今后不再要求员工签订类似协议。

NO.5　福建畅丰车桥制造有限公司违反最低工资标准的规定。

福建畅丰车桥制造有限公司于 2002 年 5 月与陈某建立劳动关系，安排陈从事装卸工作，实行计件工资。从 2013 年 3 月起，因生产任务减少，公司只给陈某安排少量工作，但仍按原计件标准发放工资，致使其月工资始终低于当地最低工资标准，最低时只有 90 元/月。2014 年 3 月，公司以陈某没有打卡上班为由与其解除劳动合同。在当地工会的帮助下，陈某向福建省龙岩市新罗区人民法院提起诉讼，法院判决公司向陈某支付实发工资与最低工资标准的差额。

NO.6　陕西省宜君县讨薪农民工被殴打。

2014 年 11 月，陕西长生建筑劳务公司与分包施工的工程队因拖欠 100 余名农民工工资问题发生了争议。经宜君县相关行政部门协调，长生建筑劳务公司承诺尽快发放农民工工资。11 月 7 日在工资发放现场，长生建筑劳务公司宜君西园小区项目部负责人许某授意司机胡某，纠集 30 余名社会闲散人员，对准备领取工资的 20 多名农民工进行棍棒殴打，并限制其人身自由，导致多名农民工被打伤。15 日，许某因涉嫌非法拘禁罪被刑事拘留。18 日，铜川市宜君县相关部门及工程承建单位向农民工足额发放欠薪 232 万元，并为受伤农民工垫付了医疗费。

NO.7　江苏昆山中荣金属制品有限公司发生重大安全生产责任事故。

2014 年 8 月 2 日，江苏昆山台资企业中荣金属制品有限公司发生爆炸事故，至国务院针对事故调查报告作出批复为止，共造成 146 人死亡。调查报告认为，事故直接原因是事故车间除尘系统较长时间未清理，铝粉尘积聚。除尘系统风机开启后，打磨过程产生的高温颗粒在集尘桶上方形成粉尘云。1 号除尘器集尘桶锈蚀破损，桶内铝粉受潮，发生氧化放热反应，达到粉尘云的引燃温度，引发除尘系统及车间的系列爆炸。因没有泄爆装置，爆炸产生的高温气体和燃烧物瞬间经除尘管道从各吸尘口喷出，导致全车间所有工位操作人员直接受到爆炸冲击，造成群死群伤。目前，对涉嫌犯罪的中荣公司董事长吴某、总经理林某，昆山开发区管委会副主任陈某等 18 名责任人已送司法机关采取措施；对江苏省副省长史某等其他 35 名责任人给予相应的党纪、政纪处分；对江苏省政府予以通报批评，并责令其向国务院作出深刻检讨。

NO. 8　江苏鹏越电子科技有限公司辞退怀孕女工。

2012 年初，江苏鹏越电子科技有限公司聘用周女士担任公司行政秘书。2014 年周女士怀孕后，公司以企业效益不好、歇业整顿为由，告知周女士暂时回家休息，等待复工通知。与周女士同时离开公司等待复工的，还有另外两名怀孕女工。此后，公司并未通知三名怀孕女工复工，却要求她们递交辞职报告，否则将把她们安排到体力劳动繁重的一线生产岗位。三名怀孕女工为维护自身合法权益，先后向当地总工会、妇联、劳动监察等部门反映情况。劳动监察部门先后向企业下达了限期改正指令书、行政处理决定书、行政处罚决定书，但企业仍不改正辞退怀孕女工的违法行为。目前，劳动保障监察部门已申请法院强制执行。

NO. 9　黑龙江哈尔滨百事可乐有限公司违法解除工会主席劳动合同。

2014 年 12 月 1 日，哈尔滨百事可乐有限公司下调员工采暖费发放标准，引发员工不满。12 月 3 日，公司工会主席向东北区总部反映员工意见，建议公司继续执行原采暖费发放标准。12 月 5 日，东北区总部在未对员工意见予以回复的情况下，以"工作理念与公司理念不相容"为由，向哈尔滨百事可乐公司工会主席下发了单方面解除劳动合同的通知。12 月 8 日，该工会主席向哈尔滨市外商投资企业工会工作委员会投诉。随后，哈尔滨市总工会启动了法律援助程序，支持工会主席依法维权。经与哈尔滨百事可乐公司交涉，该公司承认解除劳动合同行为不当，并撤销了解除劳动合同的决定。

NO. 10　广东东莞裕元鞋厂少缴社会保险费。

2014 年 3 月，广东东莞裕元鞋厂部分工人查询社保缴费记录时发现，厂方为其缴纳社保费的比例明显低于当地规定的标准，导致社保待遇大幅缩水。4 月 5 日，数千名工人聚集，抗议工厂少缴社会保险费的行为。4 月 14 日，厂方回应，提出自 5 月起提高社保缴费率，但未提及补缴社保费和提高具体缴费基数，从而引发了更大规模的万人停工事件。4 月 21 日，厂方提出新方案，承诺补缴社保费，并每人每月发放补贴 230 元。同日，广东省市镇三级工会组成联合组进驻该厂与工人沟通，为他们提供法律咨询。东莞市社会保障局根据调查情况，向裕元鞋厂发出《社会保险限期改正指令书》，责令其于 4 月 25 日前进行依法整改。

资料来源：中工网，2015-02-03.

近几年来，随着我国企业形式和劳动关系日趋多样化，劳动争议案件数量大幅度上升，争议案件内容日趋复杂，调处难度加大；同时，劳动争议处理周期长，劳动者维权成本高，以及仲裁与诉讼不衔接等问题的存在，影响了对劳动争议案件的及时公正处理。为了解决这些问题，有必要制定专门的《劳动争议调解仲裁法》，进一步完善劳动争议处理的程序制度，确保劳动争议案件得到及时公正地处理，有力保护当事人、特别是劳动者的合法权益，以促进社会和谐与民生改善。

4.4.2　我国劳动争议的处理机制与主要立法

根据《劳动法》《劳动争议调解仲裁法》等相关法律的规定，劳动者与用人单位发生劳动争议时，可以选择下列程序及时解决：

(1)协商程序。协商是指劳动者与用人单位就争议的问题直接进行协商，寻找解决纠纷的具体方案。与其他纠纷不同的是，劳动争议的当事人一方为单位，一方为单位职工，因双方已经发生一定的劳动关系而使彼此之间相互有所了解。双方发生纠纷后最好先协商，通过自愿达成协议来消除隔阂。实践中，职工与单位经过协商达成一致而解决纠纷的情况非常多，效果很好。但是，协商程序不是处理劳动争议的必经程序。双方可以协商，也可以不协商，完全出于自愿，任何人都不能强迫。

(2)调解程序。调解程序是指劳动纠纷的一方当事人就已经发生的劳动纠纷向劳动争议调解委员会申请调解的程序。根据相关法律规定：在用人单位内，可以设立劳动争议调解委员会负责调解本单位的劳动争议。调解委员会委员由用人单位代表、职工代表和工会代表组成。一般具有法律知识、政策水平和实际工作能力，又了解本单位具体情况，有利于解决纠纷。除因签订、履行集体劳动合同发生的争议外，均可由本企业劳动争议调解委员会调解。但是，与协商程序一样，调解程序也由当事人自愿选择，且调解协议也不具有强制执行力，如果一方反悔，同样可以向仲裁机构申请仲裁。

(3)仲裁程序。仲裁程序是劳动纠纷的一方当事人将纠纷提交劳动争议仲裁委员会进行处理的程序。该程序既具有劳动争议调解灵活、快捷的特点，又具有强制执行的效力，是解决劳动纠纷的重要手段。劳动争议仲裁委员会是国家授权、依法独立处理劳动争议案件的专门机构。申请劳动仲裁是解决劳动争议的选择程序之一，也是提起诉讼的前置程序，即如果想提起诉讼打劳动官司，必须要经过仲裁程序，不能直接向人民法院起诉。

只有以下两种情形可以不经过仲裁程序而直接进入法院司法程序：一是劳动者凭明确的工资欠条追索劳动报酬的，可以直接向法院起诉；二是因支付拖欠劳动报酬、工伤医疗费、经济补偿或者赔偿金事项达成调解协议，用人单位在协议约定期限内不履行的，劳动者可以持调解协议书依法向人民法院申请支付令。人民法院应当依法发出支付令。

(4)诉讼程序。根据《劳动法》的规定："劳动争议当事人对仲裁裁决不服的，可以自收到仲裁裁决书之日起15日内向人民法院提起诉讼。一方当事人在法定期限内不起诉，又不履行仲裁裁决的，另一方当事人可以申请人民法院强制执行。"诉讼程序的启动是由不服劳动争议仲裁委员会裁决的一方当事人向人民法院提起诉讼后启动的程序。诉讼程序具有较强的法律性、程序性，做出的判决也具有强制执行力。

我国现行劳动争议处理制度是由1993年国务院发布的《企业劳动争议处理条例》(以下简称《条例》)和1994年全国人大常委会通过的《劳动法》确立的。劳动争议处理程序通常概括为"一调一裁两审"。2007年12月29日第十届全国人民代表大会常务委员会第31次会议通过的《劳动争议调解仲裁法》，针对现行制度中存在的突出问题，在维持"一调一裁两审"基本程序不变的情况下，对局部程序进行了"手术"，目的在于建立便捷、有效、低廉的劳动争议处理制度。主要立法亮点有：

亮点一：扩大受案范围，解决劳动者"投诉无门"的问题。

现实中，因一些劳动争议案件不属于受案范围，常使劳动者遭遇投诉无门，权益无法实现。鉴于此，该法第2条对受案范围作出规定，与《条例》相比，受案范围增加了"因确认劳动关系发生的争议"，因"工作时间、休息休假"发生的争议，因"工伤医疗费、经济补偿或者赔偿金等发生的争议"。这些都是当前引发劳动争议的主要情形，也是劳动者普遍关心的问题，把它们纳入受案范围，使劳动者申诉有据。如"确认劳动关系发生的争议"，对派遣用工、学生兼职、个人代理、岗位外包、特殊劳动关系等都可能纳入其中。此外，第52条规定："事业单位实行聘用制的工作人员与本单位发生劳动争议的，依照本法执行；法律、行政法规或者国务院另有规定的，依照其规定。”这一规定解决了事业单位实行聘用制工作人员面临劳动争议申诉无门的问题。

亮点二：规定举证责任倒置情形，帮助劳动者迈过举证“门槛”。

劳动者提起劳动仲裁或诉讼，首先要证明自己与用人单位存在劳动关系，即确认劳动关系的存在。但现实中，用人单位往往掌握证据又不提供，如劳动合同、职工名册等，劳动者难以证明劳动关系的存在，许多劳动者倒在了第一道“门槛”下。为合理分配举证责任，该法作出了举证责任倒置的规定，这将帮助劳动者迈过第一道“门槛”。该法第 6 条规定：“发生劳动争议，当事人对自己提出的主张，有责任提供证据。与争议事项有关的证据属于用人单位掌握管理的，用人单位应当提供；用人单位不提供的，应当承担不利后果。”同时，第 39 条第 2 款还规定：“劳动者无法提供由用人单位掌握管理的与仲裁请求有关的证据，仲裁庭可以要求用人单位在指定期限内提供。用人单位在指定期限内不提供的，应当承担不利后果。”这些举证倒置的规定，是专门针对用人单位有证据不提供而制定的，将有效遏制用人单位的恶意行为。

亮点三：调解渠道拓宽，特殊调解协议可申请支付令。

着重调解是处理劳动争议的基本原则。该法第 3 条规定：“解决劳动争议，应当根据事实，遵循合法、公正、及时、着重调解的原则，依法保护当事人的合法权益。”为拓宽调解渠道，第 10 条在保留“企业劳动争议调解委员会”的基础上，调解渠道增加了司法机关设立的“基层人民调解组织”和“在乡镇、街道设立的具有劳动争议调解职能的组织”。后一种组织指的是区域性、行业性劳动争议调解组织，这是近年来各地出现的新型劳动争议调解组织，实践效果较好，这次被写进《劳动争议调解仲裁法》，其法律地位得到了确认。调解渠道的拓宽，既能够有效利用社会资源，也能够弥补大量非公有制企业缺少调解组织的不足。

同时，对调解协议效力的规定也有一定的进步。《劳动争议调解仲裁法》第 14 条第 2 款规定：“调解协议书由双方当事人签名或者盖章，经调解员签名并加盖调解组织印章后生效，对双方当事人具有约束力，当事人应当履行。”特殊调解协议还可以申请支付令，第 16 条规定：“因支付拖欠劳动报酬、工伤医疗费、经济补偿或者赔偿金事项达成调解协议，用人单位在协议约定期限内不履行的，劳动者可以持调解协议书依法向人民法院申请支付令。人民法院应当依法发出支付令。”调解协议的效力增强，有利于基层调解组织发挥作用，有利于引导当事人通过调解解决争议。

亮点四：仲裁管辖合同履行地优先，方便当事人提起仲裁。

根据《条例》第 17 条、18 条的规定，劳动仲裁一般由用人单位所在地的劳动争议仲裁委员会受理，如果发生劳动争议的企业与职工不在同一个仲裁委员会管辖地区的，由向职工发放工资的单位所在地的仲裁委员会处理。实践中经常发生这样的情形：用人单位注册登记的住所地与其经营所在地不同，用人单位所在地与劳动合同履行地不同，用人单位所在地与劳动者的工资关系所在地不同等情形，当这些“地域的不同”跨越了不同的行政区域，就涉及管辖问题，有时还出现“争案”“推案”现象，常使劳动者在这些不同地域奔波，大大增加劳动者的维权成本。为解决这一问题，该法第 21 条规定：“劳动争议仲裁委员会负责管辖本区域内发生的劳动争议。劳动争议由劳动合同履行地或者用人单位所在地的劳动争议仲裁委员会管辖。双方当事人分别向劳动合同履行地和用人单位所在地的劳动争议仲裁委员会申请仲裁的，由劳动合同履行地的劳动争议仲裁委员会管辖。”该规定尊重了当事人的选择权，但当用人单位所在地与劳动合同履行地发生管辖冲突时，赋予了劳动合同履行地管辖优先的地位，这不仅方便劳动者提起仲裁，也有利于查清案件事实、及时裁决。

亮点五：延长仲裁时效期间，以免劳动者错过时机。

《劳动法》第 82 条规定：“提出仲裁要求的一方应当自劳动争议发生之日起六十日内向劳动争议仲裁委员会提出书面申请。仲裁裁决一般应在收到仲裁申请的六十日内作出。对仲裁裁决无异议的，当事人必须履行。”《劳动法》将仲裁申请的期限限定为 60 日，其立法初衷是为了尽快解决劳动争议，但实践中，往往由于时效太短，一些劳动者因为超过时效期限丧失了获得法律救济的机会。很多劳动者因错过仲裁时效，被拖欠的劳动报酬也只能眼看着被“打水漂”。针对劳动关系的特殊性，该法将仲裁时效由“60 日”延长到“一年”，并根据现实情况，作出了中断、中止、特殊情形不受限制等特别规定。这些规定为劳动者“争取”了更多的回旋时间。特别是涉及劳动报酬争议则可以延长至劳动关系终止后一年，也就是说，只要劳动者没有离开用人单位，双方劳动关系存续，无论用人单位拖欠工资多久都可以要回来。这从立法上避免了劳动者“赢了官司、丢了饭碗”现象的发生，解除了劳动者的“后顾之忧”，同时，该规定对欠薪者也是一道“紧箍咒”。

亮点六：缩短仲裁的审理期限，防止案件久拖不决。

按《条例》第 25 条、第 32 条的规定，仲裁委员会收到申诉书之日起 7 日内作出受理或者不予受理的决定；决定受理的，在作出决定之日起 7 日内将申诉书的副本送达被诉人，并组成仲裁庭；劳动争议仲裁案件自组成仲裁庭之日起 60 日内结束；案情复杂需要延期的，经报仲裁委员会批准，可以适当延期，但是延长的期限不得超过 30 日。根据规定计算，从仲裁委员会决定受理，到在法定时间内作出裁决，仲裁期限一般为 67 日(7＋60)；对于复杂案件，还可以延长 30 日，最长为 97 日(7＋60＋30)。

而按照《劳动争议调解仲裁法》第 29 条、43 条规定，当事人向仲裁委员会提交仲裁申请之日起 5 日内，劳动争议仲裁委员会应决定是否受理；决定受理的，应当自受理仲裁申请之日起 45 日内结束；案情复杂需要延期的，经劳动争议仲裁委员会主任批准，可以延期并书面通知当事人，但是延长期限不得超过 15 日。可以看出，从仲裁委员会决定受理，到在法定时间内作出裁决，仲裁审理期限一般为 45 日；最长为 60 日(45＋15)。与现行规定相比，仲裁审理期限可缩短 1/3。

更重要的是，该法第 43 条同时规定：“逾期未作出仲裁裁决的，当事人可以就该劳动争议事项向人民法院提起诉讼。”这要求仲裁机构必须提高工作效率，防止案件久拖不决。

除以上外，该法还有一些新的规定，颇有新意，值得关注。如第 4 条规定，发生劳动争议，劳动者可以与用人单位协商，“也可以请工会或者第三方共同与用人单位协商，达成和解协议。”这有利于提高协商效果。第 53 条规定：“劳动争议仲裁不收费。劳动争议仲裁委员会的经费由财政予以保障。”可以直接减轻劳动者的经济负担。第 22 条规定：“劳务派遣单位或者用工单位与劳动者发生劳动争议的，劳务派遣单位和用工单位为共同当事人。”对于劳务派遣情形下的劳动争议当事人予以了明确。第 20 条对仲裁员的任职条件作出了严格规定，有利于加强仲裁队伍的素质建设，提高仲裁质量。

《劳动争议调解仲裁法》在缩短周期、减少环节、提高成效、降低成本等方面作出了许多新的规定，目的在于建立方便、快捷、有效、低廉的劳动争议处理制度。可以说，这是继《劳动合同法》从实体上保护劳动者权益之后，全国人大常委会制定的从程序上保护劳动者权益的又一部重要法律，劳动者应充分运用这些新的规定，提高维护自身权益的本领。

总之，中国政府近几年注重加强在劳动就业与收入分配等领域的民生立法，通过颁布并实施《就业促进法》《劳动合同法》和《劳动争议调解仲裁法》等配套法律法规，用法治的权威保障公民就业权的平等实现，构筑快乐工作的逻辑起点；用法治的力量保障劳动合同的良性运行，实现快乐工作的过程维护；用法治的优势保障劳动收入的满意取得，确保快乐工作的必然结果；用法治的程序规范劳动争议的处理，完善快乐工作的保障机制，确保劳动者合法权益的实现与民生质量的改善。

参考文献

[1]陈斌开，曹文举．从机会均等到结果平等：中国收入分配现状与出路[J]. 经济社会体制比较，2013(6).

[2]付子堂，常安．民生法治论[J]. 中国法学，2009(6).

[3]胡鞍钢，杨竺松，鄢一龙．就业发展"十三五"基本思路与目标——构建更高质量的充分就业型社会[J]. 北京交通大学学报(社会科学版)，2015(1).

[4]金英杰．《劳动合同法》的立法背景与立法趋势[J]. 北京市工会干部学院学报，2007(4).

[5]黎建飞．《劳动合同法(草案)》的立法背景与创新[J]. 中国社会科学院研究生院学报，2006(4).

[6]李孝保，强昌文．软法视野下的《就业促进法》[J]. 学术界，2014(1).

[7]万海远．最低工资政策不能承受之重[J]. 南风窗，2014(4).

[8]杨娟，何志昌．论劳动者工资正常增长机制的建立及其法律完善[J]. 重庆交通大学学报，2012(5).

[9]尹良平．《就业促进法》若干问题的评析[J]. 法制与社会，2012(2).

[10]王天玉．臆断与实情：工资集体协商制度运行的实证分析[J]. 西南民族大学学报(社会科学版)，2014(1).

[11]王迎娣．浅议《劳动合同法》的立法背景[J]. 广西教育学院学报，2008(6).

[12]全国人大常委会．中华人民共和国就业促进法，2007-08-30.

[13]全国人大常委会．中华人民共和国劳动合同法，2007-06-29.

[14]全国人大常委会．中华人民共和国劳动争议调解仲裁法，2007-12-29.

[15]国务院．中华人民共和国劳动合同法实施条例，2008-09-18.

第5章　法治医疗，看得起病，健康生活

>> 5.1　缓解看病难看病贵的出路在于建设法治医疗 <<

建设法治医疗需要立足基本国情，面向老龄化已经来临的需求背景，以法治化精神推进相关重点领域的医疗卫生事业改革与发展，紧扣基本卫生需求，制定基本医疗卫生相关制度，满足人民群众基本医疗卫生需求，确保医疗服务的可及性和公平性，有效缓解老龄化时期居民面临的看病难、看病贵问题。

5.1.1　未富先老对法治医疗提出新的要求

中国已经进入老龄化社会，老年人群的健康问题日益凸显。老龄化态势与增长速度相当惊人，中国迅速的老龄化与经济发展不同步，中国成为典型的未富先老国家。薄弱的医疗保障制度和传统的医疗体制都难以支撑老龄化所带来的医疗挑战，包括慢性非传染性疾病和一些新的病症出现对医疗卫生提出新的要求。大量被称为文明病的慢性疾病对中国人构成巨大威胁，很多居民在身体、心理和社会环境方面表现出不适应，高血脂、脂肪肝等已经成为造成人们出现亚健康状态的主要原因，由于受到传统生活习惯、周围环境压力的影响，居民认识并养成健康生活方式在短期难以实现，亚健康人群的低龄化、高知识化凸显了社会环境因素在健康方面形成的差异。

疾病模式转变使得健康与疾病的界限越来越模糊，未富先老与亚健康状态

困扰着转型期中国社会。人们对医疗服务需求越来越多样化，由于现行医疗体制导致部分人的医疗需求得不到满足，部分人则被完全排除在医疗体系之外，看病难看病贵成为中国居民面临的问题。高收入人群和低收入人群，有医疗保险人群和无医疗保险人群存在差距，医疗服务的可及性和公平性即看病难看病贵成为现实难题。

5.1.2 居民医疗难题体现在看病难看病贵

第三次全国卫生调查结果显示，医疗服务费用增长速度超过了人均收入增长，医药卫生消费支出已经成为家庭食物、教育支出后的第三大消费。医疗支出的迅速增加，成为低收入人群的沉重负担，因病致贫的比例不断攀升。看病难看病贵已经成为社会各界高度关注的热点问题。看病难看病贵问题体现为医疗服务的可及性与公平性不足问题。从短期看，医疗卫生服务的可及性与公平性的问题主要是医疗资源在流向上不合理地形成更多的资源向医疗机构集中，医疗机构追求效益的价值取向强化了重医轻防模式。

看病难看病贵还表现在医疗资源分布不均所导致的居民就医不便。一是医疗资源向城市集中。在市场化资源流动机制下，医疗资源向城市集中，城乡差距不断拉大，公共卫生资源从农村撤离的同时向城市集中，城乡医疗资源分配存在巨大差距。二是医疗资源向大医院集中。患者选择医疗机构就诊导致大量常见病、多发病这些本可以在基层医疗服务机构得到治疗的疾病也集聚到三级医疗服务机构，资源在向三级医疗机构集中的过程中，基层医疗机构的利用率和发展速度不断萎缩。三是医疗资源向富人集中。由于富人健康水平不断提升，就会不断推进医疗技术的发展、药品的更新，刺激医疗市场不断地向高端发展。

上述医疗卫生发展错位对社会经济发展产生负面影响。一是影响社会公平。看病难看病贵问题是对社会成员选择自己所珍视健康水平的不公正，这种健康不公正会扩散到其他领域，加重整个社会不公。二是影响社会经济运行的效率。对于医疗资源不公平使用降低了资源使用效率，医院经营效率一定程度上被狭义的经济利益所取代。

5.1.3 经济效益短期化导致看病难看病贵

突出短期经济效益加剧看病难看病贵问题。在以经济效益为导向的医疗机构改革中，形成以市场为基础的供给机制，出现医疗卫生的市场化和商品化趋向：一是在市场化的竞争中，医院不断扩大医疗服务的内容和范围，引进大量先进的医疗技术与医疗设备，提高医疗服务价格。二是定价机制不合理，在追求机构和个人经济利益的趋利行为下，医疗机构和医务人员存在不合理供给行为，医生收入与医院经营挂钩的利益激励使得医疗机构及医生个人的行为不计成本，导致卫生资源流向药品和先进的医疗设备。

中国医疗体制改革陷入趋利行为，导致卫生资源配置效率降低。医院业务收入增加并非来自医院业务量的增加，而是在居民对医疗资源利用率下降的过程中通过提高费用来实现收益的增加。医院经营追求效益造成对成本控制的忽视，导致资源配置效率低下，出现看病难看病贵问题。

5.1.4 建设法治医疗有助于缓解看病难看病贵

建设法治医疗需要构建多层次的医疗保障体系，包括社会医疗救助、基本医疗保障、补充医疗保险和商业医疗保险在内的多层次医疗保障体系。社会医疗救助属于最低医疗保障，保障困难群体不至于因病致贫；基本医疗保障包括城镇基本医疗保障制度和农村合作医疗制度，保障居民基本医疗服务需求，这是居民健康的第一道防线；条件满足的情况下尽可能缴纳补充医疗保险和购买商业医疗保险，满足居民不同的医疗服务需求。

法治医疗的重点是重构有效率的基本医疗服务体系，其中，在城市重点大力发展社区卫生服务，这是缓解看病难看病贵的必然选择。通过加快卫生立法，发挥社区卫生医院就近优势，避免把普通门诊列入大医院职责。建立高效的卫生服务体系，看病模式进行流程再设计，无序就医必须改，应在立法角度强制分级诊疗，小病在社区医院就诊。社区医生可尝试类似国外的诊所制度，如在立法上规定看病先过诊所关，实现分级诊疗。

建立全科医生制度是促进医疗卫生服务模式转变的重要举措。2011年《国务院关于建立全科医生制度的指导意见》提出中国将逐步建立全科医生制度，到 2020 年要在中国初步建立充满生机和活力的全科医生制度，基本形成统一规范的全科医生培养模式和首诊在基层的服务模式；基本实现城乡每万居民有 2～3 名合格的全科医生，全科医生服务水平全面提高。

法治医疗在农村应该以加强农村三级卫生服务网络建设为中心，加强贫困地区、偏远地区、民族地区的基层医疗服务体系和服务能力建设，使广大居民实现就近看病。

专栏 5-1　兰溪试点推行“分级诊疗、双向转诊”制度

小病在社区，大病进医院，康复回社区，这是推行分级诊疗，双向转诊的目标。小医院门可罗雀，大医院人满为患，这种尴尬现象怎么“破”？从 2015 年起，兰溪将试点推行“分级诊疗、双向转诊”制度，努力实现“小病在社区、大病进医院、康复回社区”的就医格局。“专家上门坐诊，86 岁的老父亲不用这么折腾往城里跑了。”兰溪市兰江街道洪岗村的洪海泉，陪患有帕金森综合征的父亲前往兰江街道厚仁卫生服务站检查身体状况。接待他们的是来自兰溪市人民医院的专家、副主任医师汤维新。汤维新详细询问病人的病情，做了血压测量等基本检查，并给出了康复保健建议。

“专家医生到基层医疗机构坐诊，有利于优质医疗资源的下沉，鼓励患者就近就医。”一个上午，汤维新看了 8 位患者，相比于大医院，这样的诊疗量还是偏少。像这样的坐诊，汤维新这个月共有 3 场。而在兰江街道社区卫生服务中心，兰溪市人民医院医务科长、副主任医师李丽正在作一场“脑卒中的早期识别与预防”健康知识讲座，并开展专家门诊。省政府启动分级诊疗试点，兰溪是试点县市之一。分级诊疗即按照疾病的轻、重、缓、急及治疗的难易程度，进行分级看病，不同级别的医疗机构承担不同疾病的治疗，小病在社区医院，大病到大医院，让不同医疗机构各施所长，实现医疗专业化。

为合理分配医疗资源，实行双向转诊，在病人病情稳定之后，符合以下六条标准的，即急性期治疗后病情稳定，需要继续康复治疗；诊断明确，不需特殊治疗；各种恶性肿瘤病人的晚期非手术治疗和临终关怀；需要长期治疗的慢性病病例；老年护理病例和一般常见病、多发病病例，则须转回下级医疗机构。“根据省政府制定的目标，通过分级诊疗，力争 60%患者在社区医院就诊、90%

患者不出县级医疗机构。”兰溪市卫生局相关负责人表示，一方面将通过医保政策杠杆，引导患者分流就诊，另一方面通过提升基层医技水平，推行医生多点执业、责任医生签约服务、鼓励基层医疗单位开设特色科室等，切实降低公众的医疗成本，让看病更便捷。

资料来源：范川．兰江导报，2015-04-02．中国新闻网，2014-03-12．

5.2　建设法治医疗缓解看病难看病贵的重点领域

5.2.1　依法推进预防健康管理，使群众不生病或少生病

以立法等形式积极开展健康管理和预防疾病，使人民群众少生病，这是解决13亿人健康问题的有效方式。健康管理(Managed Care)的核心内容是医疗保险机构通过对医疗保险客户开展系统的健康管理，达到有效控制疾病的发生或发展，显著降低出险概率和实际医疗支出。现代医学研究表明，不少疾病病因主要是由不良的生活方式、心理因素、环境因素等引起。健康管理就是运用信息和医疗技术，在健康保健、医疗的科学基础上，建立一套完善、周密和个性化的服务程序，其目的在于通过维护健康、促进健康等方式帮助健康人群及亚健康人群建立有序健康的生活方式，降低风险状态，远离疾病。

健康管理就是一种有效的预防方式。随着实际业务内容的不断充实和发展，健康管理逐步发展成为一套专门的系统方案和营运业务，开始出现区别于医院等传统医疗机构的专业健康管理公司，作为第三方服务机构与医疗保险机构或直接面向个体需求，提供系统专业的健康管理服务。健康管理目的在于使病人以及健康人群更好地恢复健康、维护健康、促进健康，并节约经费开支，有效降低医疗支出。它针对个体及群体进行健康教育，提高自我管理健康的意识和水平，对其生活方式的相关的健康危险因素进行评估监测，并提供个性化干预，大大降低疾病风险，降低医疗费用，从而提高个体生活质量。国内外大量预防医学研究表明，在预防上花1元钱可以节省8.59元药费，相应节省约100元的抢救费、陪护费等。

专栏 5-2 “KYN 模式”

KYN 是英文“Know Your Number”的缩写，即“知道你的数字”，这里的数字是指与个人健康相关的医学信息(指标)，包括身高、体重、年龄、性别、血压、血糖、血脂、生活方式的相关信息，如饮食习惯、运动习惯、烟酒嗜好等。KYN 健康管理就是通过收集这些生物学信息，对人类健康的头号杀手——冠心病、脑卒中、糖尿病、肿瘤等大病进行危险评价，预测其患大病的危险程度以及可能发生并发症的危险性，按危险度分级进行预防性管理，并针对个体存在的危险因素进行健康促进管理。根据最新的医学研究成果，利用生物信息学及从证医学的手段，采用 IT 支持系统的强大优势，在美国成功的基础上，结合中国人群疾病发生的特点设计出的 KYN 健康管理项目。之所以将 KYN 模式称为普及型，是因为 KYN 健康管理模式是面向医院可普及推广的——健康管理公司最主要的“商业策略”是将此种模式标准化后使之容易在各种类型与规模的医院中进行“复制”。

成功案例：2000—2002 年河南安阳钢铁集团总公司进行了为期两年多的“KYN 健康管理服务项目”应用。参加 KYN 健康管理的 1874 名干部、职工进行了第一次 KYN 健康评价(健康筛选)。参加者接受了如下服务：健康体检；进行个人健康信息收集；建立个人健康电子档案(数据库)；进行个人健康评价；获得量化的个人健康危险因素；明确了个人患慢性疾病的危险性；进行了个人健康状况发展趋势分析；针对个人健康危险因素制定健康管理处方和健康改善行动指南；按照健康管理标准进行了健康管理等级分类。

其中有 471 名职工是疾病危险性相对比较高的对象，企业职工管理健康管理服务门诊的 KYN 医生对这些服务对象进行为期一年的跟踪指导服务，并在指定的期限里进行了第二次个人 KYN 健康评价。对于高危人群的健康改善进行了重点管理，通过 KYN 医生有计划地跟踪随访指导，对 73 名职工的改善效果进行了第三次的个人 KYN 健康评价，并得出了改善效果报告。

资料来源：李颖．“三分钟”健康服务平台关注慢病管理．科技日报，2014-11-20；以及东方网，“KYN 健康管理综合评估系统”报道整理．

5.2.2　合理布局医疗网络，使群众看得上病

强化政府对各类医疗机构设置的规划，加大投入办好政府医疗机构。推进社区卫生服务为基础的城镇基本医疗保障法治化。社区卫生服务是城镇基本医疗保障的基础和载体，以当地居民特别是老年人、妇女、儿童、残疾人等为重点服务对象，合理和充分利用社区卫生资源和适宜技术，为满足社区居民的基本卫生服务需求，促进居民健康，提供融预防、保健、医疗、康复、健康教育为一体的卫生服务。社区卫生服务是城镇基本医疗保障的载体，有针对性地实施不良行为干预和健康促进计划，为居民提供基础性、连续性和综合性的医疗卫生服务，主要内容包括社区预防、社区保健和社区康复。

提高社区医疗卫生服务能力和服务质量。基本医疗服务重心转移向社区，对社区医疗卫生服务能力提出新的要求，在管理运行机制改革的条件下，形成以先居民受益，后全科医疗组、社区中心和医疗中心受益的同利机制，满足不同层次医疗卫生服务需求，实现基本医疗服务保障的承接和促进居民健康的社会目标。

提高社区医疗卫生服务质量是能否有效承接基本医疗服务重心转移的关键。大力加强全科医生培训，不断提高全科医生的技术服务水平。通过在职培训、医学院校全科医生的培养、人才流动和优化组合等，为全科医师队伍建设注入内在生长动力机制。建立顺畅、适宜的双向转诊制度，按照病人的疾病指征进行鉴别诊断，依据标准转诊为病人提供服务。

推进以合作医疗为内容的农村基本医疗保障制度化。新型农村合作医疗制度是由政府组织、引导、支持，农民自愿参加，个人、集体和政府多方筹资，以大病统筹为主的农民医疗互助共济制度。新型农村合作医疗制度的安排更多表现为政府意志的超前性、主导性，农民参与权由农民个人自愿决定。新农合投资效率高、效果好，为政府资金的有效投放提供了制度平台。合作医疗保险制度是防止和应对农村因病致贫问题最重要的保障形式。

建立现代医院管理体制。完善公立医院法人治理机制，科学界定政府和公立医院在人事、资产、财务等方面的责权关系，建立决策、执行、监督相互分工、相互制衡的权力运行机制。建立健全公立医院理事会和监事会制度，完善

院长选拔任用制度；建立任期目标管理和问责机制；建立现代医院质量管理模式，重点规范医疗行为。① 从公立医院外部治理结构入手，完善管理体制、投入机制、补偿机制和监管机制，完善公立医院投入和补偿机制。推进医药分开，改革以药补医机制，将公立医院补偿由服务收费、药品加成收入和政府补助三个渠道改为服务收费和政府补助两个渠道。服务收费要合理确定医疗技术服务价格，体现医疗卫生服务人员的技术和劳务价值。

完善公立医院法人治理结构，推进内部运行机制改革。完善公立医院法人治理结构。作为公立医院法人治理结构的主体，董事会代表政府与社会公共利益，由出资方以股东身份确立董事会人选并将自己的资产交与其管理，与医院管理层之间形成一种委托代理关系，接受监事会的监督与管理。公立医院法人治理结构改革后，实行董事会领导下的院长负责制，院长作为公立医院的具体运营者，是推进内部运行机制改革的责任主体。实现公立医院法人治理结构，关键是落实公立医院法人主体地位，积极推进院长职业化，科学界定董事会和院长职责，建立责权利对等、高效的法人治理新机制。

5.2.3 规范基本药物制度，使群众看得起病

以法律形式确定并完善基本药物制度。基本药物是适应基本医疗卫生需求，剂型适宜，价格合理，能够保障供应，公众可公平获得的药品。改善目前的药品供应保障体系，保障人民群众安全用药。到 2020 年，将全面实施规范的、覆盖城乡的国家基本药物制度。保证基本药物足量供应和合理使用，有利于保障群众基本用药权益，转变“以药补医”机制，也有利于促进药品生产流通企业资源优化整合，对于实现人人享有基本医疗卫生服务，维护人民健康，体现社会公平，减轻群众用药负担，推动卫生事业发展具有重要意义。

推进药品生产流通体制改革，严格控制医疗费用过快增长。推进药品生产流通领域改革取得新进展。通过多环节联动改革，建立经营规范、竞争有序、服务高效的药品流通新秩序。药品生产流通改变了国有垄断经营局面，出现了多元化的生产经营主体和多样化的流通方式，药品供应保障能力明显提高。基

① 破解“看病难、看病贵”的关键[N]. 人民日报，2014-03-30.

本药物采购实行“招采合一、量价挂钩、集中支付、全程监控”，省（市、区）卫生行政单位负责统一招标、统一采购、统一配送，集中支付货款，省药监部门通过电子监管网和药物信息条形码统一标识全程监控。

巩固完善基本药物制度，以扩大基本药物目录和实施范围。基本药物目录中的药品是适应基本医疗卫生需求、剂型适宜、价格合理的药品，能够保障公平，公众可公平获得，国家基本药物政策对合理用药具有重要影响。国家基本药物目录原则上 3 年更新一次，新版目录于 2013 年 5 月 1 日起正式实施。目录包含 520 种药品，其中化学药品和生物制品 317 个品种，中成药 203 个品种。① 2012 版药物目录总共增加了 69.38%，其中化药和生物制品、中成药分别增加 54.63%和 99.02%，丰富了新药品目录，规范了剂型、规格，初步实现标准化，利于采购、监管，且与医保支付能力相适应。

完善药品招标制度。基本药物采购是推进招采合一、量价挂钩、集中支付，双信封法。基本药物采购制度实施后，基本药物价格降幅普遍比较大，但同时带来药价虚低，质量难以保证。基本药物采购制度实施之前，企业为了中标，将药品价格盲目压低，甚至低于成本价格，药物质量无法保障。② 改革基本药物“双信封制”招标中唯低价论的评审模式，引入药物经济学评价方法，调查核算成本，制定基本药物中标底价。加大质量可靠性、安全性评价、临床疗效等要素在评标中的权重。统一全国药品质量分层标准，推广以质量分层为基础的招标评审机制，形成倒逼药品质量和制药行业竞争力提高的招标制度。

推进市场化取向是基本药物采购大势所趋。完善医保支付制度。改革医保支付方式，因地制宜推行按病种付费、按人头付费、总额预付，发挥医保对医疗行为的激励约束作用；促进药品生产流通企业跨地区、跨所有制重组，加快形成市场竞争力强、网络覆盖范围广的大型药品批发企业、连锁经营零售药店；大力发展医药电子商务、连锁经营等现代营销方式，统一规划全国性的药品流通网络和物流系统，构建标准化、信息化、现代化的药品物流体系或平

---

① 药物政策与基本药物制度司[C]. 2012 年版“国家基本药物目录”发布.

② 全国政协委员刘革新所做的调研表面，板蓝根颗粒（5g/袋）安徽省基本药物招标中标价为 0.12 元/袋，而国内主流优势且同品种的市场销售价为 0.53 元/袋，价差为 4.4 倍。根据国家药品标准收载的完整处方和工艺，板蓝根颗粒的中标价格已经明显低于其原料、辅料、包装的成本。参见高剑锋，方翰林，肖敏：对基本药物招标采购制度的思考[J]. 中国药业，2011(22).

台；建立高效、统一的监管体系增强药品监管机构的独立性，加强药品监管部门之间的权力制衡与相互配合，厘清交叉职能；改变 GMP 认证中“重认证、轻监管”的现象，加强 GMP 认证跟踪检查，建立市场准入监管机制。

专栏 5-3　2015，药品招标将迎来颠覆性改变

在新政提上日程及药价放开之下，政府放权或将在招标中得以体现，未来药品招标会迎来颠覆性的改变。反复征求意见的《公立医院药品集中采购指导性文件》是 2014 年最引发业界关注的一个药品招标焦点。之所以成为焦点，是因为该政策透露出了国家对于药品招标的改革信号。如果放开了，行政权力干预少了，并没有造成药价大幅上涨，或者给市场带来更好的结果，那么是不是应该更大范围的放开，让药企和医疗机构自主交易呢？简政放权，减少行政干预是十八大以及三中全会提出的明确要求，既是信号，也是大趋势。

可以把其看作对 2015 年以前药品招标的一个总结，也是对现有药品招标管理规定的一个重新规范。每一次征求意见，所反映出来的问题都不一样，从第一稿到第四稿，已经不再尖锐，反而越来越和谐。新政考虑到了基本药物、非基本药物如何“相处”的问题，也考虑到了当下农村市场和城市市场的问题，兼顾市场行为和政府行为，还进一步明确了招标和采购、采购和使用的关系，对质量、价格提出了一些新的要求。

当前的各地招标是否有比较符合未来大趋势的模式呢？逐渐减少管制是药品招标中比较明显的特征，各地对于减少权力干预有所松动，虽然有些“不情不愿”，但行政权力管制会逐步淡出药品招标，这一定是未来的大趋势。从这一层面来看，上海模式、重庆模式相对比较符合今后的招标趋势，不过仍然放开得不够。

在药价放开后，这一政策的出台又会滞后，可能还会与药价放开实现联动，进行一些新的调整。但其本身已经传递出了一个信息：药品招标采购不会改变，仍然坚持向下推进。而且新政还细化了原来的分类采购规定，明确了将药品分为 5 类并各自采取的方式。同时，明确了双信封、价格谈判，肯定了现在的招采与量价挂钩、全程监管，创造性地提出了鼓励一票制，对于现有的网上招标采购的回款做出了肯定。

目前量价挂钩还没有在药品招标中形成联动，往往“量”是一个“虚量”，所以不能挂钩。真正的量价挂钩应该像广东的招标方案及模式，每批有数量，每批企业竞价，竞价完了中标，中标完了采购。等下一批来了，又有数量。

资料来源：医药观察家报，2015-01-10.

5.2.4　健全全科医生制度，使群众看得好病

以法治化推进全科医生首诊制度，这可以在很大程度上改变患者多偏好于去大医院就诊的习惯。首先，使居民看病更方便，小病看全科医生，大病通过全科医生预约转诊，省去了到大医院排队等候的烦恼；其次，居民看病更便宜，可以降低小病的医疗费用，大病在急性期治疗稳定后，可以转诊到全科医生进行康复治疗，节省了医疗费用。无论社区医生还是诊所制度中的医生，一定程度上都扮演着家庭医生角色或从事着家庭医生式服务。随着人口增长和老龄化、疾病谱的变化，建立全科医生制度已成为一项重要而紧迫的任务。这是一项开创性的制度，是促进医疗卫生服务模式转变的重要举措。

现在整体全科医生体系还处于打基础阶段，全科医生还存在数量不足、业务素质有待提高、有效激励机制缺失等问题。在 2011 年，《国务院关于建立全科医生制度的指导意见》提出逐步建立全科医生制度，到 2020 年要在我国初步建立充满生机和活力的全科医生制度。一是基本形成统一规范的全科医生培养模式和首诊在基层的服务模式；二是基本实现城乡每万居民有 2～3 名合格的全科医生，全科医生服务水平全面提高；三是适应人民群众基本医疗卫生服务需求，力争让每个家庭都能享受到全科医生的服务。

全科医生制度是一项重大改革和制度创新，需要在立法上及时推动《执业医师法》和相关法规的修订。及时制定配套文件和行动计划，加大财政投入，支持全科医生培养基地建设、师资队伍建设以及全科医生的转岗培训和规范化培养等。大力加强全科医生培训，不断提高全科医生的技术服务水平。通过在职培训、医学院校全科医生的培养、人才流动和优化组合等，为全科医师队伍建设注入内在生长动力机制。在竞争中使全科医生由被动型学习转变为主动型学习，从而促进全科医疗队伍成长和全科医疗水平提高，使全科医疗组为核心

的全科医疗服务模式成为居民基本医疗服务最主要的服务模式；建立顺畅、适宜的双向转诊制度，按照病人的疾病特征进行鉴别诊断，为病人提供服务。

专栏 5-4　辽源成为“全科医生执业方式和服务模式改革试点城市”

辽源市被吉林省医改领导小组确定为“全科医生执业方式和服务模式改革试点城市”。为积极做好试点工作，辽源市政府提出了以落实家庭医生责任制为载体，以“先免费后有偿、先城市后农村、先社区后社会、先定点后多点”的实施办法，力争到 2015 年底全面实现人人拥有家庭医生的目标。

建立机制，保障服务有效对接。建立分户包保机制，基层医疗卫生机构对各团队服务区域进行合理划分，确定负责户数。建立沟通对接机制，全科医生加强与街道、社区、居委会日常联系，每月至少两次主动与居委会联系，对基本信息及日常公共卫生服务和医疗服务信息在居委会进行公示，保持信息沟通渠道畅通。完善工作运行机制，全科医生实行 24 小时工作日和弹性工作制，建立全科医生、社区护士责任制度。

加强培训，打造过硬团队。对全市城乡全科医生开展全员培训，每期不少于两个月，确保培训面达到 100%，合格后颁发全科医生合格证书。组织相关人员赴上海和新加坡南洋理工大学参加培训，提高业务技能；加大全科医生“5＋3”培训力度，增加培养名额，确保不低于全省培养总额的 30%；按照每个家庭医生团队服务 2000 人的标准，组建了 669 个家庭医生服务团队，全面承担签约人群的基本公共卫生和基本医疗服务。

加强硬件设施建设。建立健康小屋，对社区更新硬件设施，配备电脑，服务对象个人信息与公共卫生服务平台连接，实现全市资源共享；配备专业工作包，内有简易诊疗工具、基本药物以及小型氧气瓶；每个社区配备一台救护车，负责全科医生转运、呼叫、陪送病人，为实现医疗急救社区网络化打下基础。

资料来源：吉林省人民政府网站，2012-09-28.

>> 5.3　推进法治医疗缓解看病难看病贵的制度保障 <<

5.3.1　公共财政卫生投入增长幅度法定化

政府在法治医疗建设过程中应当发挥主导作用，这个主导作用首先体现于在公共卫生投入方面需要实施一定的动态增长幅度，并以法律的形式固定化。重视政府在其中的主导作用，不仅要明确政府职能，还要增加政府财政投入。作为民生支出的重要组成部分，医疗卫生事业的投入必须随着经济社会的发展逐年增加，增加幅度应该不低于财政支出的增长幅度。与此同时，国家应该加强满足公民基本医疗的惠民医院和社区医院建设。加强大病医疗保险和社会救助基金的建立，对无支付能力的危急患者实行医疗救助。国家制定优惠政策，鼓励企事业单位、社会团体和个人自愿捐资，支持卫生事业。政府以相应的财政投入保障公民的基本医疗需求，是现代政府不可推卸的责任。

确立公共卫生领域的财政主导地位并发挥财政的主导作用。经济发展到一定阶段，用于教育、卫生、社会福利的财政开支增加。建立多渠道筹资机制政府应建立以财政预算为基础，以红十字会、民间团体、个人捐赠等为补充的多渠道筹资机制。为了吸引私人投资公共卫生事业，政府可对私人投资社区医疗、卫生保健等领域，制定相应的税收优惠。社会各界向公共卫生事业捐赠，捐献者可依法享受国家规定税收抵免，对捐赠款物实行专项管理。

合理分担卫生事权，界定各级政府投入责任。明确中央政府在公共卫生投入中应承担的主要职责，包括以中央财政为主的公共卫生筹资、全国性公共卫生事件的处理、健康教育以及支持重大的基础性医学科研活动、重大卫生项目、卫生专项计划、基本建设费用、农村地区、落后地区卫生经费补助。省级政府承担的卫生投入职责包括地方病预防、公众营养服务；常见病、多发病的预防和控制实行省以下垂直管理。县级政府的卫生事权主要包括承担本地区范围内的疾病控制、社区卫生服务、初级卫生保健，负责乡镇卫生院的日常经费保障；结合当地实际情况，对常见病和多发病提供基本的诊疗保障；对经济贫困群体进行医疗救助。

规范政府间转移支付制度。在明确公共卫生事权的基础上完善相应转移支付制度，以解决地区间卫生资源配置的非均衡问题，缩小城乡之间卫生服务水平差别。省级财政则应把卫生事业投入的重点从城市转向农村，提高农村投入比例。

提高公共卫生财政投入效率。一是财政投入重点从治疗转向预防保健。预防保健投入低、效益显著，应成为公共卫生投入的重点。财政应安排专项支出进行全民健康教育，并提高防治防疫费在整个卫生事业费中的比重。二是财政投入的重点转向基层。基层医疗机构是居民主要就医的医疗机构，财政应加大对这些机构的经费支持力度，以提高医疗服务的可及性。加快城市社区医院发展和农村乡镇卫生院等基层卫生站建设，加强农村医疗设施和卫生从业队伍建设，建立起县、乡、村三级卫生服务网。三是引进市场化方式提高投资效率。加强公共卫生项目之间的有效整合。完善政府、单位和个人合理分担的基本医疗保险筹资机制，城乡居民基本医保财政补助标准提高到人均 320 元。提高重大传染病、慢性病和职业病、地方病的防治能力，将人均基本公共服务经费补助标准增加到 35 元。

随着农村城市化和农民市民化进程加速，直接导致对医疗保障服务的需求急剧放大，给尚在建设和改革中的医疗保障系统带来极大压力。城乡医疗保障发展的目标是建立具有真正社会意义的城乡一体化保障模式，从而体现其社会公平和效率。长期以来形成的二元经济结构决定了医疗保障二元模式。中国城乡医疗保障一体化的目标是保障居民基本权利和建立现代化社会保障体系的客观要求。提高现有医疗服务体系保障能力，实现阶段性目标的根本途径是建立农民市民化医疗保障制度。

5.3.2 加快中医立法并发挥其独特作用

中西医并重，并重点发挥中医在疾病预防、慢性病治疗方面的突出作用，将会有利于降低慢性病病发率。国际知名咨询公司德勤咨询发布了《2020 年健康医疗预测报告》，在总人口为 13 亿多的中国人中，高血压人口有 1.6 亿～1.7 亿人，高血脂人口有将近 1 亿多人，糖尿病患者达到 9240 万人，超重或肥胖症、血脂异常、脂肪肝、癌症等是近年来中国常见疾病，伴随人口老龄化而来的各种老年病成为主要健康隐患。2013 年，慢性病患病率已达 20%，死亡数已占总死亡数的 83%，过去十年，平均每年新增慢性病例接近 2 倍，心脏病和恶性肿瘤病例增加了近 1 倍。根据调查，中医在慢性病治疗以及疾病预防方面的作用大于西医疗效，西医倾向于病发后治疗并在急性病治疗方面表现突出。

医保改革需要充分发挥中医药的独特优势。中医药具有简、便、验、廉的独特优势。中医药独特优势不断扩大、能力不断提升，让老百姓更加信赖和喜爱，对有效缓解人民群众“看病难、看病贵”问题发挥积极作用。从服务人次看，随着基层中医药服务网络的不断健全，扩大了医疗卫生服务的覆盖面，接受中医药服务的患者大幅增加。从医疗费用上看，中医药和在民族地区备受欢迎的藏、蒙、傣等民族医药价格低廉，广泛推广使用，对于抑制医药卫生费用过快上涨，减轻人民群众就医负担有明显的效果。中医药重视“治未病”，把预防放在优先位置，有力地推动了卫生发展模式从重疾病治疗向全面健康管理转变。①

将中医药纳入卫生改革发展的全局。通过改革建立健全体制机制，转变发展方式、服务模式，探索出中医药事业科学发展之路，推进中医药医疗、保健、教育、科研、产业、文化“六位一体”全面协调发展，使中医药在深化医改中发挥更大的作用。② 发挥中药的比较优势。中医药为人类健康做出巨大贡献，在治疗慢性病、养生方面有着独特优势，但与西医相比，国家近年来对中医药的关注增加，但国家政策尤其是国家财力对中医药支持不足，使中医药发展面临困境。

加大对中医药产业的投资和政策扶持力度。继续加强以县级中医院（民族医院）为龙头的基层中医药服务能力建设，改善基层中医医疗卫生机构基础设施条件，逐步扭转中西医一条腿短、一条腿长的局面，努力实现到 2015 年，95%以上的社区卫生服务中心和 90%的乡镇卫生院、70%以上的社区卫生服务站和 65%以上的村卫生室能够提供中医药服务。在制定医改政策中突出向基层中医药倾斜。将符合条件的中医诊疗项目纳入基本医保支付范围，逐步提高中医诊疗项目收费标准和报销比例，研究鼓励中医药提供和使用的医保付费方

---

① 中国中医药独特优势放大了医改惠民效果[N]. 中国改革报，2012-09-13.

② 胡彬. 中医药在医改中要发挥更大作用[J]. 中医临床研究，2011(18).

式，合理体现中医药人员技术劳务价值。理顺中医医疗服务价格，取消药品加成，建立符合中医医院建设与发展要求的长效性多渠道补偿机制。

5.3.3 政府与社会办医相结合的投入机制

公立医院是中国医疗服务体系的主体。它们承担着解决基本医疗、缓解群众看病就医困难的重要责任，体现公益性是公立医院的重要特征，但如何化解政府办医公益性与维持医院收支平衡的矛盾，加强公立医院公益性，落实政府办医责任，由政府建立公立医院人员经费和运行经费的保障体系，使公立医院成为治疗大病、难病、重病基本医疗服务平台。自2003年以来，中国卫生总费用呈上升趋势，其中政府卫生支出增长显著，政府在履行办医责任的效果方面有较大提高。公立医院承担了中国主要医疗服务职能，政府办医责任依然重大。①

落实公立医院改革中的政府责任。需要落实政府的管理责任，明确公立医院的基本职责和改革的政策、措施、步骤、方法，并积极加以推进；负责完善公立医院的各项管理制度；负责制定城乡一体化、医院与社区卫生机构一体化的管理体制改革方案。落实政府的保障责任，政府的保障责任主要集中在建立公立医院的经费保障机制；医院基础设施建设和设备购置经费，由政府核定拨付并落实政府监督责任。

中共十八届三中全会明确提出鼓励社会办医，优先支持举办非营利性医疗机构。社会资金可直接投向资源稀缺及满足多元需求服务领域，多种形式参与公立医院改制重组。允许医师多点执业，允许民办医疗机构纳入医保定点范围。如何优化医疗费用结构，避免医疗费用的过快增长、保障医保制度的平稳运行成为政府面临的新课题。民营医院是提供医疗服务的重要组成力量。2014年1月9日《关于加快发展社会办医的若干意见》发布，明确表示卫生规划要为社会办医留足空间，允许社会资本参与公立医院改制。经过前期医改，民间资本在医疗服务领域将进入黄金发展期。

建立健全支持民营医院的相关政策。目前政府对营利性医院缺乏政策支

① 2012年中国卫生和计划生育事业发展统计公报公布[R].

持。营利性医院与非营利性医院相比，在开办过程中要遇到非常大的阻力，在被核定为医保定点医院过程中，非营利医院几乎全部都可以成为医保定点医院，营利性医院却只有60%被核定为医保定点医院。而在提供计划免疫服务，提供妇幼保健服务，参加当地急救网络等公益性质的医疗业务中，非营利性医院占有较高的比例，可见非营利性医院的确覆盖了多数的公益性医疗服务。

有序放宽社会力量办医准入。引入民营医院，激活医疗市场，促进公立医院的效率提升。民营医院还将满足高端医疗需求，对现有医疗资源起到补充作用。社会办医需要创新机制，在医保定点、职称评定、等级评审等方面给予同等待遇。社会资本办医创新机制的突破重点是国企下属医院的改制，这些医院数量庞大而效率低下，通过企业化改造等措施提升效率，实现社会效益和经济效益双赢。

加快公立医院改革以为民营医院进入打开更多空间。长期以来中国公立医院占据主导地位，随着老龄化等因素影响，医疗需求快速提升，公立医院的扩张速度远远跟不上市场需求的增加，医院病床使用率高企，医生工作负担加重。随着生活水平的提高，民众对可以提供个性化服务和高端病房的需求提升，给营利性医院提供了生存土壤。

鼓励社会资本进入医院产业和多元化办医。国家提出鼓励、支持和引导社会资本发展医疗卫生事业，加快形成投资主体多元化、投资方式多样化的办医体制。鼓励社会力量举办非营利性医院。非公立医院在医保定点、科研立项、职称评定、继续教育等方面，与公立医院享有同等待遇，在服务准入、监督管理等方面一视同仁。落实非营利性医院税收优惠政策，完善营利性医院税收优惠。医改政策明确对于非公立医院的优惠支持政策，这将激发各种社会资本进入医院产业的热情，激活了医疗市场。

5.3.4 构建权利义务对等的和谐医患关系

医患关系紧张成为医疗改革难点和矛盾的集中体现。中国医院协会的有关调研报告显示，近年来中国暴力伤医事件逐年递增，发生过暴力伤医事件的医院比例从2008年的47.7%上升至2012年的63.7%，医务人员遭到谩骂威胁事件，每年每所医院发生的平均数从2008年的20.6次上升至2012年的27.3次。

提高医生收入水平是缓解医患矛盾的重要举措。一方面要保证医疗服务可及和公平，医疗卫生服务必须坚持公益性；另一方面医疗卫生服务所有资源都必须从市场上获取，市场经济环境下医疗服务具备市场属性。例如，医生和护士的收入过低职场风险高，就会有大量医学院校的毕业生不去医院工作而转向其他行业就职，据统计去年上海交通大学临床医学毕业生只有30%选择去医院就职。即使在医院工作多年的医生也会由于工作强度高、待遇低、承受压力风险高而离开医疗第一线转行。① 由于中国医疗费用组成以及付费方式等存在不足，导致医疗费用大幅增加。中国大部分医院实行事业编制，医生收入分配机制僵化，缺乏科学的绩效考评机制和激励机制，致使某些医院为了创收给患者开大量不必要的昂贵药品以及高额检查项目，医疗费用居高不下。

倡导法治医疗，和谐医患关系。法治医疗需要以法治思维看待医疗事业，以法治观念处理医疗实践。要加强全社会的法治医疗理念，重视法律意识在调节医患关系中的作用。法治医疗理念的倡导和建立，不是一个鼓励的过程。法治医疗不仅是医学问题，也是哲学、伦理、经济、政治和法律问题，受政治、经济、文化、教育等综合因素的影响，法治医疗是社会公平的体现。

参考文献

[1]陈瑶与代涛．公立医院补偿机制改革的国际经验与启示[J]．中国医院，2011(7)：16～19.

[2]郭丽萍．关于建立城镇居民基本医疗保险档案的思考[J]．劳动保障世界(理论版)，2012(1).

[3]高剑锋，方翰林，肖敏：对基本药物招标采购制度的思考[J]．中国药业，2011(22).

[4]胡彬．中医药在医改中要发挥更大作用[J]．中医临床研究，2011(18).

[5]孔祥金．国家基本药物制度的建立与药品生产流通领域的变革[J]．中国药业，2009(20)：4-5.

[6]廖海金．基金大量结余“病根”在医保管理体制[J]．中国医药报 2013：1.

① 近期上海第一财经频道播出的深度报道节目“医疗价格背后的秘密”中披露，即使是三甲医院的上海中山医院三年前的医生人数是380人，尽管三年来的医院的门诊量剧增，几乎翻了一番达150万人次，人力资源补充上也不断的招聘新人，但是还是不断有优秀的中坚医生离开，其结果跳槽离职的大于招聘补充进来的，现在只剩下370人。

[7]吕世辰与李华，社会医疗保险：新农合的发展取向[J]. 理论探索，2011(2)：78～81.

[8]沈远东等. 在深化医改中发挥中医药作用的探索与实践[J]. 中华医院管理杂志，2011，27(7)：502-504.

[9]唐霁松. 提升医保管理服务质量永无止境[J]. 中国社会保障，2013(9)：70～71.

[10]闫峻峰. 香港特区药物采购策略与内地基本药物采购机制比较[J]. 中国药房，2011(20)：1855～1857.

[11]闫磊磊等. 公立医院引入社会资本中的政府责任分析[J]. 中国医院管理，2012(6)：11～13.

[12]杨敬宇. 医保支付制度改革是公立医院补偿机制改革的核心[J]. 中国医疗保险，2012(10)：15～18.

[13]杨婷等. 医疗费用结构优化对策研究[J]. 中国病案，2011(10)：47～48.

[14]破解"看病难、看病贵"的关键[N]. 人民日报，2014-03-30.

[15]中国中医药独特优势放大了医改惠民效果[N]. 中国改革报，2012-09-13.

[16]荆文娜. 基本医疗卫生法紧扣基本的几点建议[N]. 中国经济导报，2015-01-10.

第6章　法治养老，老有所养，老有所乐

古往今来，养老问题是事关民众终生的大事。在相当长的一段时间里，以“子女赡养”为主的家庭养老模式支撑着我国的养老事业。一方面，这种以家庭为单位的养老方式一直存在着贫富差距大且不稳定的问题，一旦遇到天灾人祸，家庭养老就会出现危机；另一方面，由家庭养老衍生出的“养儿防老”等观念则根深蒂固地影响着国人的生育观，并引发了系列社会问题。随着经济社会的发展，构建由社会统筹发挥主要作用的养老保障体系成为我国养老事业发展的必然趋势。

从数量上来看，我国是一个人口老龄化大国。据国家统计局《2014年国民经济和社会发展统计公报》公布的数据显示，2014年中国13.67亿人口中，60岁以上的老人2.12亿人，占总人口比例为15.5%；65岁以上人口数为1.37亿人，占比10.1%。中国已导师入老龄化加深阶段，到2050年，中国将有35%的人口超过60岁，成为世界上老龄化最严重的国家，老龄人口将突破4亿。在此背景下，如何健全我国养老保障体系，保障老年人的基本权益，提高老年人生活水平等一系列问题的解决凸显重要。

专栏6-1 中国65岁以上人口占比首超10%

根据国家统计局发布的2014年国民经济和社会发展数据，2014年末我国60周岁及以上人口数为21242万人，占比15.5%；65周岁及以上人口数为13755万人，占比10.1%，首次突破10%。数据显示，2014年末全国大陆总人口为136782万人，比上年末增加710万人，其中城镇常住人口为74916万人，占比54.77%。全年出生人口1687万人，出生率为12.37‰；死亡人口977万人，死亡率为7.16‰；自然增长率为5.21‰。全国人户分离的人口为2.98亿人，其中流动人口为2.53亿人。当一个国家或地区60岁以上老年人口占人口总数的10%，或65岁以上老年人口占人口总数的7%，即意味着这个国家或地区的人口处于老龄化社会。

资料来源：中国经济网，http://finance.ifeng.com/a/20150226/13515588_0.shtml.

事实上，经过多年努力，我国在养老保障领域取得了一定成果，但就目前的建设情况来看，我国的养老保障体系仍存在着诸多问题，需要加以完善，才能保证与社会发展相适应，发挥维护社会稳定、促进社会发展的重要作用。2014年是我国开启全面深化改革的开局之年，我国正进入全面建成小康社会的决定性阶段，改革也进入攻坚期和深水区。随着改革的不断深入，各项改革措施纷纷出台，党和国家逐渐认识到了“法治”对于全面建设小康社会的重要作用。党的十八届四中全会讨论通过了《中共中央关于全面推进依法治国若干重大问题的决定》(以下简称《决定》)，标志着我国开始进入全面推进依法治国的阶段。养老保障作为推进我国社会发展的重要一环，可以而且应该实现法治化。从这个层面上来讲，推进我国养老保障的法治化，作为全面推进依法治国的重要组成部分，具有重要意义。

>> 6.1 中国特色国情下法治养老的选择 <<

6.1.1 推进养老保障的法治化是建设社会主义法治国家的必然选择

从目标上来看，加强我国养老保障的法治化在总体上与全面推进依法治国是一致的。依法治国，是坚持和发展中国特色社会主义的本质要求和重要保障，是实现国家治理体系和治理能力现代化的必然要求，事关我们党执政兴国，事关人民幸福安康，事关党和国家长治久安。全面建成小康社会、实现中华民族伟大复兴的中国梦，全面深化改革、完善和发展中国特色社会主义制度，提高党的执政能力和执政水平，必须全面推进依法治国。同样，推进我国养老保障的法治化建设，不仅能为完善我国养老保障体系提供法治保障，还有利于促进我国全面依法治国的实现，无论是从当前还是从长远来看，都符合国家和人民根本利益。此外，在目前养老保障领域，我国的法治建设尚不健全，很多法律法规有待细化和深入完善，所以推进养老保障的法治化，具有十分迫切的必要性。

6.1.2 加强养老保障的法治化建设是全面推进依法治国的重要环节

从主要内容上来看，加强我国养老保障法治化建设是推进依法治国的重要构成。《决定》明确提出："加快保障和改善民生、推进社会治理体制创新法律制度建设。依法加强和规范公共服务，完善教育、就业、收入分配、社会保障、医疗卫生、食品安全、扶贫、慈善、社会救助和妇女儿童、老年人、残疾人合法权益保障等方面的法律法规。"诸如公共服务、社会保障、医疗卫生、老年人权益保障等内容同样是我国构建完善的养老保障体系所关心的重要领域。可以说，构建完善的养老保障法治体系与全面推进依法治国是一脉相承的，二者是部分与整体的关系。整体发展离不开部分，部分完善推动整体改进。我国养老保障法治化搞好了，就是为全面推进依法治国做贡献；全面推进依法治国目标的实现，离不开我国养老保障法治化的完善。

6.1.3　在全面推进依法治国的背景下，推进法治养老势在必行

从现实保障和基础条件来看，我国推进养老保障法治化具有可行性。

第一，我国有着相对完备的法治体系。目前，我国的社会主义法制体系已经形成。这个体系已基本达到了部门齐全、结构严谨、内部和谐、体例科学、协调发展的要求。我国的社会主义法制体系，包括立法、执法、司法、护法在内的制度体系，已基本实现各自独立、彼此衔接、相互协调、运行通畅。从而为推进我国养老保障法治化奠定了基础。

第二，我国养老保障法治化已取得一些成果。其中包括：我国现阶段已有的一系列有关养老保障方面的法律法规颁布和实施，并且在长期实践中不断修订和完善，例如《老年人权益保障法》《社会保险法》等法律以及《养老机构管理办法》《企业年金基金管理办法》《保险公司养老保险业务管理办法》等一系列补充性和操作性法规等。可以说，推动养老保障法治化过程是在现有基础上的发展和完善。

第三，加强我国养老保障法治化具有关注度和认同度。无论是政府的多次强调，还是社会媒体的民意调查，都反映出了整个社会对养老保障法治建设的高度关注和强烈认同。据 2013 年“两会”前新华网的舆情调查显示，建设法治中国成为网民最为关注的五大问题之一。另据《人民日报》和人民网推出的两会“十大热点问题调查”，法治中国列第八位。① 这充分说明，建设法治中国已经成为人民群众的热切期盼，成为社会各界最为关注的焦点。相应地，对于备受社会各界关注的养老问题，其法治化建设更是得到人民群众的广泛关注和强烈认同。一项改革如果能深入民心，就能收到事半功倍之效。综合现实基础、已有成果和民众认同，加强我国养老保障法治化势在必行。

>> 6.2　我国法治养老建设的现状 <<

总体来看，改革开放三十多年来，我国制定了大量的法律，初步形成了中

① 胡云腾．关于建设法治中国的几点思考[J]．法学研究，2013(2)：10～10.

国特色的社会主义法律体系。法治是一个系统性工程，建立起一个完备的法律体系只是实现社会主义法治化的第一步，并不能将其完全等同于法治化，而且我国现有的法律体系还存在着不完善之处，尤其是在涉及社会生活的具体领域。在养老保障领域，无论是在相关法律法规的颁布上，还是法律法规的实施、执行上，都存在着诸多问题。目前，我国整体养老保障法治化程度还较低，与发达国家相比还比较落后；就地区来看，存在差异化和地区间发展不平衡的问题；由于地区间发展不平衡，处于不同层次的群体有着不同的养老保障需求，对养老保障法治化提出了挑战。综上，我国养老保障法治化目标的实现，仍然还有很长一段距离。这需要我们在推进养老保障法治化建设的过程中，保持清醒认识，既要继承和发扬已有的优良传统并充分利用现有的基础成果，又要清晰地认识到我国在养老法治过程中存在的问题，着眼于整体发展大局，兼顾各方需求，保证我国养老保障法治化建设的顺利推进。

法治的意义，在于通过法律明确对法律主体权利以及义务的界定。所以，了解法治养老，我们首先需要知道谁才是法治养老的主体，法律主体又该依法享有怎样的权利。而这里的主体及合法权利，自然指的是我国广大的老年人群体及其依法享有的权利。依据我国1996年颁布施行的《老年人权益保障法》第2条的规定："本法所称老年人是指60周岁以上的公民。"而对于老年人的权益，则有普通权益和特殊权益两大部分。首先，老年人作为普通公民，依法享有宪法规定的普通公民所享有的一切权利；其次，由于老年人群体本身的特殊性，其专属于老年人群体的权益就构成了老年人的特殊权益。根据《老年人权益保障法》第4条规定："国家和社会应当采取措施，健全对老年人的社会保障制度，逐步改善保障老年人生活、健康以及参与社会发展的条件，实现老有所养、老有所医、老有所为、老有所学、老有所乐。"[①]由此，我国老年人的特殊权益可以概括为"老有所养、老有所医、老有所为、老有所学、老有所乐"。

在法治的语境中，立法是法治之根本，只有先做到了"有法可依"，才能"有法必依""执法必严""违法必究"。要了解我国养老保障法治化状况，需要从立法的角度切入，对我国养老保障立法已有成果进行梳理。从已有立法上来看，保障我国老年人基本权益的养老法治体系包括《宪法》中的相关条款、全国

① 中华人民共和国老年人权益保障法(2012年修订版).

人大制定的《老年人权益保障法》、与《老年人权益保障法》相关联的立法以及各地方政府根据各自的特点和具体情况制定的地方性法规等。客观地说，我国养老保障的法治化进程起步较晚，水平较低，专门针对养老保障的法律法规不多。

6.2.1 《宪法》

《宪法》是我国的根本大法，拥有最高的法律效力。因此，宪法中对老年人权益保障的条款是整个养老保障法律体系的根基，是我国其他养老保障法律制定的最根本依据。《宪法》的第45条明确规定："中华人民共和国公民在年老、疾病或者丧失劳动能力的情况下，有从国家和社会获得物质帮助的权利。国家发展为公民享受这些权利所需要的社会保险、社会救济和医疗卫生事业。"[①]从而在根本上为我国老年人享有的从国家和社会获取物质帮助的权利以及国家为此应该承担的发展一系列保障事业的义务做了明确规定。这对构建我国的养老保障法律体系具有指导意义，而且已经发挥了重要作用。但是随着经济社会的快速发展和老龄化形势的加剧，宪法中有关老年人权益保障的内容也应该适当增加或修改，以更好地指导我国养老事业的发展。

在当前的宪法中，有关老年人权益保障的条款仍然停留在当公民年老时给予其必要物质帮助的层面，物质帮助作为生存的基础固然非常重要，但是在经济社会迅速发展、老龄化程度加深的今天，我们不仅仅要满足老年人最基础的物质生存权利，其在精神文化生活以及社会参与等方面的需求也应该在宪法中有所体现。这就需要我们在原有基础上进行修改和扩充，增加老年人在参与社会发展、社会事务以及享受发展带来的福利等内容，明确国家在发展老年人所需要的社会设施、公共服务以及培育、发展和鼓励相关社会力量参与养老保障等方面应尽的义务。这样使宪法中有关养老保障的条文能够全面切实地反映我国广大老年人群体的权益，从而更加全面有效地为老年人的养老保障事业提供根本性的方向指引。

---

① 中华人民共和国宪法(2004年修订版).

6.2.2 《老年人权益保障法》

《老年人权益保障法》是我国目前唯一一部专门针对老年人权益保障的法律，它依据我国宪法的原则精神制定，是我国老年人养老保障的综合性总法规，可以说是我国整个养老保障法律体系的基础，也是其他有关老年人权益保障法立法的依据和规范。《老年人权益保障法》最早于 1996 年 8 月 29 日经八届全国人大常委会第 21 次会议通过，随着经济社会的发展，2009 年 8 月 27 日十一届全国人大常委会第 10 次会议修正该法；2012 年 12 月 28 日十一届全国人大常委会第 30 次会议对该法进行了修订，并由 2012 年 12 月 28 日中华人民共和国主席令第 72 号公布。最新修订的《老年人权益保障法》有总则、家庭赡养与扶养、社会保障、社会服务、社会优待、宜居环境、参与社会发展、法律责任、附则 9 章共 86 条，依法规定了我国养老保障的基本制度，包括保障范围、对象、项目、待遇标准、资金来源、享受条件、行政管理、监督审查等内容，从而为各个地方制定相应的老年人权益保障地方性法规树立了模板，也为相关配套单行法律法规的制定奠定了基础。

值得一提的是，修订后的新法增加了对老年人精神需求的关注，规定家庭成员应当关心老年人的精神需求，不得忽视、冷落老年人。与老年人分开居住的家庭成员，应当经常看望或者问候老年人。这也被媒体解读为“常回家看看”写入法律，不常看望老人将属违法。该法同时规定，用人单位应当按照国家有关规定保障赡养人探亲休假的权利。从内容上来看，该法不仅对老年人享有的基本权利进行了集中规定，还从法律上明确了积极应对人口老龄化这一国家长期战略任务，规定了老年人社会保障与养老服务体系建设的原则，强化了老龄宣传教育、进一步增强了全社会养老意识，促进了社会对养老问题的关注，为我国养老保障体系的构建奠定了基础。

专栏6-2　新老年法今日起实施子女“常回家看看”写入法律

新修订的《老年人权益保障法》(以下简称新老年法)正式施行。新老年法从1996年版的《老年人权益保障法》6章50条扩展到9章86条，新增38条、修改38条，其中最引人关注的就是把“常回家看看父母”作为条款写进了法律。

新老年法规定，家庭成员应当关心老年人的精神需求，不得忽视、冷落老年人。与老年人分开居住的家庭成员，应当经常看望或者问候老年人。这也被媒体解读为“常回家看看”写入法律，不常看望老人将属违法。该法同时规定，用人单位应当按照国家有关规定保障赡养人探亲休假的权利。

条款中赡养人应当“经常看望或者问候老年人”，究竟是多久一次？看望多长时间？记者注意到，新老年法对此并没有具体规定。新老年法明确规定，国家建立健全家庭养老支持政策，鼓励家庭成员与老年人共同生活或者就近居住，为老年人随配偶或者赡养人迁徙提供条件，为家庭成员照料老年人提供帮助。同时，地方各级人民政府在实施廉租住房、公共租赁住房等住房保障制度或者进行危旧房屋改造时，应当优先照顾符合条件的老年人。此外，新老年法还提出，国家建立和完善老年人福利制度，根据经济社会发展水平和老年人的实际需要，增加老年人的社会福利。

资料来源：今视网：新老年法今日起实施子女“常回家看看”写入法律[EB/OL].[2013-07-01]，http：//news.jxgdw.com/jszg/2146360.html.

修订后的《老年人权益保障法》，在原有基础上有了极大提升。其中最首要的一点在于新修订的《老年人权益保障法》突破了物质保障的局限，增加了老年人“享受社会服务和社会优待的权利”和“参与社会发展和共享发展成果的权利”，兼顾了老年人的精神文化和社会参与的需求，这在立法上是一大进步。此外，新的《老年人权益保障法》还体现出我国养老保障由家庭养老为主向社会养老为主的过渡，增加了社会优待、宜居环境等方面的章节，丰富了社会保障和参与社会发展等章节的内容，更加明确了老年人养老保障的法律责任，更加强调社会养老组织和养老机构的作用，体现出国家在加大社会养老力度上的态度和决心。例如，新修订的《老年人权益保障法》在新增的第34、35条和36条中分别规定“国家鼓励慈善组织以及其他组织和个人对老年人提供物质帮助和服务”，“老年人可以与集体经济组织、基层群众性自治组织、养老机构等组织或者个人签订遗赠扶养协议或者其他扶助协议”，“国家建立和完善以居家为基础、社区为依托、机构为支撑的社会养老服务体系”等，相关的条款还有很多，这里就不再一一列举。

尽管新修订的《老年人权益保障法》在原有基础上有了较大进步，仍然存在许多需要完善的地方。首先，无论是《老年人权益保障法》自身还是其他法律都没有将其在我国养老保障法律体系中的核心地位明确地体现出来，必须在所有相关法律中明确规定我国整个养老保障法律体系的核心。其次，需要更加明确《老年人权益保障法》中的“指导性条款”与“强制性条款”(又称“约束性条款”)，对老年人权益的保障不仅是法律问题，还蕴含着诸多的道德因素，所以我们在对待老年人的养老问题上，要坚持“法治”与“德治”的有机结合，并正确处理好二者之间的关系，从“法治”的角度来看，更多地体现为“强制性条款”，而“指导性条款”更多地是通过道德自律等发挥作用。为此，我们需要明确在老年人权益保障的过程中，哪些是需要明确规定并严格执行的“强制性条款”，哪些是可以提供指导意见的“指导性条款”，适当地增加法律中的“强制性条款”，减少“指导性条款”，以增强法律的约束力。

6.2.3 其他养老保障相关的法律法规及实施细则

一个成熟的养老保障法律体系具有完整性和系统性，并不是依靠一部《老年人权益保障法》就可以建成的，上升到整个养老保障法律体系的层面来看，构建完善的养老保障法律体系，还需要不断完善其他相关的养老保障法规及实施细则。如果说《老年人权益保障法》是整个养老保障法律体系的树干，那么与之相配套以及相关的法律法规和实施细则就构成了树的枝节和树叶。由于老年人的权益纷繁复杂，基于老年人权益保护的养老保障自然也有着丰富的内容。仅从大类上看，至少包括了养老保险、养老服务、社会救助、社会服务与医疗保健等相关内容，可以说涉及老年人社会生活的方方面面。

当然，由于我国社会主义法制建设尚处于初级阶段，存在着发展时间短、基础条件薄弱以及社会法治意识有待加强等一系列限制条件，养老保障的相关法律法规很难做到面面俱到。就目前的发展现状而言，我国的养老保障法律体系已经在各个方面有所体现，具体表现为与养老保障相关的法规和实施细则的广泛性上。例如针对养老保险和养老服务，就有《社会保险法》《实施〈中华人民共和国社会保险法〉若干规定》(2011 年)、《企业年金基金管理办法》(2011 年)、《社会保险费申报缴纳管理规定》(2013 年)、《社会救助暂行办法》(2014 年)、《保险公司养老保险业务管理办法》(2007 年)、《国家税务总局个体工商户个人所得税计税办法》(2014 年)等，在改善老年人养老生活水平，提高老年人生活品质方面，有《养老机构设立许可办法》(2013 年)、《养老机构管理办法》(2013 年)等多部法律法规及配套的实施细则。此外，还有诸如《婚姻法》《民法通则》《刑法》《劳动法》等相关法律也对老年人的权益保障有所涉及。

在现阶段下，养老保险是涉及内容最多、最主要组成部分。世界主要发达国家也将养老保险制度作为养老保障体系的最重要部分进行建设。养老保险的目的是保障老年人的基本生活需求，为其提供稳定可靠的生活来源。从这个概念上来讲，养老保险制度的完善与否直接关系老年人的基本生活，可以说是养老保障体系的基础。我国的《社会保险法》发布相对较晚，由第十一届全国人民代表大会常务委员会第 17 次会议于 2010 年 10 月 28 日通过，自 2011 年 7 月 1 日起施行。在内容上，《社会保险法》共分总则、基本养老保险、基本医疗保险、工伤保险、失业保险、生育保险、社会保险费征缴、社会保险基金、社会保险经办、社会保险监督、法律责任、附则等 12 章共 98 条。作为一部在中国特色社会主义法律体系中发挥重要作用的法律，其将基本养老保险放在第 2 章，体现出对基本养老保险的重视。在基本养老保险部分，该法对我国基本养老保险制度的参保群体、资金运作和管理以及制度的实施进行了规定，构建了我国现行基本养老保险的制度框架。当然，随着经济社会的发展，这项制度显现出系列问题，如“养老金亏空”和“养老金双轨制”等，这些问题的最终解决仍需要通过社会保险法的完善来实现。

专栏 6-3　2015 年养老金亏空超 3000 亿

2015 年全国社会保险基金预算显示，剔除财政补贴后，2015 年养老保险“亏空”将超过 3000 亿元。为填补养老金缺口、缓解财政补贴压力，划转国有资本充实社会保障基金的工作已经进入实施阶段。

以企业职工基本养老保险为例，剔除财政补贴后，当期保险费收入与支出相减，“亏空”3024.87 亿元，比 2014 年的收支差 1563 亿元，显著扩大。2013 年剔除财政补贴后，“亏空”仅为 959 亿元。而在 2012 年，这一指标还为正值：2012 年保险费收入 15027 亿元，当年支出 13948 亿元，收支相减余额为 1079 亿元。

“养老金缺口迫使财政部想办法。”财政收入增速出现严重下滑，而财政支出特别是社保支出却在逐年增加，压力越来越大，所以国资划拨社保基金是个趋势性的问题。

资料来源：人民网．今年养老金亏空将超 3000 亿：迫财政部想办法[EB/OL].[2015-05-12]，http：//business. sohu. com/20150512/n412868767. shtml.

在有关养老保险和养老服务的补充法律法规中，既有国务院各部委颁布的宏观管理办法，也有具体到各部门、领域的执行方案。这些规定的发布，在一定程度上既是我国养老保障主要法律意志的延伸，也是对我国养老保障相关法律在执行和实施方面的有力指导。需要注意的是，这些规定发布时间普遍较晚，实行时间不长，而且大部分规定都是近年来新颁布的，极少部分是在原有法规基础上进行的修订。《民法》《婚姻法》《刑法》和《劳动法》等其他相关的法律也只是在条文中对老年人的权益保障一笔带过，如《民法》在第 104 条第 1 款中规定：“婚姻、家庭、老人、母亲和儿童受法律保护。”①《婚姻法》在第 2 条第 2 款规定：“保护妇女、儿童和老人的合法权益。”在第 21 条第 1 款规定：“父母对子女有抚养教育的义务，子女对父母有赡养扶助的义务。”该条第 3 款规定：“子女不履行赡养义务时，无劳动能力的或生活困难的父母，有要求子女给付赡养费的权利。”②《劳动法》在第 70 条规定：“国家发展社会保险事业，建立社

① 中华人民共和国民法通则(2009 年修订版).

② 中华人民共和国婚姻法(2001 年修订版).

会保险制度，设立社会保险基金，使劳动者在年老、患病、工伤、失业、生育等情况下获得帮助和补偿。”在第 73 条规定：“劳动者在下列情形下，依法享受社会保险待遇：退休、患病、负伤、因工伤残或者患职业病、失业、生育。”①这些法律不是专门针对老年人权益保障和养老保障的，缺少更详细和更丰富的规定，这也从一个侧面体现了我国的养老保障法律体系建设仍然处于初级阶段。

6.2.4　地方性养老保障的相关法规和规章

我国是一个人口众多、地域辽阔的大国，各个地区之间在自然地理条件、人文历史传统以及风土民情等方面差异较大，各个地方的经济基础和社会建设不均衡，不同地方的政府在政策制定和行政能力方面也参差不齐。所以，许多法律法规在落实到各个地方时面临着各种各样的问题，为此，各个地方都会结合自身情况，出台一系列与中央政府相关法律法规配套的规章，在养老保障法律体系中，亦是如此。按照我国的政治制度，这些地方性的法规和规章，多由各个省、自治区、直辖市的人大及其常委会或者人民政府制定发布。

专栏 6-4　国内首部综合性社会养老服务地方性法规将实施

2015 年 2 月 27 日下午，记者从浙江省政府的新闻发布会上获悉，《浙江省社会养老服务促进条例》将于 3 月 1 日起实施。该条例是国内首部由省人代会通过的综合性社会养老服务地方性法规，其中明确规定公立养老机构需公布床位信息、优先收住失独老人，小区建设必须配套养老服务用房等。

《条例》进一步规范了公办养老机构的定位和收住范围，规定公立养老机构应当以护理型养老机构为主，应当保障无劳动能力、无生活来源又无法定赡养、扶养义务人，或者其法定赡养、扶养义务人无赡养、扶养能力的老年人的养老服务需求。

最低生活保障家庭、最低生活保障边缘家庭中的失能、失智、高龄、独居、

① 中华人民共和国劳动法(2009 年修订版).

重度残疾的老年人和计划生育特殊家庭老年人(独生子女死亡或者伤病残)，申请入住公立养老机构的，应当安排收住。

截至 2014 年底，浙江省共拥有养老机构 2236 家，其中政府投资建设 1044 家，床位入住率大多在六至七成左右，未来将继续鼓励民间资本参与养老服务业。

资料来源：新华网．国内首部综合性社会养老服务地方性法规将实施[EB/OL].[2015-02-28]，http：//news. xinhuanet. com/gongyi/yanglao/2015-02/28/c_127527696. htm.

自 1988 年以来，我国先后有近百个地方性有关老年人权益保障和养老服务的法规规章文件发布，从最早的地方规章如《河北省老年人保护条例》只有简单的具体条文，甚至没有章节的划分，到 2014 年 9 月发布的《山东省老年人权益保障条例》详细规定了“总则”“家庭赡养与抚养”“社会保障与服务”“社会优待”“宜居环境”“参与社会发展”“法律责任”等共 62 条内容，我国老年人养老保障的地方性立法取得了长足进步，总体上来看，这些地方性法规规章在各地方老年人养老保障工作实践中发挥了重要作用。但具体来看，我国地方性养老保障相关法规在立法上仍然存在诸多问题。第一，地区间存在着差异化和发展不均衡的问题。很多地方受制于当地经济社会条件，没有制定相应的地方性法规和规章，在一些西部相对偏远的省份和城市，即便制定出相关法规，也难以得到落实。第二，许多已经制定出台的地方性法规缺乏地方特色，没有根据当地实际情况和工作需要进行区别立法，没有兼顾到本地区的经济、社会、资源和环境等情况，在执行相关规章时陷入难以落实的窘境，此外，有些地方为了完成“任务”，完全以全国性一般法律文件对本地方的特殊情况进行指导和规范，使得地方法规沦为了对中央立法的重复，违背了地方立法的初衷和根本目的，必然会导致针对性不强、缺乏可操作性和实践性。

究其原因，最根本的还是在于我国东中西部地区经济社会基础的差异和区域发展的不平衡。东部地区经济发展水平较高，基础设施相对完善，人力、财力、物力相对密集，信息传递迅速，地方政府可以支配的资源较多，行政效率普遍较高。在养老保障的法治化进程中，东部地区能够较快进入角色，既能够及时收到和领会最新法律法规的精神，并迅速调动资源贯彻执行，又能尽快组织人力、物力、财力，出台与国家法律法规相配套的法规或实施办法。此外，东部地区由于先天优势，往往还被选为最新法律法规的试点区域，走在法治化建设的前列。相比之下，中部和西部地区无论是在经济基础还是人、财、物的支持抑或是响应国家法律法规的效率上，都不如东部地区，而且，对中西部地区地方政府而言，其中心任务多为发展经济，在资源分配上也多向经济建设方面倾斜，而有关养老保障方面的资源支持相应减少。这就导致了我国养老保障法治化建设出现地区差异化较大和发展不均衡的现象，反过来，这又弱化了养老保障制度在区域收入再分配的功能，背离了区域基本公共服务均等化的目标。

专栏 6-5　加快推进基本公共服务均等化

向社会成员提供均等的基本公共服务，是现代政府的基本职责之一。党的十六届六中全会首次明确提出实现城乡基本公共服务均等化目标。经过党的十七大、十七届三中全会、十八大等重要会议的强调和部署，基本公共服务均等化总体实现成为2020年全面建成小康社会战略目标的重要内容。

现阶段我国的基本公共服务还存在不均等现象，主要表现在：城乡之间基本公共服务供给不均等，农村基本公共服务水平远低于城市；区域之间基本公共服务供给不均等，东部地区政府提供的基本公共服务数量和质量明显高于中西部地区；社会成员之间享有的基本公共服务不均等，比较突出的是进城农民工享有的基本公共服务水平远低于城市户籍居民。

随着我国社会主义市场经济的深入发展和社会转型、利益分化，社会矛盾逐渐增多，人们在工作和生活中面对的不确定性风险不断加大，实现基本公共服务均等化、促进社会和谐的地位和作用日益突出。

加强法制建设，为基本公共服务均等化提供法制保障。适应实际需要，尽快制定出台有关基本公共服务均等化的法律法规，从法律制度上确保基本公共服务供给主体、资金来源和管理体制的规范性。完善考核评价体系，对推进基本公共服务均等化不力的部门和工作人员追究责任，确保基本公共服务均等化落到实处。

资料来源：人民网-人民日报．加快推进基本公共服务均等化[EB/OL]．[2013-03-28]，http：//theory. people. com. cn/n/2013/0328/c49150-20946375. html.

这种地域的差异除了反映在宏观经济社会文化等层面上，还在微观上体现为不同地区老年群体需求层次的差异，这对地方性养老法规和规章的制定具有深刻影响。在马斯洛需求层次理论中，人的需求是分层次的，对老年人在养老方面的需求来说，需求层次理论同样适用。由于老年人在性别、年龄、教育水平、经济收入、成长经历、家庭背景等方面各不相同，导致不同层次老年人个体的养老需求各不相同。不仅如此，在现行养老保障体系下，不同群体间的需求也存在差异。例如东部经济较发达地区相比西部经济欠发达地区，其养老需求更加注重安全、社交和尊重需求，而西部经济欠发达地区大部分老人的首要需求就是吃得上饭，住得上房。此外，同在经济较发达地区，城市与农村也存在着差异；即便同在城市，不同收入水平、家庭条件的老人也存在需求差异。现实条件的限制是影响老年人需求的重要因素。例如在经济相对落后的城市或者农村，老年人更希望在目前已有养老金保障的基础上得到更多收入上的保障，以支持其更高质量的饮食和健康需求，而对于在经济较发达大城市地区子女的老年人来说，饮食和健康需求已得到较充分满足，他们渴望能在有生之年得到子女更多关注。由此可见，我国养老保障需求是多元且复杂的，如何在推进养老保障法治化进程中兼顾好不同主体的个性化需求，是关系到我们养老保障法治化实效的关键所在。

专栏 6-6　养老保险应重视个性化需求

2013 年 10 月底，国务院总理李克强在中国工会第 16 次全国代表大会上表示，我国大概有 3 亿多人参加了城镇职工养老保险，今年有累计 3800 万人中断缴费。在养老问题广泛关注的当下，抛弃国家提供的社保而“断缴”让人感到无奈，社保制度改革必须直面这一现状。

一方面，养老保险须致力于规范化、制度化和体系化建设，为建立健全兼顾各类人员的社会保障待遇，确定调整机制，提供切实的法律支持和制度支撑；另一方面，养老保险的设置及实施应当强调合目的性，在切实发现公民的普遍性需求的基础上，重视公民的个性化需求，并为各种需求的充分实现提供社会保障法体系支撑。正如十八届三中全会全面深化改革决定所指出：“建立健全合理兼顾各类人员的社会保障待遇确定和正常调整机制。完善社会保险关系转移接续政策，扩大参保缴费覆盖面，适时适当降低社会保险费率。”

“适时适当降低社会保险费率”引起社会广泛关注，即使降低社会保险费率，也无法缓解中断社保的现象，因为个人中断社保的主要原因是无法顺利转移。所以，当务之急是如何建立健全合理兼顾各类人员的社会保障待遇，确定调整机制，完善社会保险关系转移接续政策，让社会保险充分反映投保者的需求，真正发挥好“保障公民基本生活需要”的作用。

资料来源：法治中国网．养老保险应重视个性化需求[EB/OL].[2013-12-11]，http：//legal. china. com. cn/2013-12/11/content _ 30866899. htm.

>> 6.3　法治养老的国际经验借鉴 <<

放眼全球，我国养老保障的法治化进程开始较晚、发展时间较短，而大部分发达国家的养老保障法治化进程开始时间较早、发展时间较长。作为发展中国家，我国的经济社会基础仍然在不断发展中，人均 GDP 水平和社会整体文明程度相对较低，因而决定了我国在养老保障法治化建设的基础，与世界大部分发达国家之间仍然存在相当大的差距。从另一个侧面来看，世界大部分发达国家养老保障法治化建设，有着我国可以借鉴的先进经验。一方面，发达国家在养老保障法治化好的做法可以为我所用；另一方面，了解发达国家在发展过程中出现的问题，有助于少走弯路，更快更好地推进我国养老保障法治化。

6.3.1　德国的法治养老

德国是世界上养老保障制度最发达的国家之一，也是最早建立养老保障制度的国家之一。德国养老问题主要依靠社会保险解决，通过制定和完善法律，将养老保险与其他保险相结合，构建起了从摇篮到坟墓的社会保障体系。德国养老保障主要有三大支柱：国家法定养老保险、企业补充养老保险和私人补充保障。其中，国家层面的法定养老保险一直占据着最为重要的地位。德国的法定养老保险最早可以追溯到 19 世纪末的德意志帝国时期，当时的宰相俾斯麦为了缓解日益严重的社会问题，消除日益高涨的工人运动，先后制定了三大保险法，最初的法定养老保险只适用于产业工人，覆盖了1/5的从业人员和 1/10 的人口，此时的养老保险，还只是少数人的特权。到了 1911 年，德国又制定了针对白领阶层的养老保险法律，后来为了维护社会稳定，这一保险的范围逐渐扩展到职员和遗属。1957 年，德国出台了《养老金改革法》，这部法律的出台被誉为德国 20 世纪 50 年代最重要的立法，开启了 20 世纪德国在公共养老制度方面的重大改革。此后，在 1972 年和 20 世纪 80 年代后期，德国多次进行改革，最终建立起现在的养老保障体系制度基础。

德国从 1992 年开始实行统一的养老金法，目前仅法定养老保险就已经覆盖了德国从业人员的 85%，其通过立法规定，凡处于依附地位的从业人员，即所有的工人和职员，原则上都有投保并缴纳社会保险的义务，对于那些自谋职业者和家庭妇女来说，则可以通过自愿的方式选择参加社会养老保险保障养老，而医生、律师、零售商等高收入者不属于义务参保人范围，但这些人年满 16 周岁均可自愿参加保险。此外，公务员和法官是国家终身雇用人员，有独立的养老保险制度，不参加法定养老保险。农业从业人员有独立的“农民养老保险”。这种类型的养老保障体系在形式上与我国现行的养老保障制度非常相似。德国的法定养老保险实行现收现付制，在高覆盖率基础上的是高额的社会养老保险支出，有资料显示，德国的法定养老保险支出从 1998 年开始就已经高达 3983 亿马克，占据了德国社会保障支出的 1/3，超过了国内生产总值的 10%以上。在这种制度下，德国一位拿平均工资的普通全职人员退休后获得的养老金约占工资的 70%，远远高于美国退休人员 40%的比例。[①] 此外，德国有着非常多的养老保险机构，这些机构独立于政府，具有独立的法律地位并享有资金管理权，其预算也与国家公共财政脱离，国家只对其运行行使监督的权力和职责，反映出其在养老保险管理上的高度社会自治性。

然而，近年来德国的养老保障体系也面临着严峻挑战。一方面，德国的人口出生率持续低迷，人口老龄化趋势日渐加重，使得采用现收现付方式的德国法定养老保险金缴费总额不断下降，而支付总额不断增加，现行的养老保险不

① 中国养老金网：德国的养老保险制度[EB/OL].[2013-08-16]，http://www.cnpension.net/yljkx/2013-08-16/news1376614506d1402647.html.

堪重负；另一方面，高福利导致的高失业率和劳动力市场的变化使得法定养老保险的资金来源不断减少，因为失业和提前退休使得养老保险收入减少，却要负担更多退休人员更长时间的养老保险，从而导致支出超比例增加。另外，德国社会保险制度是以职业为中心的社会保障，想要领取“标准”福利金的人必须长时间从事全时职业，然而劳动力市场上临时工作、计时工作等新型的雇佣方式不断代替正常的雇佣关系，也在一定程度上减少了法定养老保险的资金来源。为此，德国的养老保障体系不断进行改革，德国政府在1992年、1996年、2001年和2004年进行了多次改革，通过逐步降低退休金，提高养老保险缴费比例；提高退休年龄；由现收现付制向一种确定缴费体系转变；大力发展企业补充养老保险和个人资源养老保险等商业保险等措施，缓解养老压力。

6.3.2 美国的法治养老

美国的养老保障，最早始于19世纪50年代，联邦政府在一些大城市为教师、警察等政府雇员提供养老金，随后企业养老保险也在19世纪70年代慢慢产生和发展起来。具有明文规定的法律条文是1920年《美国公务员退休法案》(CSRS)的实施，该法案将美国联邦政府雇员纳入统一的养老保险计划中。

受20世纪30年代经济大萧条的影响，美国的养老保障体系受到了极大冲击，并引发了社会动荡。为了维护社会稳定，当时的罗斯福政府于1934年成立了经济安全委员会(CES)，起草《社会保障法案》，该法案最终在1935年获得国会通过，确定了美国雇主与工人共同缴费，养老金基于个人退休前累计工资收入的全国性统一养老保险制度。随着时间的推移，美国的《社会保障法案》也经历了多次修订和完善，覆盖范围不断加大。20世纪70年代，美国经济出现滞胀。为应对危机，美国国会于1983年通过了社会保障修订案，将新增的联邦政府雇员全部纳入社会养老保险，实现了政府雇员养老保险与社会养老保险的统筹。进入21世纪后，美国人口老龄化和财政赤字越来越严重，社保基金的压力越来越大，国内对养老保险私有化改革的争论也愈演愈烈。对此，美国加强社会保障总统委员会，先后于2001年、2002年向国会提交了旨在促进部分私有化养老保险的报告，但最终由于种种原因未通过国会批准。2010年，奥巴马政府又提出了新的改革方案，仍在等待国会通过中。除了养老保险，美国政府还十分重视养老服务，陆续推出了《美国老人法》《老年人社区服务就业法》《老年人营养方案》等一系列配套法律，为完善养老服务体系，提高养老服务水平提供了法治保障。从 1935 年《社会保障法案》实施以来，美国的养老保障体系不断完善和发展，对美国经济社会发展产生了巨大作用。

相比德国而言，在美国的养老保险法律制度中，国家功能的体现并不突出，社会机制虽然也发挥作用，但并不显著。其最引人注目之处是市场规则的广泛应用。首先，美国的养老社会保险资金中约 2%是资本市场收入，主要是银行储蓄、买卖债券等市场投资所得。其次，美国养老金的给付与缴费有一定联系。最后，美国的企业年金和个人年金比较发达，1992 年，美国的职业年金和私人年金之和占到养老金总支出的 50%，此后，美国职业年金、私人年金的发展势头日盛。这两类年金的保值增值主要在竞争和追求效率的市场上通过资本运作方式实现，资本市场变化直接影响着年金资产的稳定和发展。

表 6-1　1939—1967 年美国主要社会保障法案与养老保险覆盖范围变动

序号	时间	法案	养老保险覆盖范围变动
1	1939 年 8 月	1939 年修订案	增加工人家属及遗属
2	1950 年 8 月	1950 年修订案	增加农产工人、家庭佣工以及非农场自雇人员
3	1954 年 9 月	1954 年立法	增加农场自雇人员
4	1956 年 8 月	1956 年修订案	增加 50～64 岁之间残疾工人
5	1958 年 8 月	1958 年修订案	增加残疾工人家属
6	1967 年 1 月	1967 年修订案	增加残疾寡妇(鳏夫)

6.3.3 日本的法治养老

日本是非常重视法治的国家，也是养老保障非常发达的国家。日本政府通过颁布系列“法令”，逐渐形成了“全民皆保险”的格局。在日本的养老保障体系中，养老保险一直占据着非常重要的地位。

日本的养老保险立法始于明治政府 1875 年颁布的《海军退休金令》、1876 年颁布的《陆军退休金令》和 1884 年颁布的《文官退休金令》三个法令。1923 年，日本政府将这三个法令统一起来，制定了《退休金法》。此后，日本政府又分别制定《船员保险法》(1939 年)、《劳动者年金保险法》(1941 年)、《工人养老金保险法》(1941 年)、《厚生年金法》(1941 年)、《国民健康保险法》(1956 年)、《国民养老保险法》(1959 年)，逐步建立起日本养老保障体系的框架。在 20 世纪 60 年代初，日本政府实施《国民年金法》，实现了“全民皆年金”，1986 年，日本政府对《国民年金法》进行全面修改，实现了各种年金制度在国民年金的基础上统一，基本建立起相对完整的养老保险体系。在随后发展中，为了应对人口老龄化的严峻形势，日本政府又对原有法律进行了多次修改和完善，包括 1994 年对《国民年金法》《厚生年金法》和各种互助会法所作的重大修改，以及 2000 年通过的《厚生养老金保险法》和 2004 年通过的《年金改革相关法案》等。

从日本养老保险的演变中可以归纳以下特点：一是利用经济发展等机会，迅速建立、完善、普及养老保险制度。第二次世界大战后日本养老保险立法旨在重建社会保险制度，经过 10 年左右努力，形成了以养老、健康、失业、工伤等方面的保险规制为框架的社会保险制度体系，为实现全民保险打下了基础。二是根据社会发展情况，适时调整养老保险立法的重心。20 世纪 60 至 80 年代，日本逐步构建了以职工为中心的劳动保险体制，劳动保险成为整个社会保险的关键部分。这符合社会保险制度发展的一般规律，只有在职工中建立了稳固而全面的劳动保险制度，才有可能进一步发展覆盖全体社会成员的社会保险。三是通过立法，明确划分了中央和地方政府在养老保险方面的职责。20 世纪 90 年代后，日本建立了全民保险体制，并不断修改法律、统一制度，对不同身份的职工实行统一的养老金缴费率和给付标准。四是规定了国家、企业、个人应承担的缴纳养老金的责任等。20 世纪 90 年代初期，日本的社会保障及福利支出在中央财政支出中的比例为 37.52%，日本国立社会保障与人口问题研究所编的《社会保障费统计资料(1969—1998)》显示，日本 1998 年雇主和受保人缴纳的保险费在社会保障供款额中所占的比例达到了 52.2%和 47.8%，这与我国社会保险基金主要来源于企业和职工缴费的情况形成鲜明对照。

6.3.4 对我国法治养老的经验和启示

虽然上述三个国家在政治制度、经济基础和文化传统等方面都不尽相同，但都是通过国家层面上的立法，逐渐确立了各具特色的养老保障体系。随着经济社会的发展，这些国家的养老保障体系也不断地完善。通过梳理这些国家养老保障体系演变过程，能够发现法治在其中发挥的重要作用。首先，在现代法治国家中，法律就是国家意志的体现，其为国家政策制定和制度建立提供了方向上的指南和行动上的依据，许多改革只有通过立法，制定明确的法律，才能切实做到有法可依，才能将改革发展的成果以法律和制度的形式保存下来。其次，各个国家法治养老具有过程性，一定阶段的改革成果可以通过法律的形式得以保存，这样既可以为改革的推行和政策的落实提供参照，防止在各项政策实行过程中变质变形，减少了不必要的弯路并避免了改革的倒退；又能够为后续制度改革和发展提供参考和积累，没有任何一项制度天生就是完善的，也没有任何一项法律是凭空产生且完备的，正如养老保障体系的建立和完善是一个渐进的过程，法律在其中是前进的阶梯。

从具体内容上来看，德国的养老保障体系在形式上与我国现行养老保障体系极其相似，都是以国家法定养老保险为主，都是社会保险与补充性商业保险相结合，都曾采取“现收现付制”的方式支付养老金，都存在着养老保险“双轨”并行的局面等。德国的养老保障体系发展较早，其老龄化程度远高于我国，意味着德国在养老保障体系发展过程中存在的问题很有可能在我国出现，如高额的财政负担和庞大的财政支出等，这对我国提前预防相关问题的出现提供了借鉴，而且德国养老保障体系的改革实践也给我国的养老体系改革提供了思路，特别是将社会养老金的管理与国家财政独立开来，实行社会自治管理这一做法，对我国的养老保险金管理也是一种有效方法。美国的养老保障体系有着鲜明的市场色彩，其成熟的市场运作机制对于我国并尝试通过市场手段干预和调节养老保障体系，有着积极的借鉴作用。尤其是美国在养老金管理、投资运作、保值增值方面的做法，对于如何止住我国养老金贬值趋势，提高养老金储备数量有着积极意义。另外，美国有着非常发达的养老服务体系，通过借鉴美国如何制定相关法律法规，完善和规范养老服务市场，对我国不断增强养老服务水平，促进养老服务的法治化进程具有深远意义。日本在历史上深受我国历史文化的影响，特别是我国传统的“孝道”观念，在日本影响非常广泛。和我国一样，日本也是一个非常重视家庭养老的国家。对日本法治养老进程的了解，意义在于透视其在家庭养老向社会养老过渡的过程中，如何有效合理地兼顾历史和改革发展的关系。

总的来说，尽管这些国家与我国在社会特征和政治体制上有所不同，但是我们仍然能够从中吸取经验，寻求借鉴。第一，养老保障相关法律应当适时调整并不断完善，不能希望某项法案一出台就能解决所有问题；第二，加强对养老保障立法的重视，要依托特定机构，在专业研究的基础上经过反复讨论后通过；第三，要充分发挥社会机制的重要作用，在德国、美国和日本等养老保障法治相对发达的国家，其社会机制均在养老保障法治体系中占据重要地位，发挥着重大作用，养老不仅需要政府的推动，还应该鼓励社会力量的参与，在此过程中，政府要加强对社会力量的引导，并在立法和执法上予以考虑。

6.4　我国法治养老建设的展望

我国的养老保障法律体系已初具雏形，这个体系“上”有宪法中基本原则和精神的立法指导，“中”有《老年人权益保障法》作为主干与核心，“下”有配套和相关的法律法规及实施细则做保障，并通过各个地方“因地制宜”制定的地方性法规和规章来落实。在当前我国全面建设小康社会和全面推进依法治国的背景下，加强我国养老保障法治化有着完善保障民生和推进依法治国的双重意义。同时，我们也清醒地认识到，当前我国的养老保障法治化建设仍然存在着许多亟需解决的问题，面临着许多困难。在当前和未来一段时间内，要立足我国养老保障法治化的发展方向，结合我国推进养老保障法治化中最迫切的问题，夯实我国养老保障法律体系。

6.4.1　立法为先，构建完整多层次的法治养老法律体系

尽管经过一段时间的积累，我国已经初步奠定了法治养老的法律基础，但仍然缺少一个完整的、多层次的而且具有系统性的养老保障法律体系。为了更好地推进我国法治养老的进程，必须加强立法，改变现有体系杂乱而不系统的现状。

其一，要通过立法，实时修正和完善我国宪法中有关老年人权益保障的条款。作为我国所有法律的基本法，宪法在我国法治养老建设中的地位和作用不言自明。虽然在老年人权益保障方面，宪法已经作出了明确规定，但是随着经济社会的发展变化，我国养老事业的重心也在不断变化。为了能够更好地适应

最新形势，需要我们在原有基础上对宪法进行修改和扩充，例如增加老年人在参与社会发展、社会事务以及享受发展带来的福利等内容，明确国家在发展老年人所需要的社会设施、公共服务以及培育、发展和鼓励相关社会力量参与养老保障等方面应尽的义务。

其二，立足社会发展实践，不断修订和完善《老年人权益保障法》。作为在我国养老保障法律体系中居于核心地位的综合性法律，《老年人权益保障法》是我国法治养老体系中的基础法，对其他与养老相关的法律制定具有指导作用，是其他相关法律制定的依据和规范。对于这样一部法治养老的“核心法”和“牵头法”，如果存在问题，将会影响到整个法治养老体系的稳定。随着经济社会的发展和变迁，一旦我国的老年人权益保障实践有了新发展，必须科学合理地完善和修改，从而为整个法治养老体系奠定基础。一要明确《老年人权益保障法》在我国法治养老体系中的中心地位，明确《老年人权益保障法》和其他相关法律之间的指导与被指导关系。二要适当增加《老年人权益保障法》中的“强制性条款”的比例，使该法在实行过程中具有更强约束力，并对其他相关法律发挥更加明确的指导作用。

其三，依据《老年人权益保障法》，不断完善相关配套法律法规和实施细则。作为我国法治养老体系的枝叶，相关配套法律法规和实施细则是我国宪法和《老年人权益保障法》的延伸，更是我国法治养老体系的主要内容。唯有枝繁叶茂，大树才能有源源不断的生机与活力。因此在立法过程中，相关配套法律法规及实施细则要尽可能延伸和扩展。我国老年人权益项目纷繁，内容涉及养老保险、社会救助、社会福利和医疗保健等，所以，在相关配套的法律法规及实施细则中，要不断加强对养老保险立法、养老服务立法、老年人医疗保健和救助立法，对于老年人福利、老年人的医疗保健以及老年人的社会救助等都建立相应的具有明确指向性和针对性的配套法律法规，这样才能支撑起整个法治养老体系。

其四，因地制宜，有计划、按阶段和分地域地细化地方性养老保障的相关法规和规章。作为我国法治养老体系的“触手”和“神经末梢”，地方性养老保障相关法规和规章要更加体现地域特色。在老龄化社会加快发展的今天，大量重要且烦琐的相关法律法规需要通过在各个地方进行有针对性地细化和落实。考虑到我国经济社会发展水平在地域上的差异和发展速度上的不平衡，各个地方要因地制宜，加强对地方性养老保障的相关法规和规章的重视，加快行政运转效率，结合当地经济社会条件，有计划、分批次地对养老保障的相关法律法规进行细化和落实，不断丰富和充实法治养老内容，提高我国养老政策的实效。

6.4.2 规范为重，加强法治养老相关配套制度建设

构建一个相对完整且多层次的法治养老法律体系只是完善我国养老保障体系的基础，要想不断提高我国养老保障水平，还需要做好相关配套制度的建设工作。如果说加强立法工作是为整个法治养老体系注入了“灵魂”，那么加强与养老保障相关的配套制度建设、建立完善规范的养老保障制度则是为整个法治养老体系打造的“肉体”。为此，我们需要结合中国现实国情和老年人的实际需要，结合发达国家的经验和教训，不断完善和规范与我国养老保障相关的配套制度。

第一，不断完善我国的养老保险制度。养老保险制度是我国养老保障最基本制度，在所有养老保障制度中具有居于基础和核心地位。养老保险制度能够为老年人群体提供最基础的物质保障，养老保险制度的好坏，能够从根本上影响老年人的生活质量。不断完善发展我国的养老保险制度，就要在我国社会保险等相关法律法规的指导下，修正完善养老保险制度中与社会发展和老年人生活不相适应或者矛盾冲突的部分，不断提高养老保险的质量。具体来说，包括实现“养老金并轨”，缩小社会贫富差距，维护社会公平，构建统一的养老保险制度；增加政府对养老事业的财政支出，提高政府补贴数额，消除养老保险中长期存在的“隐形债务”，做实个人账户；借鉴美国等发达国家在养老金管理上的经验，改进养老金管理，完善养老金投资策略，提高养老金投资收益，扩大养老金余额积累。

第二，不断完善我国家庭、社区和社会机构的赡养制度。在中国特色国情下，赡养制度构成我国社会养老保险的有力补充。一方面，在我国当前社会环境下，子女赡养老人是普遍现象，家庭养老在整个社会养老体系中，仍然发挥着主要作用；另一方面，随着我国老龄化加剧，计划生育政策效果逐渐显现，大量家庭开始出现两个子女赡养四个老人的情况，家庭养老在效果和质量上面临着极大危机。在这种情况下，我们必须直面应对，在不断完善社会养老保险

的同时，着力解决广大老年人的赡养问题。一要为避免出现大规模的社会危机，我们需要在家庭赡养的基础上增加社区赡养和社会机构赡养的比重。统筹完善家庭、社区和社会机构赡养制度，加快公共养老设施建设，提高社会养老服务水平。地方各级政府作为公办养老机构的投资主体，可以通过公办民营、合作经营、委托管理、服务外包等模式，提高社会养老机构的运作效率。与此同时，政府及相关社会组织，还可以通过组织、培训和发展专、兼职服务人员以及志愿者的方式，增加社会赡养服务的力量，并对养老服务市场加以规范。

6.4.3 落实为要，建立健全法治养老评估监督机制

我国的法治养老体系是在中国特色社会主义实践中产生的，需要根据社会实践的发展，再回到我国养老保障的实践中去，不断服务于我国养老事业和提升我国老年人养老水平和质量。这就意味着我国的法治养老体系不是一成不变的，需要依据经济社会实践条件的变化不断调整和完善。外部条件的改变，都有可能影响我国养老事业的发展，需要建立健全我国法治养老体系的评估监督机制。

再完善的法律体系，再规范完整的制度，如果不能落实，无异于是一纸空文。在我国健全法治养老的进程中，相关法律法规和制度的落实，与法律体系的构建和制度的设计同样重要。为了能够更好地推进我国法治养老体系的发展，要高度重视评估监督机制的作用。一方面，我们可以在法治养老体系的构建过程中，将评估监督的理念通过法律法规及其相关配套制度，逐层传递下去，贯穿整个法治养老体系，提高人们在思想上的重视程度；另一方面，在法治养老体系之外，可以构建一个专门负责养老保障体系评估反馈和监督的机构，对法治养老体系的运营负责，保证我国法治养老体系平稳、有效地运转。

参考文献

[1]蒋正华．中国人口老龄化现象及对策[J]．求是，2005(6)：41～43.

[2]胡云腾．关于建设法治中国的几点思考[J]．法学研究，2013(2)：10～10.

[3]王熹．美国养老保障法制对中国的启示[J]．法制与社会，2014(17)：29～30.

[4]杨勇．浅议我国养老的法制建设[J]．学理论，2014(4)：137～138.

[5]曾娜．老龄化时代社会保险制度改革措施的宪法学分析[N]．华东政法大学学报，2011(6).

[6]刘桂莲．我国养老保险综合水平地区差异研究[J]．现代管理科学，2014(11)：84～86.

[7]李向明．老年人权益保障的法律体系研究[D]．山东大学：硕士学位论文，2012.

[8]陈德伟．老年人口特殊权益保护立法研究[D]．西南财经大学：硕士学位论文，2008.

[9]范浩荣．老年维权，要“法治”也要“德治”[J]．老年人，2002(2)：18～20.

[10]赵立新．德国养老保险法的发展与改革[J]．高校社科研究，2008(3)：42～46.

[11]董溯战．德国、美国养老社会保障法的比较研究——以国家、社会和市场为视角[J]．宁夏社会科学，2005(2)：58～62.

[12]张鑫，李胜．美国社会保障制度研究综述[J]．唯实，2008(2)：78～85.

[13]负菲菲．英美社会保障制度及启示[J]．社会科学研究，2014(3)：116～118.

[14]马凯旋，侯风云．美国养老保险制度演进及其启示[N]．山东大学学报，2014(3).

[15]高宝霖，张洪涛．日本养老保险立法的演变及其对我国的启示[J]．中州学刊，2010(2)：110～112.

[16]中华人民共和国国家统计局：2010年第六次全国人口普查主要数据公报(第1号)．[EB/OL]．[2011-04-28]，http://www.stats.gov.cn/tjsj/tjgb/rkpcgb/qgrkpcgb/201104/t20110428_30327.html.

[17]今视网：新老年法今日起实施 子女“常回家看看”写入法律[EB/OL]．[2013-07-01]．http：//news.jxgdw.com/jszg/2146360.html.

[18]人民网．今年养老金亏空将超3000亿：迫财政部想办法[EB/OL]．2015-05-12．http：//business.sohu.com/20150512/n412868767.shtml.

[19]新华网．国内首部综合性社会养老服务地方性法规将实施[EB/OL]．2015-02-28．http：//news.xinhuanet.com/gongyi/yanglao/2015-02/28/c_127527696.htm.

[20]人民网-人民日报．加快推进基本公共服务均等化[EB/OL]．2013-03-28．http：//theory.people.com.cn/n/2013/0328/c49150-20946375.html.

[21]中国养老金网：德国的养老保险制度[EB/OL]．2013-08-16．http：//www.cnpen-sion.net/yljkx/2013-08-16/news1376614506d1402647.html.

[22]法治中国网．养老保险应重视个性化需求[EB/OL]．2013-12-11．http：//legal.china.com.cn/2013-12/11/content_30866899.htm.

第7章　法治住房，住有所居，住有宜居

作为一个发展中的人口大国，中国长期以来面临着非常严峻的住房问题。经过近20年来的工业化和城镇化快速发展，尤其是住房商品化、货币化政策以来，“住有所居”目标基本实现。但是，住宅建筑工程质量问题也逐渐成为人们关注的焦点，“住有宜居”问题开始变得尖锐起来。① 十八届四中全会《中共中央关于全面推进依法治国若干重大问题的决定》提出依法保障公民权利、实现公民权利保障法治化。以法治住房保障住有所居、住有宜居政策目标，即为应有之义。

>> 7.1　中国住房法治进程及其现状 <<

7.1.1　“住房权”与“法治住房”

“法治住房”概念的提出，离不开“住房权”的含义。“住房权”这一概念源自国际人权公约——1948年《世界人权宣言》，即“人人享有为维持其本人和家属的健康及福利所需的生活水准，包括食物、衣着、住房和必要的社会服务。”1966年《经济、社会、文化权利国际公约》根据《世界人权宣言》的规定进一步阐

① 北京师范大学政府管理学院/政府管理研究院.2014中国民生发展报告：民生中国梦[M].北京师范大学出版社，2014：170.

述并重申住房权，即“人人有权为他自己和家庭获得相当的生活水准，包括足够的食物、衣着和住房，并能不断改进生活条件。”但这一阶段，“住房权”尚未形成一个独立的概念，住房适足性是生活权的一个不可分割的组成部分。①

1991年12月12日联合国经济、社会和文化权利委员会通过了著名的《第四号一般性意见：住房权》。这是联合国首次运用“adequate housing”一词，将住房权清晰地界定在人权体系中，住房权成为经济社会权利中较为重要的一种权能。② 联合国经济、社会及文化权利委员会强调，不应对适足住房权作狭义的解释，而应将其视为生活安全、安定和有尊严的权利。委员会关于适足住房权和强迫驱逐的第4(1991)号和第7(1997)号一般性意见大体说明了适足住房权的各方面特征。③

首先，适足住房权包含多项自由。其中最主要的三项自由是：受到保护，以免遭受强迫驱逐以及任意破坏和拆除个人住宅；个人住宅、隐私和家庭免受任意干涉的权利；选择住所、决定生活地区和自由行动的权利。其次，适足住房权包含多项权利。这些权利是：住房权保障；住房、土地和财产归还；平等和非歧视地获得适足住房；在国家和社区一级参与与住房有关的决策。最后，适足住房远远不止四面墙壁和一个屋顶。特定形式的避身处只有在满足诸多条件之后才被视为“适足住房”，这些要素与基本供给和住房的可获得性同样重要，构成了适足住房的基本要素：使用权的法律保障；服务、材料、设备和基础设施的提供；经济可承受性，与住房有关的个人或家庭费用应保持在一定水平上，而不至于使其他基本需要的获得与满足受到威胁或损害；宜居程度，适足的住房必须是适合于居住的和安全的；住房机会，须向一切有资格享有适足住房的人提供适足的住房；无障碍，适足的住房应处于便利就业选择、保健服务、就学、托儿中心和其他社会设施之地点；文化环境。

法治住房是住有所居和住有宜居的基础，住有所居、住有宜居是法治住房的目的。因此，住房权的含义是指人们有权获得住所，并能够有尊严地居住的

---

① [挪]艾德等．经济、社会和文化的权利[M]．中国社会科学出版社，2003：171～186.

② 黄辉明，潘艳红．论住房权及其立法保障[J]．理论月刊，2013(1)：82～85.

③ 联合国与适足住房：关于适足住房[EB/OL]，http：//www.un.org/zh/development/housing/about1.shtml.

权利，其内涵主要有以下三点：第一，法治住房。关于自由与权利的表述，以及“适当住房权”的第 1 项都明确表明“使用权的法律保障”，这是住房权的基础或者前提。换言之，住房问题，首要是法律保障问题，“法治住房”是住房问题的应有之义。第二，住有所居。为居住提供必要的基础设施、物质与服务以及经济能力。第三，住有宜居。从安全、舒适、机会、软环境等方面提供宜居条件。

7.1.2 “十二五”中国住房法治进程回顾

我国住房事业的发展离不开法治。早在“十二五”之初，《2011 中国民生发展报告》就指出“推进住房法制化建设，为住房事业发展提供法律基础”的系列观点，为住房法治建言。

专栏 7-1 推进住房法制化建设，为住房事业发展提供法律基础

首先，要形成一个完整的房地产业法律法规体系，我国目前已经初步形成了以《城市房地产管理法》和《土地管理法》为核心、单行法规并举、诸多规章相互补充的法规体系框架，《住宅法》也处在草案修正阶段，但仍然不够系统和翔实，在租赁、担保、融资等领域的立法工作需要加强。其次，要提高住房立法的层次，应提高相关法律效力，加强其在规范住房市场行为中的权威性和严肃性，为住房市场的健康有序运行提供法律支撑。最后，统一立法主体，适时更新法律条款，打破现在多部门出台法规条例的现状，合理划分立法权限，统一立法标准和程序，同时根据住宅产业的发展和制度环境的变化，及时修正相关内容。

资料来源：北京师范大学管理学院/北京师范大学政府管理研究院．2011 中国民生发展报告．北京师范大学出版社，2011：204.

“十二五”期间，我国住房保障体系建设大有推进，保障性住房建设规模持续增加，保障覆盖率明显提高。2011—2014 年，全国已累计开工建设各类保障性安居工程超过 3200 万套，基本建成 2000 多万套，集中解决了城镇部分中低收入住房困难家庭以及部分国有工矿、林区、垦区、煤矿职工的住房问题。

住房相关法律制度建设进展明显。“十二五”以来，国务院及相关主管部门连续出台多项与保障性安居工程建设相关的法规文件，包括《全国城镇住房发展规划(2011—2015年)》等，着力完善筹资渠道、保障方式、土地供应、项目选址、基础配套、财政贴息、保障房公平分配、安居工程质量保证等方面的制度体系，基本形成了一整套促进保障性安居工程建设持续健康发展的制度安排和政策体系。①

但是，过去的住房政策过分偏重满足“住有所居”中“有房可住”的基本经济功能，忽略了住房的功能属性、社会属性、资源与环境属性、人文属性等因素，专注于量的增加，而忽略了质的提升，忽视了人与居住关系的综合性，不能从根本上解决民生问题。近年来频繁出现的“楼歪歪”“楼脆脆”“豆腐渣”现象，严重影响了居民生活质量甚至生命安全，为我国法治住房建设敲响了警钟。因此，《2014中国民生发展报告》提出，在“十三五”谋划之年，我们应对住房政策提出更高要求，由“住有所居”向“住有宜居”的“居住中国梦”政策方向提升与转型。②

专栏7-2　住有宜居：居住中国梦

“住有宜居”是对“住有所居”政策的继承与新发展。“住有宜居”的含义包括以下几个方面：经济上，合理负担，重视租房市场，构建购租结合的住房体系，抑制投机需求，保证房价、租金维持在合理水平；功能上，安全、舒适，完善社区配套设施，提高通勤质量，降低通勤成本和时间；社会方面，倡导建立和谐、融洽的邻里关系，完善社区建设，缔造和谐聚居关系；人文方面，倡导传承传统建筑文化、居住文化，同时彰显城市个性，建设底蕴深厚、特色突出的宜居型城市。

---

① 任兴洲．中国住房保障：“十二五”进展与“十三五”思路．中国经济时报，2015-04-23.

② 北京师范大学政府管理学院/北京师范大学政府管理研究院．2014中国民生发展报告，北京师范大学出版社，2011：170-199.

具体地，第一，住有宜居需要抑制投机需求，同时重视租房市场，开发我国的房屋租赁市场，从税收、金融、法律等多个方面保障人民住有所居，从而推动我国可持续人居环境的建设和发展。

第二，住有宜居要求社区配套设施在完善各项居住功能的前提下，凸显舒适性、便利性、降低通勤时间与成本，保证配套设施量的增加和质的提升。

第三，正确处理行政管理与居民自治间的关系，努力推进居民自治。政府一方面要从具体的事务管理中抽身，强化自己的监督责任和能力，回应困难群体的需求，弥补其他主体的不足；另一方面要激发居民参与的热情，完善居民参与的组织形式，积极引导居民参与社区事务，培育社区文化，增强社会资本，最终增强社区凝聚力。

第四，住有宜居，应该是每个城市都依据城市优势，充分利用当地自然、文化、经济条件，建设带有地域文化特色的城市。城市特色是城市流淌着的自然环境和地域文化变迁的记忆，是实实在在存在着的、能够被人感知的且有别于其他城市的“真”，而城市形象则是基于城市特色的外在表现，是城市内在“真”的外在“美”，即城市形象是建立在城市特色根基上的城市外在的艺术表现形式。

资料来源：北京师范大学政府管理学院/北京师范大学政府管理研究院.2014 中国民生发展报告. 北京师范大学出版社，2011：170～199.

7.1.3 住宅建筑工程质量已成为现阶段我国“住有宜居”目标的最大威胁

住宅是居民生活中的“必需品”，其具有价值量大、使用周期长等特点，住宅建筑工程质量直接关系到业主日常生活和切身利益，是住有所居和住有宜居的物质基础与法治保证。然而，我国住宅建设领域工程质量状况却令人担忧：低价竞争、偷工减料、责任意识淡薄、“豆腐渣”工程增多，不少工程甚至存在严重隐患。究其原因，在整个工程建设过程中，项目决策、勘察、设计、施工、监理、竣工验收等各个环节均存在着问题。[①] 以 2014 年为例，全国消费者

① 王瑾. 浅谈推行工程质量保险制度的意义[J]. 科技信息，2011(21)：281.

协会共受理房屋及建材类投诉 24599 件，房屋中介服务投诉 1069 件。房屋类相关投诉主要集中在以下几方面：一是房屋质量问题，主要集中在漏水渗水、外墙面脱落以及墙壁裂痕、空调布局不合理等；二是交易合同纠纷，主要集中在合同附加条款、期房和现房不相符、周边环境不一致、配套不完善、交房延误、定金纠纷等；三是房屋面积欺诈，主要集中在实际面积和交付面积存在较大误差、交易双方对政策法规理解有偏差等；四是物业服务纠纷，主要是遇到房屋质量问题后确定责任主体时，物业与开发商之间扯皮现象比较多。①

专栏 7-3　2015 年，中国楼房进入“中年危机”

2015 年 7 月 27 日杭州富阳富春街道市心北路 10 号，一幢于 1980 年建成的三层半楼房倒塌，令房屋安全话题再度进入民众视野。

纵观全国，富阳的“楼倒倒”事件绝非偶然。

6 月 9 日贵州遵义汇川区高桥镇一栋居民楼垮塌，官方认为“业主私自加盖四层”是塌楼主因。

6 月 14 日贵州遵义一栋居民楼发生局部垮塌，造成 4 人遇难。

7 月 4 日浙江温岭一鞋厂发生房屋倒塌事故，14 人遇难。

7 月 6 日辽宁沈阳一小区 7 楼的住户在家中剁饺子馅时，阳台突然坍塌。经鉴定，垮塌原因是水泥、钢筋不达标。

除了“楼倒倒”外，还有“楼歪歪”“楼脆脆”“楼薄薄”“楼裂裂”“楼断断”等一系列与楼相关的新词被网友创造，引发楼房“中年危机”。

资料来源：中国新闻网，2015-07-31.

相对其他建筑工程而言，住宅工程产权主体最为分散，也是公民经济、文化、社会各项权利的重要载体，工程质量事关广大人民群众财产乃至生命安全。基于此，通过为住宅建筑工程质量强制保险立法，依法推行住宅建筑工程质量保险制度已成为住有宜居政策的重要法治保障。

① 中国消费者协会：二零一四年全国消协组织受理投诉情况分析[EB/OL].[2015-02-02]. http://www.cca.org.cn/zxsd/detail/24840.html.

7.1.4 建立我国住宅建筑工程质量强制保险法律制度的必要性和紧迫性

（1）我国工程质量保险发展起步阶段的要求。

国外住宅建筑工程质量保险市场之所以发展迅速，强制性住宅工程质量保险制度扮演着关键作用。我国已初步建立了市场经济体制且发展迅速，回归市场、让市场自己解决问题是一个必然趋势。然而，由于市场经济体制尚不健全、信用体系尚不完善、住宅工程质量保险的推行尚处于起步和试点阶段，在制度建立初期，投资方风险意识淡薄，认为保险费是不必要的投入、配套法律制度缺乏、与原有制度存在冲突、相关机构不健全、费率制定不合适等种种问题阻碍住宅建筑工程质量保险的推行。① 在这种形势下，通过部分城市的试点逐步构建住宅建筑工程质量强制保险，充分运用行政手段、法律手段和经济手段共同推进我国保险市场的逐步完善，符合我国国情，有利于规范住宅建筑工程各参与方的行为，保护业主的合法权益，推动我国住宅建筑工程质量保险市场发展。

（2）有效保护业主权益的需要。

当前，我国有多部法律法规对住宅建筑工程质量责任进行了各种规定，但对于开发商或建筑施工方对住宅建筑工程质量责任进行投保并未作明确的强制性规定。没有法律的强制性规定，工程质量责任保险的投保完全靠开发商或建筑商的意愿，加之我国目前建筑开发商多为项目公司，住宅建筑工程交付后，一旦出现质量事故，找不到责任人或整个建筑工程参与单位相互推诿责任的情况没有得到改善，消费者或其他第三方受害人权益就无法得到保障。②

（3）明确住宅建筑工程各主体法律责任的需要。

国际上，住宅工程质量责任保险开展较为成熟的国家，如法国、西班牙和意大利，无不是立法实施强制性保险，政府为了实现其公共管理职能，对于关系国计民生的行业所存在的风险，以及发生损害事故后难以查找责任人或责任人可能无力赔偿的风险，均采取强制性保险的做法。住宅建筑工程质量强制保

① 刘美霞．开展住宅质量保证保险，确保消费者权益[J]．城乡建设，2003(5)：20～21.

② 张焱．我国工程质量责任保险法律制度构建研究[D]．中国海洋大学，2012.

险的开展有助于明确住宅建筑工程设计方、开发商、施工方等各参与主体的工程质量责任，一旦发生建筑工程质量问题，可以借助法律的强制力使工程质量责任各方落实其法律义务，确保质量缺陷的法律赔偿真正落到实处。

(4)应对市场配置失灵的必要举措。

目前我国房价、地价高企，房地产市场处于供不应求的卖方市场，开发商占有绝对优势地位。在这种状况下，由于开发商和业主之间的信息不对称，很容易产生道德风险、逆向选择等。如果消费者发现房屋存在质量问题，好的情况是开发商进行维修，但很难保证维修后不再出现质量问题；不好的情况是开发商会建议购买人退房，因为开发商可以转手以更高的价格卖出。① 如果完全通过市场的自愿机制，对于住宅建筑工程的相关方是否投保无强制性规定，不仅不能有效保障业主的权益，也无法促进我国住宅建筑工程质量的提升。强制住宅建筑工程质量保险有利于避免逆向选择、减少道德风险，实现质量保险的市场资源得到优化配置。

>> 7.2 法治住房及住宅工程质量的国际经验 <<

许多发达国家都建有较为完备配套的住房法律体系，以法律保障住有所居和住有宜居目标的实现。美国国会于1949年通过《住房法案》，宣布了美国住房政策目标——“让每一个家庭都能在适宜的居住环境里拥有一个舒适的家”。日本随后颁布了《公营住宅法》、1955年《住宅公团法》、1966年《城市住房计划法》等，初步构建起了完整的住房法律体系，新加坡于20世纪60年代以来先后出台了《新加坡建屋与发展法》《特别物产法》，英国先后出台了1975年《住宅出租和补偿法》，等等。1981年4月在伦敦召开的“城市住宅问题国际研讨会”通过的《住宅人权宣言》再次指出：一个环境良好、适宜的住所是所有居民的基本人权。1996年第二次联合国人类居住会议通过了《伊斯坦布尔人居宣言》和《人居议程》及相关决议，提出“保证人人享有适当住房和使人类住区更安全、更健康、更舒适、更公平、更持久，也更具效率”，并要求各国政府迅速制定或执行各自的住房战略和政策。

① 李静．住宅工程质量责任保险法律制度的研究[D]．中国政法大学，2010.

但是，国情不同、时代不同，法治住房的特征与侧重也根本不同。本报告结合典型国家国情与时代发展背景下的住房法治特征，简要介绍一下美国、德国和南非三国住房法治情况，以对我国当前住有所居、住有宜居政策有所借鉴。

7.2.1 美国：住房立法在市场与政府间不断“钟摆”

美国住房政策的核心是针对中低收入群体制定的住房保障政策立法。但是，基于不同历史时期的社会经济发展需要，住房立法也相应调整，每一时期立法都有着其鲜明的历史现实性与发展阶段性，先后经历了公共住房、购房补贴计划(235 条款)、租房补贴计划(236 条款)、第 8 条款、租房券、低收入住房税收补贴以及希望六号计划等，可谓层出不穷。然而，纵观住房政策立法历程后不难发现，美国始终在市场与政府这“两只手”之间不断摇摆，利用市场与政府两手，为低收入群体提供住房保障。①

专栏 7-4 美国住房立法历史回顾

早在 20 世纪 30 年代，为解决经济危机带来的失业人口居住问题，美国制定了最早的住房保障法案——《临时住房法案》，该法案于 1937 年被进一步补充为《公共住房法》，规定由中央政府出资，由地方政府建造公共住房，以供低收入家庭租用，由此开创了联邦政府资助公共住房先河。依法设立的美国公共住房署(USHA)负责公共住房开发，并负责将联邦政府的资金以贷款形式拨付给地方政府使其能够开展清理贫民窟和建造低租金住房。

1949 年《临时住房法案》以杜鲁门总统的公平方案计划为指导，进一步扩展了公共住房计划，授权联邦住房管理署(FHA)增加抵押贷款保险额度。1965 年，美国国会通过了《住房与城市发展法》，成立“住房与城市发展部(HUD)”，负责管理执行“为国民提供体面、安全、整洁的生存环境的任务”。1968 年，约翰逊总统颁布《市民权利法案》强调美国公民不分种族、肤色，在住房买卖、贷款等方面享有同等的机会和权利，避免种族隔离和歧视。

① 李平，何冻民．美国住房保障政策立法的历史回顾及评析[J]．法制与社会，2013(27)：228～229.

由于资助新建住房代价昂贵，并且 70 年代美国住房短缺已不再是主要矛盾，取而代之的是低收入阶层所付房租占其收入比重过大。因此，1974 年尼克松政府对约翰逊政府在 1965 年提出的房租援助计划进行了修订，制订了第 8 条款中的存量住房计划。尼克松下台后，福特政府提交并通过了《住房与社区发展法案》，其中第 8 条款把新建住房计划、可持续维护计划和存量住房计划纳入一体。第 8 条款存量房计划包含两个方面的内容：租金证明计划和租金优惠券计划。两者的主要区别是：当持租金优惠券的房客在市场上所找住房的租金低于政府规定的市场租金（FMR）时，允许房客保留未花完的优惠券下次继续使用，也可租住高于市场租金的住房，多出的费用自付；而参加租金证明计划的房客，则只能在市场上租住不高于政府规定标准、固定区位范围的住房，政府根据住房总租金的实际情况补贴差价，而补贴与收入挂钩，家庭住房租金支出超过家庭收入 25％的部分由政府补贴。

到了里根政府时代，政府重新评估了原住房补贴政策立法，对住房补贴基金分配作了较大修改，联邦政府减少了在住房保障上的具体干预，并于 1983 年终止了第 8 条款中的住房新建补贴计划，提出了新的租房券计划。1986 年，《美国税制改革法》设立了低收入住房低收入住房税收补贴项目（LIHTC），其主要目的在于为投资于低收入出租房的开发商提供资金激励。其具体内容为：投资者每获得 1 美元的税收补贴，则投资者就可以从联邦个人所得税中减去 1 美元，投资者可以连续 10 年接受到税收补贴，但是投资者投资建设的不动产必须让低收入者居住至少 15 年，税收补贴的具体数额取决于工程项目的花费、地理位置和项目中低收入住户的比例。自此，政府提供补贴鼓励低收入居民在私人住房领域寻找住房的政策，成为美国联邦政府援助低收入家庭的主要方式，直至今天。

资料来源：李平，何冻民．美国住房保障政策立法的历史回顾及评析[J]．法制与社会，2013(27)．略有改动．

自 1949 年《住房法案》通过后的 50 多年里，联邦政府为资助全国的低收入者，建设、修缮了 500 多万户住宅，同时为 200 多万户低收入家庭提供了租房券。然而，全国的住房问题仍然很紧迫。截至 2003 年，共有 4600 万户家庭面临着这样那样的住房问题，他们或者居住在设施不全的住宅里，或者为住房承受着巨大的经济压力——不得不把超过 30％的收入用于住房支出，甚至有人无家可归、流落街头。①

7.2.2 德国：住房立法严格保护租户权益

《民法》是德国的住房法治体系的根本大法，规定了居住权是公民权利的重要组成部分，国家和政府必须保障公民基本居住条件；《民法》还明确了德国联邦政府与各州府在住宅建设与住宅保障方面的职责等。另外，《租房法》《建筑法》《住宅促进法》《节能法》以及各州制定的具体法规都对住房保障体系进行了拓展和补充。

由于德国是个以租房制为主的国家，租房市场在德国住房保障体系中起着重要的作用。为规范租房市场，《租房法》对租赁合同签订、期限、解除以及出租人和承租人权利义务等进行了全面规定，强调对承租人权利的保护。在德国，租房的合同期没有限制，租赁合同一旦签订即为无限期合同，房屋租赁合同蕴含社会保障意义，出租人除法定原因外不得解除合同，房东必须提出相应的"合法的理由"才能提前九个月解除合同。

同时，政府制定了诸多具体法律对租房者予以保护，《住房补贴法》即是对低收入居民住房保障的主要依据。法律规定，公民凡家庭收入不足以租赁适当住宅者，有权享受住房补贴，以保证每个家庭都能够有足够的住房支付能力。法律规定可租住户型大小取决于家庭成员数，但人均住房面积不得小于 31 平方米以确保居住空间符合人居环境需要，房租补贴具体数额则依据家庭人口、收入及房租支出情况确定。居民实际缴纳租金与能够承受租金(一般为家庭收入的1/3)间差额由政府承担(联邦政府和州政府各承担 50%)，补贴期限为 15 年(到期以后随着家庭收入增加，逐年减少租金补贴额)。此外，该法对于投机者和非法获取暴利的行为，也规定了严厉的惩处办法，如连租住者每人每月水电支出乃至排水额度都有严格规定，这就是德国住有所居保障政策的典型特征。②

在住有宜居方面，政府多把保障性住房建在交通便利的城区，市政部门统一建设配套设施如绿化公园、儿童游戏场、汽车站等，充分考虑低收入人群就

① [美]施瓦兹．美国住房政策[M]．中信出版社，2008：1～6.

② 丁晓欣，宿梦远．典型国家或地区住房保障的立法及启示[J]．建筑经济，2014(9)：67～70.

业便利和住有宜居。此外，保障性住房并不会集中建设在同一区域，而采用分散建设策略，以利于不同区域、不同阶层充分融合，促进社会协调、和谐发展。①

7.2.3 南非：适足住房权立法实践的最佳典范

住房权的法律救济源于宪法的直接规定。1994年南非新民主政府成立，废除了困扰南非350年的种族隔离制度和歧视制度，开启了全面政治与法律革新。1996年颁布的历史上第一部民主宪法——《南非宪法》，借鉴了诸多在经济、社会和文化权利中的国际法最新成果，堪称适足住房权实践的最佳典范。《南非宪法》中具体规定一般人住房权和儿童住房权，是住房权的最高法律规范，是住房权保障的核心和源头，指导住房权立法、司法和执法活动。其中第26条规定了一般人的住房权：第1款是住房权的一般条款，规定任何人都有权获得适足住房；第2款是国际积极义务条款，规定国家必须在可利用资源范围内采取合理的立法和其他措施，逐步实现住房权；第3款是国家消极义务条款，禁止将任何人从其住房中驱逐出去。在没有取得法院考虑相关情况后发出的命令之前，每个人都不能破坏其他人的房屋，每部法律都不允许任意驱逐。第28条第1款规定儿童都有权获得基本住处，基本医疗保健服务。这其中包括两层含义：第一，一般住房权是相对权利，儿童住房权是绝对权利。无论经济状况如何，只要符合条件，政府都必须立即采取所有立法和其他措施保障儿童获得适足住房。第二，儿童住房权是住房请求权。如果父母无法履行抚养义务，儿童就有权要求国家直接提供房屋。②

除了宪法外，南非政府还制定一系列住房权法律法规，将宪法规定具体化。其中，最重要的法律法规是1997年《扩大房屋使用权保护法》和1998年《禁止非法驱逐和非法占有土地法》，这两部法律集中体现南非住房权法律法规的精神和原则，即倾斜保护非法占有者的住房权益，以减少乃至于彻底消除种族隔离遗留的非法驱逐问题。

---

① 薛德升，苏迪德，李俊夫，李志刚．德国住房保障体系及其对我国的启示[J]．国际城市规划，2012(4)：23～27.

② 唐一力．南非住房权的立法保障[J]．湖南科技学院学报，2013(7)：139～141.

专栏 7-5 南非《扩大房屋使用权保护法》和《禁止非法驱逐和非法占有土地法》

1997 年 11 月，南非通过《扩大房屋使用权保障法》，旨在保护农村地区非法占有者的权利。随着现代人权理论的发展，在特定情形下非法占有者的住房权能抗衡甚至超越土地所有者的所有权。《南非宪法》第 26 条第 3 款规定如果没有获得法院命令，土地所有者不能任意驱逐非法占有者。《扩大房屋使用保障法》将这一规定具体化，从程序和实体两方面规制非法驱逐行为。第一，规定公平、平等原则是判定驱逐行为是否合法的基本原则。法律并未限定公平和平等的具体含义，而是由法院根据案件的具体情况判定驱逐是否公平、平等。第二，规定倾斜保护非法占有者原则。第 9 条(2)(d)(ⅱ)规定实施驱逐的土地所有者必须拥有合法、完整的所有权，必须在驱逐前两个月通知当地政府，由政府决定是否向非法占有者提供财政支持。第 13 条(1)和(2)规定如果政府不进行援助，即使土地所有者获得驱逐命令，也应该赔偿占有者的损失。第 16 条规定如果非法占有者超过 60 岁，且占有时间超过 10 年，除非占有者实施特定违法行为，任何人无权驱逐他。《扩大房屋使用权保障法》不仅明确了判定驱逐行为是否合法的标准，而且规定了合法驱逐中对非法占有者的国家援助和个人补偿，以及永久性非法占有，形成一条有序、连贯的住房权保护链。本法对"相关情况"的细化有利于驱逐案件的具体情况具体分析，根据案件的具体情况和个人的住房需求充分实现居民住房权。

1998 年《禁止非法驱逐和非法占有土地法》对非法驱逐和驱逐方式的规定更加细致，以期有尊严地、个性化地对待每一个非法占有者。本法规定没有法院参与，不能驱逐居民；只有法院考虑所有相关情况并且所有权人满足本法规定的所有条件后，才能进行驱逐。法院应该考虑如下情况：首先，第 4 条第 6 款规定法院应该考虑困难群体的住房利益，困难群体主要指儿童、寡妇、老人和残疾人。其次，第 4 条第 7 款规定法院应该考虑非法占有的持续时间。如果非法占有者的占有超过 6 个月，法院必须考虑政府、政府机构或土地所有者是否有合理理由进行驱逐。最后，第 6 条列举其他应该考虑的"相关情况"，包括非法占有的土地、非法建造的房屋或结构所处环境，非法占有者获得适足替代性住房或土地的能力。

资料来源：唐一力．南非住房权的立法保障[J]．湖南科技学院学报，2013(7)．

除此之外，还有以下几部法律也对保护住房权起着重要作用，如1994年《规划土地权法》，保护提出土地归还诉求的土地占有者的土地权益；1996年《土地改革(劳动租户)法》，保护农村土地所有者的合法权益；1999年《非正式土地权利中期保护法》，保护未经法律认可土地占有者的权益；1999年《房屋租赁法》，保护房屋占有者的住房权，等等。总之，南非从数百年来的种族隔离和社会不平等中走出了来，形成了一套相对完整、独具特色、保障有力的适足住房权立法体系。

7.2.4 住宅建筑工程质量保险立法国际经验

国际上住宅建筑工程质量保险法律制度已有较长的发展历史，形成了一种成熟的保险制度。法国、西班牙、意大利、日本以及英国、美国的部分地区已普遍实施，有些国家的相关制度规定也十分完善。其中以法国最为典型，法国是最早开展这项保险制度的国家，也是发展最成熟的国家之一。当时住宅建筑工程质量保险名为“潜在缺陷保险”(Inherent Defect Insurance，IDI)，所谓潜在缺陷是指由于建设工程项目在前期设计的失误、勘察错误或者建筑材料导致的缺陷和竣工验收后未能发现的这些缺陷涉及建筑物的安全(包括消防安全)、牢固和不满足隔音、保温等功能要求，对屋面、外墙防水和渗漏等的保险是附加的。[①] “潜在缺陷保险”又称“建筑物十年期责任保险”。1804年拿破仑法典规定，建筑师和设计师必须在建筑完工10年内对房屋结构缺陷负有严格责任。后来法国对原有法典进行了修订，修订后的法典规定开发商、承包商、部件生产商都要对住宅建筑工程质量问题负连带责任。[②] 1979年《斯比那塔法》出台，该法规定10年期的保险为强制性保险，必须由开发商或直接建造房屋的房主投保。1990年7月31日后，对强制保险的要求有所放松，对于自建房屋用于办公的大公司不再强制投保，但该强制保险仍适用于所有居住房屋。[③] 日本从1982年开始尝试建立住宅性能保证制度，1999年通过《住宅品质确保促进法》，确定了住宅性能保证制度的法定地位。日本住宅性能表示制度(中国称为住宅

① 李沫．建设工程质量保险的研究[D]．沈阳建筑大学，2011.

② 马亭．我国住宅质量保证保险机制研究[D]．重庆大学，2006.

③ 童悦仲，娄乃琳．国外住宅质量保证保险制度介绍[J]．城市开发，2003(2).

性能认定制度）和日本住宅性能保证制度一起，构成了《住宅品质确保促进法》的主要内容。

英国、新加坡、意大利、芬兰、印度尼西亚、瑞典、突尼斯、加拿大等许多国家逐步借鉴和引入该运作机制，其中意大利、芬兰、印度尼西亚、西班牙、瑞典、突尼斯及加拿大的部分省实行强制保险。① 近些年，许多亚洲国家在欧美国家的启发下，或者通过立法制订建筑物 5 至 10 年潜在缺陷的强制保险，或者是形成自愿投保潜在缺陷的市场，都推出了类似建设工程质量保险的险种。此外，还有巴西、沙特阿拉伯、加蓬、喀麦隆、刚果、马里、摩洛哥、突尼斯等国家或地区强制实行保险。比利时、阿拉伯联合酋长国、日本、科威特、塞内加尔等国家或地区虽然无强制保险，但这些国家或地区拥有潜在缺陷保险市场。国际上较早强制实行潜在缺陷保险的国家或地区见表 7-1。

表 7-1　　国际上强制实行保险立法的国家或地区

国家或地区	法律出处	投保人
法国	1792 年民法法典	承包商和业主
西班牙	1999 年西班牙建筑法	承包商和业主
芬兰	1998 年防务处理法案	房屋建筑的承包商
加拿大哥伦比亚州	1999 年房屋所有人保护法	房屋建筑的承包商
意大利	2000 年 Merloni 法	公共设施建筑的承包商
美国新泽西州	1979 年新房屋保证和建造者登记法案	承包商和开发商
澳大利亚维多利亚州	1993 年建筑法案	业主

从法国、西班牙、日本、英国、澳大利亚等国家的住宅建筑工程质量保险制度发展历史和当前制度现状来看，各国采取的强制工程质量保险制度模式不尽相同，不存在统一和固定的住宅建筑工程质量保险法律制度模式。② 然而，由于法国是该制度的起源国家，大多数国家的住宅建筑工程质量保险法律制度都是在法国的基础上结合自己国家的具体情况进行改良应用。因此不同国家间，不同住宅建筑工程质量保险制度模式间有着相同之处。

① 马亭．我国住宅质量保证保险机制研究[D]．重庆大学，2006.

② Guy Van Hecke. Inherent Defects Insurance[R/OL]. Presented at the IMIA Conference in September 2001. http：//www. imia. com.

(1)有专门的法律体系保证住宅建筑工程质量保险制度实施。

法国从1804年的《拿破仑法典》到1978年的《斯比那塔法》到现今的保证相关法律规定，立法贯穿在了法国的住宅建筑工程质量保险制度发展的全过程。1978年的《斯比那塔法》分为三部分：责任、保险和质量控制监督，三者共同构成了法国住宅建筑工程质量保险制度的法律基础，从法律意义上保障了日后工程质量保险制度的发展和实施。不止法国，西班牙、英国、日本、澳大利亚等开展住宅建筑工程质量保险制度较早的国家均有相关的法律体系对这一保险制度进行规定和限制，从国家法律的权威层面推动了住宅建筑工程质量保险制度的开展。

(2)有专门的第三方住宅建筑工程质量检查机构。

住宅建筑工程质量保险制度的开展需要有专门的工程质量评估机构对房屋质量进行全面检测与评级，这是开展这一保险制度的基本技术要求。以法国为例，有专门独立的第三方建筑工程质量检查机构(Technical Inspection Service)负责实施，该检查机构要针对每个建筑工程的特点，从建筑工程的方案设计、施工图设计、施工过程及竣工一年后运营的各个阶段进行质量评估和控制。同时，还有建筑工程检查机构认证委员负责对建筑工程质量检查机构的单位资质和人员资格进行认证。这样整个住宅建筑工程质量保险制度既能保证第三方检查机构的独立性和能动性，又有专门机构对其进行监督和制约，确保了第三方住宅建筑工程质量检查机构的可靠性。

(3)大多数国家采取直接或间接强制的住宅建筑工程质量保险制度。

住宅建筑工程质量保险制度按照法律是否强制要求投保可以分为强制住宅建筑工程质量保险制度和非强制性住宅建筑工程质量保险制度。不论是实行强制住宅建筑工程质量保险制度的国家还是实行非强制性住宅建筑工程质量保险制度的国家，在法律上都规定了房屋建造者的质量缺陷责任。开展非强制性损失保险模式的国家有英国、比利时、爱尔兰，其中英国的潜在缺陷保险是完全自愿的，房屋承建各方的责任保险也是自愿的。然而，非强制型住宅建筑工程质量保险的实施需要工程质量各方充分的自觉性和社会责任意识，需要有法律对住宅建筑工程质量有严格的质量要求，这些不能保证的话，很容易产生道德风险，难以保证房屋所有者的权益。从此角度出发，实行直接或间接强制的住宅建筑工程质量保险制度是必需的。

(4)重视对工程全过程的质量风险管理。

法国、西班牙等国家从工程的设计直到竣工各个阶段都进行工程质量风险预防和控制。法国的投保过程规定，在投保阶段，工程质量检查机构对各类工程相关文件以及工程本身进行审核和检查，向保险人汇报与工程质量保险相关的风险，并通过业主把检查意见转发给有关各方，有关方可选择是否按该报告的意见整改，但若投保人不整改或整改结果不能达到工程质量检查机构的要求，该机构将出具限制性报告，列明其保留意见。在最终验收之前，工程质量检查机构根据从开始施工到最终完工的整个情况做出总结报告，列明所有未改正项目和改正项目及其效果，指出仍存在的风险及进一步检测建议等。在工程实际完工 1 年后，仍有一次检查，检查重点关注一年前提出的质量问题和风险问题是否都已解决以及是否还有新的问题出现等。

这种节点式、全过程的工程质量风险监管一方面促进了住宅建筑工程质量的提升，另一方面使得住宅建筑工程质量保险制度在规范化、科学化的方向上发展。

7.3 我国住宅建筑工程质量保险法治化困境及成因

7.3.1 我国住宅建筑工程质量保险法治化进程缓慢

自我国住宅商品化、市场化、货币化改革以来，国家加快了出台与住宅建筑工程质量相关法律法规标准步伐。

1996 年，国务院颁布实施《质量振兴纲要》，第 20 条明确提出“推行产品质量保险。在促进企业建立健全质量体系和开展产品质量风险评估的基础上，按照企业自愿投保原则，推行产品责任保险和产品质量保证保险，实行新型的质量保证和监督机制”。

1997 年《建筑法》专列“建筑工程质量管理”一章，明确规定建设单位、施工单位、设计勘察单位、监理单位责任，提出了质量体系认证制度和质量保修制度。但是，《建筑法》仅在第 48 条规定“建筑施工企业必须为从事危险作业的职工办理意外伤害保险，支付保险费”之外，并未将保险引入工程质量管理范畴。

依据《建筑法》精神，国务院于2000年1月发布了《建设工程质量管理条例》（国务院令2000年第279号），进一步明确了建设单位、勘察单位、设计单位、施工单位、工程监理单位五方责任主体的责任义务，并规定了建筑工程质量具体保修年限。

根据原建设部《建筑管理司2000年上半年工作小结和下半年工作计划》（建综[2000]20号），建筑管理司曾酝酿工程保险制度，撰写完成《关于在我国建立工程风险管理制度的研究报告》（讨论稿），起草了《关于在我国建立工程风险管理制度的指导意见》（讨论稿）（以下简称《意见》），并印发各地广泛征求意见，但上述《意见》一直未对外发布。

2002年10月，时任国务院副总理温家宝就针对工程保险问题做了批示，要求建设部和保监会研究解决。① 2005年8月5日，保监会与建设部联合下发《关于推进建设工程质量保险工作的意见》（建质[2005]133号，以下简称“133号文”），正式提出在我国建立建筑工程质量保险制度。《意见》指出引入建设工程质量保险对于化解工程建设各方技术及财务风险、维护社会稳定、促进建设各方诚实守信都具有重要意义。

我国经济处于高速发展时期，安全事故频发，维权意识提高，使得市场主体的责任风险日益增大。责任保险作为以市场化方式辅助社会管理的一个重要手段，必将在维护公共安全和促进国民经济发展中起到重要的保障与推动作用，也为责任保险的发展提供了有力的保障。2006年6月，国务院发布“关于保险业改革发展的若干意见”，进一步强调“大力发展责任保险，健全安全生产保障和突发事件应急机制”。

① 徐波．工程质量管理的一次机制创新——在工程质量保险试点城市座谈会上的讲话[J]．工程质量，2004(8)：5～7.

专栏 7-6 大力发展责任保险，健全安全生产保障和突发事件应急机制

充分发挥保险在防损减灾和灾害事故处置中的重要作用，将保险纳入灾害事故防范救助体系。不断提高保险机构风险管理能力，利用保险事前防范与事后补偿相统一的机制，充分发挥保险费率杠杆的激励约束作用，强化事前风险防范，减少灾害事故发生，促进安全生产和突发事件应急管理。

采取市场运作、政策引导、政府推动、立法强制等方式，发展安全生产责任、建筑工程责任、产品责任、公众责任、执业责任、董事责任、环境污染责任等保险业务。在煤炭开采等行业推行强制责任保险试点，取得经验后逐步在高危行业、公众聚集场所、境内外旅游等方面推广。完善高危行业安全生产风险抵押金制度，探索通过专业保险公司进行规范管理和运作。进一步完善机动车交通事故责任强制保险制度。通过试点，建立统一的医疗责任保险。推动保险业参与“平安建设”。

资料来源：摘自《国务院关于保险业改革发展的若干意见》国发〔2006〕23 号.

2009 年 4 月，住房和城乡建设部发布了《关于进一步加强建筑工程质量监督管理的通知》(建质[2009]55 号)，再次要求推行工程质量保险制度，“制定《关于在房地产开发项目中推行工程质量保证保险的若干意见(试行)》，加快推进住宅建筑工程质量保险工作，强化住宅建筑工程质量保障机制。”

2010 年建设部建市[2010]68 号文，《关于进一步强化住宅建筑工程质量管理和责任的通知》再次强调：要加强工程质量的保修管理，建设单位要逐步推进质量安全保险机制，在住宅建筑工程项目中实行工程质量保险，为用户在工程竣工一定时期内出现质量缺陷提供保险。

然而，住宅建筑工程质量保险实践发展相对滞后。保监会于 2005 年 12 月正式批准原建设部牵头筹建长安责任保险公司，并于 2007 年正式开业。但是，长安保险的工程质量保险业务并未大规模开展起来，与初衷差距很大。相比之下，中国人民财产保险股份有限公司做了不少尝试，继 2006 年推出建筑工程质量保险、产品在北京等 14 家分公司试点经营后，2007 年底开始在全国范围推广。但是，从住宅建筑工程质量保险市场总体来看，国内仅有平安、太平洋等少数几家大型保险公司涉足，业务量都很小。无论是“133 号文”制还是“55

号文”“68号文”，均因非强制推动而难以发展，我国住宅建筑工程质量保险制探索10余年而未取得突破性发展。

7.3.2　中国住宅建筑工程质量保险法治化困境的深层次原因

第一，住宅建筑工程质量多元管理体制掣肘。从现行住宅建筑工程质量管理体制表面来看，在住宅的建设过程中，开发商、勘察、设计、施工、监理机构五方市场主体相互分工、相互合作、相互制约确保建设过程与建设质量符合标准规范，而政府质量监督机构也通过审查、验收等相应制度以确保住宅产品质量达标。然而，住宅建筑工程质量问题贯穿工程建设全程。以北京住宅市场为例，通过对2012年交付住宅的质量检测后对所采集样本的质量问题数据分析发现，由于施工不规范导致的工艺瑕疵问题，毛坯、精装分别占总问题的80.44%和74.67%；由于成品保护不足，现场管理不到位，工人施工造成的二次破坏问题，毛坯、精装分别占总问题的12.52%和18.56%；由于设计上存在缺陷，未统筹考虑所造成的使用不便、使用不人性化问题，毛坯、精装分别占总问题的5.85%和4.15%；由于材料存在个别质量问题造成的使用不畅问题，毛坯、精装分别占总问题的1.18%和2.61%。这充分说明现行住宅建筑工程质量管理体制中存在着内在缺陷，致使管理体制低效。①

深入探讨体制低效背后的原因，可以发现当前的住宅建筑工程质量管理体制是一组极其不稳定的质量保证契约体系：业主与开发商间具有根本性的交易契约，而开发商对住宅建筑工程质量的保证却又悬于其与设计、施工、监理等乙方主体之间的契约，无论是开发商与业主的契约关系，还是开发商与各乙方的契约关系，违约成本与预防及惩处成本严重不对称(图7-2)。这种复杂的契约关系组合，在尚不完善的社会主义市场经济与法治体系中，存在着以下问题。②

(1)业主在住宅建筑工程质量监管体制中的缺位和法律地位中的弱势。在

① 优嘉优筑．2012年北京房屋交付质量报告[N]．中国房地产报，2013-03-11.

② 王宏新．基于多元合作治理的城市新建住宅质量管理体制探析[J]．中国行政管理，2014(1)：50～54.

现行住宅建筑工程质量管理体制中，业主作为最终产权人对住宅建筑工程质量的监督权是缺位的，无论是开发商组织验收还是到政府部门备案，对于业主来说都是“黑箱”，被排除在了住宅建筑工程质量监督管理体制之外，无法完全行使住宅所有权。[①] 这种局面既无法使住宅所有者对住宅生产者进行监督与制约，也不会对建设相关单位在建设过程中进行行业自律与内部质量管理产生激励，业主只得将住宅建筑工程质量的“最后一根稻草”寄希望于政府监督，政府就被“绑架”成为住宅建筑工程质量的无限责任者和全能政府了，而单靠政府来解决住宅建筑工程质量问题，也是极其不现实的，反而使问题更加复杂，增加社会总成本。

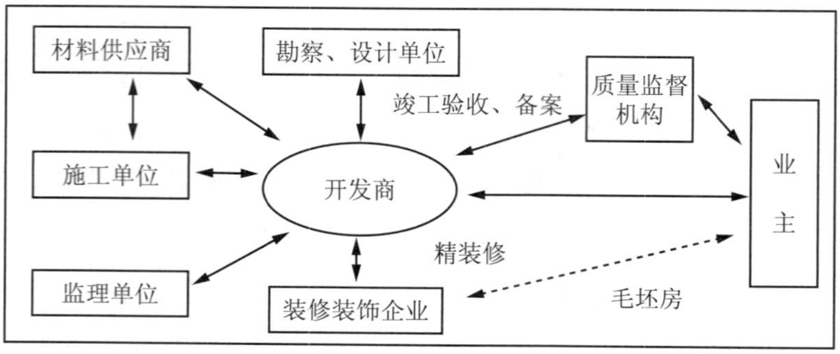

图 7-1　现行住宅建筑工程质量管理体制各主体关系图

(2)验房业等中介组织功能滞后，难以发挥住宅建筑工程质量监督职能。监理企业作为专业的质量监督者，无论是在住宅建设过程中进行监督还是在交付前验收环节的监督，对住宅建筑工程质量保证起着至关重要的作用。但是，在我国现行住宅建建筑工程质量管理体制中，由于施工企业、监理机构均受雇于开发商，其往往为了承接工程业务而成为开发商的附庸，发现问题时也往往受制于开发商是否愿意被“摊上事”，无法对开发商和施工企业的质量行为予以制约。因此，在业主眼里，这些住宅建筑工程质量责任主体就是一个利益共同体、“一家人”，监理机构也就失去了独立性和公正性。既是如此，有谁能代表业主的利益而去监督住宅的建设过程与结果呢？事实上，除了在装饰装修环节

① 卢静，成虎，陆彦．住宅交付后各相关方的质量责任分析与对策[J]．工程管理学报，2012(10)．

外，在整个住宅开发与建设过程中，任何单个购房者既无能力也无足够热情去市场聘请自己的监理来监督整个工程建设质量。不仅如此，根据我国现有的房地产开发经营制度，理论上在一幢住宅建筑工程主体结构封顶前，这幢住宅的购房者还不知道在哪里呢！如此体制安排，为住宅建筑工程质量埋下了大量的隐患。而在交房环节，因实行政府备案制，开发商与施工方、监理方自检自验，在对住宅建筑工程质量“无知”的购房者面前，自然日子很好过。值得一提的是，近10多年来，国内兴起了“第三方验房”“民间验房师”等专业验房机构（如长三角的“宜居检测”、京津冀的“优嘉优筑”和珠三角的“啄木鸟”等），它们实际上是顺应市场需要、为购房者服务、为提升住宅建筑工程质量服务的新型监理、服务咨询机构，却长期受到现行体制的排斥，也不受开发商和政府“待见”而无法获得其应有的市场地位，数以千计的“民间验房师”无法获得政府部门认可的职业与执业资格，大大制约了其在市场中的良性发展，也有损于购房者在交付环节中的权利维护、住宅建筑工程质量的保障与提升。

(3)备案制实质上弱化了政府质量监管角色与功能。在2000年之前，我国城市住宅建筑工程质量验收实行的是政府验收制，城市质监站执行着较为严格的验收标准。如国务院1998年颁布实施的《城市房地产开发经营管理条例》仍规定“房地产开发项目竣工后，房地产开发企业应当向项目所在地的县级以上地方人民政府房地产开发主管部门提出竣工验收申请。房地产开发主管部门应当自收到竣工验收申请之日起30日内，对涉及公共安全的内容，组织质量监督、规划、消防、人防等有关部门或者单位进行验收”。但是，自2000年起，依据《建设质量管理条例》，住宅验收改为备案制，即“建设单位收到建设工程竣工报告后，应当组织设计、施工、工程监理等有关单位进行竣工验收，并自建设工程竣工验收合格之日起15日内，将建设工程竣工验收报告和规划、公安消防、环保等部门出具的认可文件或者准许使用文件报建设行政主管部门或者其他有关部门备案”。备案制在本质上是符合市场经济体制的，但在相应监管制度没有完善之前，事实上变成了开发商自检自验。虽然《建设质量管理条例》也提出“建设行政主管部门或者其他有关部门发现建设单位在竣工验收过程中有违反国家有关建设质量管理规定行为的，责令停止使用，重新组织竣工验收”，但事实上备案制是很难发现质量问题的。因而，在现行体制下，当市场无法通过竞争、法治等方式来保障住宅建筑工程质量时，问题最终会因“政府备案”而回归到政府身上。但是，政府在住宅建筑工程质量问题上，同样是外行，当这一个社会化大生产过程中所产生的问题对政府形成高度依赖时，客观上就夸大了政府在住宅建筑工程质量管理体制中的作用，必然造成了质量保证权力和责任的错位，使政府的角色最终会扭曲为住宅建筑工程质量保证的直接和最终责任者，大大提高了购房者的交易成本和公共部门的治理成本。

从上述分析可以看出，现行住宅建筑工程监管体制中，由于业主(住宅所有者或使用者)除与开发商有合同关系外，与勘察、设计、施工及监理四方质量责任主体均无直接合同关系，而住宅建筑工程是一种专业知识含量极高、具有大量隐蔽工程的大宗资本品和耐用消费品，许多质量问题并不会在短期内显现出来，也不可能被业主轻易识别出来。换言之，住宅建筑工程质量问题并不能在现行的行业管理体制中得以预防和解决，而一旦住宅建筑工程质量问题暴露出来时，就会出现以下尴尬情形：与业主有直接合同关系的房地产开发企业，项目开发完成后其所属的项目公司即注销，出现质量问题时，找不到开发商这一最重要的责任主体。虽然现有法律法规也明确规定住宅建筑工程在保修期内出现质量缺陷时，业主可以房屋所有人的身份直接向与之没有合同关系的施工单位发出保修通知，但是，除地基基础工程和主体结构工程外，大多住宅保修期在短短的 2～5 年，若业主发现住宅建筑工程质量问题时已经过了住宅建筑工程质量保修期的，施工单位可以以此为由拒绝承担保修责任；即使仍在保修期限，如果设计单位、施工单位和装修单位存在质量责任交叉或质量责任主体难以确定，就很容易出现设计、施工、监理和装饰装修单位之间相互推诿的情形，无法有效地追究保修责任、保障业主权益。[①] 也就是说，仅靠各主体之间的契约或法律关系，而没有多主体共同参与规范社会行为、调节社会利益，那么住宅建筑工程质量问题将无法从根本上得以解决。而当以政府主导的行业监管体制失效时，住宅建筑工程质量工程又会引发争议、上访乃至群体性事件，极易形成恶性社会问题，影响社会稳定与和谐发展。

第二，住宅建筑工程质量保险与逆向选择。人们日常生活与住宅密不可分，随着生活质量的提高，居民对住宅建筑工程质量的要求也越来越高。但是分析住宅建筑工程时，我们可以看到建筑工程实体质量的影响因素多、质量波

---

① 张家瑞．住宅建筑工程质量管理体系中政府的角色定位[J]．城市问题，2011(6)．

动大以及质量隐蔽性大等特点，建筑工程完成后无法像一般的工业产品那样依靠专业的检测技术来检验最终产品质量，项目竣工验收时无法进行工程内在质量检测，一些刚建成时没有被发现的质量缺陷在使用一段时间之后问题暴露，潜在的质量缺陷风险无疑造成财产损失和人员伤亡。《建设工程质量管理条例》对建筑是终身保险制度，建设工程合理使用年限长达几十年甚至上百年，如此长的保修期限内承包商有可能已不存在，建筑缺陷找不到相应的责任方；即使承包商依然存在，承包商也无力承担终身维修的重负。建筑物使用周期长、承包商流动性大的特点使得建筑工程质量保险应运而生，建筑工程质量保险是将工程建设过程中存在或产生的质量隐患在工程竣工满一年后引发的质量缺陷损失转移给保险公司的经济行为，建筑工程质量保险是保险公司根据保险合同约定对质量损失进行赔偿的制度。

逆向选择（Adverse Selection）问题产生的根源是交易双方的信息不对称，如果交易双方在事前刻意隐藏信息，就会在市场交易时产生劣质品驱逐优质品，造成劣质品冲击市场使市场交易产品数量和质量均下降的不良后果，而保险市场又最易产生逆向选择问题。如果信息完全可得，保险公司会根据投保人的不同风险水平制定费率，逆向选择问题就不会产生。但信息完全并不真实存在，保险公司无法在事前完全甄别投保人的风险状况，或者认清投保人的风险程度需要消耗高昂成本，于是在通常情况下，保险公司假定投保人面临风险的概率是相同的，根据平均预期损失和平均风险来计算保险费，这样做产生的后果是高风险投保人愿意购买保险，而低风险投保人则不愿意购买保险。保险公司客户大多是高风险投保人，而为了避免发生亏损，保险公司会调高保险费，攀升的保险费迫使低风险投保人退出保险市场，于是购买保险的人往往是风险程度最高的人，保险市场整体风险水平上升，这就是保险市场面临的逆向选择问题。

住宅建筑工程质量保险是投保人转移住宅工程质量缺陷责任的一种保险制度，保险公司在承诺保险之前首先要掌握投保项目的工程质量信息，相对于保险公司，投保人对投保项目具有绝对的信息优势，在申请投保过程中，投保人定会隐瞒对投保不利的相关信息，获取保险公司的信任，从而获得一定的优惠待遇。当然，换一种角度看，保险公司相对于投保人而言，对自身保险赔偿能力、建筑工程保险条款等信息更加了解，这又会产生保险公司的逆向选择，具

体来说，在住宅建筑工程质量保险中产生逆向选择问题的原因主要有以下几个方面：①

(1)住宅建筑工程实体质量具有很强的隐蔽性，即使建筑工程存在缺陷，保险公司也无法获得相应信号，隐蔽性特点可以从时间、空间两方面加以诠释：首先在时间上，住宅建筑工程质量问题通常不会在新建成时马上显现出来，问题需要经过一段时间之后才能暴露出来，如建筑物的不均匀沉降、屋面和墙体渗漏以及管线的耐久性等问题；而从空间上分析，完工后建筑工程中隐蔽工程的内在缺陷往往只能通过破坏性检验才能够发现，如钢筋工程、地基基础工程以及隐蔽安装工程等，这种破坏性检验显然不具备可操作性。隐蔽性特点使得保险公司在签订相关项目合同时无法获得工程实体质量的准确信息，而我国目前也并没有建立起完善的信息系统及信用评级体系，缺乏质量信号的传递机制，因此保险公司在不确定风险情形下签订保险合同，投保人在此过程中制造的虚假信息无从辨别，风险投保几乎无成本约束，再加上立法及执法体系不健全，信息不对称带来的建筑工程质量保险问题十分严重。

(2)住宅建筑工程质量保险尚不成熟。建筑工程质量保险在我国刚刚兴起，起步阶段保险公司经验不足，保险工作还没有全面展开，同时缺乏既懂建筑工程专业知识又懂保险运营的复合型专业人才，进一步说，住宅建筑工程质量保险在我国还未列入强制保险，而现状又决定了保险公司的专业水平很难达到对工程质量信息和对各投保项目的质量风险进行准确的定位和分类，相对来说投保方对建筑工程实体及自身风险状况拥有较多的信息优势，高风险群体就可以利用这一信息上的优势作出逆向选择行为，信息的非对称性为投保人进行逆向选择提供了可乘之机。逆向选择造成“劣货”驱逐“良货”，若低风险投保者不断被驱逐出保险市场，使市场被高风险投保人充斥，久而久之，保险市场就会恶性缩小，甚至还会让工程质量保险市场运行陷入崩溃，最终消失不存在。

(3)住宅建筑工程保险意识淡薄。我国保险业起步晚，建筑工程保险更是刚刚崭露头角，因此建筑工程保险意识淡薄，投保项目少，开发建设单位诚信不足，保险公司为了减少逆向选择问题产生的不利后果，在投保之前会对投保项目风险程度和保险人信用状况进行细致的调查，虽然遵守最大诚信原则是保

---

① 王宏新．住宅建筑工程质量保险制度研究[M]．中国建筑工业出版社，2015：57～60.

险人和被保险人应尽的义务，但从理性经济人的角度出发，保险人会刻意隐瞒质量缺陷，从而可以支付较少的保费而获得较高的保障。同时由于建筑工程的隐蔽性特点，调查所需要的时间和物质成本特别高，而且调查不一定能得到所需要的有用信息。这样久而久之打击了保险公司开展质量保险的积极性，保险公司不得不提高保险费率，这样又使得更多的投保人退出工程质量保险市场，产生逆向选择积极投保建筑工程质量保险的投保人，可能往往是那些高风险者，造成我国投保人的总体风险质量较差，不利于我国利用市场机制引入独立第三方参与建筑工程质量控制，作为质量监督者的政府不得不投入更多的人力物力进行质量监督，造成社会资源的极大浪费。

(4)我国保险公司风险识别系统的不完善。信息不完善应该通过建立完善、规范的风险识别系统来加以改善，风险识别系统可以弥补信息上的劣势，协助保险公司更多地获得投保人的信用及风险状况。但目前我国保险公司的风险识别技术和风险管理体系刚刚建立，与西方国家完善的风险识别体系相比差距很大。信息不对称导致保险合同建立在片面信息的基础上，如此便不可能得到最优决策。保险公司对投保申请人及申请项目的真实质量信息难以准确把握，为了减少为高风险项目承保所带来的损失，保险公司尽可能地提高保险条件，甚至是拒绝投保，造成优质无风险的投保项目得不到保险优惠，部分低风险潜在客户的正常保险需求受到抑制，出现一方面保险需求得不到满足，另一方面保险公司热切寻求保险项目，保险市场的资源不能得到有效的配置，影响质量管理及保险制度运行的效率。进一步说，在逆向选择的情形下，均一的保险费率使得质量风险低的投保人处于不利地位，本来低风险的投保人在项目运行过程中不愿意花成本提高工程质量，因此低风险投保人甚至会变成高风险，整个建筑工程质量随之下降。

综上所述，住宅建筑工程质量保险市场中，保险公司无法获得投保人(建设单位)的全部信息，信息不对称使保险公司无从知晓投保人的风险程度，正是由于上述信息优势，保险公司在保险定价中无法根据风险程度制定适合投保人的保费，当保费被固定在同一水平时，高风险的投保人更愿意购买保险，而低风险者可能会因投保收益低于不投保的收益，则往往不愿意投保，即逆向选择问题使得高风险客户驱逐低风险客户，使得保险公司的经营面临更大的风险，低风险客户会完全退出保险市场，最终导致保险市场萎缩。

第三，非强制性保险制度。一个国家通常出于公共治理目标，会对事关国计民生的行业所存在的风险或发生质量事故后难以追究责任的风险采取强制保险制度。住宅建筑工程质量是一项复杂系统工程中的问题，其质量问题既有可能产生于勘察、规划设计、材料、施工等技术问题，也可能来自五方责任主体及其相互间的协调与管理问题，离不开国家科学政策引导和强力推行。然而，无论是“A 级住宅建筑工程质量保证保险”制还是“133 号文”，目前住宅建筑工程质量保险政策均属自愿保险，无强制效力，这是我国住宅建筑工程质量保险制十几年来始终没有冲突性进展的根本原因。

同时，住宅建筑工程质量保险是一种非常特殊的保险制度，兼具商业保险、普通民事担保和社会保险的三重属性，其风险性质与普通商业财产保险存在显著差异，这就必然要求保险人成为工程质量保险的主体和工程质量监管主体，结合工程管理内在特点进行保险制度创新，优化保险产品、控制保险风险。但是，由于国家主导性不突出和政策设计偏差，在非强制下的保险公司主体角色没有确立起来，与其配套的资信审查、责任追偿、保险费率和第三方专业技术测量鉴定等机制未确立起来，导致我国住宅建筑工程质量保险制度创新不足、保险业务推进缓慢。

(1)资信审查机制。住宅建筑工程质量保险能够有效发展的社会前提就是建立有关住宅开发商或各参建单位的住宅建筑工程质量信用评价体系，以此确定该投保单位的保险参数、保险方案、资信累计等情况，从而达到提高交易效率、降低交易成本、拓宽交易空间、维护保险业务安全，提高相关单位竞争力、淘汰低信用评级单位的作用。从国外经验来看，保险人通常都特别关注投保人资信状况，重点考察其品质、能力和资本等基本要素。在我国住宅建筑工程质量保险资信机制尚未建立起来的情况下，保险公司只能借助行政或准行政能力来判断资信状况，如中国人民保险公司仅限对通过建设部门 A 级性能认证的住宅项目进行承保，而达到 A 级性能认证的住宅项目往往是条件极其苛刻的项目，同时也可能是工程质量最有保障的项目。保险公司绑定 A 级性能认证，事实上等于设置了严格的承保条件，既影响了保险公司自身业务量的发展，又打击了开发商的积极性(好的工程更不必投保)，使住宅建筑工程质量保证保险展业推广从根本上受到掣肘。

(2)责任追偿机制。责任保险的一个基本特点是，保险人在履行了对被保险人赔付之后有权向义务人(责任人)进行责任追偿，由此将义务人违约责任后果移转至义务人自身，从根本上遏制义务人的任何主观违约企图。在责任保险制度成熟的发达国家，法律一般都明确规定保险人可以取得这种补偿权利。① 然而，在我国目前探索的住宅建筑工程质量保险协议中，仅设计了工程质量缺陷险，无工程质量责任险，这使得保险公司不但完全承担了工程质量潜在缺陷风险，也无法有效应对各责任主体出现经济学上的“败德行为”，保险公司的风险完全不可控制，大大制约了保险公司承保、开拓业务积极性(图 7-2)。

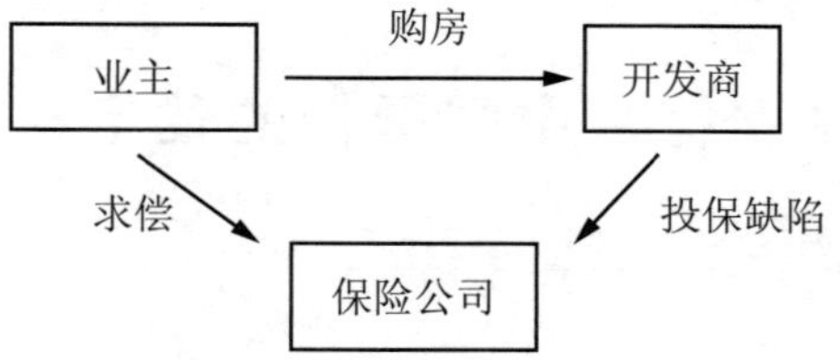

图 7-2　我国目前探索的住宅建筑工程质量工程保险制度

(3)保险费率机制。科学制订住宅建筑工程质量保险费率计算方法，是住宅建筑工程质量保险实施的最基本操作点。保险费等于保险金额与保险费率的积，费率过高会提高投保成本，增加投保人经济负担；费率过低，将使保险公司无以为继，保险公司就没有内在激励。当前试行的多家保险公司均执行统一的高费率(销售金额的 0.5%)，没有形成对保险人与投保人的正向激励。②

(4)检测鉴定机制。在西方市场经济发达国家，都有完善的工程管理咨询和第三方检测机构，其职责涵盖了从设计方案到监督地基基础、主体结构安全和主要建筑功能等工程竣工的全过程。第三方工程质量检测与鉴定机构作为高度专业、高度独立的第三方介入质量鉴定和项目监控，不但可以为保险人承保复杂的住宅建筑工程项目提供有力的业务支持和技术保障，还能在很大程度上避免保险当事人之间可能出现的意见分歧。

我国目前保险人在自身缺乏专业技术力量对工程项目建设全过程、动态监督，难以准确评估投保工程项目风险状况。近年来全国各地陆续发生的一些被

① 何绍慰．我国住宅建筑工程质量保证保险的经营误区[J]．上海保险，2009(3)．

② 宋宗宇，曾林．住宅建筑工程质量保险的立法模式与制度选择[J]．建筑经济，2010(8)．

有关行政主管部门评定为“优质样板工程”和获得各类嘉奖的住宅项目也出现严重质量问题，保险人的风险控制能力非常有限。[①] 相比之下，当前我国工程质量管理体制下的监理单位虽具有第三方检测相关技术能力，工程建设监理所进行的质量控制工作包括对项目质量目标详细规划，实施一系列主动控制措施，在控制过程中既要做到全面控制又要做到事前、事中、事后控制，并需要持续在整个项目建设的过程中，然而由于其接受建设方的委托和授权为其提供的工程技术服务，并不是真正意义上的第三方，保险人显然不能采信受雇于建设方的监理鉴定结果。[②]

7.3.3 加快建立符合中国国情的住宅建筑工程质量强制保险法律体系

构建和加快推进构建符合我国国情的住宅建筑工程质量强制保险法律体系，使保险公司成为工程质量监管的主体，是解决我国住宅建筑工程质量监管问题的有效途径，对于提升住宅建筑工程质量水平具有重要意义。具体地，我国住宅建筑工程质量强制保险制应包括工程质量缺陷保险和工程质量责任保险两种，将住宅建筑工程参建各方风险、利益、责任紧紧捆绑在一起，形成环环相扣的共生关系，促使参建各方切实承担各自风险和责任(图 7-3)。[③]

(1)工程质量缺陷险。开发商须对所售住宅购买缺陷保险，其保费由开发商负责承担，受益人为业主。当住宅出现质量缺陷时，业主向保险公司提出理赔申请。保险公司核对保险信息后，对出现的质量缺陷进行维修或者赔偿。保险公司可以根据开发商信誉记录灵活调整保费率，促进开发商加强住宅建筑工程质量管理。

(2)工程质量责任险。建设方(开发商)和所有住宅建筑工程责任主体均应购买工程责任保险，如勘察责任保险、设计责任保险、施工责任保险、监理责

---

① 何绍慰．全面推进我国住宅建筑工程质量保证保险制度的途径探讨[J]．住宅科技，2012(7).

② 胡雅丽，夏楠，陆彦．住宅建筑工程质量保险在我国的实施方案探究[J]．工程管理学报，2012.

③ 王宏新．加快推进我国住宅工程质量强制保险制度研究[J]．中国行政管理，2015(4)：103～106.

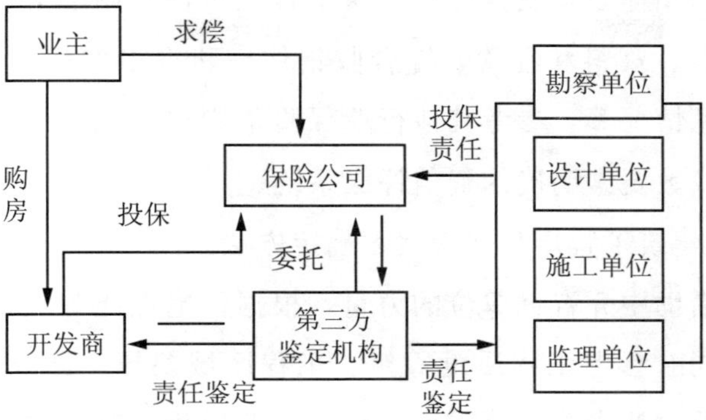

图 7-3　新型住宅建筑工程质量强制保险制度架构

任保险等。住宅在使用过程中发生缺陷的，保险公司向业主赔付后有权追究缺陷产生原因。如果经第三方鉴定机构技术鉴定缺陷是由某参建方主观故意造成的，则保险公司可以行使“代位求偿权”要求该参建方承担赔偿责任，同时这也会记录到该参建方信誉记录中，对其今后参保费率形成经济约束，从而起到监督参建方切实履行工程质量义务的积极作用；如果缺陷不是参建方主观故意行为，则可用参建方所投责任险的保费收入补充其在缺陷险，支撑保险公司可持续发展。

加快推进我国住宅建筑工程质量强制保险法律体系的政策建议主要有：

(1)修订住宅建筑工程质量保险相关法律法规。

首先，修订《建筑法》和《建设工程质量管理条例》等相关法律法规，加入住宅建筑工程质量强制保险制度内容。以法律、行政法规形式明确规定，对未参保的住宅建筑工程建设不予办理施工许可证和竣工验收等备案手续。

其次，在住宅建筑工程项目预算管理制度中增加工程保险费支出条目，银行等金融机构对住宅建筑工程提供贷款时必须满足参保住宅建筑工程质量保险的条件。

再次，房地产项目销售时，未取得住宅建筑工程质量保险的商品住宅不得销售，不予发放商品房(预售)销售许可证。

最后，为保障保险人追偿权，结合《侵权责任法》第 86 条关于建设单位与施工单位承担连带责任的规定，制定工程质量责任保险实施办法。

(2)建立住宅建筑工程质量信用评价体系。

建立由住房与城乡建设部和保监会、银监会以及保险机构、金融机构互联互通的工程质量信用体系，支撑住宅建筑工程质量保险制度运行。可结合现有住宅性能认定标准、资料和经验，综合收集住宅建设单位和各参建单位业绩、资信、信誉、奖惩情况等，参考其他行业保险信用评价概率模型，设计一套科学、客观公正、权数要素明确的资信评级系统。

(3)改革住宅建筑工程质量保险费率确定方法。

保险公司可借助中介咨询单位的力量，根据住宅性能等级评定结果，工程技术风险状况，同时参考工程质量等级、工程区域差异、建设单位信誉水平、资金规模、施工单位技术能力等因素实行费率差异化：对于住宅建筑工程质量等级低、建设单位信誉低、施工单位技能低等实行较高费率和更为严格的参保条件；相反的住宅建筑工程质量等级高、建设单位信誉高、施工单位技能高等实行低费率，甚至可优惠参保。由此，最终形成一套完整的、有激励和淘汰机制的住宅建筑工程质量保险费率确定办法，创新工程质量保险市场动态竞争机制，从根本上对相关责任单位起到激励和约束作用。

(4)培育第三方住宅建筑工程质量检测鉴定机构。

加快培育和发展第三方检测鉴定机构，首要的是培育第三方实测实量机构，其既可以作为开发商的管理咨询服务机构，也可以作为保险人工程质量第三方检测机构，针对项目工程过程中每个节点(如混凝土、砌筑、粉刷、门窗、防水、外墙等工程及安全文明施工)进行质量及安全抽查、把控。保险公司可以自由选聘第三方检测机构，代表保险公司从前期可行性研究立项、规划设计、中期施工、后期维修保养咨询都实行监管，对所有投保的工程实施质量控制，对工程设计和施工过程进行检查或者进行技术风险评估，分阶段出具风险管理报告，而该报告也是保险公司核保理赔的主要依据。

参考文献

[1]丁晓欣，宿梦远．典型国家或地区住房保障的立法及启示[J]. 建筑经济，2014(9)：67～70.

[2]黄辉明，潘艳红．论住房权及其立法保障[J]. 理论月刊，2013(1)：82～85.

[3]何绍慰．我国住宅建筑工程质量保证保险的经营误区[J]. 上海保险，2009(3).

[4]何绍慰．全面推进我国住宅建筑工程质量保证保险制度的途径探讨[J]. 住宅科技，2012(7).

[5]胡雅丽，夏楠，陆彦．住宅建筑工程质量保险在我国的实施方案探究[J]. 工程管理学报，2012.

[6]卢静，成虎，陆彦．住宅交付后各相关方的质量责任分析与对策[J]. 工程管理学报，2012(10).

[7]刘美霞．开展住宅质量保证保险，确保消费者权益[J]. 城乡建设，2003(5)：20～21.

[8]李平，何冻民．美国住房保障政策立法的历史回顾及评析[J]. 法制与社会，2013(27)：228～229.

[9]宋宗宇，曾林．住宅建筑工程质量保险的立法模式与制度选择[J]. 建筑经济，2010(8).

[10]唐一力．南非住房权的立法保障[J]. 湖南科技学院学报，2013(7)：139～141.

[11]童悦仲，娄乃琳．国外住宅质量保证保险制度介绍[J]. 城市开发，2003(2).

[12]王宏新．基于多元合作治理的城市新建住宅质量管理体制探析[J]. 中国行政管理，2014(1)：50～54.

[13]王宏新．加快推进我国住宅工程质量强制保险制度研究[J]. 中国行政管理，2015(4)：103～106.

[14]王瑾．浅谈推行工程质量保险制度的意义[J]. 科技信息，2011(21)：281.

[15]徐波．工程质量管理的一次机制创新——在工程质量保险试点城市座谈会上的讲话[J]. 工程质量，2004(8)：5～7.

[16]薛德升，苏迪德，李俊夫，李志刚．德国住房保障体系及其对我国的启示[J]. 国际城市规划，2012(4)：23～27.

[17]张家瑞．住宅建筑工程质量管理体系中政府的角色定位[J]. 城市问题，2011(6).

[18][挪]艾德等．经济、社会和文化的权利[M]. 中国社会科学出版社，2003：171～186.

[19]北京师范大学政府管理学院/政府管理研究院．2014中国民生发展报告：民生中国梦[M]. 北京师范大学出版社，2014：170.

[20][美]施瓦兹．美国住房政策[M]. 中信出版社，2008：1～6.

[21]王宏新．住宅建筑工程质量保险制度研究[M]. 中国建筑工业出版社，2015：57～60.

[22]李静．住宅工程质量责任保险法律制度的研究[D]. 中国政法大学，2010.

[23]李洙．建设工程质量保险的研究[D]. 沈阳建筑大学，2011.

[24]马亭．我国住宅质量保证保险机制研究[D]. 重庆大学，2006.

[25]张焱．我国工程质量责任保险法律制度构建研究[D]. 中国海洋大学，2012.

[26]任兴洲．中国住房保障："十二五"进展与"十三五"思路[N]. 中国经济时报，2015-04-23.

[27]优嘉优筑．2012年北京房屋交付质量报告[N]. 中国房地产报，2013-03-11.

[28]Guy Van Hecke. Inherent defects insurance[R/OL]. Presented at the IMIA conference in

September 2001. http：//www. imia. com.

[29]联合国与适足住房：关于适足住房[EB/OL]：http：//www. un. org/zh/development/housing/about1. shtml.

[30]中国消费者协会：二零一四年全国消协组织受理投诉情况分析[EB/OL]. [2015-02-02]，http：//www. cca. org. cn/zxsd/detail/24840. html.

第8章　法治环境，碧水蓝天，依法捍卫

习近平总书记说过：中国环境问题具有明显的集中性、结构性、复杂性，只能走一条新的道路：既要金山银山，又要绿水青山。宁可要绿水青山，不要金山银山。因为绿水青山就是金山银山。我们要为子孙后代留下绿水青山的美好家园。环境就是民生，青山就是美丽，蓝天就是幸福，要像保护眼睛一样保护生态环境，像对待生命一样对待生态环境。习近平生动形象也表达了我们党和政府保护生态环境、建设生态文明的鲜明态度和坚定决心。要按照尊重自然、顺应自然、保护自然的理念，贯彻节约资源和保护环境的基本国策，把生态文明建设融入经济建设、政治建设、文化建设、社会建设各方面和全过程，建设美丽中国，努力走向社会主义生态文明新时代。

>> 8.1　法治环境的背景、意义和发展阶段 <<

8.1.1　法治环境的背景

“法治环境”指的是环境治理的法治化进程，它与“法制”最大的区别在于不仅仅指环境治理方面的立法，还涵盖为实现人民基本环境权利而推动立法、执法、司法和守法的各项制度安排与治理体系。

中国在经过30多年的经济高速发展之后，社会生活的方方面面逐步步入转型阶段。这意味着中国的政治、经济、文化的发展，都必须逐步适应与以往

不同的新常态，环境治理尤为如此。洁净空气、安全饮水等都是人民的基本权利与基本福祉。正因如此，习近平总书记才有关于“绿水青山就是金山银山”的重要论断。尽管我国已经构建了较为完整的环境治理法制体系，但在以往经济优先的发展战略下，政府往往片面追求 GDP 的快速增长而忽视民众对环境生态的基本要求，法律与制度环境也未能给民众以有力武器来捍卫自己的基本权利。十八届四中全会通过了《中共中央关于全面推进依法治国若干重大问题的决定》，提出了生态环境治理法治化的进一步要求。在新的发展思路与发展模式之下，环境治理法治化必须谋求转型升级，才能在面临巨大环境危机的今天，加大污染治理的力度，从而真正提高人民生活水平和幸福指数。

环境治理势必要依靠法律的武器，将治理理念和思路法律化、条文化，从而保证环境治理的效果。从法治发展的宏观角度看，1949 年新中国成立至今，我国法治化进程不断加速：1978 年中共十一届三中全会确立“有法可依、有法必依，执法必严，违法必究”的十六字方针，是我国政治体制改革的重要一环，这 16 字方针被誉为是“依法治国”的 1.0 版。在那一时期，我国法律体系的主要任务是实现“有法可依”。邓小平在 1978 年 12 月的中央工作会议上呼吁：“应该集中力量制定刑法、民法、诉讼法和其他各种必要的法律，例如工厂法、人民公社法、森林法、草原法、环境保护法、劳动法、外国人投资法等。”① 自 1997 年党的十五大正式将“依法治国”确立为治理国家的基本方略以来，我国就形成了以宪法为统帅的中国特色社会主义法律体系。

此后，党的十六大、十七大，均涉及对中国法治建设的重要部署，“依法治国”思想逐渐得到完善，我国的环境治理建设也如火如荼展开，“有法可依”的目标基本实现。截至 2014 年，我国已经形成了由法律、法规、规章、标准、司法解释和国际条约组成的综合性环境生态法治体系。体系内包含环境和资源法律近 20 部，相关行政法规 50 余件，军队环保法规和规章 10 余件，地方法规、部门规章和政府规章 660 余项，国家标准 800 多项，司法解释多件；在国际层面，我国政府还缔结或参加了 30 多项国际环境与资源保护条约。

尽管我国政府在环境治理的法制立法进程方面取得了巨大成就，但实践经验表明，环境治理执法不严，有法不依等情况依旧存在，环境治理法治思维与

① 邓小平文选(第 2 卷)[M]. 人民出版社，1994：146.

观念尚未深入人心。同时，国内外的政治、经济、社会环境都发生了巨大的变化，旧的十六字方针已经不能满足依法治国的需要，这些都制约着我国全面建成小康社会的实现。因此，2014 年召开的十八届四中全会就依法治国问题进行讨论和重要部署，这也是四中全会首次专题讨论依法治国问题，[①] 会上明确提出了法治 2.0 版——“科学立法、严格执法、公正司法、全民守法”新十六字方针。

法治 2.0 版强调“科学立法”，特别是明确了人民在其中的主体地位，为社会各方参与立法提供更多制度化途径；强调“严格执法”则是特别针对政府在行政过程中的违法行为；“公正司法”则是透过司法体制改革，预防权力对司法审判的干预；“全民守法”则强化了人民群众的主体地位，不仅仅赋予民众权利，同时还赋予民众守法义务。[②] 在这个大的背景之下，环境治理法治化也必将进入一个新的发展阶段。

8.1.2　法治环境历程与阶段特征

新中国成立后，我国的环境治理特别是环境立法主要经历了孕育、创立、发展等几个阶段。

1949 年至 1973 年——环境立法的孕育阶段。这一阶段，虽然我国法治建设处于百废待兴时期，但仍有一部分与环境保护相关的法律被确立。1954 年的宪法中以根本法的形式确定了水流、矿藏、森林、土地等自然资源属于全民所有，并对这些自然资源应予以保护外，其余的与环境保护有关的规定只是散见于政府颁布的一些法规中，这些法规对环境问题的规定，大多也局限在对自然资源的保护方面，且多以行政法规的形式出现。特别是“大跃进”和“文化大革命”时期，在“左”的理念的支配下，大搞所谓“人定胜天”“让高山低头，让河水让路”的破坏生态环境的活动，围湖造田、开荒种粮，大量森林被砍伐，生态环境遭到严重破坏。

---

① 中国新闻网．四中全会前瞻：法治成为治国理政基本方式[EB/OL]．[2014-10-19]．http：//www. chinanews. com/gn/2014/10-19/6693120. shtml.

② 网易新闻．外媒：“科学立法”十六字方针是依法治国理念 2.0 版[EB/OL]．[2014-10-27]，http：//news. 163. com/14/1027/11/A9ID906800014SEH. html.

1973年至1998年——环境立法的创立阶段。1972年6月5～16日，联合国人类环境会议在瑞典首都斯德哥尔摩召开，这是世界各国政府共同讨论当代环境问题、探讨保护全球环境战略的第一次国际会议，也是人类环境保护史上的里程碑。我国政府派出了代表团出席，并对会议中提出的环境问题以及各国列举的环境污染造成的危害进行了讨论，并最终促成了全国第一次环境保护会议于1973年8月5日至13日在北京召开，会议制定并通过了《关于保护和改善环境的若干规定(试行草案)》，这是新中国成立以来的第一个针对环境问题制定的专门性行政法规，也是我国环境立法的正式开端。这一时期，全国人大常委会相继制定了《海洋环境保护法》(1982年)、《水污染防治法》(1984年)、《大气污染防治法》(1987年)、《森林法》(1984年)、《草原法》(1985年)、《渔业法》(1986年)、《矿产资源法》(1986年)、《土地管理法》(1986年)、《水法》(1988年)、《野生动物保护法》(1988年)、《环境保护法》(1989年)等，基本涉及各环境要素，我国环境法体系初步形成。

1998年至2014年——环境治理法治化的发展阶段。1998年中共中央将依法治国确定为我国的治国基本方针，极大地推动了我国环境治理法治化建设，环境立法也得到了进一步推进，先后出台了《海域使用管理法》(2001年)、《防沙治沙法》(2001年)、《环境影响评价法》(2002年)、《清洁生产促进法》(2002年)等，对原有环境法体系进行了完善。2003年科学发展观理论体系的建立，进一步巩固了环境法治化建设，提升了全社会的环境意识和环境法治观念。

2014年，随着“依法治国”和法治2.0版本的出现，环境治理法治化进入全新阶段。

8.1.3 法治环境意义

第一，通过法治提升环境治理水平，是对中华文明传统智慧的更好反思与继承，也是关系中华民族未来发展的重要举措。中华文明传承五千多年，积淀了丰富的生态智慧。如“天人合一”“道法自然”的哲理思想，“劝君莫打三春鸟，儿在巢中望母归”的经典诗句，“一粥一饭，当思来处不易；半丝半缕，恒念物力维艰”的治家格言，这些质朴睿智的自然观，至今仍给人以深刻警示和启迪。中国共产党把保护环境作为基本国策，大力推进生态环境保护，也取得了显著成绩。但是经过三十多年的快速发展，生态环境问题日益显现，全国江河水系、地下水污染和饮用水安全问题不容忽视，重金属、土壤污染比较严重，全国频繁出现大范围长时间的雾霾污染天气。这些环境问题给人民群众生产生活、身体健康带来严重影响和损害，直接影响到老百姓的民生。随着社会发展和人民生活水平不断提高，人民群众对干净的水、清新的空气、安全的食品、优美的环境等的要求越来越高，生态环境在群众生活幸福指数中的地位不断凸显，环境问题日益成为重要的民生问题。正像有人所说的，老百姓过去“盼温饱”现在“盼环保”，过去“求生存”现在“求生态”。习近平总书记指出：“良好生态环境是最公平的公共产品，是最普惠的民生福祉。”法治生态环境，关系最广大人民的根本利益，关系中华民族发展的长远利益，是功在当代、利在千秋的事业，意义重大。

第二，通过法治保护生态环境就是保护生产力。习近平总书记指出，“要正确处理好经济发展同生态环境保护的关系，牢固树立保护生态环境就是保护生产力、改善生态环境就是发展生产力的理念。”这一重要论述，深刻阐明了生态环境法治化与生产力之间的关系，饱含尊重自然、谋求人与自然和谐发展的价值理念和发展理念。

第三，环境治理法治化及其配套制度建设是“依法治国”的重要内容。从国际范围来看，现代意义的环境法，相比从古罗马时期就开始孕育并逐渐完善的民法等，实际出现的时间较短，仍需要进行大量的实践探索。但由于环境问题具有持续时间长、技术性强、涉及利益群体多等特点，因此在其治理问题上具有其特殊性，更需要科学的引导和规范，这就突出了环境治理法治化的重要性。

第四，环境治理法治化有利于推动构建一个多主体参与的综合治理体系。尽管环境治理的主体涉及广泛，但政府依然是其中最重要的治理主体，既扮演领导者的角色，又承担协调者的义务。政府公权力一方面可以解决环境污染问题，另一方面可以导致环境污染，后者主要是由地方政府单方面追求经济利益或个人利益所造成的。目前环境执法者——环境监察人员的执法能力较弱，环境法治化可以通过法律的途径赋予执法者执法权，让环境监察人员的执法地位不再尴尬；同时，对政府、环境执法者的权力进行约束，使执法活动在法律的框架内运行。

专栏 8-1　环境监察人员需要多大执法权

现阶段，我国的环境执法仍处于十分尴尬的境地，环境监察人员缺少足够执法权，污染企业阻碍、抗拒执法的现象屡见不鲜。

“环境监察”这一术语，无论是作为一项制度，还是作为一个机构名称，都未见诸于《环境保护法》。环境执法，急需立法确权，才能挺直腰杆。

尽管《环境行政处罚办法》明确，对连续违法限期不改的企业，可以进行多次处罚。最高处罚可以对违法者进行行政拘留。但是由于环保监察机构缺少查封、扣押企业事业单位和其他生产经营者违法排放污染物的设施、设备等必要的强制手段，难以及时制止污染行为。在实际执法过程中，环境监察机构遇到的最大阻力，往往是地方政府出于发展经济目的的执法干扰，环境执法单位无法与之抗衡。

此外，环境监察大队还面临着经费、人员的困扰。在一些经济欠发达地区，环保局在县里是边缘部门，要房没房，要钱没钱，车辆和仪器设备更谈不上。加之队伍没有统一着装，环境监察人员看起来更不像正规军。这些因素都在一定程度上干扰和影响了环保部门执法的效果。

资料来源：中国新闻网，2014-03-12.

环境治理主体不仅仅是政府和企业，普通公众也在其中发挥重要作用。公众可以作为权利主张的主体，但同样也是承担守法义务的主体。如政府多次明令禁止的露天烧烤问题，仍有餐饮经营者进行露天烧烤活动，一些消费者明知露天烧烤会造成对大气污染仍选择在此就餐。出现这种情况的原因与环境危害的隐性、迟滞性有关，人们总是有一种“事不关己高高挂起”的心态，这正是缺乏真正的环境保护意识和法治观念的表现。推动环境法治化建设，能够切实宣传环境保护观念，并且加深公众的法治观念。同时，环境法治化建设能够拓宽并明确公众监督的途径和渠道，实现有效的公众监督，在全社会内形成一种良好的社会风气，从而最终构建一个多主体参与的治理体系。

专栏8-2　北京露天烧烤举报量同比增一倍

市城管局上周公布了全市禁止露天烧烤的区域，但露天烧烤仍随着天气转暖而增多。据市城管执法局指挥中心统计，上周针对露天烧烤的举报量同比上升106.6%。

据统计，96310城管热线上周(5月4日至5月10日)共受理群众举报8845件，同比上升49.8%。其中，城管热线受理的前三类违法问题中，露天烧烤的举报量同比上升106.6%，无照经营的举报量同比上升了57.0%，夜间施工扰民的举报量同比上升了63.8%。从区县举报情况来看，城六区中石景山区、朝阳区举报量上升较为明显；郊区县中门头沟区、密云县举报量上升幅度较大。

资料来源：凤凰资讯，2015-05-13.

8.2　法治环境现状与问题

8.2.1　《环境保护法》修订历程

长期以来我国粗放的经济发展模式致使生态环境逐渐失衡，公众健康遭受严重威胁，社会经济发展受到阻碍，环境问题已成为我国最大的民生问题。尤其近年来，雾霾天气、水污染事件和严重的固体废物污染等环境问题频发。2014年4月十二届全国人大常委会第八次会议，通过了首次大范围修改的《环境保护法》，修订后的新《环境保护法》已于2015年1月1日起正式施行。

《环境保护法》在我国环境治理法治体系中居于重要地位，其修订历程在某种程度上可以反映出我国环境治理法治化的发展脉络、现状和问题。从其出台到逐渐完善，《环境保护法》共经历了三个阶段：第一阶段是在新中国成立之初：20世纪六七十年代，国家优先发展重工业的战略致使自然环境遭受破坏，[①] 工业污染问题逐渐严重。1972年我国派代表参加了在瑞典斯德哥尔摩召

① 1953—1957年，国家执行第一个五年计划，以大规模工业化建设为主要内容，为实现我国社会主义工业化奠定了基础。

开的人类环境会议，[①] 在与中外专家交流中认识到中国环境污染问题的严重性，随即国务院在 1973 年召开第一次环境保护会议，会议制定并通过了《关于保护和改善环境的若干规定(试行草案)》，这次会议成为我国环保事业的第一座里程碑，环保工作正式纳入各级政府的工作目标中，标志着我国环境保护事业正式起步。1974 年我国成立了国务院环境保护领导小组，负责统一管理全国的环境保护工作。此后国家还陆续颁布了有关环境保护的各种国家标准，对环境质量和污染物排放标准作了具体规定。试行草案不仅为之后我国《环境保护法》正式出台做了充分准备，而且在《环境保护法》出台之前一直充当我国环境保护的重要法律依据。

第二阶段是在改革开放到 20 世纪 90 年代，我国经济发展取得重要成就，高污染高能耗的粗放型经济增长方式，薄弱的环保法律基础，滞后的环保意识使我国面临较之以前更为严重的环境污染、生态破坏、资源枯竭的环境问题，这些问题已严重影响公众的日常生活。1978 年《宪法》第一次把环境保护的任务写入了总纲中，“国家保护环境和自然资源，防治污染和其他公害”，以根本大法的形式确认了环境保护是国家重要职能之一，这是新中国成立以来，第一次在宪法中对环境保护做出规定，为中国环境保护法治建设奠定了基础，推动了我国环境保护事业的顺利开展。1979 年 9 月，中华人民共和国第五届全国人民代表大会颁布《环境保护法(试行)》，自颁布当日起正式生效。这部法律成为了我国第一部关于保护环境和自然资源、防治污染和其他公害的综合性法律，立法总结了以往环境保护工作和立法经验，成功奠定了我国环境保护立法的第一座里程碑。自《环境保护法(试行)》后的 10 年，我国才拥有了真正意义上的环境保护基本法。这一法律由 1989 年第七届全国人大常委会第十一次会议通过，使我国环境保护事业真正做到有法可依。

我国《环境保护法》立法进程的第三阶段是现代发展时期，我国又一次进入社会经济转型期，公民环保意识得到了极大提升，已经实施 25 年的《环境保护法》与现代经济社会发展特征和理念明显不再相适宜，可操作性不强、环保执法陷于疲软状态。国家高层领导人先后提出可持续发展、科学发展观、建设环

---

① 这是第一次环境保护国际会议，会议通过了《人类环境宣言》。同年，联合国将 6 月 5 日定为“世界环境日”。

境友好型与资源节约型社会、建设生态文明等国家战略与宏观目标。从 1995 年至 2011 年全国人大代表共有 2474 人次提出修改《环境保护法》的议案共 78 件。《环境保护法》自进入修订期历时 3 年之久，于 2014 年 4 月 24 日，第十二届全国人大常委会第八次会议第四次审议并通过，成为我国立法史上历时最久，修改范围最大，审议次数最多的一部修订案。①

新《环境保护法》较之过去，增加了新理念、新制度和新举措，力求最大限度满足当前我国社会经济发展现状与国家环保理念。新《环境保护法》在开篇即确认了将生态文明建设、促进经济社会可持续发展作为立法目的，改变了以往以经济建设为重的环保理念，从环境污染源头治理，以国家强制力坚定环境保护的贯彻落实。新《环境保护法》中还增加了按日计罚、生态补偿、生态红线、污染防治、区域治理、环境监测、战略环评、风险预警、公民参与等诸多创新性制度。严格执法是新《环境保护法》的又一亮点，严格的责任追究、严厉的行政处罚，有效地震慑了违法经营主体，使其能够有意识地约束自己的经营行为，有效地预防环境违法行为的发生。

创新力度之最的新《环境保护法》从修订之初就受到了社会各界的关注，社会公众均寄予厚望。但是任何一部成功的法律(修订)依旧会存在着不足的地方。一是法律效力等级不够。② 新《环境保护法》依旧由全国人大常委会审议通过，效力等级并不高于《农业法》《林业法》《草原法》《水法》等专项法，其关于生态保护的规定在专项法面前将会有被架空的可能，形同虚设。二是关于生态保护的有关规定，譬如划定生态红线、开展生态补偿，过于原则化，缺乏可实际操作的具体措施。三是强制措施执行难度大。号称史上最严的《环境保护法》中规定了大量处罚条例，譬如按日计罚，扣押强拆，引咎辞职等内容将会遇到大量的阻碍，在缺乏中央、地方政府的支持下强制措施很可能会成为一纸空文。③ 四是公众参与难保障。新《环境保护法》中增设了公益诉讼主体内容，增加了公民参与的规定，但是我国社会组织主体力量不够庞大，符合公益诉讼主体要求

---

① 刘洪岩．从文本到问题：有关《新环境保护法》的分析和评述[J]．辽宁大学学报(哲学社会科学版)，2014(6)：17.

② 刘洪岩．从文本到问题：有关《新环境保护法》的分析和评述[J]．辽宁大学学报(哲学社会科学版)，2014(6).

③ 常纪文．新《环境保护法》，史上最严但实施最难[J]．环境保护，2014(10)：23～28.

的社会组织少之又少，很大程度上阻碍了公益诉讼进程。五是信息公开规定模糊；新《环境保护法》对环境污染信息公开内容规定的相对完善，但是对在什么时间公开、采取什么形式公开、公开什么内容却并没有明确规定。[①] 六是执行过程难，目前我国的执法力量分配呈倒金字塔结构，基层执法力量薄弱，这种情况下环境法实施效果会大打折扣。

如表 8-1 所示，《环境保护法》从最初的试行草案到《环境保护法》最新修订案的出台历时将近 40 多年，尽管存在诸多不足，但《环境保护法》的修订仍然反映出我国环境治理法治化已经步入正轨。

表 8-1　　《环境保护法》修订历程

修订历程	年份
中国第一次环境保护会议制定《关于保护和改善环境的若干规定（试行草案）》	1973
成立国务院环境保护领导小组，陆续颁发了有关环境保护的各种国家标准，对环境质量和污染物排放标准作了具体规定	1974
《宪法》规定："国家保护环境和自然资源，防治污染和其他公害"，确认环境保护是国家职能之一	1978
第五届全国人民代表大会颁布《环境保护法（试行）》（失效）	1979
第七届全国人大常委会第十一次会议通过第一部《环境保护法》	1989
全国人大代表共有 2474 人次提出修改《环境保护法》的议案 78 件	1995—2011
《环境保护法》的修改被列入全国人大常委会立法规划	2011
全国人大常委会对修正案草案进行第一次审议	2012
全国人大常委会对修正案草案进行第二次审议	2013
全国人大常委会对修订案草案进行第三次审议	2013
全国人大常委会对修订案进行第四次审议。通过《环境保护法（修订）》新《环境保护法》整部法律较之旧法只有两条一个字未改，修改其余 45 个条款，新增 23 条法律规定	2014
新《环境保护法》正式生效	2015

① 中国环境网．环保法修订，字斟句酌含义深[EB/OL]．[2014-04-23]，http：//www.cenews.com.cn/sylm/hjyw/2014/t20140423_773165.htm.

专栏 8-3　新《环境保护法》实施后全国首例畜牧养殖水污染环境公益诉讼案开庭

6月5日是世界环境日，新《环境保护法》实施后全国首例畜牧养殖水污染环境民事公益诉讼案件在福建省长汀县开庭审理。经法庭调解，原、被告双方当庭达成调解协议。

当日，长汀县人民法院公开开庭审理原告福建省绿家园环境友好中心与被告兰文福水污染责任纠纷一案。该案由中国政法大学环境资源法研究和服务中心、长汀县环保局支持起诉。

1998年被告兰文福未办环评手续，在长汀县古城镇杨梅溪村汀泗公路旁28公里处建养猪场一座，养猪废水排入濯田河。根据《检测报告》，被告养猪废水CODcr超标1.32倍，氨氮超标3.35倍，总磷超标5.29倍。

原告福建省绿家园环境友好中心是长期从事环境保护公益活动的非营利性民间环保组织。原告认为，被告占用林地建养猪场，将超标养猪废水排入濯田河，污染了河流水质；同时，养猪场地处汀江源国家级自然保护区范围，影响了该区域生态环境功能的整体性。被告的行为破坏了生态环境，损害了社会公共利益。

为此，今年4月21日，原告向龙岩市中级人民法院提起环境公益诉讼，5月4日，该案经报福建省高级人民法院批准，由长汀法院审理。

经法庭主持调解，原、被告双方当庭达成了调解协议：被告兰文福10日内停止养猪场的养殖及向濯田河排放养猪废水，自行拆除养猪场，对沼气池、氧化塘和猪圈粪便进行无害化清理，并于明年5月前在该养猪场占用土地上种植适宜植物，恢复土地的植被。

资料来源：中国新闻网，2015-06-05.

8.2.2　大气污染治理法治化

我国城市大气污染已成为一种普遍现象，2014年大部分城市遭遇的严重雾霾天气，使大气污染治理受到广泛关注，国家颁布多项政策重拳治理大气污染。根据中国环境监测总站2015年4月发布的《2015年3月及第一季度京津冀、长三角、珠三角区域及直辖市、省会城市和计划单列市空气质量报告》显示，我国大气污染治理初见成效。按照《环境空气质量标准》(GB3095—2012)评价，京津冀、长三角、珠三角区域及直辖市、省会城市和计划单列市共 74 个城市，2015 年 3 月的达标天数比例在 12.9%～100%之间，平均达标天数比例为 71.1%，轻度污染天数比例为 21.1%，中度污染为 5.5%，重度污染为 1.8%，严重污染为 0.5%。超标天数中以 PM2.5 为首要污染物的天数最多，其次是 PM10。①

根据《报告》，与上年同期相比，74 个城市平均达标天数比例由 62.3%上升为 71.1%，升高 8.8 个百分点；京津冀、长三角和珠三角区域空气质量均有所改善。与上月相比，74 个城市平均达标天数比例升高 11.2 个百分点；京津冀区域空气质量有所下降，长三角和珠三角区域空气质量有所改善。

表 8-2　　2014 年中国空气质量达到及好于二级的天数

	<250 天	250～300 天	300～350 天	>350 天
空气质量达到及好于二级的天数	北京 167 天津 145 石家庄 49 太原 162 呼和浩特 213 沈阳 215 长春 230 哈尔滨 239 上海 246 南京 198 杭州 212 嘉兴 214 湖州 192 绍兴 240 金华 195 衢州 248 合肥 180 南昌 230	宁波 277 温州 252 台州 266 丽水 297 青岛广州 259 江门 261 东莞 263 中山 267 南宁 275 贵阳 278	舟山 319 福州 343 厦门 336 深圳 325 珠海 319 惠州 310 海口 342 昆明 329 拉萨 341	无

① 中国环境监测总站：2015 年 3 月及第一季度京津冀、长三角、珠三角区域及直辖市、省会城市和计划单列市空气质量报告[EB/OL].[2015-04-09]，http：//www.cnemc.cn/publish/totalWebSite/news/news_44877.html.

续表

	<250天	250～300天	300～350天	>350天
	济南 79 郑州 134 武汉 161 长沙 196 佛山 247 肇庆 249 重庆 207 成都 139 西安 157 兰州 193 西宁 216 银川 249 乌鲁木齐 184			

数据来源：根据2014年国家统计局出版的《中国统计年鉴》整理而成.

如表8-3所示，1995年我国出台了《大气污染防治法细则》，这是中国第一部专门的大气污染防治法。在此之前，国家还颁布了《工业“三废”排放试行标准(GBJ4-73)》《大气环境质量标准(GB3095-82)》《锅炉烟尘排放标准(GB3841-83)》等非专项法，我国在防治大气环境污染方面，已经基本形成一套完整的法规和政策。

1995年8月29日全国人大常委会提出关于修改《大气污染防治法》的决定，《大气污染防治法》修订案经第九届全国人大常委会第十五次会议修订通过，已于2000年9月1日起实施，这部修订案预示着我国的大气污染防治思想开始发生巨大转变，在法案中可持续发展思想贯彻全法，经济与环境问题开始上升到同等重要的国家战略层面。

但是，我国《大气污染防治法》自2000年修订颁布实施以来已经历经14年，早已出现与现今经济发展、环境保护理念、环境保护标准不相适应的地方。2015年1月1起正式施行的新《环境保护法》为大气污染治理提供了一项纲领性的指导，从一般性处罚到按日计罚、查封扣押、行政拘留，从法律层面规定了对各种环境违法行为的严厉惩处，对违法排污企业的处罚力度前所未有。在此基础上，新起草的《大气污染防治法(修订草案)》以新《环境保护法》为基础，不断细化大气治理内容、标准。2014年12月22日首次提交人大常委会审议的大气污染防治法修订草案将联防联控、源头治理、强调科技治霾的经验法制化，草案特别增加了全民参与对重点区域和燃煤、工业、机动车、扬尘等重点领域开展多污染物协同治理和区域联防联控的专门规定，力图加强和完善新《大气污染防治法》。

表 8-3　　大气污染防治法律法规

法律	年份
《大气污染防治法(修订草案)》	2014
《大气污染防治法》(2000 年修订)	2000
全国人大常委会关于修改《大气污染防治法》的决定	1995
《大气污染防治法》	1995
行政法规	年份
《国务院关于印发大气污染防治行动计划的通知》	2013
《国务院办公厅转发环境保护部等部门关于推进大气污染联防联控工作改善区域空气质量知道意见的通知》	2010
《国务院关于大气污染防治工作进展情况的报告》	2009
《大气污染防治法实施细则》(失效)	1987

专栏 8-4　黑龙江开出环保史上最大罚单华能供热被罚 200 万

2015 年 5 月 18 日，记者从哈尔滨市环保局获悉，按新《环境保护法》要求，哈尔滨启动按日计罚程序，对哈尔滨市华能集中供热有限公司环境违法行为实施按日处罚，罚款金额达 200 万元。这是新《环境保护法》实施后黑龙江省开出的第一大按日连续处罚罚单。

据了解，2015 年第 1 季度，哈尔滨市环保局对哈尔滨市华能集中供热有限公司大气污染物排放情况进行全面检查和监督性检测。经查，企业一期工程 8 号炉主要染污烟尘排放浓度 123.5mg/m^3、二氧化硫排放浓度 391.7mg/m^3，均存在违法超标排放行为(烟尘排放标准 30mg/m^3，二氧化硫排放标准 200mg/m^3)此后，哈尔滨市环保局责成市环境监察支队向企业下达《责令改正违法行为决定书》，并根据《大气污染防治法》第 48 条，处以 10 万元罚款。

经 2015 年 4 月 1 日复查复测，企业仍然超标排放大气污染物，拒不改正违法行为，连续超标排放 19 日。哈尔滨市环保局依据《环境保护法》第 59 条，予以企业 190 万元按日连续处罚，加上原有处罚 10 万元，共计 200 万元，目前，已向企业送达《按日连续处罚决定书》。

据哈尔滨市环保局污染防治处处长李滨堂介绍，本次处罚为哈尔滨环保史上最重的处罚。

资料来源：东北网，2015-05-19.

同时，为了强化大气污染防治，我国政府还逐步出台了一系列行业标准(见表 8-4)。1996 年颁布的《环境空气质量标准》以保护和改善生活环境、生态环境，保障人体健康为原则，规定了环境空气功能区分类、标准分级、污染物项目、平均时间及浓度限值、监测方法、数据统计的有效性规定及实施与监督等内容。如表 8-4 所示，该标准从 1996 年首次施行开始，经历了三次修改以适应国家经济发展状况和环境保护要求。2015 年 5 月 18 日，环境保护部会同国家质检总局发布了《石油炼制工业污染物排放标准》(GB31570—2015)等 6 项国家大气污染物综合排放标准。至此，2014 年出台的“大气十条”要求制定的大气污染物特别排放限值的 25 项重点行业排放标准已全部完成。① 这些排放标准与《环境空气质量标准》一道，共同为治理大气污染提供了国家标准与法律保障。

但是我国的《大气污染防治法》与《环境空气质量标准》依旧存在许多问题：一是空气质量标准经过 16 年才更新，而在这 16 年间，影响我国空气质量的主要污染物以及空气质量对公众的健康影响均发生了较大改变，标准的更新在管理对公众健康有重要影响的 PM2.5 污染上显得有些滞后；二是新起草的《大气污染防治法(修改草案)》中删除了原有法律关于严重污染空气事故的处罚条例，而对于污染事故守法成本高于处罚成本的解决方法至今没有结果，如何能更有效解决环境问题，使受到损失的公众得到补偿是《大气污染防治法》的另一问题；三是《大气污染防治法》中社会共治的理念尚未充分体现，此次大气污染防治立法在如何体现全社会共同责任上需要作进一步的细化，明确政府、社会、

① 国家能源网：6 项国家大气污染物综合排放标准发布[EB/OL].[2015-05-19]，http://www.ocpe.com.cn/show-9655-lists-55.html.

公众的责任、权利和义务，主动发挥公众和社会组织积极作用，鼓励其参与大气污染防治工作；四是现行《大气污染防治法》缺少对重污染天气的应急机制，未能明确怎样及时缓解大气重污染程度、缩短重污染持续时间，快速实现对公众健康的保护等问题。大气治理立法程序的推动，就目前看来已取得不少成果，《环境保护法》与即将出台的《大气污染防治法》实现更好对接，两法合一，将会为我们共同应对大气污染提供坚实的法律后盾。

专栏 8-5　60 多位外媒记者发问北京大气污染治理

北京时间 5 月 22 日，北京污染源信息公开做得怎样？为什么美国大使馆检测显示“污染”而北京官方监测是“良”？清洁空气计划有哪些具体措施？等等，在诸多外媒记者心中，有许多关于首都空气质量的问号。21 日，一场给外媒专设的“开放日”上，记者们可直接发问政府、企业、科技工作者。

当日，路透社记者 Jane Lee 提出有关“污染信息公开”的问题。北京市环保局副局长、新闻发言人方力回答说，推动企业排污信息公开立法步伐，是其一，依托现有规章制度，强调社会责任并推动主动公开，是其二。“民间环保组织公众与环境研究中心曾对信息公开排名，北京位列第二，全力推动公开，是北京的态度。”

北京市环保局通报，今年前 4 个月，北京市 PM2.5 浓度同比下降 19%，“重污染”天数同比减少 42%，年内将淘汰 300 家污染企业。

澳大利亚广播公司的麦迪文对官方提供的“数据”“原理”有些困惑，他希望有通俗的解释，为何今年前 4 个月，感觉北京的空气质量比去年、前年好一些？

方力说，第一，京津冀协同发展上升为国家战略，大气环境治理是重要内容，前两年的一些减排工程，效果初显；第二，得益于“邻居”河北与天津的治理；第三，气象条件有利于污染物的扩散。

加快压减燃煤与发展清洁能源，是北京市优化能源结构、改善空气质量的着力重点。北京市发改委能源处副局长张望才说，到 2017 年，北京市的煤炭总量将控制在 1000 万吨以内，优质能源消费比重将超过 90%。

资料来源：新华网，2015-05-22.

表 8-4　　环境空气质量标准的形成历程

年份	标准及相关规范	内容描述
1973	第一次全国环保工作会议	通过了我国第一个环境标准《工业“三废”排放试行标准》
1979	《环境保护法(试行)》	规定了环境标准的制(修)订、审批和实施权限；1989 年《环境保护法》正是颁布实施(2014 年 4 月 24 日修订)
1982	《大气环境质量标准》(GB3095—1982)	首次制定《大气环境质量标准》污染物共 6 项，包括 1 项参考项目
1988	《保护农作物的大气污染物最高允许浓度》	根据作物敏感类型给出了二氧化硫和氟化物的浓度限值
1996	《环境空气质量标准》(GB3095—1996)	第一次修订质量标准，增加 4 项污染物项目
2000	《环境空气质量标准》修改	对 GB3095—1996 进行部分修改，取消氮氟化物项目，放宽二氧化氮和臭氧二级标准限值
2012	《环境空气质量标准》(GB3095—2012)	该标准在不同地区分阶段实施，2016 年在全国实施
2015	《石油化学工业污染物排放标准》(GB31571—2015)	规定了石油化学工业企业及其生产设施的水污染物和大气污染物排放限值、监测和监督管理要求

8.2.3　水污染治理法治化

2015 年 3 月 22 日，世界水日的宣传主题是“水与可持续发展”，为响应这一主题，我国政府确定“中国水周”活动的宣传主题为“节约水资源，保障水安全”，这也从侧面反映了我国对水污染现状的担忧和对用水安全问题的重视。

据住建部发布的数据显示，2012 年全国城市污水处理率为 87%，县城的接近 80%，建制镇的不到 30%，村庄的只有 8%。而设区市、县、建制镇、村庄的直排污水比例却分别约为 11%、20%、70%、92%。① 环保专家预估，我国每年水污染对工业、农业、市政工业和人体健康等方面造成的经济损失高达 2400 亿元。据环保部发布的《2014 年中国环境状况公报》显示，我国水环境质量不容乐观。在淡水质量方面，超过三成的地表水体质量不达标，饮用水基本

① 人民网．专家：中国每年水污染造成经济损失 2400 亿元[EB/OL].[2015-03-04]. http://env.people.com.cn/n/2015/0304/c1010-26633781.html.

达标，而超过半数的地下水监测点位为较差、极差级别。公报还对329个地级及以上城市开展了集中式饮用水水源地水质监测，取水总量为332.55亿吨，达标水量为319.89亿吨，占96.2%。此外，海洋状况亦不乐观：春季、夏季和秋季，全海域劣于第四类海水水质标准的海域面积分别为52280平方千米、41140平方千米和57360平方千米，主要分布在辽东湾、渤海湾、莱州湾、长江口、杭州湾、浙江沿岸、珠江口等近岸海域。全国近岸海域301个国控监测点中，一、二、三、四及劣四类海水分别占28.6%、38.2%、7.0%、7.6%、18.6%。因此，采取有效措施，实现水污染治理法治化，已成为当前有效解决我国水污染问题的重要举措。

我国水污染防治立法始于20世纪50年代中期。在这一阶段，我国仅颁布了《工业企业设计暂行卫生标准》(1956年)和《生活饮用水卫生规程》(1959年)等技术规范，对工业和生活污染只采用非强制性的约束。① 直到1979年，环保领域的第一部法律《环境保护法(试行)》颁布施行，首次以法律的形式对水污染防治作了原则性规定。而我国第一部防治水污染的综合性专门法律是全国人大常委会1984年制定的《水污染防治法》，该法就水污染防治的原则、监督管理体制和制度、地表水和地下水污染的防治、法律责任等作了较为全面的规定。1988年，我国制定了《水法》，在对水资源开发利用进行规范的同时，也对水污染的防治做出了相关规定。此后，1989年7月，国家环境保护局发布了《水污染防治法实施细则》，并于2000年进行了修改，强调了对水污染防治的监督管理，增加了总量控制制度、生活饮用水地表水源保护等内容。1995年，国务院又制定了《淮河流域水污染防治条例》，这是我国第一部专门针对某一流域制定的流域性行政法规，具有重要的积极意义。1996年，《水污染防治法》进行了修订，增加了一些重要内容，如增加了重点污染物排放的总量控制制度、城市污水集中处理、地表水源保护区、严重污染工艺和设备的淘汰制度等。2008年2月28日，第十届全国人大常委会第三十二次会议对《水污染防治法》又进行了修订，由原来的6章62条增加到8章92条，修订后的《水污染防治法》对遏制水污染严重趋势和落实国家提出的“让江河湖泊休养生息”的战略思想，提供了强有力的法律保障。2015年4月16日，国务院印发了《水污染防治行动计划》

① 徐敏，王东，赵越．我国水污染防治发展历程回顾[J]．环境保护，2012(1)．

（即“水十条”），首次对2020年和2050年这两个重大历史节点进行水污染防治规划编制，水污染防治被正式提升到了国家生态环境安全、生态文明和实现“中国梦”的高度。

专栏8-6　“水十条”出台，向水污染宣战

继发布实施“大气十条”后，国务院近期印发《水污染防治行动计划》（即“水十条”）。因任务硬、措施狠、目标实、规格高，该计划被普遍解读为前所未有的治水行动计划，是当前和今后一段时间内推进水环境治理的“时间表”和“路线图”。

计划提出，到2020年，实现全国水环境质量得到阶段性改善，污染严重水体大幅度减少；到2030年，力争全国水环境质量总体改善，水生态系统功能初步恢复；到2050年，生态环境全面改善，生态系统实现良性循环。“水十条”首次对2020年和2050年这两个重大历史节点进行水污染防治规划编制。水污染防治被提升到了国家水生态环境安全、生态文明和实现“中国梦”的高度，这次对水污染的宣战也因此更显决绝和果断。

落实是行动计划的生命。严格环境执法、严苛问责追责，才能让纸面上的硬措施、硬任务落地生根，成为群众看得见、摸得着、感受得到的实效。“水十条”落实了每项行动的责任主体，首次点名公布部门职责清单；治水之责与权力进行捆绑，治水不力，轻则影响资金分配，重则会被约谈，甚至追责；定期公开水质和排污企业“红黑榜”，公众的监督和参与也将让问责和追责更加硬气。

资料来源：光明日报，2015-04-27.

近年来，我国水污染防治法律法规为我国水资源的治理开发与保护发挥了重要作用，水污染防治工作逐步向科学化、法治化方向发展。但由于历史积累的原因，我国的水污染情况仍不容乐观，现行水污染法律法规也呈现出诸多缺陷。一是部门规章之间、地方立法之间相互冲突。在制订方案时，各个部门都优先考虑自身利益，忽略全局利益。在任务分配上，各个部门存在重合之处，而且也存在管理上的空白。二是缺乏法律责任追究机制。与国外污染防治法相比，我国水污染防治法对违法者的制裁相对偏轻。我国现行水污染防治法偏重于行政制裁措施，而民事制裁、刑事制裁明显不足；尤其是刑事制裁，适用范

围较窄，制裁严厉程度也较低。三是过分强调企业责任，忽视政府责任。① 以污染防治为主的立法原则使我国过分强调企业的责任，如要求达标排放、限期治理和交纳排污费等。忽视政府责任，势必造成政府对水资源保护不够重视，投资不足，人为重大生态破坏事件也更易发生。四是公众参与形式单一。2008年《水污染防治法》虽然规定了公众参与环境影响评价制度，但总的来说，公众参与原则仍停留在法律的原则性规定之中，尚未具体化、制度化，特别是公众参与权的行使程序和救济程序不明确，公众的参与权无法得以完全实现。总之，我国水污染防治工作仍任重而道远。

8.2.4 固体废物污染治理

固体废物污染按来源主要分为生活垃圾、一般工业固体废物和危险废物三种，其中，生活垃圾与人们的生活息息相关。据《中国环境状况公报》数据显示，2013 年，全国设市城市生活垃圾清运量为 1.73 亿吨，无害化处理能力为 49.3 万吨/日，无害化处理量为 1.54 亿吨，无害化处理率为 89.0%。可见，从我国目前的垃圾处理情况来看，我国对垃圾的循环利用还远远不够。如何将垃圾这种放错位置的资源有效地循环再利用，已成为迫切改善我国严峻的环境现状的重要内容。而根据环保部首发的《2014 年全国大、中城市固体废物污染环境防治年报》显示，2013 年，全国 261 个大、中城市中，一般工业固体废物产生量为 238306.23 万吨，工业危险废物产生量为 2937.05 万吨，医疗废物产生量为 54.75 万吨，生活垃圾产生量为 16148.81 万吨。其中，一般工业固体废物综合利用量占利用处置总量的 61.79%，且主要集中在华北地区；工业危险废物综合利用量占利用处置总量的 53.84%，且主要集中在东部地区；而城市生活垃圾处置率达 97.41%，且垃圾产生量最大的城市为上海，其次为北京、重庆和成都。妥善处理固体废物，防止环境污染，是改善大气、水和土壤环境质量、防范环境风险的客观要求，也是深化环境管理的重要保障。如果处理不当，固体废物污染将会对我国的土壤、水体和大气造成严重污染，更有甚者将会危及人体健康，因此，我们需要高度关注和重视固体废物污染。

① 蔡守秋．水污染防治法的现状与发展[J]．世界环境，2015(3)．

在早期，对城市固体废弃物的管理，一般是作为公共卫生、环境卫生或工业安全卫生的问题，并没有作为环境污染对待。直到 20 世纪五六十年代，由于固体废物污染环境的问题变得日益严重，才促使许多国家制定了包括防治固体废物污染环境和促进废物资源化的专门法律法规。1995 年 10 月 30 日，第八届全国人民代表大会常务委员会第十六次会议通过了《固体废物污染环境防治法》，该法是我国防治固体废物污染环境的第一部专项法律。除重申了当时环境法律法规已有的环境影响评价制度、“三同时”制度、限期治理和现场检查制度、排污收费制度外，还针对固体废物污染环境的特点，规定了一些新的管理制度。为了有效适应社会发展的需要，2004 年 9 月我国修订了该法，首次把“生态安全”写入立法，确定其总体原则是采取综合措施，推进固体废物的充分合理利用和无害化处置，促进经济和社会的可持续发展。

自《固体废物污染环境防治法》出台以来，我国固体废物污染防治环境立法工作取得了重大进展，先后出台了多项针对不同类型固体废物的法规和部门规章。在工业固体废物污染方面，先后出台了《排放污染物申报登记管理规定》《排污费征收使用管理条例》及《排污费征收标准管理办法》，确定了对工业固体废物实施申报登记制度和排污收费制度，2009 年 1 月，出台《循环经济促进法》，重点是对产生的工业固体废物进行处置；在城市生活垃圾污染方面，出台了《清洁生产促进法》《城市市容和环境卫生管理条例》《城市生活垃圾管理办法》等法律法规，它们积极发挥着科学指导和规范管理城市生活垃圾的作用，各地区大多也根据实际情况制定了相应的管理办法和实施条例；在危险废物污染方面，出台《危险废物转移联单管理办法》《危险化学品安全管理条例》等，使在危险废物污染方面真正做到有法可依。总之，经过多年努力，我国固体废物污染防治环境立法已经从无到有，初步形成了由法律法规、部门规章、政策文件、标准规范、地方性法规构成的固体废物污染防治法律体系。

我国《固体废物污染环境防治法》自颁布以来，一定程度上控制了企业向环境排放的固体废物总量，改善了局部地区的环境质量状况，开创了环境保护建设的新局面。但不能回避的是，我国目前的固体废物污染问题并没有从根本上得到改变。究其原因，还是因为我国的立法体系和执行实施存在着一些不足和问题。就立法而言，我国的法律规范缺乏统一的协调性，不同法律规定之间存在冲突；相关的法律法规缺乏可操作性；固体废物立法缺乏强制性法律措施；

对固体废物循环利用重视不够等。就执行而言，在环境行政管理体制方面存在许多不足，存在行政干预和地方保护主义；管理手段比较单一、落后；公众参与存在严重不足等。因此，不断完善我国的固体废物污染法规，促进相关法规的贯彻实施，是改善我国环境问题的重要举措。

专栏8-7　中国推进"圈区管理"，减少"洋垃圾"污染

进口固体废物因其废旧属性经常被认为都是"洋垃圾"，事实上，在发展循环经济的当代，有些可用作原料的进口废物经过加工可以变成"洋资源"。

进口固体废弃物对于节约资源有重要意义，是不是"洋垃圾"应该以其是否对环境构成污染和危害为标尺，国家禁止进口但走私进来的废物一般都对环境有较大影响，是"洋垃圾"；已经入境的由于加工工艺等问题对环境造成影响的，也是"洋垃圾"。

为规范防止进口固体废物污染环境，中国《固体废物进口管理办法》规定，"进口的固体废物必须全部由固体废物进口相关许可证载明的企业作为原料利用"，"禁止转让固体废物进口相关许可证"。

为了整合小作坊，中国不断推进进口固体废物的"圈区管理"，在天津、浙江、广东等地均建有循环产业园区，对固体废物进行集中加工处理，最大限度地避免废物加工对环境产生不良影响。

多地环保、海关、质监等一线监管部门建议，避免"洋垃圾"对循环经济产业的乱象，除了进一步加强信息共享，系统互联，执法互助，严厉打击走私以及正规进口固废"入境"后随手倒卖的不法行为之外，政府也应该对加工企业进入园区予以更多的支持和补贴。

资料来源：新华网，2015-04-30.

8.2.5　土壤污染治理

土壤是人类社会赖以生存和发展的重要环境。随着工业化的快速推进和城市化进程的不断深入，我国土壤环境污染现象不断加剧。据环保部和国土资源部2014年4月联合发布的《全国土壤污染状况调查公报》显示，全国土壤环境状况总体不容乐观，部分地区土壤污染较重，耕地土壤环境质量堪忧，工矿业废弃地土壤环境问题突出。全国土壤总的超标率为 16.1%，其中轻微、轻度、中度和重度污染点位比例分别为 11.2%、2.3%、1.5%和 1.1%。污染类型以无机型为主，有机型次之，复合型污染比重较小，无机污染物超标点位数占全部超标点位的 82.8%。从污染分布情况看，南方土壤污染重于北方；长江三角洲、珠江三角洲、东北老工业基地等部分区域土壤污染问题较为突出，西南、中南地区土壤重金属超标范围较大；镉、汞、砷、铅 4 种无机污染物含量分布呈现从西北到东南、从东北到西南方向逐渐升高的态势。

此外，全国耕地退化面积比例超过 40%，七至十等的劣质耕地比例达到 27.9%，耕地土壤点位污染超标率达到 19.4%，耕地质量整体表现为“四成退化、三成劣质、二成污染”的“四三二”状态。全国土壤污染总体呈现出“老债新账、无机有机、场地耕地、土壤水体”等并存复合污染的严峻局面。[①]

我国的土壤污染防治立法艰难曲折，1979 年《环境保护法试行》中第一次明确提到土壤保护。1982 年的《宪法》也谈到了土地的保护。1987—2004 年，国家颁布了一系列涉及土壤污染防治的法律、法规和规章，1984 年颁布《水污染防治法》，1987 年颁布《大气污染防治法》，1995 年颁布《固体废物污染环境防治法》，2003 年颁布《放射性污染防治法》等。为进一步控制土壤污染源提供了依据，2005 年以后，国家高度重视土壤污染防治立法，《土壤污染防治法》抓紧制定，2015 年继“大气十条”“水十条”相继公布之后，被称为“土十条”的《土壤环境保护和污染治理行动计划》也即将出台。

专栏 8-8　治污，寸“土”不让

土壤污染，这是一个最坏的时代；土壤修复，却是一个最好的时代。继大气污染、水污染防治后，第三大战役土壤污染正成为我国下一步重拳治理的重点。

---

① 人民网．专家：中国每年水污染造成经济损失 2400 亿元[EB/OL].[2015-03-04]，http://env.people.com.cn/n/2015/0304/c1010-26633781.html.

我国土壤污染正呈日趋加剧的态势。2014 年发布的《全国土壤污染状况调查公报》显示，我国受镉、汞、砷、铅等重金属污染的土地面积近 2000 万公顷，相当于 12 个北京市的大小。有消息称，《土壤环境保护和污染治理行动计划》（“土十条”）近日已被提交至国务院审核，预计今年年内或明年初出台。

正当国家酝酿“土十条”之时，地方土壤污染防治已经有了动作。最新消息显示，全国首例土壤污染防治地方立法日前已进入审议阶段，为国家立法探路。

5 月 25 日，《湖北省土壤污染防治条例(草案)》进入审议阶段。草案吸收了新《环境保护法》按日连续处罚、污染土壤环境违法行为涉嫌犯罪的案件移送等制度，对造成土壤污染的单位、个人及其他相关主体明确了相应的行为罚、财产罚等法律措施。专家表示，湖北是国家重要的粮油、棉及水产品生产基地，率先在全国开展土壤立法，将为国家土壤污染防治法起到了探路者的作用。

资料来源：中国环保在线网，2015-05-27.

针对土壤污染防治问题，虽然目前我国有众多法律文件进行了种种规定，但仍存在诸多不足。第一，立法缺乏系统性。现行的《环境保护法》《土地管理法》以及国务院有关行政法规、地方性法规等对土壤污染防治都有所涉及，但这些法律法规分散不系统，缺乏针对性并且具有明显的滞后性，远不能满足现代土壤污染防治的要求。① 第二，缺乏专门性的单行立法。我国主要提及土壤污染防治法的法律包括《大气污染防治法》《水污染环境防治法》和《固体废物污染环境防治法》，但它们都只是有关土壤污染防治的零散规定，而没有针对我国土壤污染防治方面的专门性单行法律。第三，法律规范可操作性差。目前的土壤污染防治相关规定侧重于原则性指引，许多条款都只是宣传性、概括性规定，而对于具体的法律操作都没有作出明确规定。第四，管理体制不健全。目前，我国主管土壤污染防治相关部门的分工与职责不清，各部门只能负责其中的一部分。即使土壤污染问题有相关部门负责，也会出现多个管理主体之间相互推卸责任或者多家争相管理的现象，无法有效应对复杂的土壤污染防治系统性工作。

---

① 魏样，韩霁昌等．我国土壤污染现状与防治对策[J]．理论研究，2015(2).

>> 8.3　中国法治环境实现路径 <<

8.3.1　强化科学立法

“立善法于天下，则天下治；立善法于一国，则一国治。”科学立法是全面推进依法治国的重要前提和基础，也是从源头保障环境治理法治化的先决条件。新颁布的《环境保护法》开篇就提出以保护生态环境为最终目标，全力促进社会经济的可持续发展。立法理念从最初的发展经济转向生态保护，立法理念得到了升华。

在立法理念升华的基础上，应更加科学配置立法权限。法律充分赋予行政机关、司法机关法律权限。此次《环境保护法》是由全国人大常委会审议通过，效力看似低于由全国人大颁布的各种专项法律，但是在草案最终审议通过报告中强调新《环境保护法》是环境保护领域基础性、综合性法律，保证了新《环境保护法》的法律权威性。

法律起草不应局限于政府内部，还要听取政府体制之外社会方方面面的意见，以现实的需求和公众的方向为基础，推动法律草案的顺利编制。立法必须明确衡量各方得失，平衡各方利益关系，最终保障公众利益的立项机制，确保法律内容最终符合期待，能够真正落实执行。2012年《环境保护法》修改决议进入政策日程之后，在修订阶段吸纳了各省市政府官员，高校环保专家，各研究中心人员与社会公众的广泛意见。共向社会公开召集修订意向，一审稿公开之后的一个月收到上万条，二审稿向社会共征集2000多条意见。2015年1月1日起执行的新《环境保护法》除两条一字未改，其余45条全部做了修改，此外还增加了25条新法律规定。立法科学性得到了保证，并且新《环境保护法》在修订内容中也着重增加了公民参与和信息公开的内容，以确保在任何地点，在任何时间公众参与的权力，各方参与的权力能够得到法律保护。

8.3.2　夯实环境执法

立法不易，执法更难，要切实做到执法必严、违法必究，唯有如此，才能提升环境治理法治化水平。新《环境保护法》的修订与即将出台的《大气污染防治法》《水污染防治法》等填补了我国环境立法的缺失，弥补了环境执法依据不足的缺陷，消除了环境立法层面的障碍。在下一阶段，需要通过制度设计上的创新，夯实环境执法。

首先，应加强地方环保机构的建设，培训有能力的环保执法人员，提高执法人员的业务水平和职业道德，最终保障环境执法在中央、地方都可以有序进行。

其次，强化环境法律监督是环保执法进行的重要因素。由社会公众监督、舆论监督、政府专门机构组成的监督机制有助于实现对环保执法的全方面监督，监督环保执法人员的不当行为、不作为行为。① 将具体执法单位、部门的职责与环保执法任务与各机关环保执法权限结合起来，保障其执法效率，确保其明确执法权限，保证环保执法的进行，以及能够通过正当途径实现环保监督的真正落实。国务院刚刚通过的《党政领导干部环境生态损害责任追究办法（试行）》，更是强调党政同责，从政府治理体系层面进一步强化了监督与问责。

8.3.3 鼓励公民参与和引入 PPP 模式②

生态环境是典型的公共产品，具有非排他性和非竞争性。这就决定了我国的环境治理必须以政府为主导，但随着社会力量的发展，政府不再是唯一的治理主体，社会力量尤其是公民参与不能被忽视。③ 公民参与环境治理，可以表达民意诉求，使相关部门获得大量信息，提升治理工作的效率。当然，公民也可以从环保部门获取信息，加强对环境治理活动和其他行为的监督，防止政府与企业的共谋行为。表 8-5 所示，近十年来，我国公民和社会组织在参与环境治理方面有了长足发展。公民可以通过参与相关法律、政策的制定过程，积极

---

① 魏样，韩霁昌等．我国土壤污染现状与防治对策[J]．理论研究，2015(2)．

② 广义的 PPP 是指公共部门与私营部门为提供公共产品或服务而建立的各种合作关系，几乎涵盖所有政府服务外包的各种类型，包括融资和非融资的形式，也包括长期和短期的形式。狭义 PPP 仅指公共部门与私营部门以合资组建公司的形式开展合作，不同于已经成功实施的单元性的 BOT、TOT 以及以融资为主要目的的 BT，而是更符合 PPP 特征的新的合作模式。这种新的合作模式具有三个重要特征：目标一致、利益共享、风险共担．

③ 俞可平．治理与善治[M]．社会科学文献出版社，2000．

建言献策，推动政策的顺利执行。但在环境治理的过程中，我国公民参与仍面临着"搭便车"行为与"囚徒困境"，信息不对称、信息公开和共享机制不完善，个体行动乏力，缺乏法律保障、制度保障与组织保障等问题。① 因此，我们必须推进公民的环境参与，保障公民的环境权；同时还应转变政府的执政观念，搭建公众参与平台；加强环境信息公开，实现公众有效参与；建立社会监督机制，保障公众的知情权，最终构建一个多主体参与的环境治理体系。

表 8-5　　我国公众参与环境治理主要事件(2004—2015 年)

年度	事件	公众参与形式
2004	怒江大坝案	NGO 学者带领，各界人士积极响应
2005	圆明园环保事件	学者反对，后举办公众听证会
2006	狩猎权拍卖事件	网络参与
2007	厦门 PX 案	学者带领，公民抵制游行，公民投票
2008	限塑令	政府倡导，民众响应
2009	金沙江水电站案	NGO 连同 50 名群众向环保部递交暂停审批呼吁书
2010	大连港口输油管道爆炸	民众进京上访
2011	六里屯垃圾焚烧厂事件	居民反对，最终通过人大代表进入政策议程
2012	宁波 PX 案	民众上街游行
2013	云南安宁石化项目之争	NGO 呼吁，民众响应
2014	湘江流域重污染区砷超标	NGO 参与调查，民众响应
2015	《穹顶之下》纪录片引发大气污染关注	媒体引导下的民众响应

资料来源：根据相关新闻报道整理.

专栏 8-9　中国环保部：公民发现环保部门不履职可举报

7 月 21 日，记者从中国环保部获悉，环保部近日发布的《环境保护公众参与办法》(以下简称《办法》)明确，公民、法人和其他组织发现地方各级人民政府、县级以上环境保护主管部门不依法履行职责的，有权向其上级机关或者监察机关举报。

① 韩志明，刘璎．雾霾治理中的公民参与困境及其对策[J]．阅江学刊，2015(2).

这是自新修订的环保法实施以来，首个对环境保护公众参与做出专门规定的部门规章，将于今年9月1日起正式施行。《办法》提出，环境保护主管部门支持和鼓励公民、法人和其他组织对环境保护公共事务进行舆论监督和社会监督。

根据《办法》，公民、法人和其他组织发现任何单位和个人有污染环境和破坏生态行为的，可以通过信函、传真、电子邮件、“12369”环保举报热线、政府网站等途径，向环境保护主管部门举报。

为调动公众依法监督举报的积极性，《办法》要求接受举报的环保部门，要保护举报人的合法权益，及时调查情况并将处理结果告知举报人，鼓励设立有奖举报专项资金。

《办法》还提出，环保部门可以对环保社会组织依法提起环境公益诉讼的行为予以支持，可以通过项目资助、购买服务等方式，支持、引导社会组织参与环境保护活动，最大限度地形成治理环境污染和保护生态环境的合力。

资料来源：新华网，2015-07-22.

建设美好的生态环境，除了需要公众的积极参与外，还需要引入更多社会资本。近两年来，财政部力推的PPP模式(即公私伙伴关系)受到了政府和企业等各界人士的关注。所谓PPP模式，其实质是政府通过给予企业长期的特许经营权和收益权，将市场中的竞争机制引入基础设施建设中，以期达到更有效地提供公共服务的目的，[①] 它的最大价值是提高融资能力和处理效率。2014年12月4日，财政部公布了首批30个PPP示范项目，总计金额1800亿元。其中污水处理、供水、环境治理等项目合计达到15个，环保PPP模式显然已成为未来环保领域的一种趋势。目前，不少省份已陆续推出了省级层面的PPP项目，如山东省通过政府购买环境服务的办法，将空气自动监测站的服务全部交由第三方中介机构承担。

生态环境的改善，需要巨额的资金投入，必须吸引社会资本进入，但目前并没有完全符合我国国情的、足够的经验可以借鉴，中国环保PPP模式的发展仍处于摸索阶段，其现实情况是制度相对滞后，政府较为强势，社会资本采取

---

① 国企．治理雾霾呼唤政企联手[EB/OL].[2014-12-16]，http://news.hexun.com/2014-12-16/171455722.html.

观望。但不管怎样，环境治理刻不容缓，其发展离不开资本市场的推动，PPP模式能否使社会资本全面深入地参与到环保领域，仍值得我们期待。

8.3.4　构建第三方治理体系

2015年1月14日，国务院办公厅下发了《关于推行环境污染第三方治理的意见》(以下简称《意见》)。《意见》明确，根据污染物种类、数量和浓度，排污者承担治理费用，受委托的第三方治理企业按照合同约定进行专业化治理。2015年3月5日，李克强总理在做2015年政府工作报告时，首次提出了“推进环境污染第三方治理”。这意味着酝酿已久的环境污染第三方治理从国家层面正式破冰，也标志着我国开始开展将社会主义市场经济制度与生态文明建设相结合的有益探索。

环境污染第三方治理，打破了“谁污染、谁治理”的传统模式，变为“谁污染、谁付费”的治理模式。在这一服务模式下，污染企业以治理委托合同的形式，将污染治理工作全面或部分委托给第三方专业企业，污染治理企业通过自身的专业知识能力实现被委托工程的污染治理，并从中获取利润。实行环境污染第三方治理，可以使排污企业降低治污成本，提高达标排放率；可以使政府执法部门由于监管对象集中可控而降低执法成本；也可以刺激环保企业和产业的快速发展，从而为环境治理的可持续性奠定良好的市场基础。

推进环境污染第三方治理是社会主义市场经济发展的必然，也是现阶段环境治理转型的需要。但是，从当前环境污染第三方治理的运行实践看，都或多或少存在着诸如法律责任界定不清、市场准入与退出机制不健全、政策非连续性不强给第三方治污企业带来风险、环保企业自身能力不足等问题，[①] 能否突破这些瓶颈左右着环境污染第三方治理市场的壮大和完善。因此，环境污染第三方治理是一个循序渐进、任重道远的过程，是一个环保理念真正落实的过程，是一个国家市场化成熟的过程，也是一个政府真正成熟的过程。

① 谢海燕．环境污染第三方治理实践及建议[J]．宏观经济管理，2014(12)．

专栏 8-10　环境污染第三方治理任重道远

2015 年 1 月 14 日，国务院办公厅发布《关于推行环境污染第三方治理的意见》(以下简称《意见》)，部署改革创新治污模式，吸引和扩大社会资本投入，促进环境服务业发展。这意味着酝酿已久的环境第三方治理从国家层面正式破冰。而随着市场化机制的引入，“谁污染，谁治理”这个环境保护的传统观念将被颠覆。

虽然《意见》对外明确了促进环境污染第三方治理的目标，但仍有大量的工作要做，可谓任重道远。根据《意见》要求，到 2020 年，环境公用设施、工业园区等重点领域第三方治理取得显著进展，污染治理效率和专业化水平明显提高，社会资本进入污染治理市场的活力进一步激发。环境公用设施投资运营体制改革基本完成，高效、优质、可持续的环境公共服务市场化供给体系基本形成；第三方治理业态和模式趋于成熟，涌现出一批技术能力强、运营管理水平高、综合信用好、具有国际竞争力的环境服务公司。一个前瞻性的判断是，我国正处于起步阶段的环境污染第三方治理，通过一系列政策框架的明晰，理论上而言是可以发挥很大作用的，但前提是必须有更加细化的执行规定和监管上的更多作为，才能实现政策制定的初衷。

资料来源：根据有关材料整理.

参考文献

[1]蔡守秋．水污染防治法的现状与发展[J]. 世界环境，2015(3).

[2]韩志明，刘璎．雾霾治理中的公民参与困境及其对策[J]. 阅江学刊，2015(2).

[3]黄锡生，王江．中国环境执法的障碍与破解[J]. 重庆大学学报(社会科学版)，2014(1)：81～84.

[4]常纪文．新《环境保护法》. 史上最严但实施最难[J]. 环境保护，2014(10)，23～28.

[5]李玉星．坚持科学立法，努力提高质量[J]. 2011(5)：38～39.

[6]刘洪岩．从文本到问题：有关《新环境保护法》的分析和评述[J]. 辽宁大学学报(哲学社会科学版)，2014(6)：17～25.

[7]罗重谱．改革开放以来依法治国基本方略的演进轨迹[J]. 改革，2014(8)：5～18.

[8]吕锡琛．中国古代的环境保护法规及思想[J]. 环境保护，1994(11)：14～17.

[9]孙佑海．改革开放以来我国环境立法的基本经验和存在的问题[J]．中国地质大学学报(社会科学版)，2008(4)：41～50.

[10]王立．我国环境立法述评与前瞻[C]．中国福建福州，2001.8.

[11]王萍．最严环保法向污染宣战[J]．中国人大，2014(5)：10～13.

[12]汪再祥．中国土壤污染防治立法述评[J]．法学评论，2008(3).

[13]魏样，韩霁昌等．我国土壤污染现状与防治对策[J]．理论研究，2015(2).

[14]谢海燕．环境污染第三方治理实践及建议[J]．宏观经济管理，2014(12).

[15]徐敏，王东，赵越．我国水污染防治发展历程回顾[J]．环境保护，2012(1).

[16]翟亚柳．中国环境保护事业的初创——兼述第一次全国环境保护会议及其历史贡献[J]．中共党史研究，2012(8)：63～72.

[17]周一平，马鹏举．中国古代环境伦理思想初探[J]．西安建筑科技大学学报(社会科学版)，2007(2)：23～28.

[18]邓小平文选(第二卷)[M]．人民出版社，1994.146.

[19]俞可平．治理与善治[M]．社会科学文献出版社，2000.

[20]国家能源网：6 项国家大气污染物综合排放标准发布[EB/OL].[2015-05-19]，http://www.ocpe.com.cn/show-9655-lists-55.html.

[21]国企．治理雾霾呼唤政企联手[EB/OL].[2014-12-16]，http：//news.hexun.com/2014-12-16/171455722.html.

[22]人民网．专家：中国每年水污染造成经济损失 2400 亿元[EB/OL].[2015-03-04]，http：//env.people.com.cn/n/2015/0304/c1010-26633791.html.

[23]网易新闻．外媒："科学立法"十六字方针是依法治国理念 2.0 版[EB/OL].[2014-10-27]，http：//news.163.com/14/1027/11/A9ID906800014SEH.html.

[24]中国环保网．环保法修订，字斟句酌含义深[EB/OL].[2014-04-23]，http：//www.ce-news.com.cn/sylm/hjyw/201404/t20140424_177165.htm.

[25]中国环境监测总站：2015 年 3 月及第一季度京津冀、长三角、珠三角区域及直辖市、省会城市和计划单列市空气质量报告[EB/OL].[2015-04-09]，http：//www.cenemc.cn/publish/totalWebSite/news/news_44877.html.

[26]中国新闻网．四中全会前瞻：法治成为治国理政基本方式[EB/OL].[2014-10-19]，http：//www.chinanews.com/gn/2014/10-19/6693120.shtml.

第 9 章　法治民生安全，护航尘世幸福

安全是最基本的人类需要，也是获得幸福的必要前提。普遍意义上的“安全”既是一种“没有危险、不受威胁、不出事故”的客观状态，也是一种主观感受，最终落实为“安全感”。没有安全，就没有民生。而民生意义上安全的建立，法治是最重要的武器。“法治民生安全”的命题强调：立法是民生安全的第一道防线，执法是民生安全的过程性保障，司法是民生安全的最后保护伞。

>> 9.1　法治民生安全的现实逻辑 <<

9.1.1　中国民生安全现状

伴随着经济的发展、社会多元化的出现、现代化与工业文明的拓展，中国逐步进入矛盾多发期、冲突尖锐期，人们在物质生活极大丰裕的时候，却普遍感到安全感匮乏。2015 年 8 月 12 日天津滨海新区塘沽开发区的天津东疆保税港区瑞海国际物流有限公司所属危险品仓库发生爆炸，数百人死伤，财产损失超过百亿元；2015 年 8 月 12 日零时 30 分左右，陕西省山阳县突发山体滑坡，60 多人死亡……这仅仅是短暂的一天，危险无处不在，安全事故触目惊心。

表 9-1　　2008—2013 年全国各类民生安全事件数量

年份	食品安全	交通		工伤	治安案件	自然灾害
	被曝光的食品安全事件数量(件)	机动车交通事故总量(件)	机动车交通事故死亡人数(人)	当期认定(视同)工伤人数(人)	合计数量(件)	受灾人口数量(万人次)
2008	160	265 204	73 484	961 162	8 772 299	47 795
2009	181	238 351	67 759	961 117	11 053 468	47 933.52
2010	146	219 521	65 225	1 140 601	12 122 138	42 610.2
2011	713	219 521	62 387	1 201 527	12 563 823	43 290.0
2012	719	204 196	59 997	1 173 998	13 310 741	29 421.7
2013	354	198 394	58 539	—	—	38 818.7

数据来源：交通数据、治安案件数量来自历年《中国统计年鉴》；工伤数据来自历年《中国劳动统计年鉴》；2008—2009 年的自然灾害数据来自 2009、2010 年《中国民政年鉴》，2010—2013 自然灾害数据来自历年《中国统计年鉴》。

食品安全是民生幸福的基础，但是我国食品安全问题几乎涉及所有食品种类，非法添加、滥用食品添加剂、农药残留与食品卫生问题等“业内公开秘密”触目惊心，公众只能“别无选择地接受”。电子商务的发展拓宽食品流通渠道的同时，一种新的消费模式出现，即消费者与销售者、生产者根本不曾见面，交易达成依据多数是销售平台信誉和其他消费者的网络评价，让食品流通环节更加复杂，食品安全监管也变得更加困难。

家庭本该是温馨的港湾，但对一些人来说却是噩梦开始的地方。2010 年司法部门统计显示每年家庭暴力约导致 10 万户家庭破裂且呈上升趋势。哈尔滨市 2011 年因家暴离婚数量增加，已占市中院受理离婚案件的 50%；2014 年聊城妇联统计发现高知阶层的施暴者有所增加；2014 年南昌市妇联接到的家暴投诉比 2013 年增加 3 成……各地媒体报道也反映家庭暴力问题的普遍性和严重性，而未成年人遭受暴力的数量逐年增加，75%的施暴主体是孩子的亲生父母；近几年来，男性也成为家庭暴力的受害者，“冷暴力”成为家庭暴力的新方式。长期以来家庭暴力处在法律监管之外，2007 年有人大委员提议制定《反家庭暴力法》，但直到 2014 年才进入起草阶段。

交通出行方面，每百起机动车交通事故会造成 28～29 人死亡，每天都有大约 170 人在车祸中丧生(表 9-1)。尽管有统计表明随着机动车保有量的增长，交通事故数量呈现下降态势，但一些后果严重、造成群死群伤和重大经济损失的事故仍屡见不鲜。特别在春节、“黄金周”和旅游旺季，大巴车事故总是屡屡发生，少则伤亡十几人、多则伤亡数十人。道路上的飙车、酒驾、超载等违法行为时有发生；一些不良驾驶习惯如随意并线、超速行驶也造成严重的交通安全隐患。

工作场所与职业安全令人担忧，我国工伤数量总体呈上升趋势，至2012年已经达到117万余件。2012年数据统计表明：大部分工伤是在工作时间、工作地点、因工作原因发生事故或暴露在有毒有害物质中所导致的，其比例占工伤总数约90%；职业病认定量相对较小，只占1.3%，这与职业病发病延迟、难以取证有关，也与用人企业不配合有关。职业病防治暴露出我国职业病源头控制体系未形成、企业给患病工人工伤认定设置重重阻碍、职业病认定的法定流程使患病工人面对“举证难”等困境。

社会安全形势因转型期各种矛盾集中爆发日益严峻，非法携带枪支、弹药、管制工具，殴打他人、故意伤害、盗窃与诈骗等案件有显著增长(表9-2)。很多城市出现过有特定目标或无特定目标的“砍人事件”，仅2015年上半年就发生多起影响范围广泛的“砍人事件”(表9-3)。短信、电话、网络等诈骗手段成本极低，覆盖范围极大，诈骗名目多种多样、层出不穷，让受害者(特别是老年人)，难以分辨真伪。360公司发布的《2014年中国网络诈骗研究报告》显示，虚假兼职、虚假购物和退款欺诈是最为流行的三类网络诈骗，报案数量分别为10560起、3255起和2863起。网络诈骗事件反映出现阶段个人数据泄露等信息安全问题比较严重，除了个人信息保护意识不足之外，更多因为储存用户信息的机构平台故意泄露而造成。如新闻媒体多次曝光写有收件人准确姓名、电话和住址的快递单在网上大肆售卖，甚至有完整的姓名和身份证号在网上批量售卖。此外，境内外不法分子妄图通过恐怖行为扰乱我国社会秩序和居民生活，暴力恐怖袭击事件逐渐引人注目(表9-4)。

表9-2　　2007—2012年公安部门查处的治安案件类型及数量　　(单位：件)

治安案件类型	2007年	2008年	2009年	2010年	2011年	2012年
合计数量	7 649 785	8 772 299	1 1053 468	12 122 138	12 563 823	13 310 741
扰乱公共场所秩序	440 835	448 294	415 766	389 983	477 873	475 931

续表

治安案件类型	2007 年	2008 年	2009 年	2010 年	2011 年	2012 年
非法携带枪支、弹药、管制工具	62 215	64 447	66 280	83 677	72 657	77 782
违反危险物质管理规定	20 971	18 969	18 520	27 579	24 200	27 615
殴打他人	2 353 630	2 795 182	3 640 805	4 125 377	4 264 526	4 377 838
故意伤害	110 492	140 236	193 177	222 715	261 037	287 543
盗窃	1 416 432	1 670 383	1 683 624	1 678 846	1 814 719	1 832 307
敲诈勒索	35 325	32 700	33 007	26 542	20 231	16 978
抢夺	34 582	39 415	41036	38086	38236	31241
伪造、变造、倒卖有价票证、凭证	23 682	20 231	20 008	16 043	18 411	12 678
诈骗	87 971	105 238	128 536	136 500	171 513	233 497

数据来源：历年《中国统计年鉴》.

表 9-3　　2015 年上半年各地“砍人事件”

时间	地点
2015.04.17	上海西藏中路九江路口
2015.03.24	广州市站西路
2015.03.19	保定河大附属医院
2015.03.18	广西平果县果化镇永定村
2015.03.18	浙江建德某中学
2015.03.12	云南昆明某高校
2015.03.06	广州火车站
2015.01.24	湖北武汉江汉区唐蔡路
2015.01.21	陕西延安某商场
2015.01.07	福建晋江阳光路

数据来源：网络检索.

表 9-4　　2008—2014 年国内部分恐怖主义犯罪事件

时间	地点	事件详情
2008.3.14	西藏拉萨	拉萨市区主要路段发生打砸抢烧事件，焚烧车辆，闯进商场、政府机关等，造成 13 人被烧死或砍死
2009.7.5	新疆乌鲁木齐	打砸抢烧事件，造成 197 人死亡，1700 人受伤

续表

时间	地点	事件详情
2011.7.18	新疆和田	纳尔巴格派出所遭袭击焚烧，3人死亡，2人受伤，6人被劫持
2011.7.30	新疆喀什	美食街劫持卡车事件，6人死亡，28人受伤
2011.7.31	新疆喀什	市中心爆炸事件，造成3人死亡，超过10人受伤
2012.2.28	新疆叶城	幸福步行街砍人事件，造成15人死亡，14人受伤
2013.6.26	新疆鄯善	多名暴徒袭击鲁克沁镇派出所、特巡警中队、镇政府和民工公地，纵火焚烧警车
2013.10.28	北京	金水桥事件，乌斯曼·艾山与母亲和妻子驾吉普车闯入北京长安街便道冲撞人群并点燃车内汽油，造成两人死亡，40人受伤
2013.11.16	新疆巴楚	持刀袭击色力布亚镇派出所，2名协警牺牲，2名民警受伤
2014.3.1	云南昆明	火车站砍人事件，十余名蒙面暴徒在昆明火车站广场砍杀群众，造成31人死亡，141人受伤

总体而言，新时期的民生安全现实暴露出很多安全隐患亟待解决。其一是人为因素，或因安全意识淡漠，或因技术风险积累而意外爆发，或蓄意伤害他人……给民生安全保障造成极大困难；其二是安全防控与管理机制薄弱，跟不上时代发展，如针对危险化学品甚至毒品通过快递递送的违规行为还没有有力地预防与监控措施；其三是民众维权索赔面临困境，立案标准过高导致受害者无法进入法律程序，法律规定不到位，导致犯罪成本远低于违法所得。

9.1.2 “依法治国”战略构想与“法治民生安全”命题

“安全”作为一种物品，在不同主体范畴有不同属性(表 9-5)，但与整个社会的公共安全密不可分。“公共安全”在性质上是一种纯公共物品，其提供主体必然是政府。

表 9-5　　安全物品的属性

	可竞争性	非竞争性
可排他性	私益物品：私人保镖服务	私有局部公益物品或俱乐部物品：公共楼堂馆所的安全保卫服务
非排他性	公有私益物品或公共池塘资源：社区保安服务、单位保安服务等	纯公益物品：国防、公安部从事的公共安全管理活动，刑警组织的犯罪侦破活动等

2014 年 10 月中国共产党第十八届中央委员会第四次全体会议通过的《中共中央关于全面推进依法治国若干重大问题的决定》将“依法治国”定为国家战略，要求“贯彻中国特色社会主义法治理论，形成完备的法律规范体系、高效的法治实施体系、严密的法治监督体系、有力的法治保障体系，形成完善的党内法规体系，坚持依法治国、依法执政、依法行政共同推进，坚持法治国家、法治政府、法治社会一体建设，实现科学立法、严格执法、公正司法、全民守法，促进国家治理体系和治理能力现代化”。政府能提供多种形式的公共安全产品，但是“法治”才是民生安全的根本保障(表 9-6)。

表 9-6　　公共安全服务的类型

公共安全管理类产品	执行国家公共安全管理公权力的机构设置、人员组成、经费保障及技术力量支撑 公共安全的法律、法规及制度安排 公共安全正义及福利的实现，包括履行职责以及执行法律的过程及其绩效
公共安全服务类产品	包括安全教育培训、安防技术开发、安全产品、设备、设施与工程的维护、检测、认证，社会救助站、法律咨询、公共安全信息传播、抢险救援等
公共安全基础设施、设备类	主要包括城市消防基础设施、交通安全基础设施、警用通信网络以及其他保障警察破案、抓逃、制止犯罪、保护公民等执行公务所必需的基础设施、设备等

现阶段我国民生法治安全方面存在的诸多缺陷根源是法律保障不完善，民生安全立法未得到相应重视，公共安全立法进程缓慢，许多领域无法可依，而既存法律因规范性与操作性不足导致诸多执行漏洞，使得民生安全陷入缺乏法律保障的困境。

“依法治国”前提是有法可依，明确的法律规范可以平衡各方利益、规范各方行为，进而有效削弱一些人为风险危及民生安全，从起点上保障民生安全。“法律不仅仅是一种形而上的价值诉求，或者程序化的规则训诫，它更是一种特定时空背景下的社会实践，它与特定历史场域下的其他社会实践深深地联系在一起，它也必须回应特定时空背景下特定民族的社会、政治诉求。”现阶段民生安全现实呼唤立法层面将危及民生的风险因子纳入考虑，回应社会的民生安全诉求。

严格执行法律更是民生安全不可缺少的过程保障，颇具中国特色的“运动式执法”对危及民生安全的行为缺乏长期稳定的打击，执法成效与能力也受到

IT 技术发展带来的挑战，但执法者本身的素质、意识与能力更与民生安全息息相关，如“城管打人”事件反映出执法者也可以成为威胁民生安全的风险。

公正的司法程序、司法救济与司法监督是民生权益保障的最后保护伞，同时也是法律公信力与政府权威的重要保证。若民生权利受损无法进入司法程序，维权就无从谈起。有些地方法院出于维护地方社会稳定的需要，出台“司法解释”任意提高民生维权门槛，不受理集资纠纷、职工下岗安置纠纷、非法传销纠纷、村民土地补偿安宅纠纷、拆迁纠纷等，但“无救济即无权利”，2014 年“呼格吉勒图”案即彰显了司法救济的重要性。

>> 9.2 中国民生安全梦实现路径上的法治障碍 <<

9.2.1 中国法治民生安全的内容和发展

(1)社会治安法律。

新中国先后施行过三部治安管理处罚方面的法律。①1957 年《治安处罚管理条例》，其适用范围是“扰乱公共秩序、妨害公共安全、侵犯公民人身权利、损害公私财产，情节轻微，尚不够刑事处分，依照本条例应当受到处罚的行为，是违反治安管理行为。中华人民共和国公民、外国人在中华人民共和国领域内的违反治安管理行为，都依照本条例处理。”它还界定了 7 类处罚对象，即扰乱公共秩序行为、妨碍公共安全行为、侵犯公民人身权利行为、损害公有财产或者公民财产行为、违法交通管理行为、违法户口管理行为、妨碍公共卫生或市容整洁行为。针对违反治安管理的处罚分为警告、罚款和拘留三种方式，并就具体违法行为和罚款数量等级进行了详细的说明。②1986 年《治安管理处罚条例(修订稿)》规定了 8 个种类的处罚对象：扰乱公共秩序行为；妨碍公共安全行为；侵犯他人人身权利行为；侵犯公私财物行为；妨害社会管理秩序行为；违反消防管理行为；违反交通管理行为；违反户口或者居民身份证管理行为。特别规定了对黄、赌、毒行为的处罚。此外，该法对受治安管理处罚人或者被侵害人做出了申诉或者诉讼等制度说明。③2005 年《治安管理处罚法》(2012 年有修订)规定了 4 个种类的处罚对象：扰乱公共秩序行为；妨害公共安全行为；侵犯人身、财产权利行为；妨害社会管理行为。它专章设定了处罚程序与执法监督相关内容，如第四章规定处罚程序须经调查、决定、执行等步骤实行，第五章规定“公安机关及其人民警察办理治安案件，不严格执法或者有违法违纪行为的，任何单位和个人都有权向公安机关或者人民检察院、行政监察机关检举、控告；收到检举、控告的机关，应当依据职责及时处理。”2005 年《治安管理处罚法》最大的亮点是注重建构处罚权力约束机制。配套的法规有《民用爆炸物品安全管理条例》《枪支管理法》《禁毒法》等。

(2)社会安全法律。

现阶段我国反恐怖主义立法呈现“以刑为主，诸法配合”的格局。2001 年《刑法(修订)》针对恐怖主义犯罪的新情况增设了资助恐怖活动罪、投放虚假危险物质罪和编造、故意传播虚假恐怖信息罪；第 191 条将恐怖活动犯罪作为洗钱罪的上游犯罪；将组织、领导与积极参加恐怖组织的行为加以区分，规定不同的量刑档次。其他一些法律、法规及部门规章中也涉及反恐怖主义，如《外国人出境入境管理法实施细则》《金融机构报告涉嫌恐怖融资的可疑交易管理办法》《反洗钱法》《国家安全法实施细则》等相关法律法规。2011 年全国人大常委会发布《关于加强反恐怖工作的有关问题的决定》，明确界定恐怖活动、恐怖活动组织、恐怖活动人员，并对反恐怖工作领导机构和有关组织力量做出规定。

在社会突发事件方面，《突发事件应对法》第 1 条写明该法的立法目的是：“为了预防和减少突发事件的发生，控制、减轻和消除突发事件引起的严重社会危害，规范突发事件应对活动，保护人民生命财产安全，维护国家安全、公共安全、环境安全和社会秩序，制定本法。”将各类社会突发事件纳入该法调整范围中，构成了我国应对社会突发事件的基本框架。根据《突发事件应对法》，2013 年国务院制定《突发事件应急预案管理办法》，规定：“各级人民政府应当针对本行政区域多发易发突发事件、主要风险等，制定本级政府及其部门应急预案编制规划，并根据实际情况变化适时修订完善。”“编制应急预案应当在开展风险评估和应急资源调查的基础上进行。”地方政府也据此制定了应急预案管理办法。

(3)交通道路安全法律。

新中国第一个道路交通法规是 1950 年《汽车管理暂行办法》，在此基础上公安部 1951 年颁发《城市陆上交通管理规则》，初步建立道路交通法规的基本结构和内容，但因缺乏立法经验，该法规没有规定处罚内容。这一点在 1955 年《城市交通规则》得到弥补，该法规定了处罚及其种类，包括警告、罚款、吊销驾驶证以及拘留等措施，不过还存在一些缺陷，例如没有规定处罚数额、扣留驾驶执照和拘役事件等。1960 年交通部发布《机动车管理办法》《公路交通规则》，废止 1950 年《汽车管理暂行办法》，但这种人为分割城市交通和公路交通的立法方式催生了政出多门、权责不明等诸多问题。为解决上述困难，公安部联合交通运输部颁布 1972 年《城市和公路交通管理规则(试行)》，1986 年 10 月 7 日国务院《关于改革道路交通管理体制的通知》，进一步明确公安机关统一管理全国城乡道路交通的职能。

1988 年 8 月 1 日《道路交通管理条例》实施，详细规定了交通信号、标志和标线；车辆装载及行驶；驾驶员管理；行人及乘车人管理；交通违章处理等。1991 年《道路交通事故处理办法》针对交通事故的现场处理程序、责任认定、罚则、调解、损失赔偿等内容做出说明。1996 年《机动车驾驶员考试办法》和《机动车驾驶证管理办法》着眼强化驾驶员培训和管理。1998 年《公路法》详细规定了公路规划、建设、养护、经营、使用和管理。2000 年《交通违章处罚程序规定》对道路交通违法行为的处罚程序进行了细化。

2003 年《道路交通安全法》颁布实施，是中国道路交通安全管理史上具有里程碑意义的重大事件，推进了我国道路交通安全法制化进程。它对车辆和驾驶人、道路通行条件、道路通行规定、交通事故处理、执法监督、法律责任等方面做出了更细致的规定。《道路交通安全法实施条例》《道路交通事故处理程序规定》《道路交通安全违法行为处理程序规定》等配套法规先后出台。此外，《道路运输条例》(2003)、《道路危险货物运输管理规定》(2013)等还对从事客运、货运及危险货物运输经营的事项做出详细规定。

(4)食品安全法律。

《食品卫生管理试行条例》(1965)是我国第一部食品卫生条例，规定“卫生部门研究制定各种主要的食品、食品原料、食品添加剂、食品包装材料(包括容器)的卫生标准(包括检验方法)”。《食品卫生管理条例》(1979)进一步完善了卫生标准和卫生监管方法，但只笼统规定了违反条例、标准和造成中毒事故等要进行处罚，而对违法者如何处理和量刑没有明确规定。

《食品卫生法(试行)》(1982)第一次将食品相关规定上升到法律层面，并正式建立和开展国家食品卫生监督制度和许可制度，明确了卫生防疫部门在食品卫生监管中的主体地位。《质量法》(1993)覆盖范围包括食品在内的经过加工、制作用于销售的一切产品，《关于发布食品卫生检验方法和食品卫生标准的通知》(1994)、《关于发布〈食品安全性毒理学评价程序和试验方法〉等十九项国家标准的通知》(1995)等明确规定了卫生的国家标准和检验方法。

在立法和执法基础上，《食品卫生法》(1995年)正式确立卫生部门在食品卫生监督管理的主导地位，完善了罚则部分内容。《食品卫生行政处罚法》(1997)和《食品卫生监督程序》(1997)等出台后，我国食品卫生法规体系得到进一步完善。《农业法》(2002)强制规定了农产品的品质和质量标准，《食品召回管理规定》(2007)初步建立召回制度。

《食品安全法》(2009)首次提出“食品安全”和“源头监管(等同甚至更重要和最后阶段)”理念、明确规定国家对食品生产经营实行许可制度，正式在立法层面上确立食品召回制度。《食品安全法(修订)》(2015)对生产、销售、餐饮服务等环节实施最严格的全过程管理，强化生产经营者主体责任，完善追溯制度；建立最严格的监管处罚制度，对违法行为加大处罚力度，构成犯罪的依法严肃追究刑事责任；加强对地方政府负责人和监管人员的问责制。

在上述综合性法律法规之外，《农药管理条例》(1997)、《农药登记药效试验单位认证管理办法》(2001)、《食品添加剂卫生管理办法》(2001)、《饲料药物添加剂使用规范》(2001)、《动物检疫管理办法》(2002)、《食品生产加工企业质量安全监督管理办法》(2003)等对食品产地环境、品种资源、投入品、生产过程与流通过程有相关规定。

(5)家庭暴力防治法律。

《宪法》(2004)第49条第4款明确规定：“禁止破坏婚姻自由，禁止虐待老人、妇女和儿童。”从根本上确立了保护老人、妇女和儿童基本权益，但作为根本大法还需要各类具体法律法规的配合才能得到落实。

《婚姻法》(1950)是新中国成立后第一部具有基本法性质的法律，明确规定实行一夫一妻、保护妇女和儿童权益的新婚姻家庭制度，1980年修订后的《婚姻法》增加实行计划生育制度和保护老年人合法权益。此后实施的《老年人权益保障法》(1996)第4条规定：禁止歧视、侮辱、虐待或者遗弃老年人。社会经济环境的变化推动《婚姻法(修订)》(2001)加大对重婚等行为的遏制力度，确定

“无效婚姻”与“可撤销婚姻”条件，同年 12 月最高人民法院《〈婚姻法〉司法解释》明确了“家庭暴力”概念；《婚姻法》(2001 年 4 月 28 日)(第 3 条第 2 款)首次规定“禁止家庭暴力”。《最高人民法院涉及家庭暴力婚姻案件审理指南》(2008)对家庭暴力问题做出了司法规制，七部委《预防和制止家庭暴力意见》(2008)规定了基层公安机关派出所对家庭暴力事件的接警、出警、处理等，同时还对司法行政部门、卫生鉴定机构、民政部门、妇联等社会组织在防治家庭暴力中的功能做出说明。

《未成年人权益保护法》(1991)第一次确立保护未成年人的指导思想与工作原则，但存在执法主体模糊、可操作性不足等缺憾。这一缺憾在 2005 年得到补充，明确了中央及各级地方政府的执法主体地位，学校及老师也负有保护未成年职责，更对监护人提出了严格的监护职责与抚养义务。如《未成年人保护法》第 8 条规定：父母或者其他监护人应当依法履行对未成年人的监护职责和抚养义务；不得虐待、遗弃未成年人；不得歧视女性未成年人或者有残疾的未成年人；禁止溺婴、弃婴。作为配套措施《关于依法处理监护人侵害未成年人权益行为若干问题的意见》(2015)对如何处理“父母或者其他监护人(以下简称监护人)性侵害、出卖、遗弃、虐待、暴力伤害未成年人，教唆、利用未成年人实施违法犯罪行为，胁迫、诱骗、利用未成年人乞讨，以及不履行监护职责严重危害未成年人身心健康等行为”做了明确说明。

《妇女权益保障法》(1992)有力地促进了妇女发展和妇女权益保护，修订后的《妇女权益保障法》(2005)第 2 条规定：禁止歧视、虐待、残害妇女；第 39 条规定：妇女的名誉和人格尊严受法律保护，禁止用侮辱、诽谤、宣扬隐私等方式损害妇女的名誉和人格。

(6)职业安全法律。

虽然我国 1957 年就开始准备起草劳动法，但 1963—1965 年陷入停滞状态。20 世纪 80 年代以尘肺病防治为契机，《尘肺病防治条例》(1987)开启从立法上预防职业病的做法，在此基础上，《劳动法》(1994)第一次为劳动者合法权益提供系统而完备的法律保障，职业病一直是其重点。

《职业病防治法》(2001)作为我国第一部职业病防治法，确立了职业病防治法律制度，《职业健康监护管理办法》(2002)随后出台，不过该办法存在一定缺陷，例如仅在第 5 条规定了对体检机构的批准权限及要求体检机构对健康检查结果承担责任，在第6、8、9、10条中对用人单位开展职业健康检查提出了一些要求，有欠全面、具体。《使用有毒物品作业场所劳动保护条例》(2002)对作业场所安全使用有毒物品做出详细规定，为预防、控制和消除职业中毒危害，保护劳动者生命安全、身体健康及其相关权益提供了法律依据。另外，《职业病危害项目申报管理办法》(2002年)和《建设项目职业病危害分类管理办法》(2006年)对职业病危害项目申报工作和职业病危害项目监督管理有明确规定。

修订后的《职业病防治法》(2011)增加了"用人单位应当保证职业病防治所需的资金投入，不得挤占、挪用，并对因资金投入不足导致的后果承担责任"等条款，其亮点是以预防为主，重视工会组织的作用，特别注重粉尘防治，有关的法律有《职业病防治法》《全国电力行业尘肺病防治暂行办法》《华东电力行业尘肺防治实施细则》《国务院关于加强防尘防毒工作的决定》《生产性粉尘作业危害程度分级》《粉尘危害分级监察规定》《BG16248作业场所空气中呼吸性煤尘卫生标准》《BG16225车间空气中呼吸性矽尘卫生标准》等。

(7)信息安全法律。

《全国劳动管理信息计算机系统病毒防治规定》(1991)是我国最早的信息安全法律，《计算机信息系统安全保护条例》(1994)标志着中国信息安全法律法规进入初步建设阶段，而《全国人民代表大会常务委员会关于维护互联网安全的决定》(2000)标志着我国信息安全法律体系建设进入一个新阶段，《国家信息化领导小组关于加强信息安全保障工作的意见》(2003)标志着这一法律建设进入一个更高、目标更明确的新阶段。

与网络银行系统相关的计算机系统与信息安全方面的规制法律包括：《计算机信息系统安全保护条例》(1994)、《计算机信息网络国际联网管理暂行规定》(1996)、《计算机信息网络国际联网安全保护管理办法》(1997)，《金融机构计算机信息系统安全保护工作暂行规定》(1998)，《商用密码管理条例》(1999)，《中国人民银行计算机安全管理暂行规定(试行)》(2004)等。整体过程经历了由原先对所有计算机信息网络安全的保护到特殊规定金融机构计算机信息网络安全，再到中国人民银行专门制定的本银行计算机安全管理的规章的过程。

专门针对电子银行风险监管的法律法规主要涉及：《网上银行业务管理暂行办法》(2001)、《中国人民银行关于落实〈网上银行业务管理暂行办法〉有关规定的通知》(2002)、中国银行业监督管理委员会《电子银行业务管理办法》

(2006)、《电子银行安全评估指引》(2006)及《电子银行安全评估机构业务资格认定工作规程》(2006)等。相对而言，2006 年几部规章更符合网络银行发展的实际需要，更多借鉴了国际先进立法经验，使得监管手段更灵活多样，内容更加丰富充实，监管规则的针对性与可操作性也有所增强。

但上述法律多属于部门法或行政法，缺乏基础性法律，且对电子商务、电子政务、网上支付等特定信息化应用领域的信息安全规范相对欠缺。条例、办法等涉及信息安全保护的规定相对比较短小简单，如《计算机信息系统安全保护条例》共 31 条，《计算机信息网络国际联网管理暂行规定》共 17 条，《计算机信息网络国际联网安全保护管理办法》共 25 条，《互联网信息服务管理办法》共 27 条，《商用密码管理条例》共 27 条，《计算机信息系统国际联网保密管理规定》(国家保密局)共 20 条，《计算机病毒防治管理办法》(公安部)共 22 条等。

(8)自然灾害应急法律。

在《突发事件应对法》之前，自然灾害应急规定分散在各类专门法之中，如《发布地震预报的规定》(1988)、《水土保持法》(1991)与《水土保持法实施条例》(1993)、《人工影响天气管理条例》《气象法》《防沙治沙法》《防汛条例》《河道管理条例》《蓄洪区安全与建设指导纲要》等行政法规性文件，缺少综合性自然灾害防治基本法，不同的法律相互协调性差，覆盖灾种比较少。

《防震减灾法》(1998)第一次以基本法律形式将防震减灾工作纳入法制化轨道，《防洪法》(1998)、《气象法》(1999)、《水土保持法》(2011)等预防灾害法律出台，先后制定了《重大气象灾害预警应急预案》《突发气象灾害预警信号发布试行办法》《中国气象局重大突发事件信息报送标准和处理办法》《气象灾情收集上报调查和评估试行规定》等一系列应急管理预案和制度，陆续制定了台风、暴雨洪涝、森林火灾等分灾种应急预案，在应急预案、应急管理机制和应急管理体系建设方面取得重要进展，但仍存在内容不够规范、可操作性不强、部门利益显得过大、权威性不够、国际间合作显得单一或缺位等缺陷。

9.2.2 民生安全执法不严

如上文所述，与民生安全有关的法律法规不断完善，但在执行过程中仍然存在如部门职责不清、法律条文缺乏操作性、法律条文缺漏等问题。

首先，食品安全执法困境。2009 年《食品安全法》实施以来，我国食品安全管理有很大程度改善，但执法中表现出部门间协作困难和食品安全标准不一致等问题。

目前食品安全监管部门协作困境与食品分段监管模式有关(表 9-7)，分段监管要求各食品安全监管部门分工明确、密切配合、相互衔接，但实践中因多部门管理职责不清与相互推诿不断发生，造成“9 个部门管不好一头猪”局面。

表 9-7　　我国食品安全监管部门分工

部门	管理环节
卫生部	牵头建立食品安全综合协调机制，负责食品安全综合监督；承担食品安全综合协调、组织查处食品安全重大事故的责任
国家食品药品监督管理局	负责餐饮业、食堂等消费环节食品安全监管
农业部	负责农产品生产环节的监管
国家质量监督检疫总局	负责食品生产加工环节和进出口食品安全的监管
国家工商行政管理总局	负责食品流通环节的监管

资料来源：周应恒，王二朋．中国食品安全监管：一个总体框架[J]. 改革，2013(4)：19～28.

专栏 9-1　从“毒豆芽”事件看《食品安全法》的实施

2011 年 4 月，沈阳查获 40 吨“毒豆芽”。12 月 2 日，沈阳市和平区法院经审理查明蹇某、杨某夫妇等人在沈阳长期使用非食品添加剂生产豆芽并销售，认定其犯有生产、销售有毒、有害食品罪。

在案件审理中，曾经因为豆芽监管归属问题引发争议，因为《农产品质量安全法》先于《食品安全法》于 2006 年颁布实施。《食品安全法》第 2 条规定，“供食用的源于农业的初级产品(以下称‘食用农产品’)的质量安全管理，遵守《中华人民共和国农产品质量安全法》的规定。但是，制定有关食用农产品的质量安全标准、公布食用农产品安全有关信息，应当遵守本法的有关规定。”《农产品质量安全法》第 2 条则规定，“本法所称农产品，是指来源于农业的初级产品，即在农业活动中获得的植物、动物、微生物及其产品。”由于缺乏对农产品、食用农产品、农业初级产品的具体规定，豆芽是否属于农业初级产品，依据哪部法律管理，是否由农业部门监管成了争论。

沈阳“毒豆芽”事件发生后，全国各地都根据地方实际研究确定了豆芽的主要监管部门和监管办法，各地的管理方式、法律依据和标准显然不同。

资料来源：刘丹松．当前食品安全监管法律实践问题研究与分析[J]．当代法学，2012(2)：156～160.

就食品安全标准而言，现存三个问题：①食品安全标准总体数量多(高达5000多项)，存在交叉重复、又有脱节现象；②部分食品安全标准不科学，如对微生物危害的控制过度依赖于终端产品中的微生物限量标准的制定，过程法规欠缺；③“食品安全标准”和“食品质量标准”互相独立，互不沟通，分别由两个主管部门制定和发布。

专栏 9-2 食品安全标准的清理和完善

在2015年举行的全国食品安全宣传周国家卫生计生委主题活动日中，国家食品安全风险评估中心研究员王竹天表示，食品安全标准整合工作将于今年年底前完成，由现有的约5000项标准整合缩减为约1000项。据悉，2013年以来，国家卫生计生委开始相关标准清理工作，2014年完成了208项，2015年新审查通过304项食品安全国家标准草案。另外，为了完善食品安全国家标准体系，国家卫生计生委加快重点和缺失食品安全国家标准的制定、修订：2014年完成了96项重点、亟须标准的制定、修订工作。2015年上半年新发布《食品安全国家标准 食品中镉的测定》等13项食品安全国家标准，《食品安全国家标准 速冻食品生产卫生规范》等29项食品安全标准草案公开征求意见。由此，可以基本解决我国食品安全标准执行内容的交叉、重复、矛盾问题，我国将形成食品安全国家标准体系。

资料来源：北京晚报，2015-07-01.

新修订的《食品安全法》将于2015年10月1日开始正式实施，新法完善统一权威的食品安全监管机构，终结了“九龙治水”的食品安全分阶段监管模式；建立最严格的全过程监督制度；更加突出预防为主、风险防范；建立最严格的标准，加强标准制定与标志执行的衔接。另外，新法还建立了最严格的法律责任制度，从民事和刑事方面强化了对食品安全违法行为的惩处力度，强化互联网食品交易监管等，体现了我国对保证食品安全的决心。新法实施的效果等待全社会一起检验。

其次，道路交通安全执法薄弱。道路交通安全一直是政府治理的重点。《道路交通安全法》《刑法修正案(八)》都将醉驾、飙车等严重危害群众利益的行为定为犯罪；被称为“史上最严交规”的《机动车驾驶证申领和使用规定》(2012)表明政府以强硬态度与切实措施打击道路交通违法犯罪、保障交通安全。

公安机关交通管理部门在对机动车驾驶人的道路交通安全违法行为实施行政处罚之外，还采用道路交通安全违法行为累积记分制度。该制度以12个月为记分周期，对在一个记分周期内记分达到12分的机动车驾驶人，扣留机动车驾驶证，该机动车驾驶人还应当按照规定参加道路交通安全法律、法规的学习并接受考试。可惜“代扣分”现象的出现极大地削弱了该项处罚措施的效力，甚至有人从中看到商机，公开标价出卖驾照分数牟利，被扣分的违章驾驶员也争相买分“消灾”。

专栏9-3 “代扣分”的主要顾客：出租车等营运车辆

“代扣分”一族的主要顾客是出租车等营运车辆。从事客运多年的出租车司机曾师傅说：“要不是拿别人的驾照去代扣分，我的驾照早就被吊销好几回了。”“我们天天开车，难免有违章的事情发生，为了拉乘客，在不能掉头的地方掉头，在不能停车的地方停车，这也是常有的事。”“现场执法的一般都逃不了。如果是电子眼抓拍，就可以用别人的驾照去交钱。就说是朋友借车的时候违章了，交警也查不出来。”为了应对电子眼拍照扣分，曾师傅一家考了4本驾照。另外，不少司机除了向熟人借驾照代扣分外，还花钱买分代扣来躲避处罚。“在各交警大队门口，都有卖驾照分数的贩子，每分100元至200元是潜规则，价格远比重新考驾照划算得多，很多同行很愿意花钱‘消灾’，每年起码要做一单。”

资料来源：搜狐新闻，2011-10-26.

“酒驾入刑”规定实施后，酒后驾车现象明显减少。据统计，在“酒驾入刑”实施一年时间内，全国公安机关查处酒后驾驶数量同比下降41.4%，醉酒驾驶同比下降44.5%。但“毒驾”现象日益凸显，成为交通安全的新威胁(表9-8)。“毒驾入刑”牵涉交管、禁毒等职能部门，相对于“酒驾”和“醉驾”，“毒驾”在检查机制和法律责任方面均是“空白”。

表 9-8 近年来部分“毒驾”事故回顾

时间	地点	事故案情
2010.10.26	湖南长沙	一男子因“毒驾”冲撞省委机关，造成 5 人受伤
2011.10.20	北京	一驾驶员因“毒驾”后精神涣散，在京沪高速公路上连撞 9 辆车
2012.04.22	江苏常熟	一旅游大巴驾驶员吸食毒品后驾驶大巴车，造成 14 名乘客死亡
2013.12.21	辽宁大连	一男子吸食毒品后在城市街道及高速公路横冲直撞，连撞 22 车
2015.04.29	江苏启东	一男子吸毒后连撞 1 辆警车、两辆其他车辆

资料来源：新浪新闻中心：成都男子吸毒后驾车致 1 死 4 伤，专家呼吁毒驾入刑，2012-06-19；中国新闻网：常熟撞车事故大巴司机吸毒，公安部拟“毒驾入刑”，2012-04-24；南方都市报：辽宁“毒驾”致 22 车被撞，肇祸者获重刑，2015-01-09；中国江苏网：毒驾男子连撞三车后逃逸 启东警方一日查获两名毒驾，2015-05-02；刘武俊．毒驾入刑 刻不容缓[N]．光明日报，2015-04-13.

最后，职业病防治执法缺乏力度。《职业病防治法》(2002)与卫生部《职业病诊断与鉴定管理办法》的颁布与实施是社会逐步重视职业病现象的标志，但职业病现象却并没有得到有效治理，职业病人群权益没有得到有效保障。2009 年张海超“开胸验肺”事件作为典型案例，凸显出中国现阶段职业病认定难题：其一，法定的职业病诊断机构稀缺，客观上造成垄断；其二，职业病诊断标准用语专业化，为诊断人员打“擦边球”、拖延时间、给自身留下回旋余地创造了条件；其三，职业病诊断申请的“门槛”过高，阻碍病人维权之路。如《职业病诊断与鉴定管理办法》第 11 条规定：劳动者申请职业病认定需提供职业史、既往史；职业健康监护档案复印件；职业健康检查结果；工作场所历年职业病危害因素检测、评价资料；诊断机构要求提供的其他必须材料。缺少其中任意一项资料，职业病诊断机构都不予受理。

专栏 9-4 张海超“开胸验肺”事件

张海超，河南省新密市人。2004 年 6 月到郑州某材料公司上班，先后从事杂工、破碎、开压力机等有害工作。2007 年 10 月份，X 胸片显示张海超双肺有阴影，之后经多家医院检查诊断其患有尘肺病；2009 年 1 月，北京多家医院确诊其为尘肺病。但 2009 年 5 月 25 日郑州职业病防治所的诊断结果为“无尘肺 0 十期（医学观察）合并肺结核”，为此张海超于 2009 年 6 月主动做“开胸验肺”手术。2009 年 7 月 23 日，张海超所在公司依然否认自己有责任。2009 年 7 月 24 日，卫生部督导组介入，3 天后确诊张海超为尘肺病三期，河南省新密市劳动局认定其为工伤，随后张海超开始申请伤残鉴定。

资料来源：邓红梅，黄静．完善职业病认定制度，破解职业病认定难题——写在“开胸验肺”事件一周年之际[J]．朝阳法律评论，2010(2)：253～267.

“开胸验肺”事件推动人大修订了《职业病防治法》，明确由安监机构、卫生行政部门和人力资源保障部负责全国职业病防治的监督管理工作，界定了职业病范畴并落实了用人单位责任人的责任等。《职业病防治法（修订）》(2011)第 2 条规定：“职业病，是指企业、事业单位和个体经济组织等用人单位的劳动者在职业活动中，因接触粉尘、放射性物质和其他有毒、有害因素而引起的疾病。”第 6、12 条规定：“用人单位的主要负责人对本单位的职业病防治工作全面负责。”“用人单位应当依照法律、法规要求，严格遵守国家职业卫生标准，落实职业病预防措施，从源头上控制和消除职业病危害。”第 48 条规定：“用人单位应当如实提供职业病诊断、鉴定所需的劳动者职业史和职业病危害接触史、工作场所职业病危害因素检测结果等资料；安全生产监督管理部门应当监督检查和督促用人单位提供上述资料；劳动者和有关机构也应当提供与职业病诊断、鉴定有关的资料。”“职业病诊断、鉴定机构需要了解工作场所职业病危害因素情况时，可以对工作场所进行现场调查，也可以向安全生产监督管理部门提出，安全生产监督管理部门应当在十日内组织现场调查。用人单位不得拒绝、阻挠。”随后卫生部《职业病诊断与鉴定管理办法》与《职业病分类和目录》(2013)开始实施。但是，职业病预防依然存在巨大难题，一些关键问题如目前有多少职业危害工作场所？分别是什么工种、分布在什么行业？有多少人暴露在危险之下？需要配备怎样的设施才能真正做到职业病的防治……并没有得到有效解决进而关系着执法力度。

9.2.3 民生安全的法制不健全

第一，网络信息安全法制缺失。从 1994 年接入国际互联网至今，中国已成为名副其实的网络大国。然而，互联网带来便利的同时潜藏着巨大风险，个人信息泄露与倒卖、个人隐私与公民合法权益受到侵害等现象时有发生。2013 年 8 月，张家口警方破获一个买卖公民个人信息的犯罪窝点，抓捕 33 名嫌疑人，查获各类公民个人信息 1000 余万条；2014 年 7 月犯罪嫌疑人雷某供述向电信诈骗团伙倒卖过个人户籍资料、车辆档案、银行存款及交易明细、公司工商档案、旅客住宿记录、乘坐航班记录、手机机主信息、犯罪记录、暂住证和护照等个人信息。

我国当前网络信息安全法律基本上属于“渗透式”立法模式，以相关法律法规、行政规章和司法解释来规范域名注册、市场准入、电子商务、网络著作权等内容，但缺乏统一的网络信息安全法，缺乏整体考量与全盘规划，造成一定程度的重叠与部分领域的立法空白。比如，商业信息保护与电子商务规范化运作欠缺全面立法工作。刑法法典规定的“非法侵入计算机信息系统罪”局限在“侵入国家事务、国防建设、尖端科学技术领域”，侵入社会保障、金融、保险、医疗、交通运输等领域计算机信息系统的案件却需要按照“其他”类案件进行处理，难以准确定性和惩治。

“没有网络安全，就没有国家安全”，2015 年《政府工作报告》主张要“依法保护企业和个人信息安全”。虽然网络信息安全问题已被提升到国家安全的战略高度，但 2003 年《个人信息保护法》递交至相关部门后迟迟不见下文。虽然中国软件测评中心《信息安全技术、公共及商用服务信息系统个人信息保护指南》已正式通过评审，但它毕竟不是强制性标准。司法实践中，如果用户仅以密码被泄露、侵害隐私权为由提出索赔，因举证不易、金额较小等原因难以得到赔偿。

专栏 9-5 12306 信息泄漏事件

2014 年 12 月 25 日上午，第三方漏洞报告平台“乌云网”披露，大量 12306 网站用户信息遭泄露，在互联网上传播售卖，已知公开传播的数据库涉及用户数据超过 13 万条，泄露信息包括用户账号、明文密码、身份证、邮箱等。

12306官方网站发布公告称12306网站数据库所有用户密码均为多次加密的非明文转换码，网上泄露的用户信息系经其他网站渠道流出，并称公安机关已介入调查。12306网站还提醒旅客不要使用第三方抢票软件以防止个人信息泄露。百度、猎豹、奇虎360等多家第三方购票平台发声“表清白”。

此前，类似事件已经发生多起，如“全杭州市2003年至今所有近90万名新生婴儿及近180万名父母敏感信息”、浙江省卫计委的12万名儿童及家长信息、南京车管所某系统的46万名学员信息等。用户账户密码频遭泄露，责任究竟应该由谁来承担？究竟如何避免此类事件的发生？应该制定怎样的行业标准？事件发生后由谁来负责？应以怎样的程序办理此类案件？受到损失的民众怎样获得赔偿？这些问题在目前的法律法规中还找不到答案。

资料来源：中国青年报：三问12306网站用户数据泄露：泄露总量有多少，2014-12-30；新京报：12306网站用户数据泄露，专家：基本确认系黑客，2014-12-26；腾讯科技：12306用户数据泄露超10万条，或由撞库攻击所得，2014-12-25；新华网：12306官网用户信息遭泄，多家抢票平台“表清白”，2014-12-26.

2015年7月6日，中国人大网发布了《网络安全法》(草案)，提出将维护网络空间主权作为立法目的之一；引入“关键信息基础设施”的概念，并对关键信息基础设施保护制定了一整套制度体系；还将监测预警和应急处置作为维护网络安全的重要内容专章进行了规定；规定了个人信息保护的相关内容，明确了网络运营商、关键信息基础设施运营者、网络产品、服务的提供者等相关责任主体的法律责任，并有明确的处罚条例，这是一大进步。到8月5日，草案停止向社会公开征求意见，草案正在逐步完善之中。

第二，反恐怖主义法制薄弱。我国已加入《制止向恐怖主义提供资助的国际公约》《打击恐怖主义、分裂主义和极端主义上海公约》《制止恐怖主义爆炸的国际公约》等反恐怖主义国际公约和区域公约，但国内关于治理恐怖主义的法制仍不完善。

现阶段我国反恐怖主义立法呈现“以刑为主，诸法配合”格局。《刑法修正案(三)》(2001)专门针对恐怖主义犯罪“增设资助恐怖活动罪、投放虚假危险物质罪和编造、故意传播虚假恐怖信息罪”；将组织、领导与积极参加恐怖组织的行为加以区分，规定不同的量刑档次。《刑事诉讼法》(2012)专门针对恐怖主义犯罪的刑事诉讼程序做出特别规定。此外，其他法律、法规及部门规章中也有专门的反恐怖主义内容，如《外国人入境出境管理法实施细则》(1994)第7条规定：被认为入境后可能进行恐怖、暴力、颠覆活动的外国人不准入境；《电信条例》(2000)第57条：任何组织或者个人不得利用电信网络制作、复制、发布、传播含有恐怖内容的信息；《突发事件生活必需品应急管理暂行办法》(2003)第19条规定：当发生恐怖袭击等引发公众恐慌，造成市场异常波动的，省会城市以上人民政府商务行政主管部门，应当在接到报告2小时内，向商务部报告。全国人大常委会《关于加强反恐怖工作的有关问题的决定》(2011)界定了恐怖活动、恐怖活动组织、恐怖活动人员；对反恐怖工作领导机构和有关组织力量做出规定。

虽然反恐立法取得了一定成果，但“以刑为主，诸法配合”的反恐怖主义法律体系却无法适应反恐要求。其一，刑法是一种事后法，无法涵盖恐怖主义活动的预防、处置、恢复等一系列环节；其二，刑法中目前的罪名无法凸显恐怖主义犯罪的特殊性，一些基于恐怖主义目的而实施的故意杀人、防火、爆炸、劫持人质等犯罪仍然按照普通罪名定罪量刑；其三，立法层面缺乏基础性概念的界定，虽然《关于加强反恐怖工作的有关问题的决定》界定了恐怖活动、恐怖活动组织和恐怖活动人员，但仍然不能称为专门意义上的反恐专门法，可操作性不强。可喜的是，《反恐怖主义法(草案)》(2014、2015)在恐怖主义、恐怖活动组织和人员认定，反恐怖主义安全防范、恐怖事件应对处置等方面在不断完善。

专栏9-6　英国反恐怖主义立法：构建立体化反恐格局

英国反恐立法经历了漫长的发展变化过程。21世纪后，英国将反恐提到了新的战略高度，相继颁布了5部反恐怖法，形成较为完善的反恐法律体系：(1)《2000年反恐怖主义法》(*Terrorism Act* 2000)，强化了原有的反恐权限，界定了“恐怖组织”的概念，包括认定和禁止恐怖组织、确立有关恐怖组织资产的犯罪及警方的调查权力等内容。(2)《2001年反恐怖主义、犯罪和安全法》(*Anti-Terrorism，Crime And Security Act* 2001)，改善英国当局对直接参与或支持恐怖主义活动的打击效率，包括金融监管和制裁、信息保存和收集、航空、化学、生物与核安全内容。(3)《2005 年预防恐怖主义法》(*Prevention of Terrorism Act 2005*)，赋予内政大臣核发“控制令”的权力，制约包括英国或外国公民在内的恐怖分子嫌疑人。(4)《2006 年反恐怖主义法》(*Anti-Terrorism Act 2006*)，将鼓励、纵容恐怖主义定义为刑事犯罪，并进一步延长审判前拘留恐怖嫌疑人的期限。(5)《2008 年反恐怖主义法》(*Counter-Terrorism Act 2008*)，对原有法案进行补充。增加了禁止对警察和军人进行拍照，以防止恐怖分子窥探重点目标。这一系列新的反恐法构建了涉及人员、社团、资金、情报、危险物品等多方面的立体化反恐格局，极大地改善了反恐怖斗争的法律环境。

资料来源：赵秉志，杜邈．中国反恐法治问题研究[M]．中国人民公安大学出版社，2010：329～341.

第三，反家庭暴力法制缺失。虽然《婚姻法》《未成年人权益保护法》《老年人权益保护法》《妇女权益保障法》等法律在不同程度上规定了禁止“家庭暴力”条款，但存在过于笼统、举证难、受害人人身安全保护措施不到位等问题，整体上反对或禁止家庭暴力的法制存在许多空白与漏洞。

一是认定家庭暴力的法律规定较为笼统。如《婚姻法》解释中对“殴打、捆绑、残害、强行剥夺人身自由”的列举不能穷尽家庭暴力行为方式，而“其他手段”的界定又过于模糊，也未界定“精神暴力”；二是家庭暴力举证责任延续《民事诉讼法》“谁主张，谁举证”原则，但要求家庭暴力受害人提交病例或鉴定书以及该伤害结果是其配偶施加的证据等导致许多受害人无法寻求法院保护；三是对受害人人身安全保护措施不到位，无法确保暴力受害者及时脱离暴力环境。尽管《关于依法处理监护人侵害未成年人权益行为若干问题的意见》(2015)有“情况紧急时将未成年人带离监护人”“撤销监护人资格”等条款，但对带离未成年人的责任人、相应程序等缺乏详细规定；四是警察介入家庭暴力案件的权限、方法和责任不明确；五是，家庭暴力受害人存在大量“以暴制暴”现象，长期遭受家暴的妇女不堪忍受折磨，奋起反抗杀死丈夫的案件屡见报道。

一部统一的反家庭暴力立法已经成为时代的呼唤。2011 年 7 月 15 日，全国人大常委会已将反家庭暴力法纳入预备立法项目；2014 年 11 月 24 日，全国人大常委会已将《反家庭暴力法》列入立法规划；2015 年 7 月 28 日国务院常务会议通过《反家庭暴力法(草案)》。草案规定根据情节轻重对加害人出具告诫书、给予治安管理处罚或追究刑事责任等，明确了政府、社会组织和学校、医疗机构等各方职责，并设立人身安全保护令制度，会议决定将草案提请全国人大常委会审议。

专栏 9-7　湖南女子抵抗家暴杀夫获缓刑 256 个红手印为其求情

李某(女)和胡某(男)是湖南岳阳平江县某镇村民，1984 年两人登记结婚，婚后生育 3 个子女，其中二儿子出生后患病引起病毒性脑膜炎，生活无法自理，一直由李某照顾。而胡某从婚后一直对李某有不忠行为，两人经常因此争吵，李某经常面对胡某的辱骂和殴打。2014 年 8 月 13 日下午，胡某带自己的情妇回家向李某要钱，李某不给，胡某从洗手间拿了一个拖把殴打李某。混乱中，李某从酒柜上拿了一把水果刀并在身前来回划动阻止胡某，但胡某没有停止追打，最终被李某意外刺死。该案引起强烈的社会反响。邻居议论："作孽呢，她是一个可怜的女人。""平时要照顾一个弱智儿子，还要忍受丈夫的背叛。""杀人肯定不对，但是她丈夫做得也太过分了。"

2015 年 4 月 28 日，在平江县人民法院，包括被害人兄姐、子女在内的 256 人联名请愿，请求法院从轻处罚。请愿书中提道："一直以来，李某都是一位比较贤淑的女人，疼爱子女、勤俭持家。二儿子 28 岁，高度弱智，生活不能自理，长期需要照料，请求法院予以从宽处理。"最终李某被判处缓刑，接受社区矫正，定期向当地司法机关和公安机关报告。

资料来源：观察者，2015-04-29.

>> 9.3　破除中国民生安全梦实现路径上的法治障碍 <<

9.3.1　幸福指数较高国家的法治民生安全经验借鉴

2015 年《全球幸福指数报告》显示：前十名是瑞士、冰岛、丹麦、挪威、加拿大、芬兰、荷兰、瑞典、新西兰和澳大利亚。结合 2012 和 2013 年的报告发现，前十名榜单相对稳定，丹麦、瑞士、荷兰、瑞典、加拿大、挪威、芬兰、澳大利亚等国家一直名列前十。中国内地在 2012、2013、2015 年分别是 112、93、84 名，虽然有进步，但相对北欧国家而言，差距非常明显。

民众幸福感是检验政府能力的试金石。良好的公共服务体系、健全的法律体系和法治环境下的廉洁政府是北欧国家民众幸福感的主要来源。在当前全面深化改革关键时期，学习并适当借鉴其他国家发展法治民生安全经验有着深远意义。以丹麦的法治民生安全经验为例：丹麦被誉为世界上“最干净”的国家，政府廉洁为人称道，民众幸福感稳定，这些都离不开其强大的法治保证。

第一，以法治促进廉洁政府和廉洁社会建设。2008 年 11 月，丹麦出台刑法修正案，明确规定：“向政府官员行贿和政府官员受贿”是犯罪；向外国官员行贿，企业出于商业目的为政府官员安排旅行、特殊服务以及赠送礼品，即便对方拒绝，亦属犯罪。2009 年，丹麦议会通过《透明制度》法案规定：内阁大臣必须公开每月公务用餐开支、出访费用及收受礼物等情况。此外，针对贪污受贿制定了《零容忍政策》，规定所有公司和组织包括公益捐助机构在开展业务时必须拒绝任何行贿受贿行为。丹麦国际开发署还建立了电子邮件报告系统，方便公众对滥用开发署资金的行为进行监督举报。严格的法律规定之下的政府公信力、人人监督与人人自律的社会风气以及诚实守信的社会氛围是造就丹麦民生安全感和幸福感的基础。

第二，严格的法律确保良好的社会治安，其暴力犯罪率是北欧最低的。丹麦《刑法》规定，对犯罪的处罚方法有罚金、缓刑判决、社区服务和监禁。但在司法实践中，涉及判处终身监禁罪犯的每年只有 2～3 起案件。特别重要的是，丹麦几乎没有警察腐败犯罪，警察是一个职业化很高、职业道德感很强以及有较高收入的群体。良好的社会治安是民生幸福感的保障。

第三，有最严格的食品安全标准和食品质量安全保证体系。1996 年以来，丹麦从行政管理、立法等入手，逐渐建立了一个有健全的、有可追溯性的食品生产与流通监督管理体系，并采用先进的检测方法和仪器保证食品安全，辅助独立机构对食品生产商的监督和抽查，确保流入市场的产品安全性。

9.3.2　公共治理与多元主体在法治民生安全提升的责任与义务

在新公共管理范式中，面对纷繁复杂的社会治理问题，政府有必要与私人部门、非营利组织、社区组织、公民自治组织等主体展开广泛合作；政府是多元管理主体的组织者、协调者，是多元管理主体的核心；私人部门和社会组织充分发挥自身积极性，努力促进社会和谐发展。根据中国在法治民生安全建设方面的实际情况，应当明确政府、人民代表和社会三个主体在改善“法治民生安全”责任与义务。

首先，强化政府责任：完善立法、落实执法、完善监管。我国政府正经历“发展型”向“服务型”转型，在民生安全服务领域出现缺位现象，而市场在民生安全服务供给时出现趋利性和公共性的矛盾，第三部门由于自身条件限制以及对于政府的依赖影响着民生安全服务的提供成效，这一系列问题影响了当前中国社会民生安全服务的质量和水平。当务之急是明确政府在法治民生安全领域的角色与职责，增强从法治层面改善民生安全服务的责任意识。

在法制建设层面，政府应当逐步充实、完善已有的政策规章，建立完善的监督和问责机制，防止现有的规章条例与现行法律的冲突；逐步完善人大、政协等代议机构的公共需求表达与反馈机制，注重互联网的影响力，推动相关细则的出台和落实。在法律执行层面，政府应当加强执法队伍建设，并完善监管，通过颁布规章、教育培训等方式提升执法部门和监管部门工作人员的法治意识。

对于部分领域的“有令不行、有禁不止”现象，如“开车随意变道”现象突出（专栏 9-8），应当由法律明确赋予政府相关部门执法权力，尤其是行政强制权；配套建立民生安全目标责任制度和考核评价制度，构建民生安全服务目标体系，制定评价标准。

专栏 9-8　成都男司机暴打变道女司机背后的法律问题

2015 年 5 月 3 日下午，一段“成都男司机将女司机逼停后当街殴打”的视频引发数万网友转发。4 日凌晨，成都锦江公安分局发布情况通报称，男司机张某因涉嫌寻衅滋事，将依法对其进行刑事拘留。然而男司机行车记录仪视频曝光揭示：女司机别车在先。随后网友对女司机进行人肉搜索，并发帖曝出该女司机此前多次违章，肇事车辆还有 26 次违章尚未处理。网络舆论对女司机的态度从同情演变成谴责。

视频显示，该女司机在三环路上从第二条车道跨越实线进入第四条车道，后经匝道口驶离三环路主道进入辅道，并线时未避让在她右侧车道正常行驶车辆，属于强行并线行为，按照《道路交通安全法》规定，可处以100元罚款，并记3分，若当场有交警，女司机应该会立即受到行政处罚。当男司机跟随驶出主干道，两人开始互相追逐开起斗气车，但法律规定：驾驶机动车禁止开斗气车，否则按规定处以100元罚款。

这个案例还揭示了更多法律问题：任意变道行为很常见，但目前没有完善的处罚措施；男司机行为涉及寻衅滋事罪、故意伤害罪和危险驾驶罪，处理结果取决于女司机伤情鉴定，若被认定为轻伤，则男司机会被追究刑事责任，可能面临3年以下的有期徒刑、拘役或者缓刑；若伤情不构成轻伤，则双方可以协商解决。

资料来源：河南法制报，2015-05-07.

其次，明确代议机构责任：发现漏洞与监督政府。人大代表应该充分发挥自身职能，加快民生安全法制化进程，推动相关立法工作，以更好地加强对于政府的监督，这也是宪法、组织法、监督法等法律的要求。

人大监督政府的方式主要是：审查和批准决算、听取和审议关于国民经济和社会发展计划、预算执行情况及审计工作报告；听取和审议专项工作报告；法律、法规实施情况的检查；规范性文件的备案审查；询问和执行；特定问题调查；撤职案件的审议和决定；代表视察；受理公民申诉等。由于人大代表兼职制带来的履职能力有限、制度保障困难等问题，人大监督政府的工作尽管取得了一定的进展，但是仍然有欠缺。

群众对民生安全最有发言权，人大代表应当明确自身责任，提升自身素质，切实履行密切联系群众的义务，积极反映群众意见和要求，促进国家和地方各级权力机关制定出符合人民意愿、切合实际的决策和决定。在密切联系群众的过程中，人大代表还需要结合自身经验，切实行使提议案权和建议权以及质询权，将在基层实践中政府提供民生安全服务方面的漏洞书面化，形成提议案，强化对于政府的监督，促进政府落实法律、完善各方面工作。

专栏 9-9　象山县人大代表叶海静跟踪监督过期药品回收见效

2015 年 4 月 4 日，象山县县委办、县市场监管局、丹东街道东街社区等 8 单位联合开展家庭过期变质药品科学处理宣传活动。志愿人员向市民分发倡议书，检查验收回收药品。这次活动是象山县人大代表、东街社区居委会主任叶海静建议、督促发起的。

叶海静当人大代表近 10 年，密切关注民生议题。2014 年她在人代会前调研时发现：居民家庭配购药品用不完，多数没有定期清理过期药品的习惯，有的不法商贩乘机回收过期药品，转卖流入偏远农村，危害农村群众健康。叶海静代表视察药监部门，查阅网上资料，得知早在 2007 年宁波市就制定了《回收家庭过期药品的指导性意见》，2008 年又列入《国家危险废弃目录》。在象山县十七届人大三次会议上，叶海静递交《关于及时回收家庭过期药品的建议》，要求政府部门加强宣传引导，增设回收网点，制止非法回收等，以确保过期变质药品可控可管、科学处理。叶代表建议引起政府领导重视，有关部门积极尝试在街头、小区、学校、敬老院试点回收。在过期药品回收见到成效后，叶海静代表并没有到此为止，她表示会继续跟踪监督。

资料来源：宁波日报，2015-05-27.

最后，鼓励社会参与法治民生建设：监督与举报。社会参与民生安全问题解决是时代发展的要求，只有在社会广泛参与的基础上才能构建健全的民生安全法治体系。我国《宪法》第 2 条规定："人民依照法律规定，通过各种途径和形式，管理国家事务，管理经济和文化事业，管理社会事务。"随着互联网的普及和经济社会发展，网络问政的时效性和透明度为社会参与尤其是公民参与法治民生安全建设提供了便利条件。

参考文献

[1]曾碧霞.《职业健康监护管理办法》的不足与修改建议[J]. 职业与健康，2006(6)：15.

[2]程国华. 我国交通法规史拾贝[J]. 汽车运用，2007(3)：19.

[3]樊永祥，何来英，韩宏伟，王竹天. 完善食品安全标准制度研究[J]. 中国食品卫生杂志，2014(4)：324～328.

[4]付子堂，常安. 民生法治论[J]. 中国法学，2009(6)：26～40.

[5]华人凤．谈电力锅炉检修作业中的粉尘危害识别及防治[J]．中国职业安全卫生管理体系认证，2002(6)：30.

[6]刘滨．我国信息安全立法的现状与对策[J]．上海信息化，2010(12)：15.

[7]孟雨．浅谈我国职业病防治存在的问题及对策[J]．卫生软科学，2011(9)：589～592.

[8]莫民帅等．对新修正《中华人民共和国职业病防治法》的一些思考[J]．环境与职业医学，2013(2)：145～147.

[9]李家文．我国气象灾害应对的法律法规要求初探[J]．中国气象学会2008年年会极端天气气候事件与应急气象服务分会场论文集，2008(11)：01.

[10]李凯．《职业病防治法》修改若干问题研究[J]．延边党校学报．2012(6)：20.

[11]李礼．城市公共安全服务供给的合作网络[J]．中国行政管理，2011(7)：24～27.

[12]刘丹松．当前食品安全监管法律实践问题研究与分析[J]．当代法学，2012(2)：156～160.

[13]潘超正．中国劳动法的历史发展及现状[J]．浙江财经学院法学院，2010(9).

[14]彭娟．对中国未成年人法律保护的法理思考[J]．社科纵横 2008(9)：15.

[15]孙国荣．网络银行风险法律监管研究[J]．中央民族大学，2009(4)：5. 王志香．我国自然灾害防治法律制度研究[J]．山东师范大学，2011(5)：10.

[16]晓讷．《职业病防治法》修正，重在预防——访全国人大常委、中国安全生产科学研究院副院长张兴凯[J]．劳动保护，2012(2)：75～79.

[17]赵炳强．我国道路交通法规的形成与发展[J]．现代交通管理，1997(5)：42～44.

[18]赵秉志，杜邈．我国反恐怖主义立法完善研讨[J]．法律科学．西北政法学院学报，2006(3)：141～146.

[19]赵辰，等．阐述我国食品卫生法制的发展[J]．中国卫生监督杂志，2012(2)：129～132.

[20]钟雯彬．公共安全产品与服务供给的新秩序模式[J]．中国人民公安大学学报，2004(1)：106～115.

[21]王伟．我国信息网络安全立法问题研究[M]．西安理工大学出版社，2006：38.

[22]张涛．食品安全法律规制研究[M]．厦门大学出版社，2006：125～132.

[23]赵秉志，杜邈．中国反恐法治问题研究[M]．中国人民公安大学出版社，2010：66.

[24]丁则芳．论我国食品安全法律体系的完善[D]．吉林大学，2012.

[25]顾意．网络信息安全的法制研究[D]．南京师范大学，2014.

[26]何翔．食品安全国家标准体系建设研究[D]．中南大学，2013.

[27]李均帅．道路交通安全事故与道路交通法律法规变迁的关系探析[D]．南京工业大学，2014.

[28]李艳梅，欧任山．新中国妇女权益的立法保障[D]. 社会科学家，1999-12-30.

[29]申少君．道路交通安全规律及法律体系研究[D]. 长安大学，2003.

[30]王浩．网络违法犯罪及其对策研究[D]. 浙江大学，2007.

[31]王赞．惩治恐怖主义犯罪立法研究[D]. 大连海事大学，2012.

[32]2014 年中国网络诈骗研究报告[N]. 中国科学报，2015-04-03.

[33]加快个人信息保护立法，补齐信息安全法律“短板”[N]. 安徽日报，2015-04-29.

[34]国务院常务会议通过反家庭暴力法(草案)[N]. 检察日报，2015-07-30.

[35]南昌家暴投诉数量一年增加三成[N]. 江西晨报，2015-03-09.

[36]“高知阶层”施暴者数量增加[N]. 齐鲁晚报，2014-11-26.

[37]每年十万家庭因家暴解体[N]. 中国青年报，2010-06-29.

[38]网络安全法有望深度保障个人信息安全[N]. 中国青年报，2015-07-31.

[39]21 世纪经济报道．1400 万快递用户隐私被售卖，业内称不足为怪[EB/OL]. [2014-08-17]，http：//tech. ifeng. com/it/detail _ 2014 _ 08/17/38275426 _ 0. shtml.

[40]东北网．哈市因家暴离婚数量增加[EB/OL]. [2011-10-09]，http：//heilongjiang. dbw. cn/system/2011/10/09/053436128. shtml.

[41]法制网．新食品安全法史上最严都严在哪儿[EB/OL]. [2015-0503]，http：//www. legaldaily. com. cn/locality/content/2015-05/04/content _ 6067216. htm? node=32164.

[42]公安部：“醉驾入刑”一年酒驾致交通事故死亡人数大降[EB/OL]. [2012-05-14]，http://news. cntv. cn/china/20120514/106829. shtml.

[43]共识网．中国反恐十年：反恐国际合作困难重重[EB/OL]. [2014-08-08]，http：//www. 21ccom. net/articles/qqsw/zlwj/article _ 20140808110759. html.

[44]青少年维权网．未成年人遭受家庭暴力案件调查与研究报告[EB/OL]. [2014-09-24]，http：//www. chinachild. org/b/rd/7041. html.

[45]师红蕾．中国婚姻法的发展历程[EB/OL]. [2010. 03. 25]，http：//www. ha. chinanews. com/lanmu/news/711/2010-03-05/news-711-88242. shtml.

[46]新华网．网络黑市公然叫卖身份证 300 元一张[EB/OL]. [2015-04-20]，http：//www. js. xinhuanet. com/2015-04/20/c _ 1115028624. htm.

[47]中国法院网．关于家庭暴力案件认定难的思考[EB/OL]. [2013-06-24]，http：//www. chinacourt. org/article/detail/2013/06/id/1016959. shtml.

[48]中国警察网．张家口 4. 23 非法买卖公民个人信息案[EB/OL]. [2014-11-27]，http：//special. cpd. com. cn/n26191332/n26191339/c26218025/content. html.

[49]中国食品药品监管：打响“舌尖安全”保卫战-新修订《食品安全法》深度解读[EB/OL]. [2015-06-03]，http：//www. cfqn. com. cn/jryw/5192. html.

[50]中国新闻网．男子非法买卖个人信息千万余条被刑拘[EB/OL]. [2014-07-21]，

http：//www. chinanews. com/fz/2014/07-21/6409407. shtml.

[51]中国新闻网．反恐怖主义法草案进入二审，进一步完善恐怖主义等定义[EB/OL]. [2015-02-05]. http：//www. chinanews. com/gn/2015/02-25/7078962. shtml.

[52]使用有毒物品作业场所劳动保护条例. 新法规月刊[E]，2002-07-10.

[53]中共中央关于全面推进依法治国若干重大问题的决定[E]，2014-10-28.

第10章　加强法治建设，护佑民生发展

处于社会发展和体制转型攻坚期的中国，由于法治水平低下，民生改善和发展受到严重阻碍：不合理的收入分配导致贫富差距进一步扩大；失衡的劳资关系导致劳动者权益不断受损；人为构筑城乡壁垒的二元户籍导致基本公共服务不均；受限的人才横向地区流动和纵向向上流动导致社会阶层利益固化；缺乏权利倾斜的立法导致农民工、穷人等困难群体受歧视程度加剧；不合理的市场交易规则导致消费者权益难以保障；不明晰的产权界定导致公民财产面临侵犯和威胁……

我国民生领域的法治建设正经受着前所未有的历史性考验：法治理念模糊落后，法律体系碎片化、缺乏自洽性，执法不严、滥用权威、执法形式单一，司法不公，普法不力等问题重重，亟待彻底解决。

立法分配权利，执法落实权利，司法救济权利，普法宣扬权利，唯有坚持不懈地推动法治建设，才能切实长久地护佑民生。以民生领域的法治建设作为实施“全面推进依法治国”方略的突破口和着力点，也必将为中国腾飞和中华民族伟大复兴注入强大动力，开创崭新局面。

>> 10.1　优良的民生立法 <<

10.1.1　民生立法要立“良法”

法治的实质是良法善治，良法是法治的前提。良法善治至少包括两层含

义，首先一个国家的成文法或实际起作用的不成文法(风俗习惯、道德律令等)本身是品质优良的，即是良法；其次，是这个良法被人们普遍认可和服从。

亚里士多德在其代表作《政治学》一书中把法定义为“免除一切情欲影响的神祇和理智的体现”。他认为法治具备两个要素：“已成立的法律获得普遍的服从，而大家所服从的法律又应该是制定得良好的法律。”也就是说制定良法是法治的前提，而且良法要具备至上的权威。

民生立法要秉持良善价值。民生领域所立之法必定是良法，而良法必定要追求为人类奉之为良善的价值，若以追求邪恶为其终极目标，那么就是恶法乱治。良法所追求的良善价值是什么呢？亚里士多德列出了衡量良法的三个价值标准：良法必须能够促进建立合于正义和善德的政体，并为保存、维持和巩固这种政体服务；良法不得剥夺和限制自由，良法应允许人拥有自由的范围；良法是符合公众利益而非只是谋求某一阶级或个人利益的法。由此可知，在亚里士多德的眼里，良法所追求的良善价值可概括为三项，即合乎正义、维护自由、谋求公共利益。《牛津法律大辞典》在定义法治一词时指出法治意含着对某些原则的服从。它指出，法治意指所有的权威机构——立法、行政、司法及其他机构，都要服从某些原则。这些原则一般被看作是表达了法律的各种特性，如正义的基本原则、道德原则、公平和合理诉讼程序的观念、它含有对个人的至高无上的价值观念和尊严的尊重，等等。这些原则实质上同样是良善价值，这些良善价值可归结为正义、程序合理、尊重个人等。

就法治本身而言，不管是构成“法治”外在形式的抽象法律条文，还是适用法律条文的丰富实践，都不能摒弃和脱离深含于“法治”内核的良善价值。笔者认为，民生立法应秉持如下五个基本的良善价值。

一是公平正义。公平正义是古今中外历代先贤哲人的共同主张和价值追求。儒学经典著作《论语·季氏篇·季氏将伐颛臾》第十六章中就有这样的论述：“丘也闻有国有家者，不患寡而患不均，不患贫而患不安”，充分表达了儒家对于公平正义价值的信仰和追求。法家代表人物韩非子从执法的角度强调了法律的公平导向，认为法的执行要做到“法不阿贵”“刑过不避大臣，赏善不遗匹夫”。(《韩非子·有度》)国民政府时期通过的《中华民国宪法》中规定：国民经济应以民生主义为基本原则，实施平均地权，节制资本，以谋国计民生之均足。《牛津法律大辞典》明确解释了保护平等权利、遵循平等原则是法治的重要内容之一。根据其阐释，任何法律制度下的法治都应该包含如下内容：对立法权的限制，反对滥用行政权力的保护措施，获得法律的忠告、帮助和保护大量平等的机会，对个人和团体各种权利和自由的正当保护，以及在法律面前人人平等。

在推动民生发展和法治建设的新时期，中国共产党和政府更是将追求公平正义作为核心的价值导向。例如，在中国共产党十八大报告中，“公平”一词频繁出现，特别在改善民生的章节中使用频率更高：大力促进教育公平；初次分配和再分配都要兼顾效率和公平，再分配更加注重公平；以增强公平性、适应流动性、保证可持续性为重点，全面建成覆盖城乡居民的社会保障体系……

二是控权。控权意味着民生立法要对政府手中的公共权力进行严格限定，防止公共权力滥用，防止其对公民、市场和社会的过度干预。

公民私域空间不容侵犯。密尔在其论文《论自由》中提出的伤害原则为成文法或国家法的构建提供了依据。“伤害原则”是自由和权威关系的准绳：“这条原则就是：人类之所以有理有权可以个别地或者集体地对其中任何分子的行动自由进行干涉，唯一的目的就是自我保护。权力能够违背文明共同体成员的意志而对他进行正当干预的唯一目的，在于防止对他人的伤害。若说为了他自己的好处，不论是物质上的或者道德上的好处，都不成为充分的理由。”坚持密尔的“伤害原则”，人们就可能创造使自由最大化的社会生活形式。这种生活形式中个人被赋予一个私人的“社会”空间，也就是私域。在私域内，个人可以按照他喜欢的方式行动，只要个人在有待界定的相关意义上没有伤害他人，个人就是自己私域的主宰者，即个人拥有自治领域。这个自治领域包括：第一，意识的内向境地，要求最广义的良心自由；要求思想和感情自由；要求在不论是实践的或者是思辨的、科学的、道德的或神学的等一切主题上的意见和情操的绝对自由。第二，趣味和追求的自由；要求有安排我们生活以顺应我们的性格的自由；要求有随心所欲行为的自由，当然应承受会随之而来的后果。这种自由，只要我们所作所为无害于我们的同胞，就不应受他们的妨碍，即使他们认为我们的行为是愚蠢、不正当或者错误的。第三，随着各个人的这种自由而来的，在同样的限度内，还有个人之间相互联合的自由；也就是说，人们有自由为着任何无害于他人的目的而彼此联合，只要参加联合的人是成年人，不是出于被迫或受骗。

创建和维护良性的市场经济秩序，捍卫经济权利。现代法律可以通过法律明确界定产权和制定合理有效的市场交易规则而确保市场经济的正常运转，捍卫公民的基本经济权利。法家代表人物韩非子认为，法律的关键作用在于“定纷止争”，用现在市场经济的话说，就是法律要能够通过确定物的所有权来防止或制止争议。法家代表人物之一慎到就用逐兔事件来对此观点做了比喻：“一兔走，百人追之。积兔于市，过而不顾。非不欲兔，分定不可争也。”意思是说，一个兔子跑，很多人去追，但若有很多兔子在集市上，人们却不会理睬。他们不是不想拥有兔子，而是因为这些兔子已有归属，不能再争夺了。如果明知兔子是别人的还要硬抢，那就是犯法，肯定会受到法律的制裁。当今，在我国如火如荼的城市化进程中，屡屡发生农民住宅被强拆，土地被强占的基本民生权益被侵害现象，其中最重要的原因之一就在于农村宅基地和农业用地的产权界定不明晰，农村土地的交易流转规则缺乏法律依据。另外，在我国目前的市场经济体制之下，作为市场交易主体一方的消费者，常常处于弱势地位，其财产和健康权益同样频频受到侵害。在食品安全领域、医疗领域、教育领域、服装和旅游市场，消费者权益受损现象尤其突出。明晰的产权界定和公正合理的交易规则的制定，是市场机制正常运转、良好的市场秩序得以维护的根本保证，也是民生经济权利乃至健康权利得以有效捍卫的根本保证。

政府干预市场的合理限度在于纠正市场失灵。迄今为止，越来越多的学者们认为，自由竞争的市场经济机制是实现资源优化配置最有效的机制，除非市场失灵，政府的公共权力都不得任意干预市场经济主体的生产交易等行为以及市场自发的运转机制和秩序，政府应该以追求市场“最大化”为目标。因此，任何一个实行市场经济体制的现代法治政府，都要将公共权力以法律的形式将其限制在纠正市场失灵的范围内。

培育和壮大社会空间。这里的“社会”概念是狭义的，它包括西方国家学者所称的“公民社会”，但若将其放在中国或其他发展中国家的分析语境中，它又不仅仅限于“公民社会”，它是一个更加广泛的范畴。西方国家学者所称的公民社会是基于国家与公民社会的二元界分之上的，认为公民社会是完全独立于国家，不受国家权力支配的各种社会团体的总和。然而，基于我国历史和社会发展状况，对狭义社会的理解必然要超越西方二分法思维。正如厄普霍夫等学者所认为的，公民社会是介于国家和公民之间的一个社会缓冲带和过渡层，是由各种机构所构成的一个“连续统一体”，其中许多部门都具有国家机构和社会组织的双重功能和特征。

法治必然是善治，而善治必然要求国家、市场和社会三者之间各归其位，相互制衡，和谐发展。

三是回应利益诉求。从政府与民众的关系而言，法治的价值在于惠民，而不是维护官员特权。民生利益容易受到侵犯和威胁，因此它是人们的一种诉求。法治意味着要给予公民主张或伸张利益的法律资格和能力，在此意义上，纳入了法治框架的利益也就是法定权利。

对人民利益诉求的回应具有历史性。随着人类社会经济发展、政治文明的进步、社会发展、文化变迁等，利益诉求会发生性质和范围的变化，利益的实现会受到历史条件的制约和限制。民生利益同样如此，其界定和实现同样具有历史性。基于人民利益诉求的历史性，法律也应该随时代的变迁而变动。我国古代的法家很早就有了这样的观念。他们反对保守的复古思想，认为法律和制度不应因循守旧，而是要随历史的发展而发展，锐意改革。法家思想的坚决推行者商鞅明确提出了“不法古，不循今”的主张。韩非子言明要“不期修古，不法常可”“世异则事异”“事异则备变”(《韩非子·五蠹》)，并进一步指出“时移而治不易者乱”，直言法律僵化缺乏回应性将会导致天下大乱。

四是激发社会活力，创造和谐秩序。现代法治的根本要义并不在于维护一种便于统治者对人民进行统治的超稳定的秩序，因为这样的秩序是守旧僵化的，它依靠强权压制人们的个性发展和削弱人们的自由思想和意志，不利于个人追求幸福和整体的社会进步。

一个文明进步的社会是充满活力，张扬个性，人们相互关爱、和谐共处的社会，法治在其中所起的最终作用就是为个人乃至人类追求真正幸福和善提供法律保障和优良秩序。通过法治建设来护佑民生，就要用立法来鼓励个人奋斗，让人们能够通过个人努力，改善民生，实现幸福。《左传》中有表述：“民生在勤，勤则不溃，是勤可以免饥寒也。”正表达了个人勤奋是改善民生的正当而重要的途径，法律必须对此加以肯定。

民生立法要鼓励人们个性发展和生活方式的多样化。因循密尔“伤害原则”和“自治领域”的逻辑，人们的生活方式、观点和知识等方面会产生日益增长的多样性。而这种多样性是人性趋于完善，社会不断进步的条件和象征。“人不是机器，按照某种模子制造出来，被设定去精确地完成它规定的工作。人是一棵树，需要按照使它成为活生生的一棵树的内在力量的趋向来生长并全面发展。”他确信，“一个富有活力的社会可以使真正的生活实验具有综合能力，这种社会既能感受广泛的多样性，同时也聚合在一起，而这将创造高级的功利。如果真正存在具有自由与多样性，允许生活试验与个性的社会，那么，人民将会以最低程度的憎恨彼此相处。”当然，正如密尔其本人所认识到的，人们受不成文法和社会制裁的压制甚至比受官方(成文法)压制更多，正因如此，密尔主张人们在态度和思想上也要彼此之间更加宽容。富勒从交往的角度谈到了法律要维持社会活力。法律是一种表达的媒介，这一媒介的根本任务并不是确保稳定性、秩序和义务，而是创造一种使交往以及自由的社会互动得以发生的社会秩序。“交往不只是活着的手段。它是保持活力的方法。正是通过交往，我们才继承了人类过去的努力所达到的成就。交往的可能性向我们保证我们取得的成就将丰富后来者的生活，它由此而使我们不会对死亡的观念感到不安。我们怎样、在什么时候实现彼此之间的交往，这将扩大或者缩小生活本身的范围。”

五是凝聚价值共识。“法治”是我国社会主义核心价值观的重要组成部分，它与“自由、平等、公正”共同构成完整的社会主义核心价值观体系。徐显明认为：“把‘法治’作为社会主义核心价值观的关键词之一，根本上是要弘扬法治精神，坚持法治原则，让法律成为全社会的信仰。建立法治信仰需要有正确的法治观念、法治理念和法治精神，这是社会发展的先导力量，指引着社会的前进方向，与此同时，全社会的法治信仰也是我们建设法治国家最强大的力量。”当然“法治”不能脱离“自由、平等、公正”等其他价值观而单纯地发挥凝聚价值共识的作用，法治是全社会对法律的信仰，而在法律的制定和执行中，即“法治”实践中，“自由、平等、公正”同样是全社会共同的价值追求，必须贯彻始终。在这个意义上来讲，法治也是实践其他社会主义核心价值观的重要保障。

六是合乎道德。法律与道德是两个有所区分却又紧密相联的概念，二者之间应当建立一种怎样的关系，以及如何进行区分、划定合适范围一直也是法理学家们所争论和探究的问题。把握法律与道德的适当关系，要从道德的两种基本类别谈起。西方法学家富勒将道德分为“义务的道德”和“愿望的道德”两种：第一种是社会有序化的基本要求，它们被视为社会交往的基本而必要的道德正当要求，比如不得杀人、盗窃、抢劫等，这是一种低标准的常人品行的道德要求；第二种是那些有助于提高生活质量和增进人与人之间紧密联系的原则，是一种高标准的道德要求，比如博爱、仁慈、富有爱心等。有时我们也把这两种道德分别对应于“底线道德”和“高尚道德”。

法律要固守底线道德。法律要为人们划定道德底线，使人们遵守最起码的道德。法律的基本功能在于使社会生活成为可能。法律预先假定了社会的存在。道德则基本上是个体的经验。中世纪的法律哲学家认为，人为法的本质当在社会关系的事实中找寻，它只涉及与别人合作之事的那部分行为。因此人为法并非以增进美德为目的，它只以确保一个和平的共同生活为目的，它并不禁止一切恶，而只禁止危及社会的恶，它并不苛求一切的善，而只要求关涉共同体的善。

法律不能规定人人具备高尚道德。愿望的道德可以成为法律的指向，但法律不能够强迫人们去从事高尚道德律令下的高尚行为，如舍人为己、见义勇为等。使人们成为“道德楷模”或“圣人”的社会调节机制是道德教化和修养，它源于人们内心对道德律令的信仰和认可，而不是迫于法律的压力或惩罚。法律不能够完全替代道德，否则就会为侵越个人自由提供借口和便利，使道德的本质受到侵蚀。

10.1.2 民生立法要遵从程序美德

富勒在其著作《法律的道德性》中指出：“法律……是一个目的性的事业，其成功依赖于行为人的精神、洞见、智慧和法律实践者的良心。由于这种依赖性，法律注定总是在某种程度上不能实现其全部目标。”

富勒认为，法律的创制者必须遵从某些程序“美德”，法律必须具有充分的一般性，公开地公布，可预期，是可理解的，不矛盾，相当一致，能够实现，由官员按照法律的内容加以管理，官方行为与公布的规则必须一致。这些程序美德意味着法律的创制：第一，必须有规则。一个观察者应当能够确认法律过程中的某些行为规律，能够假设那些行为规律不是出于纯粹的偶然，它是与该过程的参与者关于应当做什么的思考紧密相关的。第二，这些规则在操作上不得溯及既往。公众必须总是可用这些规则来指引他们的行为，人们不应该因事后制定的规则的命令而被捕、受审判。第三，它们必须被公开。第四，它们必须是可以理解的。规则的表达方式必须使规则所针对的那些人有机会理解什么是他们不应当做的事情。第五，它们不能彼此矛盾。第六，遵守规则必须是可能的。制定出来的规则不能彼此冲突以致产生主体不可能不违反规则的情形，规则也不应该要求人们做不可能的事情。第七，规则不能经常变动。第八，必须以一贯而正确的方式来适用规则。具有一种合乎逻辑的规则结构还不够，如果司法或解释的实际过程不可理解或者过于难以仿效，那么从创制规则中我们不能获得任何好处；规则也不应该在实践中被忽略。我们必须使公布的法律与实际执行的法律之间的差距达到最小。因此，优良的民生立法不仅要在本质上渗透和体现良善的价值；而且在其表达形式和执行方式上要讲求规则和技巧，具备程序美德。

10.1.3　构建完善的民生法律体系

第一，法治民生，要使民生法律体系有核心与外缘。中国特色社会主义法律体系包括三个层次、七个部门。三个层次分别是法律、行政法规和地方性法规，七个部门是宪法及宪法相关法、民法商法、行政法、经济法、社会法、刑法、诉讼与非诉讼程序法。我国的民生法律体系并不是一个独立的法律体系，它的法律条款分散于不同法律层次和不同的部门法当中。

法治民生主要通过两个途径进行。第一是它可以赋予公民基本的民生权利，这是民生立法的核心。这些基本的民生权利包括：居住与自由迁徙权、就业权、教育权、劳动报酬权、社会保障权、人身和财产安全权等。第二是法治可以为民生改善和发展维持和创造良好的社会秩序，这是民生立法的外缘。构建法治民生的法律体系，在层次上要以法律为主，行政法规和地方性法规为辅，尽可能地确保民生法律的权威性和效力。

第二，法治民生，要进一步完善宪法。宪法是一个国家的根本大法，为国家中各个主体和各项活动提供基本行为规范和交往规则，引领国家各项事业的发展和人民福祉的实现。宪法同时涵盖了民生法律的核心和外缘。宪法的重要内容之一就是赋予和保障公民的基本权利，包括基本民生权利；它还通过规定国家行政机关组织、基本工作制度和职权来规范政府运用公共权力的行为和活动；通过规定国有经济组织、集体经济组织、外资或合资经济组织以及个体劳动者在行政法律关系中的权利、义务关系，创造和维持良好的经济和社会秩序。

纵观我国宪法修正的历史，可以说每次修正都为民生发展注入了强大的动力。我国的现行宪法是对1982年制定的《宪法》进行四次修正后于2004年由第十届全国人民代表大会第二次会议通过的。1988年4月12日，第七届全国人民代表大会第一次会议通过了宪法修正案，确立了私营经济的合法地位，规定私营经济是社会主义公有制经济的补充。1993年3月29日，八届全国人民代表大会第一次会议通过宪法修正案，此次修宪最突出的是确立了建设社会主义市场经济的目标。在农村地区，确定取消人民公社，实行家庭联产承包责任制的经济制度。1999年3月15日，第九届全国人民代表大会第二次会议通过了宪法修正案，在经济方面确认非公有制经济是社会主义市场经济的重要组成部分；修改了农村生产经营制度，确立在农村实行家庭承包经营为基础、统分结合的双层经营体制。这三次修宪，在中国土地上催生了众多依靠勤劳和智慧而致富的民营企业家。市场上的商品逐渐丰富起来，人民开始富裕起来，中国经济的活力和人民的干劲被不断激发起来，中国经济迎来持续稳定增长的辉煌时期。2004年3月14日，第十届全国人民代表大会第二次会议通过了宪法修正案。这是历次修改条数最多、涉及内容最广泛的一次。“国家尊重和保障人权”“公民的合法的私有财产不受侵犯”等一系列重要法律条文被写入宪法。与此同时，在土地征收征用方面，规定国家为了公共利益的需要，可以依照法律规定对土地实行征收或者征用，并给予补偿。这些都突出体现了宪法对于人民民生权利保护的倾斜。宪法第四次修订10年后，我国的民生状况得到改善，取得了可喜的进步。城乡居民衣食住行条件不断改善，基本公共服务均等化进一步推进，人民的生存权和发展权得到更好的保障。世界上规模最大的社会保障体系初步形成，城乡居民特别是困难群体的基本生活更有保障，生活更有尊严。生态文明建设受到重视，资金投入和生态环境保护力度加强，大力惩治环境侵权犯罪，遏制环境恶化。

完善宪法，需要使更多重要民生权入宪，包括自由迁徙权、诉权、环境权。我国的城乡二元户籍制度严重阻碍了人才的合理流动、人为造成了人们地位差别、贫富差距和社会歧视等问题，严重制约了我国的经济发展和社会发展的步伐。自由迁徙权应当是公民的基本权利，世界上大多数国家的宪法都对此做出了明确规定。为了更好地护佑民生，我国的宪法也应将其重新纳入并加以明确化和具体化。诉权是公民实体性权利遭受侵害时所享有的救济权，如果缺乏这种救济权，实体性权利就失去了保障。环境权关涉人们的生存和发展，应当成为现代人权的内涵，并赋予其宪法权利的地位。个体层面个人环境权的意义在于：确认自然人享有在适宜环境中生存、发展的权利和履行保护环境的义务，是自然人依法利用环境要素或环境资源、享受适宜的生活环境条件的法律保障；是防止个人生活环境被污染、破坏而使其身心健康和财产遭受损害，或在受到损害时依法请求救济的法律武器；它赋予公民参加环境保护活动、参与国家环境管理的平等资格，是实行环境民主和环境公众参与的法律依据。个人环境权加强、补充了受保障的其他人权，是实现其他基本人权的一个手段；个人环境权是人类尊严的一种表达形式，它不仅完善了当代人的权利，也是实现后代人其他人权的前提条件。因此环境权不是个人或人类对环境的破坏权，而是对美好环境的享有权。它强调的不仅仅是个人向自然索要的权利，更是保护自然、美化自然的行为义务。

入宪民生权利要靠相关法律为其提供切实可行的具体规定。虽然有些事关民生的权利已经入宪，但其相关的法律还需进一步为这些权利的保障提供更加具体和切实可行的规则。例如，2004 年宪法将“公民合法的私有财产不受侵犯”写入，标志着我国“私产入宪”的开始。财产权是其他一切自由的前提，一旦财产的保障失去了，其他的权利、自由也就很难保住。无论是对富人还是穷人，这一点是一样的，从边际效益上来说，可能对穷人的意义更大。把保护公民合法私有财产写入国家根本大法，是为了维护社会不同阶层的共同利益，有效遏制强行拆迁、拖欠农民工工资、非法征占作为农民主要生产资料的耕地等侵害公民民生权利的违法行为。

第三，法治民生，要凸显政府服务的职能和责任。例如，我国一直以土地税作为重要的财政来源。这样一种土地财政的做法，鼓励的是政府向拥有金钱和财富的企业家和开发商提供优惠政策和服务，使他们在获得优质地块、子女入学、税赋缴纳、医疗等享受种种优待和特权，导致权力向财富的倾斜；而与此同时，企业和开发商的生产或经济交易行为给普通老百姓的生活带来了诸多负面影响——房价飞涨、环境污染加剧、收入差距悬殊、消费者权益受损、“金钱至上”思想漫延、道德败坏和世风日下等。如果以财产税为主要财政来源，则会使政府走向"服务型"治理模式。这是因为财产税主要是征收房屋等不动产税，地方政府要想征到更多的税，主要依赖于拥有房产等财产的本地居民，政府会通过改善所在地的基础设施、医疗、教育、环境等来吸引人们居住和创业，而这些做法就是"为民服务"，就是切切实实的服务于民生。民生改善和发展了，当地拥有财产的居民就会增加，政府的财产税也就会随之增加。这样就会形成征收财产税——政府提供民生服务——民生改善和发展——政府财力壮大——提供更好的民生服务之间良性循环链条。另外，还要通过建立和完善信息公开法、行政诉讼法、国家赔偿法、绩效法案等强化政府的服务责任，切实促进民生发展。

10.2 规范文明的民生执法

民生执法是指与民生相关的行政部门的执法活动，即属于行政执法范畴。所谓行政执法，是指行政执法机关及其行政执法人员在对行政相对人实施行政管理活动中，执行法律、法规、规章的行为。行政审批、行政许可、行政登记、行政处罚以及法律宣传教育等都属于行政执法工作的范畴。

10.2.1 法治民生，重在规范民生执法

服务民生是执法的重中之重。民生执法的核心是维护公民基本民生权利，为广大人民谋取福利。因此，行政执法机关要特别规范和强化劳动执法、教育执法、环境执法、食品药品安全执法以及城管执法等领域，切实保障公民的劳动权、教育权、生命健康权等民生权益。民生改善和发展是广大人民最基本的福利所在，政府及其各部门要把改善和发展民生、服务民生作为执法的重中之重。要重点围绕交通出行、社会保障、教育医疗、养老服务、公共环境等重点领域，办好民生重点项目，有计划成系统地办好民生实事。

发扬民主，多元合作，有效回应人民群众的民生利益诉求，以公众评议和人民满意度作为衡量政府民生工作绩效的重要指标。构建科学具体的指标体系，使其能够充分反映民生问题的解决与改善或发展程度，将其作为检验和考核各级政府和官员政绩的重要依据。要加强对行政权力运行过程的监督，促进

行政执法活动公开透明、快捷高效。着力解决因利益冲突而导致的执法过程中损害群众利益的问题，继续完善行政复议制度和信访制度，确保人民的利益诉求渠道多元和畅通。改变政府独揽，强制命令式的执法模式，杜绝暴力执法。充分调动和发挥市场和社会组织的作用，探索政府与市场、与社会共同改善和发展民生的自愿协商和合作机制。中国是一个家庭观念浓厚和注重乡土人情的国家，在养老、医疗等方面，人们更愿意留在家里和熟悉的社区中，与家人、亲友和朋友相伴。因此培育和鼓励民间社会组织参与养老和初级医疗服务，在中国来讲是最为切实可行的改善民生的做法。

落实岗位责任，树立良好形象。民生执法的成效，依赖于每一个在执法岗位上的人的每天坚守、尽职尽责、不辞辛劳和不懈努力。若是执法人员消极怠惰、不愿尽责，甚至玩忽职守、贪污腐败，则会给民生执法带来障碍，并使相关部门形象乃至政府形象受损。落实执法岗位责任，要教育、引导执法人员树立大局意识、责任意识和理性、平和、文明、规范的执法理念；要从以树立执法形象、规范执法用语、改进执法方式、完善执法流程等方面进行切入；把规范执法渗透到各个环节；要严防以罚代管和钓鱼执法。

细化行政执法标准和目标。行政执法是过程与目标的统一。任何一项执法活动，它的成功与否，不能只看从事该项活动的人们的实际行为努力或资源投入，更重要的是看这些努力或投入最终是否能够达成预期结果和目标，这也是最近流行的“以结果为导向”的管理模式所提倡的观点。预期结果和目标越是清晰和具体，人们越容易选择更适合的行为方式和资源配置，将它们进行标准化，以最大限度地接近预期结果和目标。因此细化行政执法标准和目标是规范执法活动，达成预期执法结果和目标的关键环节，民生执法领域也不例外。2009 年安徽省交警系统在创建“规范执法示范省”的活动中，就成功地通过细化执法标准，取得了良好的实效。安徽省交警总队除了完成部交管局确定的目标以外，还增加了“无违规办理牌证现象，不发生因执法问题引发的群体性事件，警民关系更加和谐”等具体工作目标。

10.2.2　文明民生执法

文明民生执法，就是在行政执法中树立以人为本、依法行政、执政为民的理念，充分尊重行政执法相对人的权益，严格遵循法律规定的执法程序，坚持教育与处罚相结合，管理与服务相结合，不断提高行政执法效能，促进社会和谐。

端正民生执法目的。民生执法的目的就是为民服务，保障和提升公民的民生福利，而不是通过管人向其“卡、拿、要”，也不是为了“创收”“罚款”或“完成指标”。然而在民生执法实践中，目的不纯的现象时有发生，屡禁不止，严重侵害人们的民生权利。“钓鱼执法”，收取高额罚款，为部门或执法人自己创收，严重损害了公民民生权利，也使政府形象大打折扣。执法的目的在于事前预防，而不是事后惩治。在行政处罚方面，要推进执法关口前移，做到对违法行为早发现、早报告、早制止，消灭在萌芽状态。

民生执法要合情合理。执法中，除了要以法律事实和证据为依据外，还要做到合情合理。要对当事人“动之以情，晓之以理”，达到执法目的。学者左秋明指出，“在中国，执法者不仅要严格按照法律行事，还要做好‘法律之外’的事项；不但要体民情，听民诉，暖民心，惠民生，还要护民权，保民安，解民忧，促民和。”

联动执法。使执法权力“碎片化”向“系统化”“综合化”转变。明确划分和界定不同行政执法部门间的权力界限，建立执法争议协调机制，防止执法中互相推诿和无人执法的现象。

建立和探索民生领域（良品安全、环境保护等）执法联动机制，公检法与相关质检、工商、环保部门协力合作。为加强协作配合，2013 年 6 月，江苏省法、检、公、司四家单位正式联合会签了《关于防范和查处虚假诉讼的规定》。2013 年 10 月，江苏省检察院联合省高级法院、省公安厅会签了《关于办理危害食品安全刑事案件的意见》。实践中，全省检察机关先后与公安、工商、质监等行政执法机关建立联席会议机制、信息共享机制、案件跟踪机制，努力形成打击危害食品安全犯罪的合力，加大对遗漏罪行、遗漏犯罪嫌疑人的追诉力度。一旦发现重特大危害食品安全犯罪案件，公诉、侦监、反贪、反渎第一时间联合参加行动，及时掌握情况，提出针对性建议，摸排渎职等职务犯罪线索，深挖背后的职务犯罪。

专栏 10-1　重大环境污染案件应“一案双查”

近日有关部门调查发现，从 2014 年 5 月到 2015 年 3 月，甘肃武威荣华工贸有限公司向腾格里沙漠腹地违法排放污水 8 万多吨，污染面积 266 亩。荣华公司董事长已被立案调查，两名直接责任人已被拘留，武威市、凉州区有关部门主要负责人已被停职并接受审查。

从已披露的信息看，武威这起污染沙漠事件可谓触目惊心。特别是在 2014 年 9 月，新京报报道了腾格里沙漠被污染，中央领导严厉批示之后，依然置若罔闻，我行我素，令人吃惊。当地的调查认定，这是“一起典型的顶风违法事件”。排污企业与管理部门双双失守，根源在于违法可能获取的利益远大于守法。

凡是发生重大环境污染事件，都应当坚持“一案双查”，既查违法企业，又要调查监管部门是否存在失职渎职行为。虽然新环保法有“史上最严”的“美誉”，但其能否从根本上遏制环境违法行为，还面临着诸多的考验。这其中，执法者的执法能否“给力”，将成为关键因素之一。法律的生命力在于实施，法律的权威也在于实施。“法令行则国治，法令弛则国乱。”实践证明，没有严格执法，再好的法律也只是一纸空文，再好的制度也只能在墙上。前些年的实践表明，“沙漠排污”等环境违法行为屡禁不止甚至顶风作案，“执法不严”至少是重要因素之一。

要想让执法者“给力”，需要环保部门对其执法人员加强教育和管理，让执法人员能够严格履行监管职责，及时查处违法行为，更需要完善外部监督机制，使执法者不敢懈怠，更不敢枉法。这需要从三个方面努力：一是要严格落实刑法的规定，对环保失职渎职构成犯罪的，要依法追究有关责任人员的刑事责任；二是要加强问责机制，地方人大及其常委会要按照监督法和新的环保法要求，加强对环保执法的监督，对于执法不力甚至造成重大环境污染的，应当依法启动质询、撤职等监督手段，追究环保部门甚至政府主管领导的责任；三是要加强信息公开和公众参与力度，使违法者的违法行为受到公众谴责，也使有关单位和领导不敢再庇护环境违法行为。

资料来源：新华网，2015-03-23.

>> 10.3 权威公正高效的民生司法 <<

民生司法主要是指司法机关应当努力保护民生权利、救济民生利益和化解民生矛盾，司法是理性地保障民生权利的最后一道防线。

我国司法实践中的突出问题是司法缺少应有的权威，并直接削弱了司法的公正和效率。随着诉讼案件的骤增，人们对司法机关的不信任也在加剧。案件判决得不到执行，涉诉上访申诉突出、执行难成为社会性的大难题。“天下乌鸦一般黑”所指代的官官相护，以及“胳膊扭不过大腿”的民告官难，仍然是民众最为认同和深信不疑的司法不公现象。党的十七大明确提出，深化司法体制改革，就要优化司法职权配置，规范司法行为，建设公正、高效、权威的社会主义司法制度。党的十八大又指出，“进一步深化司法体制改革，确保审判机关、检察机关依法独立公正行使审判权、检察权。”这都表明了建设“权威公正高效”的司法体制是中国当下司法改革的目标，也是法治建设的重要组成部分，这也必然是民生司法的目标。

10.3.1 发挥检察机关的司法特色

检察权和审判权分立是中国特色司法体系，它不同于实行三权分立的宪政体制的西方国家。我国的司法权包括两个核心元素，即检察权和审判权。两种权力分属于两个不同的部门，检察权属于检察机关，审判权属于法院，并且两种权力互不隶属，分工合作。检察机关除了控诉、侦查监督的程序性权力外，还具有职务犯罪侦查、预防犯罪及广泛的法律监督权。因此检察权在我国具有一定的司法能动性，这种司法能动性突出表现在检察机关能够紧跟我国各项改革事业的步伐，及时做出战略重点调整有利于促进和改善民生。

检察机关的民生司法，一是表现在主动关注民生上，通过提前介入监督，发挥预防功能，向防范办案风险延伸，向修复社会关系延伸，向预防和减少犯罪延伸，向社会治安综合治理延伸，向保护公共利益和民生权益延伸，进行舆情监测，例如对涉及民生的重大工程项目建设提前介入监督，以辅佐人的身份微调政府行政创伤，给行政权导航。二是坚决查办群众反映强烈的教育、医疗、保险、食品安全、环境污染等民生领域的职务犯罪、贪污贿赂、渎职侵权案件，集中查办国家机关工作人员失职渎职案件，加强办案力度，办大案，办铁案，努力取得良好成效。特别是在与民生息息相关的社会公益诉讼、环境保护、社会道德秩序等方面多采取措施。例如，检察院针对医疗器械和药品采购过程中商业贿赂频繁发生，导致医疗费用居高不下的问题，加大医疗领域商业贿赂案件查办力度。

加强相关法律监督。检察院全面加强对刑事诉讼、民事审判、行政诉讼以及刑罚执行和监管活动的法律监督，严肃查处并纠正有案不立、有罪不究、以罚代刑、不应当立案而立案等问题；严厉查处并纠正刑讯逼供、暴力取证、徇私舞弊、超期羁押等问题；坚决查处并纠正有罪判无罪、无罪判有罪、量刑畸轻畸重等问题；及时受理和审查当事人不服生效裁判的申诉，对确有错误的严重侵犯国家、集体和公民合法权益的民事行政裁判，依法坚持抗诉。通过这些措施，切实有效地维护和保障司法公正，用公平保障民生、用正义呵护民生。同时，不断加大查办司法人员职务犯罪的力度，注意从执法、司法不公现象背后发现犯罪线索，维护司法廉洁。

强化司法救助，展现“司法温暖”。特别是在农村，很多百姓因诉讼导致生活很困难，司法救助就很好地解决了许多这方面的难题，对困难群众来说是一个很好的政策。营造和谐的司法环境提高法律的威信，关注犯罪分子的家庭情况，施以物质及精神援助。检察官面对民生疾苦时要晓之以理，动之以情，息诉息访。这种颇具特色的纠纷化解方式，体现民生检察中的宽严相济和法律柔情。检察机关要考虑群众疾苦，慎捕、慎诉。要体现对未成年人犯罪人的司法关爱，悉心听取监护人意见，注意对犯罪记录的封存。要针对精神病人进行强制医疗，努力促成其轻微犯罪案件的刑事和解。

10.3.2 增强法院民生审判的独立性

强化法院民生审判权威。明确区分法院与检察院、公安等机关的权力范围，增强法院在民生审判方面的独立地位和权威。近年来，在实践中我国法院直接受案和审判处理的案件达 90%以上，这些案件包括民商事案件和行政案件、自诉刑事案件等，而需要与公安、检察机关相互配合、相互制约办理的公诉刑事案件仅占案件总数的不到10%。因此，有必要将法院的审判权进行明确界定，保持法院司法审判的独立性，有效定纷止争，缓冲、化解社会矛盾。增强法院的独立性，首先要将不具有司法性质的职权(如执行权)从法院分离出去。因为在执行、拍卖、评估、鉴定、基本建设等非司法活动中最易产生腐败，这些正是近来法院腐败的重灾区。其次，要真正赋予法院最终裁决权。法院要能够完全依照法定程序办案，任何部门或领导个人都不能向其以各种不正当的方式进行施压，干扰办案程序和最终审判结果。

设立社会法庭。社会法庭是针对某些突出的民生问题所成立的以纠纷调节、矛盾化解为主要任务的民间基层法庭，以满足不同对象对纠纷调处的不同需求，如建立关爱留守儿童社会法庭、女子权益保护社会法庭、少数民族社会法庭、产业集聚区社会法庭等。在社会法庭中社会法官发挥着重要作用，他们可以就简单的婚姻家庭、农村土地承包、民间借贷、人身损害赔偿等纠纷进行调处。人民法庭与社会法庭建立了有效的工作对接机制，与法官保持日常联络、定期进行案件回访、及时发现和纠正问题、审查调节协议、培训社会法官等。

提供免费国民律师。实践中，很多公民由于经济条件拮据而聘请不起要价高昂的私人律师，严重阻碍了其民生权益救济的道路。如果法院能向公民提供免费的国民律师，则公民的民生权益就能够得到有力的保障。世界上很多国家都实行了免费国民律师的做法，而且取得了良好的效果，值得我国借鉴。中共中央办公厅、国务院办公厅2015年6月印发的《关于完善法律援助制度的意见》中提出，扩大法律援助范围。逐步将涉及劳动保障、婚姻家庭、食品药品、教育医疗等与民生紧密相关的事项纳入法律援助补充事项范围，这充分表明了我国对于民生领域司法的重视。

尝试和推广民间组织进行团体诉讼。团体诉讼可以广泛用于消费者权益保护和环境保护领域。世界上很多国家都赋予了民间消费者组织以提起团体诉讼的权利。团体诉讼有着个体消费者诉讼无法比拟的优势。个体消费者会由于诉讼程序过于复杂、耗时长、获赔金额少而不愿提起诉讼；另外，个体消费者势单力薄，有时会迫于食品企业的压力而放弃维权。团体诉讼则可以避免上述情况的发生，从而最大程度地保护消费者的权益。团体诉讼主要可以针对经营者采用的格式条款以及经营者统一生产和销售的产品来进行。格式条款是由企业单方制定的，且普遍适用于消费者，有些条款很容易造成对消费者利益的损害。另外统一生产和统一销售的产品其缺陷或者瑕疵往往也是相同或者相似的，这样大量的消费者就会受到相同的损害，这时，无论从成本还是社会公平的角度来讲，都适宜进行团体诉讼。

10.3.3　遵循正当的司法程序和规则

调解优先，深入基层。在民生案件“立案”“审判”“执行”的每个过程中都要贯彻“调节优先、调判结合”的原则。在立案阶段，要积极组织各方当事人进行协商和沟通，积极促成各方自愿和解。要建立有效的法律咨询和诉讼调节机制，使矛盾化解在基层，化解在源头，化解在诉讼之前。鼓励法院将庭审搬到田间地头、村民家中，在乡镇设立派出法庭。各省、市司法厅(局)要进一步加强基层司法所的设立和建设，方便群众就各种纠纷和相关法律问题进行咨询，省去聘请律师的费用；组织开展刑释解教人员的安置帮教工作等。检察机关也要建立和发展基层组织，更好地服务民生。2011 年 10 月 9 日，深圳福田区检察院(街道)综治信访维稳中心设立了 13 个工作联系点，这些联系点将通过强化与基层群众和基层职能部门的联系，更好地倾听群众呼声、掌握社情民意、改进检察工作、参与社会管理。构建包括司法所、公安派出所、法庭、检察室和综治办等各部门在内的乡镇(街道)一级的基层政法体系，使它们各司其职、优势互补、协作联动，共同担负起维护基层社会稳定、保障法律正确实施、完善基层法治机制的重要使命。

加大民生判决的执行力度。强化法院依职权查找被申请执行人财产线索的义务，扩大执行中疑难案件的公开听证范围，提高执行中各个流程与环节的透明度与公信度，加大对执行案件中逃避执行义务、设置执行障碍相关人员的惩处力度，优化执法环境，破解执行难问题。

将信访纳入法治轨道。由于法律权威和法院权威的不足，信访成为被很多群众所推崇或不得不采取的解决民生利益诉求和维权的方式，它也被认为是一种最为有效的法外维权途径。将信访纳入法治轨道是当下法治建设的一个重点。党的十八届三中全会明确提出“改革信访工作制度，实行网上受理信访制度，健全及时就地解决群众合理诉求机制；把涉法涉诉信访纳入法制轨道解决，建立涉法涉诉信访依法终结制度。”也就是说，凡是能够通过诉讼解决的案件，法院要及时立案受理，并进入相应法律程序。若是确实现有法律程序解决不了的“访”，则要及时做出明确法律解释，由当事人向检察机关申请检察监督或向政府有关部门申请解决。探索以律师为第三方参与信访化解工作新机制，落实依法终结机制，真正把信访工作纳入法治轨道。要对违法上访进行严厉惩戒，对信访活动中的违法犯罪行为，依法予以治安处罚或者追究刑事责任，坚决维护正常的社会秩序和信访秩序，彻底破除“上访—维稳—政绩考核—领导乌纱—压制掩蔽上访—闹访—缠访—群访集访”的怪圈。

>> 10.4　权文相宜的民生普法 <<

10.4.1　树立法治民生信仰

树立“法治”信仰是民生普法工作的重要任务和目标。它是一种行为理念和价值观念，深深影响着人们的行为选择和社会交往模式。“法治”信仰的树立不是一件容易的事情，人们所处国家的传统文化和长期的历史实践对其起着巨大的渗透作用；它也不是一朝一夕的事情，可能需要几代人通过接受教育和改进法律的实践而逐渐形成；它往往也并非一帆风顺，总是时不时地受到人们的质疑和其他价值观或理念的挑战从而飘摇不定。法治信仰主要表现在三个方面：信任法律、遵守法律和弘扬法律。

法治民生首先要信任法律。信任法律是人们对于所处国家的法律的权威及效力的一种坚定不移的信任，一种强烈的自信。相信国家的立法机关会制定公正合理的良法；行政机关会严格依法从事各种行政规制和服务；司法机关会按照法律规定的内容和程序，保障和捍卫人们的各种基本权利。信任法律意味着不迷信“人治”。虽然我国已经着手建立了许多较为畅通和有序的民生利益诉求表达渠道，但仍然有相当多的群众不愿意选择这些法定的正规渠道去表达自己的利益，他们认为那只是摆设，真正起作用的是基于私人交情的“打招呼”或“信访”，甚至是“以命抗争”等法外渠道或极端做法。这是需要在普法工作中重点针对的现象。信任法律意味着不迷信“道德自律”的神话。依靠“道德自律”来防止犯罪，在许多为非作歹、穷凶极恶的人们看来简直就是一个天大的笑话。善良的人们总是希望别人也会如自己一样善良，就如“农夫与蛇”的故事当中的农夫一样，认为“毒蛇”都是善良的，然而这在世俗社会中是不可能的。如果人人都是天使，那么人类也将不会存在。完全依靠“道德自律”，人们之间就不会相互争斗、相互欺骗、相互侵害，这只能是一个“神话”。良善的法律并不是假设人人都是好人的法律，而是基于“人性恶”的假设制定出来的，通过“惩恶”防止人们“做恶”，对恶人恶行起到震慑，在此基础上使“扬善”成为可能。

法治民生更要遵守法律。拥有法治信仰的人，本人会从心底里敬畏法律，会自愿地遵守法律。不会蓄意“利用”法律，去千方百计地“钻营”法律，钻法律的空子。作为商人，他会依法纳税，而不去做逃税漏税的勾当；作为政府官员，他会秉公执法，而不会徇私枉法、以权压法；作为老百姓，他会安安分分，不会故意犯法。遵守法律是一个国家社会安宁、经济发展、政治文明、文化兴盛的前提和基础。

法治民生还要弘扬法律。拥有法治信仰的人，会主动地向家人、亲戚和朋友宣扬法律，教育和劝告他们信任法律、遵守法律，运用法律的途径维护自己的基本权利。他会以自己的行动和思想对别人进行感召，成为他人学习和追随的对象。就信仰法治的团体或组织而言，他们会投入资源和精力，向广大的社会公众或群体弘扬法律。当然政府应当是这些团体或组织的最典型代表或引领者。弘扬法律是政府的责任之一，政府官员应当成为执法、守法和弘法的表率。“子率以正，孰敢不正”?

10.4.2 培养法治思维和能力

政府官员要具备法治思维和能力。政府官员的法治思维和能力亟待提高。在行政和司法实践中，“以权压法”“以言代法”“情大于法”等现象依然大量存在。有些政府官员决策时顶不住来自各方面的压力，缺乏依法行政的勇气和决心；部分执法者和法律服务工作者对法律也缺乏忠诚；少数基层干部、行政执法人员投机执法，有时并不完全严格执行相关制度和法规，存在不作为和乱作为现象，缺位、越位、违反程序的情形也时有发生。而一些群众到相关部门反映问题时，各部门之间则相互“踢皮球”，推诿扯皮，怠惰延误，使得群众有冤无处诉、无法诉。他们只能到处去上访、闹访、缠访，使矛盾纠纷进一步升级，更难化解。因此，政府内部必须要通过扎实有力的措施，切实增强各级领导干部运用法治思维和法治方式，深化改革、推动发展、化解矛盾、维护稳定的能力，把改革各项工作纳入法治化轨道，依靠法治来凝聚改革共识、分担改革风险、推动改革深化、巩固改革成果。例如可以通过党内培训、组织观摩、推动绩效管理改革等措施，将其落到实处。

培养群众的法治思维和能力。深入广大基层，大力宣传公序良俗。把“政社互动”“邻里自理”“街坊共治”作为基层治理的新模式，和谐邻里关系、家庭关系，最大限度地预防和减少传统民事矛盾纠纷，从源头上为群众解忧。积极发挥社会组织在参与社会事务、维护公共利益、救助困难群众、帮教特殊人群、预防违法犯罪的积极作用。加强公共法律服务体系建设。围绕民生领域的法律服务，完善法律援助制度，健全司法救助体系，保证人民群众在遇到法律问题或者权利受到侵害时诉求畅通，及时获得有效法律帮助。讲求宣传方式和效果。确定宣传对象的范围，如可包括青少年、企事业经营管理人员和农民等。针对不同宣传对象进行方式和内容设计，满足他们的不同法律需求。提高普法的互动性、针对性和实效性。各级政府部门、机关单位要充分利用小品、相声、歌曲等文艺节目的手段和形式，开展法治宣传。通过贴近群众的法治宣传教育活动，教育引导群众依法按程序表达诉求、维护权益。进行多维立体式宣传。普法不是政府这个单一部门的任务，需要各个社会主体共同努力和配合。法治思维和能力，只有通过家庭的耳濡目染、教育机构的长期努力、全社会的共同推进，才可能逐渐形成。学校教育是尤为重要的一环。应该让每个公民从小学时期就接触法治教育。社会要借助网络加强法制宣传、普及法律知识、提供法律服务、开展法律援助。2010 年 4 月 28 日，胶东在线联合烟台市委政法委、市司法局、律师协会和 50 余家律师事务所、300 余名律师共同搭建大型网上法律咨询服务平台“网上问法”，在全国首创了由政府主导、媒体搭台、社会参与的网上学法、用法、考法，化解法律纠纷、寻求法律援助的新模式。

10.4.3 摆正民生心态

民生心态是社会个体对民生发展、建设这项事业的看法、观点和倾向，无数个体的集合构成社会对民生发展的心理状态，包括对民生发展的价值判断、趋势走向和得失取舍……在全面深化改革和新城市化推进的背景下，整体的社会民生心态主要存在依赖性、盲从性和畏难性三大心理特点。“依赖性心理导致公民过度依赖政府主导来发展民生；盲从性心理导致民生发展呈现非持续性发展，不仅不能根除民生问题，反而加重问题严重性；畏难性心理导致‘半城市化’现象，留下一堆‘半拉子’工程。这三大特点共同作用，造成社会民生心态呈现矛盾和二元化状态。”

将法治建设与民生心态结合起来看，法治建设中存在两种畸形的民生心态，它们对民生法治建设起着巨大的阻碍作用，需要谨慎提防。一是投机心态，这是一种推崇阴谋和诡辩的过分精明，拥有这种心态的人，如同市井商人一样精于算计，喜欢耍小聪明，他人或某事在其眼中都是可利用的棋子或谈判资本，他们喜欢为他人设置“陷阱”或“套子”，等他人掉进去之后自己从中渔利。目前，在我国的城市化进程中，有个别不良分子就依仗有少量地方政府强拆农民土地，惹怒公众一事大做文章，从中获取巨额不当利益。他们笃信“撑死胆大的、饿死胆小的”教条，怀揣“大闹大得、小闹小得、不闹不得”的畸形心态，想尽办法为难地方政府和相关企业，甚至以“黑社会”“自焚”等相要挟，以期得到高得离谱的巨额补偿款。当然这种心态的形成，与一些地方政府部门对待上访的不正确态度和做法有一定关系。有些地方政府部门经常“运动式”地治理信访问题，尤其在关键时期怕上访造成恶劣影响，他们全面动员、全员参与，集中解决突出、尖锐的矛盾纠纷，调动大量人力和物力资源“做工作”，花钱买平安，这使得一些群众对法律失去了信心，同时也助长了一部分群众以“特殊时期”上访要挟政府给钱的丑恶心理。二是“阿 Q 心态”。“阿 Q 心态”是一种缺乏理智和反叛精神的麻木心理。有这种心理的人，即使自己的民生利益受到了侵害，他也会忍气吞声，他经常采用“我的利益受损了，别人受的损失更大”或“只要能活下去，不惹麻烦”等语言来安慰自己，以求得自己心态的平衡和精神上的胜利。这可以说是大多数中国老百姓普遍的民生心态，这也是几千年来被奉为“忍经”或“隐忍之术”的臣民或良民心态。现代民主法治社会，它不是“心灵鸡汤”，而是“心灵砒霜”。一个没有理性、没有自我、没有反叛意识和思维能力的人，不配做公民，只适合做奴隶！

“建设法治，护佑民生”，不只是一种空洞的呐喊，也不只是中国共产党和政府一厢情愿的伟大事业。它的成功践行还深深依赖于中国人民，依赖于千千万万的公民树立起法治信仰、掌握法治思维和能力、摆正民生心态，勇敢而理性地以法律为武器追求幸福和梦想！

参考文献

[1]戴维·沃克．牛津法律大辞典，李双元，译．光明日报出版社，1988.

[2]Uphoff，Krishna，N. Civil society and public sector institutions：more than a zero-sum relationship[M]，Public Administration and Development，2004(4)：370～371.

[3]韦恩·莫里森．法理学[M]. 武汉大学出版社，2003：221.

[4]富勒．法律的道德性[M]. 郑戈，译．商务印书馆，2005.

[5]人民网．依法治国全民共识(对话价值观(8)·法治篇)[EB/OL]. [2014-10-13]，http：//politics. people. com. cn/n/2014/1013/c1001-25818419. html.

[6]渠敬东．现代政治与自然[M]. 上海人民出版社，2003：16.

[7]韦恩·莫里森．法理学[M]. 武汉大学出版社，2003：412～413.

[8]检查日报．诉权入宪，让公民基本权利更完整[EB/OL]. [2008-04-14]，http：//www. jcrb. com/n1/jcrb1624/ca699165. htm.

[9]蔡守秋．论环境权[J]. 郑州大学学报，2002(2).

[10]南京周末．平民视角解读私产入宪[EB/OL]. [2004-03-26]，http：//news. sina. com. cn/c/2004-03-26/15223067165. shtml.

[11]左秋明．和谐稳定为先民生福祉为大[J]. 中国党政干部论坛，2013(2).

[12]王田海．检察机关在社会管理创新中的职能作用[J]. 人民检察，2011(14).

[13]唐任伍，刘立潇．全面深化改革进程中的民生心态建设[J]. 中国行政管理，2014(10).

2015中国民生发展指数报告

摘要："民生"自古以来与"国计"相提并论，一直是社会发展与进步不可忽视的关键，关系到人心向背和事业的兴衰。研究民生问题，对于推进中国特色的社会主义伟大事业，具有重大的理论价值和现实意义。北京师范大学民生发展课题组构建"中国民生发展指数3.0版"对全国地级以上城市民生发展情况定量测量，分析各地区民生发展进程，用以在政策层面起到市域民生发展的战略导向作用。

关键词：民生　民生发展指数　地级市

>> 一、编制中国民生发展指数的背景及意义 <<

民生问题自古以来一直人民群众诉求最高的问题。现在中国经济总量跃居世界第二，综合国力和整体实力大幅度提升，中国在国际社会上的地位也大幅度提高，但是在经济高度发展的同时，涉及教育、就业、收入分配、社会保障等一系列民生问题日益突出。2013年9月和10月，中国国家主席习近平在出访中亚和东南亚国家期间，先后提出共建"丝绸之路经济带"和"21世纪海上丝绸之路"的重大倡议，得到国际社会高度关注。各国政府间签署贸易协定，推动"一带一路"战略初期阶段国家间的互补贸易，但如果只以国家自上而下的官方贸易为主，忽视以人为本的民生发展规划，就难以迅速构建起以民生必需消费品为基础的"民间交往结构"，难以形成带动百姓积累财富的致富机制，就会减弱"一带一路"建设可持续发展的动力。所以，基于民生的基础建设，成为推动“一带一路”战略以实现“中国梦”和“亚洲梦”的不可或缺的核心内容之一。尤其在当今国际社会仍然深受“丛林法则”影响的大背景下，推进民生建设更具有重要作用。

自 2011 年起，北京师范大学“中国民生发展研究”课题组依托北京师范大学相关专业中青年专家团队，在国家“985”基金的支持下，充分研究与总结国内外民生、幸福度等相关理论与实践成果，结合中国经济、社会发展现实，构建了民生发展的监测指标体系和指数测算体系，即“中国民生发展指数”，以测度中国民生发展状况、监测中国民生发展进展。

2011 年构建的民生发展指数测算体系已连续三年对全国各省民生发展状态进行科学测评，在省域民生发展上起到战略导向作用。2014 年构建的“中国民生发展指数 2.0 版”将民生发展程度测评深入到包括直辖市、计划单列市与省会城市的 35 个城市，并保留对 30 个省(区、市)进行测算。今年，民生课题组对全国民生状况的评测向纵深方向继续深入，把地级市也囊括在测评范围内，经过精密研讨和抽样运行，构建了“中国民生发展指数 3.0 版”。新的民生指数测算体系更加精练，结构更加合理。在 2015 中国民生发展指数报告中，课题组去除掉了省域的民生测评，将重点放在城市这一级别，首先对直辖市、计划单列市与省会城市按照同一体系进行测算，接着对全国地级以上城市进行民生指数测评，对中国城市民生保障与改善进行横向比较、纵向考察，着力探索与理解中国民生问题区域发展的基本规律，深入研究民生区域差异的深层次理论与实践问题。

“2015 中国民生发展指数”通过评估中国地级以上城市民生发展状态与进度水平，并在政策层面上起到市域民生发展的战略导向作用，以满足中国加快转变经济发展方式的政策需求。

>> 二、中国民生发展指数的指标设计原则、思路及结构 <<

(一)指标设计原则

设计一套较为系统、科学，同时又能充分反映各个地区民生发展水平及存在问题的评价体系是一个复杂的过程，涉及指标体系构建、指标数据处理、评价指数计算等各个方面。中国民生发展指数指标设计的原则是指构建该评价指标体系时必须遵守的原则，主要包括科学性、系统性、可操作性、可比性及可量化性等五个方面。

1. 科学性

一项评价活动是否科学在很大程度上依赖于其评价指标体系是否科学。民生发展指数评价指标体系必须从民生本质出发，具备充分理论依据，针对其内涵、理论和实践研究为基础，体现区域民生发展普遍规律与特征。要注意体系中各指标内涵准确、内容完备、体系层次、结构合理以及指标间协调统一。

2. 系统性

民生发展水平是相关要素系统发展的集成结果，其评价体系必须具有广泛的覆盖面，对相关各重要方面都有很强的反映功能。一个科学的中国民生发展指数评价指标体系并不是方方面面指标简单的集合体，指标之间必须相辅相成地从各个不同角度、层面来度量和评价各地区民生发展水平。

3. 可操作性

民生发展指数评价指标体系的建立必须考虑其可操作性。这就要求每个指标具有可采集性，对于无法采集的指标须充分考察其是否可用类似指标代替。指标内容要容易理解，不能产生歧义，使构建的指标体系在实践中能准确、便捷地应用。

4. 可比性

各地民生发展水平评价结果必须有利于进行区域间横向比较。因此必须尽量采用国际通用或者相对成熟的指标，把握指标内涵和外延，考虑到其差别对评价结果合理性的影响。

5. 可量化性

即采取量化方法，使用具有一定信息量宽度和广度的指标，侧重对各地民生发展水平各个方面的数量特点进行评价。对于一些在理论上有较好解释力，但实际统计中无法或暂时尚未统计的指标，如无替代指标则暂不纳入评价体系。

(二)指标设计思路

构建民生发展指数指标框架的思路要点主要体现如下三点：

1. 强调从总体上来测量民生发展

从总体上测量民生发展，有助于反映一段时间内民生发展的整体面貌，从深层次上更利于形成关于民生发展成因的假设，并对这些假设进行验证，使得政府或社会各界在保障与不断改善民生的决策与行动中，找到正确的、合适的、可量化的目标。

2. 强调民生发展质量与政府服务、管理相结合，即突出水平与进度的比较

民生发展质量主要是衡量现阶段各市的民生发展水平，反映当地一定条件下的民生状态；政府在推进民生发展中作用则体现在其提供公共服务、实施社会管理的实践之中，反映民生状态的改善进度。两者结合，从横向和纵向、从静态和动态两个层面对民生发展进行测度。

3. 强调数据来源的公开性与权威性

本报告采用的基础数据全部来源于公开出版的年鉴、统计公报或者相关部门公布的权威指标数据。原始数据来源主要有《2014 年中国统计年鉴》、2014 年各省会城市、副省级城市、地级市统计年鉴，以及 2013 年各省会城市、副省级城市以及地级市国民经济和社会发展统计公报。

(三)指标结构及各指标权重设置

“中国民生发展指数 3.0 版”包括两个不同的测评体系：副省级城市与省会城市民生发展指数指标体系、地级以上城市民生发展指数指标体系。

1. 省会城市与计划单列市民生发展指数指标体系

中国民生发展指数测度的省会城市与计划单列市民生发展指数指标体系包

括六个二级指标，即民生基础、就业收入、居住出行、文化教育、安全健康、生态环保。

在民生基础、就业收入、居住出行、文化教育、安全健康、生态环保这六个二级指标下，本报告从民生与群众生活的密切相关性和丰富性出发，多层级、多角度地考察了民生的内涵和外延，经过归类、调整和梳理，构建副省级城市和省会城市民生发展指数三级指标 45 个。根据德尔菲法，在征求各方面专家意见基础上，确定了省会城市与计划单列市二、三级指标权重，具体可参见表 1。

表 1　2015 中国省会城市与计划单列市民生发展指数二、三级指标及权重

一级指标	二级指标	权重	三级指标	权重
中国民生发展指数	民生基础	20%	地区生产总值	4%
			人均地区生产总值	4%
			财政预算总收入	4%
			固定资产投资	4%
			城镇化率	4%
	就业收入	16%	城镇常住居民人均可支配收入	2%
			农村常住居民人均可支配收入	2%
			城镇常住居民人均消费支出	2%
			农村常住居民人均消费支出	2%
			城镇居民恩格尔系数	2%
			农村居民恩格尔系数	2%
			城镇登记失业率	2%
			城镇居民最低生活保障标准	2%
	居住出行	16%	城镇居民房价收入比	2%
			城镇居民人均住房面积	2%
			农村居民人均住房建筑面积	2%
			城市用水普及率	2%
			人均城市道路面积	2%
			城市每万人拥有公共交通车辆	2%
			人均邮政业务量	2%
			移动电话普及率	2%

续表

一级指标	二级指标	权重	三级指标	权重
中国民生发展指数	文化教育	16%	城镇居民家庭文教娱乐支出比重	2%
			农村居民家庭文教娱乐支出比重	2%
			科教文卫支出占财政支出比重	2%
			每万人口在校大学生数	2%
			每万人口在校中学生数	2%
			每万人口在校小学生数	2%
			人均拥有公共图书藏量	2%
			互联网普及率	2%
	安全健康	16%	每千人拥有卫生机构床位	2%
			每千人拥有卫生技术人员	2%
			财政支出中社会保障支出比重	2%
			交通事故死亡率	2%
			财政支出中公共安全支出比重	2%
			城镇居民养老保险参保人数	2%
			城镇居民医疗保险参保人数	2%
			新型农村合作医疗参合率	2%
	生态环保	16%	环保支出占财政支出比重	2%
			亿元 GDP 工业废水排放量	2%
			亿元 GDP 二氧化硫排放量	2%
			市区污水处理率	2%
			垃圾无害化处理率	2%
			工业固体废物综合利用率	2%
			城市建成区绿化覆盖率	2%
			城市人均公园绿地面积	2%

2. 地级以上城市民生发展指数指标体系

鉴于不同级别的城市在民生发展程度以及民生发展重点的不同，对地级以上城市民生发展指数的测评体系进行调整。二级指标调整为五个：民生基础、收入消费、居住出行、文化教育、安全健康。

民生课题组充分考虑全国地级市民生发展特点，并经过湖南益阳、浙江湖州等多地的调研走访，收集基层第一手资料，经过归类、梳理和反复论证，构建中国地级以上城市民生发展指数三级指标 29 个，并依据德尔菲法，确定了二、三级指标的权重，如表 2 所示。

表 2　　2015 中国地级以上城市民生发展指数二、三级指标及权重

一级指标	二级指标	权重	三级指标	权重
中国民生发展指数	民生基础	28%	地区生产总值	5.6%
			人均生产总值	5.6%
			财政收入	5.6%
			固定资产投资	5.6%
			社会消费品零售总额	5.6%
	收入消费	18%	城镇居民人均可支配收入	3%
			农村居民人均纯收入	3%
			城镇消费品零售额	3%
			乡村消费品零售额	3%
			享受城市居民最低生活保障的人数	3%
			享受农村最低生活保障的人数	3%
	居住出行	18%	房地产开发投资	3%
			每万人拥有民用汽车	3%
			邮电业务总量	3%
			移动电话普及率	3%
			本地固定电话用户数	3%
			旅游总收入	3%
	文化教育	18%	每万人口在校大学生数	3%
			每万人口在校高中学生数	3%
			每万人口在校初中学生数	3%
			每万人口在校小学生数	3%
			公共图书馆数	3%
			有线电视用户数	3%
	安全健康	18%	每千人拥有卫生机构数	3%
			每千人拥有卫生机构床位	3%
			每千人拥有卫生技术人员	3%
			城镇基本养老保险参保人数	3%
			失业保险参保人数	3%
			城镇基本医疗保险参保人数	3%

>> 三、数据处理及测算方法 <<

(一)数据处理

1. 样本选取

省会城市与计划单列市报告部分选取的样本是中国内地包括省会城市、计划单列市、直辖市在内的 35 个城市，以市为单位进行区域民生发展指数的测算与比较。由于历史原因，中国台湾、香港、澳门等地区的统计数据与中国内地各城市的数据具有不同程度差异，未列入本报告研究范围。拉萨则由于指标数据缺失相对较多，也未纳入评价体系。

地级以上城市报告部分选取的样本是全国 27 个省所包含的 293 个城市，以市为单位进行区域民生发展指数的测算与比较。海南省三沙市、西藏日喀则、西藏昌都因数据缺失未被列入评价体系。同时，北京、上海、天津、重庆已在省会城市与计划单列市报告部分做出民生指数测评，为避免重复，也未列入地级以上城市民生发展指数测评体系。

2. 数据收集

为保障数据科学、准确，本报告采用的基础数据全部来源于公开出版的年鉴或者相关部门公布的权威指标数据，主要有《2014 年中国统计年鉴》、2014 年各省会城市、副省级城市、地级市统计年鉴，以及 2013 年各省会城市、副省级城市、地级市国民经济和社会发展统计公报。

3. 逆向指标处理

在省会城市与计划单列市民生发展指数指标体系中，共有 45 个三级指标。其中正向指标 38 个，逆向指标 7 个。在对指标数据进行无量纲化之前，必须对逆向指标数据进行处理，将其转变为正向指标，以方便统一测算。依据各逆向指标的实际含义和表征内容，对于比值类的指标数据，本报告采取了取其倒数的方法将其转化为正向指标；对于百分率类的指标，则主要通过公式“100-指标值”即求补法来将其正向化，基本原则是保证正向化后的指标仍有明确、具体的实际含义和表征内容，不影响用其进行测算和分析，各逆向指标具体的正向化操作方法可参见表 3。

表 3　逆向指标正向化方法表

序号	三级指标	指标正向化方法
1	城镇居民家庭恩格尔系数	100-指标值
2	农村居民家庭恩格尔系数	100-指标值
3	城镇登记失业率	100-指标值
4	城镇居民房价收入比	指标值取倒数
5	交通事故死亡率	100-指标值
6	亿元 GDP 工业废水排放量	指标值取倒数
7	亿元 GDP 二氧化硫排放量	指标值取倒数

4. 数据无量纲化

本报告中，数据处理主要是指数据无量纲化处理。由于各项指标数据的量纲不同，要对这些指标进行综合集成，所有指标数据都必须进行无量纲化处理，再进行统一计算。对于客观指标原始数据无量纲处理，本文主要采取阀值法对数据进行无量纲化处理。阀值法的具体公式如下。阀值法的计算公式：$X_i=\frac{(x_i-x_{Min})}{(x_{Max}-x_{Min})}$，$X_i$ 为转换后的值，x_{Max} 为最大样本值，x_{Min} 为最小样本值，x_i 为原始值。

(二)测算方法

本报告结合国内外通用规则以及报告的具体目标，拟采用综合评价指数法对我国区域民生发展水平进行评价。综合指数法分为线性加权模型、乘法评价模型、加乘混合评价模型等几种形式。本报告的两套指标体系中各指标的重要程度较大，指标值的差异不大，且各个指标间基本相互独立，各指标只影响综合评价值而指标之间不相互影响，因此采用线性加权模型进行计算。为了保证测度结果的客观公正，所有指标口径概念均与国家统计局相关统计制度保持一致。各指标的权重由德尔菲法确定，并将在测算结果的具体分析中加以具体说明。

>> 四、2015 中国民生发展指数——省会城市与计划单列市部分 <<

(一)总体测算结果

表 4　　2015 中国省会城市与计划单列市民生发展指数排名表

地区	指数值	排名	地区	指数值	排名
深圳	0.6354	1	厦门	0.3974	19
广州	0.5493	2	郑州	0.3968	20
北京	0.5415	3	昆明	0.3761	21
杭州	0.4926	4	太原	0.3683	22
上海	0.4855	5	长春	0.3653	23
南京	0.4662	6	海口	0.3522	24
天津	0.4587	7	石家庄	0.3496	25
青岛	0.4448	8	福州	0.3446	26
成都	0.4426	9	合肥	0.3443	27
宁波	0.4364	10	南昌	0.3405	28
济南	0.4357	11	兰州	0.3404	29
沈阳	0.4259	12	贵阳	0.3382	30
大连	0.4255	13	乌鲁木齐	0.3333	31
重庆	0.4174	14	银川	0.3255	32
武汉	0.4174	15	哈尔滨	0.3063	33
西安	0.4162	16	南宁	0.3057	34
呼和浩特	0.4032	17	西宁	0.2710	35
长沙	0.3996	18			

一级指标得分前五的城市分别为深圳、广州、北京、杭州、上海，得分后五名的城市分别为乌鲁木齐、银川、哈尔滨、南宁、西宁。副省级城市与省会

城市民生发展水平总体呈现出“东部——东北部——中部——西部”由高到低阶梯状分布。① 但部分副省级城市与省会城市呈现出与所在区域总体位次趋势不一样的情形，例如东三省的省会城市沈阳、长春、哈尔滨差异较大，沈阳排名第 12 位，长春排名第 23 位，哈尔滨排名第 33 位。

(二)2015 六大民生指标排名及分析

1. 民生基础排名及分析

二级指标“民生基础”主要考察各地区发展民生事业的经济基础，下设五个三级指标，即：地区生产总值、人均地区生产总值、财政预算总收入、固定资产投资、城镇化率。

表 5　2015 年中国省会城市与计划单列市民生基础排名

指标 地区	民生基础	
	指数值	排名
北京	0.7817	1
上海	0.7248	2
天津	0.6625	3
深圳	0.6270	4
广州	0.5699	5
重庆	0.5689	6
南京	0.5291	7
青岛	0.4644	8
大连	0.4589	9
沈阳	0.4484	10
武汉	0.4290	11

① 本报告中东部地区、中部地区、西部地区、东北地区的划分参照国家统计部门划分标准。其中，东部地区包括：北京、天津、河北、上海、江苏、浙江、福建、山东、广东和海南 10 省市；中部地区包括山西、安徽、江西、河南、湖北和湖南 6 省；西部地区包括内蒙古、广西、重庆、四川、贵州、云南、西藏(未参与测算及排名)、陕西、甘肃、青海、宁夏和新疆 12 省(区、市)；东北地区包括辽宁、吉林和黑龙江 3 省.

续表

地区 \ 指标	民生基础	
	指数值	排名
成都	0.3998	12
杭州	0.3996	13
宁波	0.3484	14
西安	0.3302	15
郑州	0.3251	16
厦门	0.3080	17
长沙	0.3022	18
合肥	0.3009	19
济南	0.2817	20
呼和浩特	0.2579	21
长春	0.2549	22
太原	0.2548	23
昆明	0.2368	24
石家庄	0.2366	25
哈尔滨	0.2363	26
兰州	0.2203	27
银川	0.2132	28
福州	0.2063	29
贵阳	0.1951	30
南昌	0.1905	31
乌鲁木齐	0.1712	32
海口	0.1705	33
西宁	0.1458	34
南宁	0.1063	35

民生基础排在前五名的省会城市与计划单列市分别是北京、上海、天津、深圳、广州，排在后五位的是南昌、乌鲁木齐、海口、西宁、南宁，依据排名可以看出民生基础与当地的经济发展程度有很大的相关性，同时大多数城市民生基础排名与民生发展的排名较为接近。

2. 就业收入排名及分析

二级指标“就业收入”重点考察各地区城镇和农村居民收入、消费、就业水平。下设八个三级指标，即：城镇常住居民人均可支配收入、农村常住居民人均可支配收入、城镇常住居民人均消费支出、农村常住居民人均消费支出、城镇居民恩格尔系数、农村居民恩格尔系数、城镇登记失业率、城镇最低生活保障标准。

表 6　　2015 年中国省会城市与计划单列市就业收入排名

指标 / 地区	收入就业	
	指数值	排名
深圳	0.7907	1
北京	0.6868	2
广州	0.6340	3
杭州	0.6324	4
宁波	0.5838	5
上海	0.5736	6
南京	0.5724	7
西安	0.5463	8
长沙	0.5383	9
郑州	0.5362	10
济南	0.5059	11
厦门	0.4968	12
青岛	0.4716	13
呼和浩特	0.4716	14
大连	0.4555	15
天津	0.4480	16
沈阳	0.4386	17
福州	0.4162	18
长春	0.3823	19
成都	0.3688	20
昆明	0.3659	21

续表

地区＼指标	收入就业	
	指数值	排名
石家庄	0.3592	22
武汉	0.3549	23
哈尔滨	0.3202	24
合肥	0.3190	25
太原	0.3112	26
南昌	0.3073	27
银川	0.3049	28
兰州	0.2943	29
海口	0.2825	30
贵阳	0.2730	31
乌鲁木齐	0.2548	32
重庆	0.2211	33
南宁	0.2067	34
西宁	0.0982	35

就业收入排名前五位的省会城市与计划单列市分别是深圳、北京、广州、杭州、宁波，排名后五位的分别是贵阳、乌鲁木齐、重庆、南宁、西宁。总体而言，由于与当地经济发展水平高度相关等原因，东部沿海地区城市收入就业质量指数排名普遍高于东北部、中西部等全国其他副省级以上城市。

3. 居住出行排名及分析

二级指标“居住出行”重点考察了各地区居民的居住条件、房价水平以及公共交通设施等方面的内容。下设八个三级指标，即：城镇居民房价收入比、城镇居民人均住房面积、农村居民人均住房建筑面积、城市用水普及率、人均城市道路面积、城市每万人拥有公共交通车辆、人均邮政业务量、移动电话普及率。

表 7　　2015 中国省会城市与计划单列市居住出行排名

指标 地区	居住出行	
	指数值	排名
深圳	0.5417	1
南京	0.4926	2
济南	0.4888	3
广州	0.4874	4
厦门	0.4821	5
宁波	0.4775	6
天津	0.4675	7
郑州	0.4339	8
呼和浩特	0.4315	9
海口	0.4313	10
杭州	0.4178	11
兰州	0.4159	12
武汉	0.4117	13
石家庄	0.4042	14
长沙	0.4028	15
昆明	0.3979	16
大连	0.3951	17
哈尔滨	0.3856	18
成都	0.3788	19
上海	0.3756	20
北京	0.3654	21
西安	0.3631	22
太原	0.3584	23
贵阳	0.3525	24
南昌	0.3475	25
重庆	0.3468	26
南宁	0.3467	27
福州	0.3316	28
沈阳	0.3269	29
长春	0.3231	30

续表

地区＼指标	居住出行	
	指数值	排名
西宁	0.2954	31
乌鲁木齐	0.2925	32
银川	0.2807	33
青岛	0.2763	34
合肥	0.2628	35

居住出行排名前五位的省会城市与计划单列市分别是深圳、南京、济南、广州、厦门，排名后五位的城市为西宁、乌鲁木齐、银川、青岛、合肥。随着我国城镇化进程不断推进，高房价、交通拥堵等“城市病”不断凸显，从而成为民众最为关心的民生议题之一。只有妥善、切实解决好住房和交通问题，才能真正改善民生，推进民生发展水平。

4. 文化教育排名及分析

二级指标“文化教育”重点考察了各地区居民的文化素质、人均占有公共教育资源及文娱消费比重等因素。下设八个三级指标，即：城镇居民家庭文教娱乐支出比重、农村居民家庭文教娱乐支出比重、科教文卫支出占财政支出比重、每万人口在校大学生数、每万人口在校中学生数、每万人口在校小学生数、人均拥有公共图书藏量、互联网普及率。

表 8　2015 中国省会城市与计划单列市文化教育排名

地区＼指标	文化教育	
	指数值	排名
乌鲁木齐	0.6082	1
深圳	0.5791	2
广州	0.5288	3
太原	0.5270	4
贵阳	0.5123	5
南昌	0.5066	6
北京	0.4990	7

续表

地区＼指标	文化教育	
	指数值	排名
济南	0.4970	8
郑州	0.4931	9
成都	0.4898	10
南京	0.4814	11
杭州	0.4743	12
长春	0.4721	13
青岛	0.4702	14
武汉	0.4692	15
西安	0.4656	16
南宁	0.4548	17
合肥	0.4513	18
昆明	0.4382	19
呼和浩特	0.4298	20
宁波	0.4237	21
福州	0.4136	22
沈阳	0.4096	23
兰州	0.3972	24
石家庄	0.3886	25
大连	0.3667	26
海口	0.3607	27
上海	0.3510	28
哈尔滨	0.3495	29
银川	0.3433	30
天津	0.3411	31
厦门	0.3359	32
西宁	0.3340	33
长沙	0.3249	34
重庆	0.3174	35

文化教育排名前五位的省会城市与计划单列市分别是乌鲁木齐、深圳、广州、太原、贵阳，排名后五位的分别是天津、厦门、西宁、长沙、重庆。值得

注意的是，文化教育的指标中凸显出个别城市虽然整体城市实力很强，但存在人均教育资源不足的问题。

5. 安全健康排名及分析

二级指标“安全健康”问题与每个人息息相关，是保障个人生存和发展的重要前提条件。下设八个三级指标，即：每千人拥有卫生机构床位、每千人拥有卫生技术人员、财政支出中社会保障支出比重、交通事故死亡率、财政支出中公共安全支出比重、城镇居民养老保险、城镇居民医疗保险、新型农村合作医疗参合率。

表 9　2015 中国省会城市与计划单列市安全健康排名

指标 / 地区	安全健康	
	指数值	排名
杭州	0.5355	1
广州	0.5225	2
深圳	0.5037	3
重庆	0.4911	4
上海	0.4315	5
成都	0.4240	6
西宁	0.4059	7
沈阳	0.3978	8
济南	0.3845	9
大连	0.3841	10
昆明	0.3824	11
海口	0.3814	12
西安	0.3594	13
太原	0.3573	14
石家庄	0.3512	15
银川	0.3498	16
武汉	0.3487	17
长沙	0.3484	18
贵阳	0.3423	19

续表

指标 地区	安全健康	
	指数值	排名
兰州	0.3317	20
天津	0.3293	21
乌鲁木齐	0.3275	22
厦门	0.3202	23
青岛	0.3170	24
长春	0.3128	25
呼和浩特	0.3095	26
北京	0.2920	27
南宁	0.2849	28
宁波	0.2830	29
郑州	0.2470	30
哈尔滨	0.2340	31
南昌	0.2097	32
南京	0.2028	33
福州	0.1931	34
合肥	0.1708	35

安全健康指标排名前五位的省会城市与计划单列市分别是杭州、广州、深圳、重庆、上海，排名后五位的分别是哈尔滨、南昌、南京、福州、合肥。在安全健康这一指标之下，发现排在末尾的几个城市，如南京、福州、合肥经济实力较强，这从一定程度上可归因于这些城市中庞大的流动人口群体并没有获得充分的医疗卫生资源和社会保障支持。

6. 生态环保排名及分析

二级指标"生态环保"重点考察了各地区城区绿化水平、生活垃圾、污水等处理设施使用情况等方面。下设八个三级指标，即：环保支出占财政支出比重、亿元GDP工业废水排放量、亿元GDP二氧化硫排放量、市区污水处理率、垃圾无害化处理率、工业固体废物综合利用率、城市绿化覆盖率、城市人均公园绿地面积。

表 10　　2015 中国省会城市与计划单列市生态环保排名

地区＼指标	生态环保	
	指数值	排名
深圳	0.7725	1
青岛	0.6642	2
成都	0.6050	3
合肥	0.5719	4
北京	0.5643	5
呼和浩特	0.5552	6
广州	0.5482	7
福州	0.5415	8
海口	0.5322	9
沈阳	0.5285	10
宁波	0.5237	11
重庆	0.5210	12
杭州	0.5194	13
南昌	0.5189	14
长沙	0.5055	15
南京	0.5029	16
济南	0.4948	17
银川	0.4896	18
武汉	0.4877	19
南宁	0.4845	20
大连	0.4843	21
长春	0.4744	22
昆明	0.4699	23
厦门	0.4638	24
西安	0.4542	25
天津	0.4527	26
太原	0.4294	27
兰州	0.4129	28
上海	0.3966	29
贵阳	0.3900	30

续表

地区＼指标	生态环保	
	指数值	排名
乌鲁木齐	0.3864	31
石家庄	0.3862	32
西宁	0.3777	33
郑州	0.3636	34
哈尔滨	0.3299	35

生态环保指标排名前五位的省会城市与计划单列市分别是深圳、青岛、成都、合肥、北京，排名后五位的省会城市与计划单列市分别是乌鲁木齐、石家庄、西宁、郑州、哈尔滨。由于生态质量指数与各地原有资源禀赋相关性较高，而环保质量指数则主要依赖于当地政府的投入和建设，因此生态与环境质量指数的排名具有一定的分化性特征。

>> 五、2015 中国民生发展指数——地级市部分 <<

(一)总体测算结果

表 11　　2015 中国地级以上城市民生发展指数排名表

地区	指数值	排名	地区	指数值	排名
广州	0.55150	1	深圳	0.50608	2
苏州	0.48331	3	杭州	0.46523	4
成都	0.45694	5	武汉	0.44122	6
南京	0.41002	7	大连	0.39933	8
青岛	0.39741	9	西安	0.38629	10
宁波	0.38029	11	郑州	0.37966	12
长沙	0.37543	13	无锡	0.37115	14
沈阳	0.36928	15	济南	0.32340	16
哈尔滨	0.32101	17	佛山	0.31607	18
烟台	0.30864	19	东莞	0.30604	20

续表

地区	指数值	排名	地区	指数值	排名
昆明	0.30399	21	温州	0.30153	22
常州	0.28828	23	南通	0.28778	24
潍坊	0.28489	25	福州	0.27966	26
长春	0.27952	27	吉林	0.27669	28
合肥	0.27478	29	太原	0.27429	30
南昌	0.26714	31	绍兴	0.26646	32
唐山	0.26567	33	中山	0.26063	34
金华	0.25986	35	泉州	0.25898	36
厦门	0.25532	37	石家庄	0.25474	38
鄂尔多斯	0.25462	39	珠海	0.25440	40
济宁	0.25318	41	临沂	0.25220	42
保定	0.25154	43	嘉兴	0.24693	44
徐州	0.24175	45	包头	0.24040	46
台州	0.24030	47	呼和浩特	0.23863	48
东营	0.23822	49	淄博	0.23711	50
贵阳	0.23436	51	淮安	0.23225	52
扬州	0.23125	53	洛阳	0.22604	54
乌鲁木齐	0.22297	55	南宁	0.22287	56
惠州	0.22088	57	镇江	0.22083	58
大庆	0.21771	59	湖州	0.21318	60
威海	0.21312	61	泰州	0.21229	62
盐城	0.21097	63	泰安	0.20994	64
兰州	0.20852	65	连云港	0.20833	66
银川	0.20739	67	南阳	0.20720	68
莆田	0.19961	69	克拉玛依	0.19942	70
鞍山	0.19743	71	江门	0.19621	72
邯郸	0.19576	73	阿拉善盟	0.19510	74
滨州	0.19487	75	马鞍山	0.19409	76
沧州	0.19263	77	聊城	0.19185	78
海口	0.19114	79	芜湖	0.18899	80
新乡	0.18616	81	榆林	0.18612	82

续表

地区	指数值	排名	地区	指数值	排名
茂名	0.18530	83	盘锦	0.18475	84
宜昌	0.18186	85	遵义	0.18097	86
德州	0.17953	87	汕头	0.17927	88
漳州	0.17839	89	攀枝花	0.17773	90
咸阳	0.17767	91	襄阳	0.17753	92
三亚	0.17686	93	衡阳	0.17678	94
绵阳	0.17641	95	赤峰	0.17604	96
乌海	0.17489	97	焦作	0.17449	98
廊坊	0.17392	99	株洲	0.17379	100
秦皇岛	0.17350	101	丽水	0.17277	102
玉溪	0.17267	103	南平	0.17249	104
延安	0.17229	105	周口	0.17157	106
荆门	0.17016	107	日照	0.16995	108
枣庄	0.16950	109	本溪	0.16946	110
宿迁	0.16925	111	九江	0.16923	112
舟山	0.16922	113	湛江	0.16903	114
菏泽	0.16899	115	通辽	0.16888	116
安阳	0.16737	117	开封	0.16652	118
龙岩	0.16600	119	平顶山	0.16543	120
嘉峪关	0.16476	121	呼伦贝尔	0.16450	122
铜陵	0.16358	123	柳州	0.16329	124
信阳	0.16319	125	营口	0.16284	126
岳阳	0.16123	127	许昌	0.16104	128
肇庆	0.16097	129	大同	0.16018	130
商丘	0.16010	131	湘潭	0.15912	132
郴州	0.15906	133	丹东	0.15886	134
宝鸡	0.15860	135	衢州	0.15860	136
邢台	0.15853	137	淮北	0.15790	138
濮阳	0.15774	139	驻马店	0.15767	140
三明	0.15694	141	赣州	0.15634	142
抚顺	0.15618	143	晋中	0.15613	144

续表

地区	指数值	排名	地区	指数值	排名
张家口	0.15607	145	锦州	0.15589	146
长治	0.15587	147	酒泉	0.15580	148
德阳	0.15544	149	运城	0.15493	150
桂林	0.15440	151	黄石	0.15371	152
朔州	0.15325	153	景德镇	0.15313	154
滁州	0.15278	155	宜宾	0.15275	156
曲靖	0.15262	157	泸州	0.15228	158
西宁	0.15150	159	韶关	0.15091	160
南充	0.15085	161	自贡	0.14957	162
十堰	0.14941	163	三门峡	0.14910	164
清远	0.14899	165	莱芜	0.14869	166
辽阳	0.14821	167	六盘水	0.14775	168
荆州	0.14774	169	揭阳	0.14769	170
晋城	0.14764	171	巴彦淖尔	0.14715	172
通化	0.14694	173	玉林	0.14624	174
临汾	0.14605	175	锡林郭勒盟	0.14573	176
梧州	0.14566	177	常德	0.14551	178
钦州	0.14508	179	上饶	0.14478	180
淮南	0.14456	181	吉安	0.14431	182
承德	0.14380	183	阳泉	0.14349	184
石嘴山	0.14229	185	汕尾	0.14175	186
乐山	0.14170	187	新余	0.14154	188
随州	0.14140	189	宁德	0.14091	190
葫芦岛	0.14090	191	蚌埠	0.14070	192
衡水	0.14069	193	宜春	0.14004	194
四平	0.13962	195	延边朝鲜族自治州	0.13927	196
贵港	0.13914	197	宣城	0.13913	198
铁岭	0.13884	199	抚州	0.13869	200
黄冈	0.13847	201	怀化	0.13775	202
牡丹江	0.13736	203	达州	0.13713	204
朝阳	0.13701	205	保山	0.13689	206

续表

地区	指数值	排名	地区	指数值	排名
漯河	0.13650	207	拉萨	0.13649	208
鹤壁	0.13634	209	阜新	0.13621	210
吕梁	0.13602	211	萍乡	0.13579	212
阜阳	0.13539	213	渭南	0.13537	214
松原	0.13524	215	咸宁	0.13450	216
云浮	0.13414	217	内江	0.13388	218
安顺	0.13387	219	毕节	0.13293	220
普洱	0.13223	221	益阳	0.13075	222
六安	0.13048	223	梅州	0.13032	224
亳州	0.12984	225	铜仁	0.12975	226
金昌	0.12897	227	安庆	0.12808	228
汉中	0.12783	229	张掖	0.12776	230
白山	0.12766	231	阳江	0.12714	232
忻州	0.12665	233	黄山	0.12638	234
眉山	0.12617	235	孝感	0.12512	236
佳木斯	0.12500	237	吴忠	0.12498	238
鹰潭	0.12490	239	齐齐哈尔	0.12413	240
宿州	0.12404	241	永州	0.12393	242
邵阳	0.12390	243	固原	0.12380	244
池州	0.12363	245	商洛	0.12336	246
巴中	0.12284	247	武威	0.12280	248
辽源	0.12231	249	娄底	0.12222	250
来宾	0.12212	251	潮州	0.12163	252
乌兰察布	0.12146	253	安康	0.12033	254
白银	0.11996	255	儋州	0.11935	256
定西	0.11859	257	白城	0.11855	258
绥化	0.11831	259	鄂州	0.11811	260
雅安	0.11791	261	庆阳	0.11709	262
吐鲁番	0.11680	263	广元	0.11678	264
广安	0.11630	265	贺州	0.11617	266
北海	0.11547	267	崇左	0.11513	268

续表

地区	指数值	排名	地区	指数值	排名
昭通	0.11512	269	临沧	0.11511	270
河池	0.11449	271	天水	0.11429	272
河源	0.11313	273	鹤岗	0.11252	274
铜川	0.11212	275	遂宁	0.11130	276
双鸭山	0.10905	277	大兴安岭	0.10818	278
张家界	0.10751	279	丽江	0.10551	280
防城港	0.10506	281	资阳	0.10478	282
平凉	0.10407	283	陇南	0.10391	284
鸡西	0.10290	285	七台河	0.10161	286
黑河	0.10049	287	林芝	0.09957	288
中卫	0.09922	289	兴安盟	0.09915	290
海东	0.09849	291	伊春	0.09030	292
百色	0.08795	293			

(二)2015 地级市民生发展 100 强

表 12　　2015 中国地级市民生发展 100 强

地区	指数值	排名
苏州	0.48331	1
郑州	0.37966	2
长沙	0.37543	3
无锡	0.37115	4
佛山	0.31607	5
烟台	0.30864	6
东莞	0.30604	7
昆明	0.30399	8
温州	0.30153	9
常州	0.28828	10
南通	0.28778	11
潍坊	0.28489	12

续表

地区	指数值	排名
福州	0.27966	13
吉林	0.27669	14
合肥	0.27478	15
太原	0.27429	16
南昌	0.26714	17
绍兴	0.26646	18
唐山	0.26567	19
中山	0.26063	20
金华	0.25986	21
泉州	0.25898	22
石家庄	0.25474	23
鄂尔多斯	0.25462	24
珠海	0.25440	25
济宁	0.25318	26
临沂	0.25220	27
保定	0.25154	28
嘉兴	0.24693	29
徐州	0.24175	30
包头	0.24040	31
台州	0.24030	32
呼和浩特	0.23863	33
东营	0.23822	34
淄博	0.23711	35
贵阳	0.23436	36
淮安	0.23225	37
扬州	0.23125	38
洛阳	0.22604	39
乌鲁木齐	0.22297	40
南宁	0.22287	41
惠州	0.22088	42
镇江	0.22083	43

续表

地区	指数值	排名
大庆	0.21771	44
湖州	0.21318	45
威海	0.21312	46
泰州	0.21229	47
盐城	0.21097	48
泰安	0.20994	49
兰州	0.20852	50
连云港	0.20833	51
银川	0.20739	52
南阳	0.20720	53
莆田	0.19961	54
克拉玛依	0.19942	55
鞍山	0.19743	56
江门	0.19621	57
邯郸	0.19576	58
阿拉善盟	0.19510	59
滨州	0.19487	60
马鞍山	0.19409	61
沧州	0.19263	62
聊城	0.19185	63
海口	0.19114	64
芜湖	0.18899	65
新乡	0.18616	66
榆林	0.18612	67
茂名	0.18530	68
盘锦	0.18475	69
宜昌	0.18186	70
遵义	0.18097	71
德州	0.17953	72
汕头	0.17927	73
漳州	0.17839	74

续表

地区	指数值	排名
攀枝花	0.17773	75
咸阳	0.17767	76
襄阳	0.17753	77
三亚	0.17686	78
衡阳	0.17678	79
绵阳	0.17641	80
赤峰	0.17604	81
乌海	0.17489	82
焦作	0.17449	83
廊坊	0.17392	84
株洲	0.17379	85
秦皇岛	0.17350	86
丽水	0.17277	87
玉溪	0.17267	88
南平	0.17249	89
延安	0.17229	90
周口	0.17157	91
荆门	0.17016	92
日照	0.16995	93
枣庄	0.16950	94
本溪	0.16946	95
宿迁	0.16925	96
九江	0.16923	97
舟山	0.16922	98
湛江	0.16903	99
菏泽	0.16899	100

(三)2015 地级市五大民生指标排名及分析

1. 民生基础排名及分析

二级指标民生基础下设 5 个三级指标，即：地区生产总值、人均生产总值、财政收入、固定资产投资、社会消费品零售总额。

表 13　　2015 年中国地级以上城市民生基础排名(前 50 名)

指标 地区	民生基础	
	指数值	排名
广州	0.81915	1
苏州	0.67829	2
深圳	0.58190	3
武汉	0.55951	4
青岛	0.52649	5
成都	0.51604	6
南京	0.51512	7
大连	0.50111	8
杭州	0.49175	9
沈阳	0.48735	10
无锡	0.44335	11
长沙	0.43534	12
郑州	0.39477	13
宁波	0.38428	14
西安	0.37708	15
哈尔滨	0.36904	16
鄂尔多斯	0.36644	17
唐山	0.32998	18
佛山	0.32939	19
合肥	0.32868	20
南通	0.32773	21
烟台	0.32675	22

续表

地区＼指标	民生基础	
	指数值	排名
长春	0.32378	23
石家庄	0.32335	24
淮安	0.32147	25
常州	0.31686	26
济南	0.30616	27
大庆	0.29627	28
福州	0.29342	29
包头	0.29128	30
泉州	0.27563	31
东营	0.27399	32
潍坊	0.26591	33
温州	0.26561	34
徐州	0.25225	35
东莞	0.24964	36
南昌	0.24365	37
昆明	0.24214	38
淄博	0.23697	39
绍兴	0.23694	40
克拉玛依	0.22522	41
扬州	0.22159	42
盐城	0.21888	43
嘉兴	0.21042	44
洛阳	0.21032	45
厦门	0.20851	46
呼和浩特	0.20486	47
威海	0.20431	48
镇江	0.20377	49
南宁	0.20165	50

表 14　　2015 年中国地级以上城市民生基础排名(后 50 名)

指标 / 地区	民生基础	
	指数值	排名
双鸭山	0.05160	244
拉萨	0.05152	245
汕尾	0.05061	246
云浮	0.04887	247
潮州	0.04732	248
亳州	0.04722	249
池州	0.04510	250
贵港	0.04407	251
梅州	0.04320	252
鸡西	0.04318	253
兴安盟	0.04294	254
吐鲁番	0.04282	255
安康	0.04235	256
铜川	0.04207	257
广元	0.04201	258
武威	0.04134	259
来宾	0.04128	260
崇左	0.04064	261
河源	0.04008	262
吴忠	0.03908	263
白银	0.03854	264
三亚	0.03836	265
商洛	0.03829	266
雅安	0.03762	267
昭通	0.03715	268
贺州	0.03602	269
安顺	0.03575	270
保山	0.03480	271
巴中	0.03466	272
天水	0.03354	273

续表

地区＼指标	民生基础	
	指数值	排名
林芝	0.03255	274
普洱	0.03254	275
鹤岗	0.03244	276
海东	0.03222	277
张掖	0.03178	278
河池	0.03083	279
临沧	0.03076	280
平凉	0.03013	281
中卫	0.02989	282
张家界	0.02969	283
丽江	0.02880	284
黑河	0.02846	285
伊春	0.02811	286
大兴安岭	0.02799	287
七台河	0.02781	288
定西	0.02232	289
陇南	0.02061	290
资阳	0.02050	291
儋州	0.01741	292
固原	0.01648	293

2. 收入消费排名及分析

二级指标收入消费下设 6 个三级指标，即：城镇居民人均可支配收入、农村居民人均纯收入、城镇消费品零售额、乡村消费品零售额、享受城市最低生活保障的人数、享受农村最低生活保障的人数。

表 15　　2015 年中国地级以上城市收入消费排名(前 50 名)

指标 地区	收入消费	
	指数值	排名
苏州	0.47466	1
深圳	0.45473	2
广州	0.44843	3
南京	0.44469	4
宁波	0.43070	5
东莞	0.42830	6
佛山	0.42141	7
无锡	0.40853	8
青岛	0.40329	9
杭州	0.37759	10
马鞍山	0.36982	11
南通	0.36086	12
烟台	0.35654	13
武汉	0.35437	14
普洱	0.34153	15
长沙	0.33996	16
大连	0.33727	17
潍坊	0.33593	18
福州	0.33516	19
绍兴	0.33192	20
温州	0.32935	21
嘉兴	0.32869	22
济南	0.31601	23
常州	0.30732	24
泉州	0.30437	25
金华	0.30166	26
沈阳	0.30133	27
台州	0.29839	28
厦门	0.29695	29
哈尔滨	0.29683	30

续表

地区＼指标	收入消费	
	指数值	排名
中山	0.29287	31
郑州	0.29151	32
成都	0.28732	33
西安	0.28358	34
临沂	0.28094	35
湖州	0.28034	36
南宁	0.27711	37
舟山	0.27235	38
济宁	0.27128	39
威海	0.26642	40
江门	0.26353	41
昆明	0.26084	42
徐州	0.26057	43
惠州	0.25693	44
唐山	0.25665	45
南昌	0.25597	46
珠海	0.25454	47
茂名	0.25399	48
呼和浩特	0.25170	49
汕头	0.24995	50

表 16　2015 年中国地级以上城市收入消费排名(后 50 名)

地区＼指标	收入消费	
	指数值	排名
汉中	0.13852	244
西宁	0.13752	245
防城港	0.13743	246
鄂州	0.13645	247
十堰	0.13588	248
鹰潭	0.13555	249

续表

地区＼指标	收入消费	
	指数值	排名
七台河	0.13542	250
双鸭山	0.13510	251
铜川	0.13291	252
雅安	0.13239	253
广元	0.13188	254
石嘴山	0.13090	255
巴中	0.13058	256
娄底	0.13035	257
河源	0.12928	258
伊春	0.12890	259
来宾	0.12845	260
邵阳	0.12732	261
忻州	0.12719	262
昭通	0.12691	263
六盘水	0.12596	264
商洛	0.12345	265
安康	0.12255	266
临沧	0.12224	267
铜仁	0.12179	268
贺州	0.12166	269
怀化	0.12115	270
庆阳	0.12029	271
河池	0.12001	272
北海	0.11487	273
吐鲁番	0.11456	274
武威	0.11385	275
天水	0.11376	276
丽江	0.11251	277
张掖	0.11228	278
安顺	0.11076	279

续表

地区＼指标	收入消费	
	指数值	排名
吴忠	0.11021	280
拉萨	0.10624	281
海东	0.10577	282
中卫	0.10492	283
白银	0.10451	284
林芝	0.10433	285
兴安盟	0.10153	286
平凉	0.10090	287
固原	0.09954	288
儋州	0.09876	289
百色	0.09652	290
张家界	0.09174	291
定西	0.09072	292
毕节	0.05619	293

3. 居住出行排名及分析

二级指标居住出行下设 6 个三级指标，即：房地产开发投资、每万人拥有民用汽车、邮电业务总量、移动电话普及率、本地固定电话用户数、旅游总收入。

表 17　　2015 年中国地级以上城市居住出行排名(前 50 名)

地区＼指标	居住出行	
	指数值	排名
杭州	0.69753	1
深圳	0.69357	2
成都	0.64034	3
苏州	0.60007	4
西安	0.59442	5
广州	0.55676	6

续表

指标 地区	居住出行	
	指数值	排名
武汉	0.53020	7
郑州	0.51479	8
沈阳	0.51290	9
南京	0.50127	10
大连	0.45179	11
青岛	0.44490	12
无锡	0.44151	13
佛山	0.43791	14
温州	0.41407	15
宁波	0.41048	16
昆明	0.40689	17
长沙	0.40219	18
济南	0.37286	19
东莞	0.37254	20
金华	0.36918	21
连云港	0.36863	22
太原	0.35957	23
福州	0.35626	24
厦门	0.35265	25
绍兴	0.34759	26
长春	0.33679	27
哈尔滨	0.33006	28
嘉兴	0.32524	29
中山	0.32410	30
泉州	0.32253	31
合肥	0.32046	32
贵阳	0.31215	33
莆田	0.31031	34
烟台	0.30863	35
常州	0.30843	36

续表

地区 \ 指标	居住出行	
	指数值	排名
南通	0.29704	37
台州	0.29463	38
丽水	0.28957	39
扬州	0.28765	40
乌鲁木齐	0.28382	41
潍坊	0.28226	42
银川	0.28030	43
呼和浩特	0.27655	44
海口	0.27360	45
阿拉善盟	0.27156	46
保定	0.26615	47
漳州	0.26369	48
吉林	0.26021	49
唐山	0.25955	50

表 18　　2015 年中国地级以上城市居住出行排名(后 50 名)

地区 \ 指标	居住出行	
	指数值	排名
广安	0.11193	244
来宾	0.11136	245
白银	0.11070	246
佳木斯	0.11031	247
张掖	0.10997	248
庆阳	0.10875	249
六安	0.10816	250
天水	0.10631	251
新余	0.10598	252
萍乡	0.10466	253
广元	0.10460	254
定西	0.10417	255

续表

地区 \ 指标	居住出行	
	指数值	排名
宿州	0.10323	256
六盘水	0.10126	257
自贡	0.10031	258
黄石	0.09933	259
宜春	0.09925	260
常德	0.09911	261
娄底	0.09706	262
淮北	0.09696	263
淮南	0.09690	264
大兴安岭	0.09621	265
玉林	0.09620	266
鹤岗	0.09563	267
普洱	0.09517	268
巴中	0.09495	269
安顺	0.09493	270
武威	0.09465	271
毕节	0.09462	272
茂名	0.09392	273
抚州	0.09299	274
拉萨	0.09289	275
阜阳	0.09258	276
平凉	0.09244	277
怀化	0.09186	278
吉安	0.08893	279
河源	0.08866	280
中卫	0.08789	281
林芝	0.08634	282
汕尾	0.08283	283
河池	0.08228	284
铜仁	0.07753	285

续表

地区＼指标	居住出行	
	指数值	排名
遂宁	0.07731	286
鄂州	0.07645	287
永州	0.07372	288
百色	0.07195	289
北海	0.06437	290
海东	0.06411	291
伊春	0.06294	292
铜川	0.06025	293

4. 文化教育排名及分析

二级指标文化教育下设 6 个三级指标，即每万人口在校大学生数、每万人口在校高中生数、每万人口在校初中生数、每万人口在校小学生数、公共图书馆数、有线电视用户数。

表 19　　2015 年中国地级以上城市文化教育排名(前 50 名)

地区＼指标	文化教育	
	指数值	排名
成都	0.43417	1
珠海	0.42155	2
广州	0.40268	3
三亚	0.40031	4
郑州	0.39713	5
遵义	0.39147	6
南昌	0.38599	7
昆明	0.38568	8
周口	0.37855	9
温州	0.37341	10
太原	0.36537	11
安顺	0.36180	12

续表

地区＼指标	文化教育	
	指数值	排名
武汉	0.36014	13
西安	0.35917	14
中山	0.35582	15
长沙	0.35396	16
拉萨	0.34948	17
惠州	0.34187	18
南京	0.34058	19
荆门	0.33821	20
汕尾	0.33662	21
茂名	0.33644	22
抚州	0.33562	23
济南	0.33203	24
哈尔滨	0.32933	25
兰州	0.32924	26
南阳	0.32789	27
吉安	0.32657	28
景德镇	0.32531	29
贵阳	0.32150	30
贵港	0.31975	31
信阳	0.31909	32
铜仁	0.31730	33
新乡	0.31697	34
赣州	0.31618	35
徐州	0.31448	36
商丘	0.31361	37
曲靖	0.31134	38
银川	0.30975	39
驻马店	0.30935	40
大连	0.30935	41
攀枝花	0.30743	42

续表

地区＼指标	文化教育	
	指数值	排名
洛阳	0.30505	43
吉林	0.30489	44
福州	0.30209	45
芜湖	0.30087	46
自贡	0.30051	47
湛江	0.29924	48
常州	0.29924	49
黄石	0.29901	50

表 20　　2015 年中国地级以上城市文化教育排名(后 50 名)

地区＼指标	文化教育	
	指数值	排名
平凉	0.18051	244
铁岭	0.18005	245
朝阳	0.17939	246
深圳	0.17642	247
鞍山	0.17636	248
广安	0.17511	249
廊坊	0.17357	250
湘潭	0.17343	251
营口	0.17298	252
益阳	0.17185	253
资阳	0.17007	254
阿拉善盟	0.16843	255
绥化	0.16802	256
乌海	0.16769	257
常德	0.16618	258
巴彦淖尔	0.16523	259
呼伦贝尔	0.16422	260
铜川	0.16413	261
宜昌	0.16314	262

续表

地区＼指标	文化教育	
	指数值	排名
锡林郭勒盟	0.16293	263
辽阳	0.16052	264
遂宁	0.16051	265
四平	0.15912	266
佳木斯	0.15661	267
克拉玛依	0.15455	268
牡丹江	0.15188	269
齐齐哈尔	0.15119	270
百色	0.14995	271
咸宁	0.14934	272
松原	0.14838	273
佛山	0.14742	274
孝感	0.14529	275
白城	0.14299	276
沈阳	0.14285	277
抚顺	0.14077	278
本溪	0.14010	279
舟山	0.13973	280
延边朝鲜族自治州	0.13949	281
七台河	0.13775	282
乌兰察布	0.13653	283
辽源	0.13631	284
防城港	0.13058	285
白山	0.12720	286
大兴安岭	0.11984	287
兴安盟	0.11623	288
鹤岗	0.11616	289
伊春	0.11455	290
双鸭山	0.11368	291
黑河	0.11355	292
鸡西	0.05768	293

5. 安全健康排名及分析

二级指标安全健康下设 6 个三级指标，即：每千人拥有卫生机构数、每千人拥有卫生机构床位、每千人拥有卫生技术人员、城镇基本养老保险参保人数、失业保险参保人数、城镇基本医疗保险参保人数。

表 21　　2015 年中国地级以上城市安全健康排名(前 50 名)

指标 / 地区	安全健康	
	指数值	排名
深圳	0.58168	1
吉林	0.48292	2
杭州	0.46500	3
宁波	0.38806	4
保定	0.38748	5
广州	0.38180	6
成都	0.37396	7
太原	0.34219	8
大连	0.34061	9
沈阳	0.33638	10
武汉	0.33619	11
乌鲁木齐	0.33597	12
济宁	0.33385	13
西安	0.32233	14
东莞	0.32192	15
烟台	0.32066	16
长沙	0.31240	17
临沂	0.30458	18
济南	0.29953	19
郑州	0.29171	20
苏州	0.28902	21
本溪	0.26942	22
昆明	0.25873	23
无锡	0.25812	24

续表

指标 地区	安全健康	
	指数值	排名
淄博	0.25572	25
潍坊	0.25561	26
哈尔滨	0.25309	27
六盘水	0.24835	28
贵阳	0.24733	29
南昌	0.24335	30
青岛	0.24261	31
长春	0.23952	32
佛山	0.23683	33
银川	0.23582	34
嘉峪关	0.23525	35
威海	0.23233	36
珠海	0.22686	37
兰州	0.22225	38
东营	0.22148	39
厦门	0.22098	40
唐山	0.21991	41
中山	0.21611	42
合肥	0.21607	43
盘锦	0.21378	44
包头	0.21350	45
石家庄	0.21338	46
十堰	0.21212	47
金华	0.21183	48
泰安	0.21001	49
鹤岗	0.20946	50

表 22　　2015 年中国地级以上城市安全健康排名(后 50 名)

指标 地区	安全健康	
	指数值	排名
资阳	0.10956	244
河池	0.10923	245
柳州	0.10850	246
广安	0.10844	247
铁岭	0.10764	248
北海	0.10717	249
衡水	0.10667	250
朔州	0.10599	251
达州	0.10552	252
来宾	0.10534	253
漳州	0.10471	254
福州	0.10370	255
贵港	0.10351	256
林芝	0.10318	257
河源	0.10226	258
桂林	0.10165	259
梧州	0.10140	260
保山	0.10057	261
儋州	0.09837	262
乌兰察布	0.09572	263
贺州	0.09551	264
汕尾	0.09526	265
曲靖	0.09473	266
信阳	0.09375	267
揭阳	0.09295	268
防城港	0.09188	269
池州	0.09064	270
吕梁	0.09053	271
松原	0.08978	272
天水	0.08962	273
庆阳	0.08950	274

续表

地区＼指标	安全健康	
	指数值	排名
中卫	0.08935	275
黄冈	0.08926	276
六安	0.08867	277
白城	0.08828	278
崇左	0.08825	279
邵阳	0.08710	280
潮州	0.08498	281
绥化	0.08380	282
抚州	0.08135	283
百色	0.07692	284
临沧	0.07572	285
海东	0.06988	286
昭通	0.06856	287
阳江	0.06615	288
陇南	0.05989	289
安庆	0.05929	290
普洱	0.05858	291
亳州	0.05230	292
丽江	0.03256	293

(三)地级市民生发展指数省内排名

1. 河北省

表 23　　河北省各城市民生指数排名

城市	指数值	省内排名	全国排名
唐山	0.26567	1	33
石家庄	0.25474	2	38
保定	0.25154	3	43
邯郸	0.19576	4	73

续表

城市	指数值	省内排名	全国排名
沧州	0.19263	5	77
廊坊	0.17392	6	99
秦皇岛	0.17350	7	101
邢台	0.15853	8	137
张家口	0.15607	9	145
承德	0.14380	10	183
衡水	0.14069	11	193

2. 山西省

表 24　　山西省各城市民生指数排名

城市	指数值	省内排名	全国排名
太原	0.27429	1	30
大同	0.16018	2	130
晋中	0.15613	3	144
长治	0.15587	4	147
运城	0.15493	5	150
朔州	0.15325	6	153
晋城	0.14764	7	171
临汾	0.14605	8	175
阳泉	0.14349	9	184
吕梁	0.13602	10	211
忻州	0.12665	11	233

3. 内蒙古自治区

表 25　　内蒙古自治区各城市民生指数排名

城市	指数值	省内排名	全国排名
鄂尔多斯	0.25462	1	39
包头	0.24040	2	46
呼和浩特	0.23863	3	48
阿拉善盟	0.19510	4	74

续表

城市	指数值	省内排名	全国排名
赤峰	0.17604	5	96
乌海	0.17489	6	97
通辽	0.16888	7	116
呼伦贝尔	0.16450	8	122
巴彦淖尔	0.14715	9	172
锡林郭勒盟	0.14573	10	176
乌兰察布	0.12146	11	253
兴安盟	0.09915	12	290

4. 辽宁省

表 26　　辽宁省各城市民生指数排名

城市	指数值	省内排名	全国排名
大连	0.39933	1	8
沈阳	0.36928	2	15
鞍山	0.19743	3	71
盘锦	0.18475	4	84
本溪	0.16946	5	110
营口	0.16284	6	126
丹东	0.15886	7	134
抚顺	0.15618	8	143
锦州	0.15589	9	146
辽阳	0.14821	10	167
葫芦岛	0.14090	11	191
铁岭	0.13884	12	199
朝阳	0.13701	13	205
阜新	0.13621	14	210

5. 吉林省

表 27　　吉林省各城市民生指数排名

城市	指数值	省内排名	全国排名
长春	0.27952	1	27
吉林	0.27669	2	28
通化	0.14694	3	173
四平	0.13962	4	195
延边朝鲜族自治州	0.13927	5	196
松原	0.13524	6	215
白山	0.12766	7	231
辽源	0.12231	8	249
白城	0.11855	9	258

6. 黑龙江省

表 28　　黑龙江省各城市民生指数排名

城市	指数值	省内排名	全国排名
哈尔滨	0.32101	1	17
大庆	0.21771	2	59
牡丹江	0.13736	3	203
佳木斯	0.12500	4	237
齐齐哈尔	0.12413	5	240
绥化	0.11831	6	259
鹤岗	0.11252	7	274
双鸭山	0.10905	8	277
大兴安岭	0.10818	9	278
鸡西	0.10290	10	285
七台河	0.10161	11	286
黑河	0.10049	12	287
伊春	0.09030	13	292

7. 江苏省

表 29　　江苏省各城市民生指数排名

城市	指数值	省内排名	全国排名
苏州	0.48331	1	3
南京	0.41002	2	7
无锡	0.37115	3	14
常州	0.28828	4	23
南通	0.28778	5	24
徐州	0.24175	6	45
淮安	0.23225	7	52
扬州	0.23125	8	53
镇江	0.22083	9	58
泰州	0.21229	10	62
盐城	0.21097	11	63
连云港	0.20833	12	66
宿迁	0.16925	13	111

8. 浙江省

表 30　　浙江省各城市民生指数排名

城市	指数值	省内排名	全国排名
杭州	0.46523	1	4
宁波	0.38029	2	11
温州	0.30153	3	22
绍兴	0.26646	4	32
金华	0.25986	5	35
嘉兴	0.24693	6	44
台州	0.24030	7	47
湖州	0.21318	8	60
丽水	0.17277	9	102
舟山	0.16922	10	113
衢州	0.15860	11	136

9. 安徽省

表 31　安徽省各城市民生指数排名

城市	指数值	省内排名	全国排名
合肥	0.27478	1	29
马鞍山	0.19409	2	76
芜湖	0.18899	3	80
铜陵	0.16358	4	123
淮北	0.15790	5	138
滁州	0.15278	6	155
淮南	0.14456	7	181
蚌埠	0.14070	8	192
宣城	0.13913	9	198
阜阳	0.13539	10	213
六安	0.13048	11	223
亳州	0.12984	12	225
安庆	0.12808	13	228
黄山	0.12638	14	234
宿州	0.12404	15	241
池州	0.12363	16	245

10. 福建省

表 32　福建省各城市民生指数排名

城市	指数值	省内排名	全国排名
福州	0.27966	1	26
泉州	0.25898	2	36
厦门	0.25532	3	37
莆田	0.19961	4	69
漳州	0.17839	5	89
南平	0.17249	6	104
龙岩	0.16600	7	119
三明	0.15694	8	141
宁德	0.14091	9	190

11. 江西省

表 33　江西省各城市民生指数排名

城市	指数值	省内排名	全国排名
南昌	0.26714	1	31
九江	0.16923	2	112
赣州	0.15634	3	142
景德镇	0.15313	4	154
上饶	0.14478	5	180
吉安	0.14431	6	182
新余	0.14154	7	188
宜春	0.14004	8	194
抚州	0.13869	9	200
萍乡	0.13579	10	212
鹰潭	0.12490	11	239

12. 山东省

表 34　山东省各城市民生指数排名

城市	指数值	省内排名	全国排名
青岛	0.39741	1	9
济南	0.32340	2	16
烟台	0.30864	3	19
潍坊	0.28489	4	25
济宁	0.25318	5	41
临沂	0.25220	6	42
东营	0.23822	7	49
淄博	0.23711	8	50
威海	0.21312	9	61
泰安	0.20994	10	64
滨州	0.19487	11	75
聊城	0.19185	12	78

续表

城市	指数值	省内排名	全国排名
德州	0.17953	13	87
日照	0.16995	14	108
枣庄	0.16950	15	109
菏泽	0.16899	16	115
莱芜	0.14869	17	166

13. 河南省

表 35　　河南省各城市民生指数排名

城市	指数值	省内排名	全国排名
郑州	0.37966	1	12
洛阳	0.22604	2	54
南阳	0.20720	3	68
新乡	0.18616	4	81
焦作	0.17449	5	98
周口	0.17157	6	106
安阳	0.16737	7	117
开封	0.16652	8	118
平顶山	0.16543	9	120
信阳	0.16319	10	125
许昌	0.16104	11	128
商丘	0.16010	12	131
濮阳	0.15774	13	139
驻马店	0.15767	14	140
三门峡	0.14910	15	164
漯河	0.13650	16	207
鹤壁	0.13634	17	209

14. 湖北省

表 36　　湖北省各城市民生指数排名

城市	指数值	省内排名	全国排名
武汉	0.44122	1	6
宜昌	0.18186	2	85
襄阳	0.17753	3	92
荆门	0.17016	4	107
黄石	0.15371	5	152
十堰	0.14941	6	163
荆州	0.14774	7	169
随州	0.14140	8	189
黄冈	0.13847	9	201
咸宁	0.13450	10	216
孝感	0.12512	11	236
鄂州	0.11811	12	260

15. 湖南省

表 37　　湖南省各城市民生指数排名

城市	指数值	省内排名	全国排名
长沙	0.37543	1	13
衡阳	0.17678	2	94
株洲	0.17379	3	100
岳阳	0.16123	4	127
湘潭	0.15912	5	132
郴州	0.15906	6	133
常德	0.14551	7	178
怀化	0.13775	8	202
益阳	0.13075	9	222
永州	0.12393	10	242
邵阳	0.12390	11	243
娄底	0.12222	12	250
张家界	0.10751	13	279

16. 广东省

表 38　　广东省各城市民生指数排名

城市	指数值	省内排名	全国排名
广州	0.55150	1	1
深圳	0.50608	2	2
佛山	0.31607	3	18
东莞	0.30604	4	20
中山	0.26063	5	34
珠海	0.25440	6	40
惠州	0.22088	7	57
江门	0.19621	8	72
茂名	0.18530	9	83
汕头	0.17927	10	88
湛江	0.16903	11	114
肇庆	0.16097	12	129
韶关	0.15091	13	160
清远	0.14899	14	165
揭阳	0.14769	15	170
汕尾	0.14175	16	186
云浮	0.13414	17	217
梅州	0.13032	18	224
阳江	0.12714	19	232
潮州	0.12163	20	252
河源	0.11313	21	273

17. 广西壮族自治区

表 39　　广西壮族自治区各城市民生指数排名

城市	指数值	省内排名	全国排名
南宁	0.22287	1	56
柳州	0.16329	2	124
桂林	0.15440	3	151

续表

城市	指数值	省内排名	全国排名
玉林	0.14624	4	174
梧州	0.14566	5	177
钦州	0.14508	6	179
贵港	0.13914	7	197
来宾	0.12212	8	251
贺州	0.11617	9	266
北海	0.11547	10	267
崇左	0.11513	11	268
河池	0.11449	12	271
防城港	0.10506	13	281
百色	0.08795	14	293

18. 海南省

表 40　　海南省各城市①民生指数排名

城市	指数值	省内排名	全国排名
海口	0.19114	1	79
三亚	0.17686	2	93
儋州	0.11935	3	256

19. 四川省

表 41　　四川省各城市民生指数排名

城市	指数值	省内排名	全国排名
成都	0.45694	1	5
攀枝花	0.17773	2	90
绵阳	0.17641	3	95
德阳	0.15544	4	149
宜宾	0.15275	5	156

① 三沙市因数据缺失较多未列入评价体系.

续表

城市	指数值	省内排名	全国排名
泸州	0.15228	6	158
南充	0.15085	7	161
自贡	0.14957	8	162
乐山	0.14170	9	187
达州	0.13713	10	204
内江	0.13388	11	218
眉山	0.12617	12	235
巴中	0.12284	13	247
雅安	0.11791	14	261
广元	0.11678	15	264
广安	0.11630	16	265
遂宁	0.11130	17	276
资阳	0.10478	18	282

20. 贵州省

表 42　　贵州省各城市民生指数排名

城市	指数值	省内排名	全国排名
贵阳	0.23436	1	51
遵义	0.18097	2	86
六盘水	0.14775	3	168
安顺	0.13387	4	219
毕节	0.13293	5	220
铜仁	0.12975	6	226

21. 云南省

表 43　　云南省各城市民生指数排名

城市	指数值	省内排名	全国排名
昆明	0.30399	1	21
玉溪	0.17267	2	103
曲靖	0.15262	3	157

续表

城市	指数值	省内排名	全国排名
保山	0.13689	4	206
普洱	0.13223	5	221
昭通	0.11512	6	269
临沧	0.11511	7	270
丽江	0.10551	8	280

22. 西藏自治区

表 44　　西藏自治区各城市①民生指数排名

城市	指数值	省内排名	全国排名
拉萨	0.13649	1	208
林芝	0.09957	2	288

23. 陕西省

表 45　　陕西省各城市民生指数排名

城市	指数值	省内排名	全国排名
西安	0.38629	1	10
榆林	0.18612	2	82
咸阳	0.17767	3	91
延安	0.17229	4	105
宝鸡	0.15860	5	135
渭南	0.13537	6	214
汉中	0.12783	7	229
商洛	0.12336	8	246
安康	0.12033	9	254
铜川	0.11212	10	275

① 日喀则、昌都因数据缺失较多未被列入评价体系.

24. 甘肃省

表 46　　甘肃省各城市民生指数排名

城市	指数值	省内排名	全国排名
兰州	0.20852	1	65
嘉峪关	0.16476	2	121
酒泉	0.15580	3	148
金昌	0.12897	4	227
张掖	0.12776	5	230
武威	0.12280	6	248
白银	0.11996	7	255
定西	0.11859	8	257
庆阳	0.11709	9	262
天水	0.11429	10	272
平凉	0.10407	11	283
陇南	0.10391	12	284

25. 青海省

表 47　　青海省各城市民生指数排名

城市	指数值	省内排名	全国排名
西宁	0.15150	1	159
海东	0.09849	2	291

26. 宁夏回族自治区

表 48　　宁夏回族自治区各城市民生指数排名

城市	指数值	省内排名	全国排名
银川	0.20739	1	67
石嘴山	0.14229	2	185
吴忠	0.12498	3	238
固原	0.12380	4	244
中卫	0.09922	5	289

27. 新疆维吾尔自治区

表 49　　新疆维吾尔自治区各城市民生指数排名

城市	指数值	省内排名	全国排名
乌鲁木齐	0.22297	1	55
克拉玛依	0.19942	2	70
吐鲁番	0.11680	3	263

>> 六、数据处理说明 <<

1. 样本选取

省会城市与计划单列市报告部分选取的样本是中国内地包括省会城市、计划单列市、直辖市在内的 35 个城市，以市为单位进行区域民生发展指数的测算与比较。由于历史原因，中国台湾、香港、澳门等地区的统计数据与中国内地各城市的数据具有不同程度差异，未列入本报告研究范围。拉萨则由于指标数据缺失相对较多，也未纳入评价体系。

地级以上城市报告部分选取的样本是全国 27 个省所包含的 293 个城市，以市为单位进行区域民生发展指数的测算与比较。其中，海南省三沙市、西藏日喀则、西藏昌都因数据缺失未被列入评价体系。同时，北京、上海、天津、重庆已在省会城市与计划单列市报告部分做出民生指数测评，为避免重复，也未列入地级以上城市民生发展指数测评体系。

2. 数据收集

为保障数据科学、准确，本报告采用的基础数据全部来源于公开出版的年鉴或者相关部门公布的权威指标数据，主要有《2014 年中国统计年鉴》、2014 年各省会城市、副省级城市、地级市统计年鉴，以及 2014 年各省会城市、副省级城市、地级市国民经济和社会发展统计公报。

3. **缺失数据处理**

对于缺失的数据主要有两种处理方法：1)报告中，有些城市的统计指标各个年度出现变化，一些指标在2014年鉴中找不到数据，使用了2012年鉴中的数据。2)在使用第一种数据处理方法后仍未能够对数据进行补全的，取所在省份该指标平均值的方法进行补全，第二种方法主要体现在地级以上城市民生发展报告中。

指标定义与数据来源

1. 地区生产总值： 指按市场价格计算的一个地区所有常住单位在一定时期内生产活动的最终成果。

数据来源： 国家统计局 .2014 中国统计年鉴[M]. 北京：中国统计出版社，2014。

2. 人均地区生产总值： 指一定时期内按平均常住人口计算的地区生产总值。

数据来源： 国家统计局 .2014 中国统计年鉴[M]. 北京：中国统计出版社，2014。

3. 财政收入： 即公共财政预算收入与上划中央收入之和，反映本地区当年组织的财政收入总规模，是计算当年地方可用财力的主要依据。与国内生产总值比较，可反映财政的集中程度。

数据来源： 国家统计局 .2014 中国统计年鉴[M]. 北京：中国统计出版社，2014。

4. 固定资产投资： 指以货币形式表现的在一定时期内全社会建造和购置固定资产的工作量以及与此有关的费用的总称。

数据来源： 国家统计局 .2014 中国统计年鉴[M]. 北京：中国统计出版社，2014。

5. 城镇化率： 指城镇常住人口占该地区常住总人口的比重。

数据来源： 国家统计局 .2014 中国统计年鉴[M]. 北京：中国统计出版社，2014。

6. 城镇常住居民人均可支配收入： 指居民得到可用于最终消费支出和其他

非义务性支出以及储蓄的总和，即居民个人可以用来自由支配的收入。

数据来源： 国家统计局.2014中国统计年鉴[M]. 北京：中国统计出版社，2014。

7. 农村常住居民人均可支配收入： 指农村住户当年从各个来源得到的总收入相应地扣除所发生的费用后的收入总和。计算方法：纯收入＝总收入－税费支出－家庭经营费用支出－生产性固定资产折旧－赠送农村内部亲友支出。纯收入主要用于再生产投入和当年生活消费支出，也可用于储蓄和各种非义务性支出。“农民人均纯收入”是按人口平均的纯收入水平，反映的是一个地区农村居民的平均收入水平。

数据来源： 国家统计局.2014中国统计年鉴[M]. 北京：中国统计出版社，2014。

8. 城镇常住居民人均消费支出： 指城镇居民人均年消费支出。

数据来源： 国家统计局.2014中国统计年鉴[M]. 北京：中国统计出版社，2014。

9. 农村常住居民人均消费支出： 指农村居民人均年消费支出。

数据来源： 国家统计局.2014中国统计年鉴[M]. 北京：中国统计出版社，2014。

10. 城镇居民家庭恩格尔系数： 指城镇居民家庭食物支出金额在消费性总支出金额中所占的比例。计算方法：城镇居民家庭恩格尔系数＝城镇居民家庭食品支出金额/城镇居民家庭消费性总支出金额。

数据来源： 国家统计局.2014中国统计年鉴[M]. 北京：中国统计出版社，2014。

11. 农村居民恩格尔系数： 指农村居民家庭食物支出金额在消费性总支出金额中所占的比例。计算方法：农村居民家庭恩格尔系数＝农村居民家庭食品支出金额/农村居民家庭消费性总支出金额。

数据来源： 国家统计局.2014中国统计年鉴[M]. 北京：中国统计出版社，2014。

12. 城镇登记失业率： 指城镇登记失业人员与城镇单位就业人员（扣除使用的农村劳动力、聘用的离退休人员、港澳台及外方人员）、城镇单位中的不在岗职工、城镇私营业主、个体户主、城镇私营企业和个体就业人员、城镇登记失业人员之和的比。

数据来源： 国家统计局．2014中国统计年鉴[M]．北京：中国统计出版社，2014。

13. 城镇居民最低生活保障标准： 城市居民最低生活保障标准，又称为城市居民最低生活保障线，是国家为救济社会成员收入难以维持其基本生活需求的人口而制定的一种社会救济标准。

数据来源： 国家统计局．2014中国统计年鉴[M]．北京：中国统计出版社，2014。

14. 城镇居民房价收入比： 指城镇住宅销售价格与城镇居民人均收入的比值。计算方法：城镇居民房价收入比＝住宅平均销售价格/城镇居民人均可支配收入。

数据来源： 国家统计局．2014中国统计年鉴[M]．北京：中国统计出版社，2014。

15. 城镇居民人均住房面积： 是按人口平均的城市居民家庭住房总面积。

数据来源： 国家统计局．2014中国统计年鉴[M]．北京：中国统计出版社，2014。

16. 农村居民人均住房面积： 是按人口平均的农村居民家庭住房总面积。

数据来源： 国家统计局．2014中国统计年鉴[M]．北京：中国统计出版社，2014。

17. 城市用水普及率： 指城市用水人口数与城市人口总数的比率。计算公式：城市用水普及率＝城市用水人口数/城市人口总数。

数据来源： 国家统计局．2014中国统计年鉴[M]．北京：中国统计出版社，2014。

18. 人均城市道路面积： 指报告期末按人口平均的道路的实际长度。计算公式：道路长度/人口总数。

数据来源： 国家统计局．2014中国环境统计年鉴[M]．北京：中国统计出版社，2014。

19. 城市每万人拥有公共交通车辆： 指报告期末城区内每万人平均拥有的公共交通车辆标台数。计算公式：城市每万人拥有公共交通车辆＝公共交通运营车标台数/城市人口总数。

数据来源：国家统计局．2014中国环境统计年鉴[M]．北京：中国统计出版社，2014。

20. 人均邮政业务量：指平均每人以货币形式表现的邮政企业为社会提供各类邮政服务的数量。计算公式：邮政业务总量/人口总数。

数据来源：国家统计局．2014中国统计年鉴[M]．北京：中国统计出版社，2014。

21. 移动电话普及率：指移动电话用户总数占总人口的比重。计算方法：移动电话普及率＝移动电话年末用户数/年末总人口。其中，移动电话用户指在电信运营企业营业网点办理开户登记手续，通过移动电话交换机进入移动电话网，占用移动电话号码的各类电话用户。包括GSM数字移动电话用户、CDMA数字移动电话用户和电信运营企业发行的报告期末已激活充值的能异地漫游的各种智能卡用户。

数据来源：国家统计局．2014中国统计年鉴[M]．北京：中国统计出版社，2014。

22. 城镇居民家庭文教娱乐支出比重：指城镇居民家庭文教娱乐支出与城镇家庭消费性支出的比值。其中，城镇家庭消费性支出指家庭用于日常生活的支出，包括食品、衣着、居住、家庭设备用品及服务、医疗保健、交通和通信、娱乐教育文化服务、其他商品和服务等八大类支出。计算方法：城镇居民家庭文教娱乐支出/城镇家庭消费性支出。

数据来源：国家统计局．2014中国统计年鉴[M]．北京：中国统计出版社，2014。

23. 农村居民家庭文教娱乐支出比重：指农村居民家庭文教娱乐支出与农村家庭消费性支出的比值。其中，农村家庭消费性支出指家庭用于日常生活的支出，包括食品、衣着、居住、家庭设备用品及服务、医疗保健、交通和通信、娱乐教育文化服务、其他商品和服务等八大类支出。计算方法：农村居民家庭文教娱乐支出/农村家庭消费性支出。

数据来源：国家统计局．2014中国统计年鉴[M]．北京：中国统计出版社，2014。

24. 科教文卫支出占财政支出比重：指科学技术、文化体育与传媒、教育、医疗卫生的财政支出合计与财政总支出的比值。计算方法：科教文卫财政支出比重＝(科学技术＋文化体育与传媒＋教育＋医疗卫生)/一般预算支出。其中，教育支出指政府教育事务支出，包括教育行政管理、学前教育、小学教育、初中教育、普通高中教育、普通高等教育、初等职业教育、中专教育、技校教育、职业高中教育、高等职业教育、广播电视教育、留学生教育、特殊教育、干部继续教育、教育机关服务等。科学技术支出指用于科学技术方面的支出，包括科学技术管理事务、基础研究、应用研究、技术研究与开发、科技条件与服务、社会科学、科学技术普及、科技交流与合作等。文化教育与传媒支出指政府在文化、文物、体育、广播影视、新闻出版等方面的支出。医疗卫生支出指政府医疗卫生方面的支出，包括医疗卫生管理事务支出、医疗服务支出、医疗保障支出、疾病预防控制支出、卫生监督支出、妇幼保健支出、农村卫生支出等。

数据来源：国家统计局．2014 中国统计年鉴[M]．北京：中国统计出版社，2014。

25. 每万人口在校大学生数：在校大学生在每万人口中所占的数量。计算公式：在校大学生数/人口总数×10 000。

数据来源：国家统计局．2014 中国统计年鉴[M]．北京：中国统计出版社，2014。

26. 每万人口在校中学生数：在校中学生在每万人口中所占的数量。计算公式：在校中学生数/人口总数×10 000。

数据来源：国家统计局．2014 中国统计年鉴[M]．北京：中国统计出版社，2014。

27. 每万人口在校小学生数：在校小学生在每万人口中所占的数量。计算公式：在校小学生数/人口总数×10 000。

数据来源：国家统计局．2014 中国统计年鉴[M]．北京：中国统计出版社，2014。

28. 人均拥有公共图书藏量：是按人口平均的公共图书总藏量。计算方法：公共图书总藏量/年末总人口。

数据来源：国家统计局．2014 中国统计年鉴[M]．北京：中国统计出版社，2014。

29. 互联网普及率：指互联网上网人数占总人口的比重。计算方法：互联网普及率＝互联网上网人数/年末总人口。其中，互联网上网人数指平均每周使用互联网至少 1 小时的 6 周岁以上中国公民人数。

数据来源：国家统计局 .2014 中国统计年鉴[M]. 北京：中国统计出版社，2014。

30. 每千人拥有卫生机构床位：指每一千人口中医院和卫生院的平均床位数。计算方法：每千人口医院卫生院床位数＝(医院床位数＋卫生院床位数)/人口数×1 000。人口数系公安部户籍人口。

数据来源：国家统计局 .2014 中国统计年鉴[M]. 北京：中国统计出版社，2014。

31. 每千人拥有卫生技术人员：指每一千人口中执业医师和执业医师的平均人数。计算方法：每千人口执业(助理)医师＝(执业医师数＋执业助理医师数)/人口数×1 000。人口数系公安部户籍人口。其中，执业医师指具有《医师执业证》及其“级别”为“执业医师”且实际从事医疗、预防保健工作的人员，不包括实际从事管理工作的执业医师。执业医师类别分为临床、中医、口腔和公共卫生。执业助理医师指具有《医师执业证》及其“级别”为“执业助理医师”且实际从事医疗、预防保健工作的人员，不包括实际从事管理工作的执业助理医师。执业助理医师类别同样分为临床、中医、口腔和公共卫生四类。

数据来源：国家统计局 .2014 中国统计年鉴[M]. 北京：中国统计出版社，2014。

32. 财政支出中社会保障支出比重：指社会保障支出与财政总支出的比值。计算方法：财政支出中社会保障支出比重＝社会保障支出/一般预算支出。其中，城乡社区事务支出指政府城乡社区事务支出，包括城乡社区管理事务支出、城乡社区规划与管理支出、城乡社区公共设施支出、城乡社区住宅支出、城乡社区环境卫生支出、建设市场管理与监督支出等。其中，社会保障和就业指政府在社会保障与就业方面的支出，包括社会保障和就业管理事务、民政管理事务、财政对社会保险基金的补助、补充全国社会保障基金、行政事业单位离退休、企业改革补助、就业补助、抚恤、退役安置、社会福利、残疾人事业、城市居民最低生活保障、其他城镇社会救济、农村社会救济、自然灾害生活救助、红十字事务等。

数据来源：国家统计局 .2014 中国统计年鉴[M]. 北京：中国统计出版

社，2014。

33. 交通事故死亡率：是按人口平均的交通事故死亡人数。计算方法：交通事故死亡率＝交通事故死亡人数/年末总人口。

数据来源：国家统计局．2014中国统计年鉴[M]．北京：中国统计出版社，2014。

34. 财政支出中公共安全支出比重：指公共安全支出与财政总支出的比值。计算方法：财政支出中公共安全支出比重＝公共安全支出/一般预算支出。其中公共安全支出指政府维护社会公共安全方面的支出，包括武装警察、公安、国家安全、检察、法院、司法行政、监狱、劳教、国家保密、缉私警察等。

数据来源：国家统计局．2014中国统计年鉴[M]．北京：中国统计出版社，2014。

35. 城镇居民养老保险参保人数：指年满16周岁(不含在校学生)、不符合职工基本养老保险参保条件的城镇非从业居民，可以在户籍地自愿参加城镇居民养老保险。

数据来源：国家统计局．2014中国统计年鉴[M]．北京：中国统计出版社，2014。

36. 城镇居民医疗保险参保人数：城镇居民基本医疗保险是社会医疗保险的组成部分，采取以政府为主导，以居民个人(家庭)缴费为主，政府适度补助为辅的筹资方式，按照缴费标准和待遇水平相一致的原则，为城镇居民提供医疗需求的医疗保险制度。

数据来源：国家统计局．2014中国统计年鉴[M]．北京：中国统计出版社，2014。

37. 新型农村合作医疗参合率：指参加新型农村合作医疗保险人数占年末农村人口的比重。计算方法：新型农村合作医疗参合率＝年末参加新型农村合作医疗保险人数/年末农村人口。

数据来源：国家统计局．2014中国统计年鉴[M]．北京：中国统计出版社，2014。

38. 环保支出占财政支出比重：指环境保护财政支出与财政总支出的比值。计算方法：环保支出占财政支出比重＝环境保护支出/一般预算支出。其中，环境保护支出指政府环境保护支出，包括环境保护管理事务支出、环境监测与监察支出、污染治理支出、自然生态保护支出、天然林保护工程支出、退耕还林支出、风沙荒漠治理支出、退牧还草支出、已垦草原退耕还草、能源节约利用、污染减排、可再生能源和资源综合利用等支出。

数据来源：国家统计局．2014 中国环境统计年鉴[M]．北京：中国统计出版社，2014。

39. 亿元 GDP 工业废水排放量：指工业废水排放量与国内生产总值的比率。

数据来源：国家统计局．2014 中国环境统计年鉴[M]．北京：中国统计出版社，2014。

40. 亿元 GDP 二氧化硫排放量：指二氧化硫排放量与国内生产总值的比率。

数据来源：国家统计局．2014 中国统计年鉴[M]．北京：中国统计出版社，2014。

41. 市区污水处理率：指报告期城市污水处理量与城市污水产生量的比率。

数据来源：国家统计局．2014 中国统计年鉴[M]．北京：中国统计出版社，2014。

42. 垃圾无害化处理率：指报告期生活垃圾无害化处理量与生活垃圾产生量比率。在统计上，由于生活垃圾产生量不易取得，可用清运量代替。计算公式为：生活垃圾无害化处理率＝生活垃圾无害化处理量/生活垃圾产生量。

数据来源：国家统计局．2014 中国统计年鉴[M]．北京：中国统计出版社，2014。

43. 工业固体废物综合利用率：指工业固体废物产生量及贮存量中综合利用量的比重。计算方法：工业固体废物综合利用率＝工业固体废物综合利用量/(工业固体废物产生量＋综合利用往年贮存量)。其中，工业固体废物产生量指报告期内企业在生产过程中产生的固体状、半固体状和高浓度液体状废弃物的总量，包括危险废物、冶炼废渣、粉煤灰、炉渣、煤矸石、尾矿、放射性废物和其他废物等；不包括矿山开采的剥离废石和掘进废石(煤矸石和呈酸性或碱性的废石除外)。酸性或碱性废石指采掘的废石其流经水、雨淋水的 pH 小于 4 或 pH 大于 10.5 者。工业固体废物综合利用量指报告期内企业通过回收、加工、循环、交换等方式，从固体废物中提取或者使其转化为可以利用的资源、能源和其他原材料的固体废物量(包括当年利用往年的工业固体废物贮存量)，如用作农业肥料、生产建筑材料、筑路等。综合利用量由原产生固体废物的单位统计。工业固体废物贮存量指报告期内企业以综合利用或处置为目的，将固体废物暂时贮存或堆存在专设的贮存设施或专设的集中堆存场所内的数量。专设的固体废物贮存场所或贮存设施必须有防扩散、防流失、防渗漏、防止污染大气、水体的措施。

数据来源： 国家统计局 2014 中国统计年鉴[M]. 北京：中国统计出版社，2014。

44. 城市建成区绿化覆盖率： 指城市建成区绿化覆盖面积占建成区总面积的比重。

数据来源： 国家统计局、国家环保部 . 2014 中国环境统计年鉴[M]. 北京：中国统计出版社，2014。

45. 城市人均公园绿地面积： 是按人口平均的城市公园绿地面积。其中，城市公园绿地面积包括公园绿地、生产绿地、防护绿地、附属绿地和其他绿地的面积。

数据来源： 国家统计局、国家环保部 . 2014 中国环境统计年鉴[M]. 北京：中国统计出版社，2014。

46. 社会消费品零售总额： 社会消费品零售总额(Total Retail Sales of Consumer Goods)批发和零售业、住宿和餐饮业以及其他行业直接售给城乡居民和社会集团的消费品零售额。其中，对居民的消费品零售额，是指售予城乡居民用于生活消费的商品金额；对社会集团的消费品零售额，是指售给机关、社会团体、部队、学校、企事业单位、居委会或村委会等，公款购买的用作非生产、非经营使用与公共消费的商品金额。

数据来源： 2013 年各城市国民经济和社会发展统计公报。

47. 城镇消费品零售额： 批发和零售业、住宿和餐饮业以及其他行业直接售给城镇居民和社会集团的消费品零售额。

数据来源： 2013 年各城市国民经济和社会发展统计公报。

48. 乡村消费品零售额： 批发和零售业、住宿和餐饮业以及其他行业直接售给乡村居民和社会集团的消费品零售额。

数据来源： 2013 年各城市国民经济和社会发展统计公报。

49. 享受城市居民最低生活保障的人数： 城市居民中享受最低生活保障的人数。

数据来源：2013 年各城市国民经济和社会发展统计公报。

50. 享受农村最低生活保障的人数：农村居民中享受最低生活保障的人数。

数据来源：2013 年各城市国民经济和社会发展统计公报。

51. 房地产开发投资：以货币形式表现的房地产开发企业(单位)在一定时期内进行房屋建设及土地开发所完成的工作量及有关费用的总称。

数据来源：2013 年各城市国民经济和社会发展统计公报。

52. 每万人拥有民用汽车：报告期内民用汽车总量/人口总数×10 000。

数据来源：2013 年各城市国民经济和社会发展统计公报。

53. 邮电业务总量：指以货币形式表现的邮政企业为社会提供各类邮政服务的总数量。

数据来源：2013 年各城市国民经济和社会发展统计公报。

54. 旅游总收入：包括国内游客旅游收入与国外游客旅游收入。

数据来源：2013 年各城市国民经济和社会发展统计公报。

55. 每千人拥有卫生机构数：指报告期内该地区每一千人拥有卫生机构数。

数据来源：2013 年各城市国民经济和社会发展统计公报。

56. 失业保险：指国家通过立法强制实行的，由社会集中建立基金，对因失业而暂时中断生活来源的劳动者提供物质帮助的制度。

数据来源：2013 年各城市国民经济和社会发展统计公报。

57. 基本养老保险：是国家根据法律、法规的规定，强制建立和实施的一种社会保险制度。在这一制度下，用人单位和劳动者必须依法缴纳养老保险费，在劳动者达到国家规定的退休年龄或因其他原因而退出劳动岗位后，社会保险经办机构依法向其支付养老金等待遇，从而保障其基本生活。基本养老保险与失业保险、基本医疗保险、工伤保险、生育保险等共同构成现代社会保险制度，并且是社会保险制度中最重要的险种之一。

数据来源：2013 年各城市国民经济和社会发展统计公报。

58. 基本医疗保险：为补偿劳动者因疾病风险造成的经济损失而建立的一项社会保险制度。通过用人单位和个人缴费，建立医疗保险基金，参保人员患病就诊发生医疗费用后，由医疗保险经办机构给予一定的经济补偿，以避免或减轻劳动者因患病、治疗等所带来的经济风险。

数据来源：2013 年各城市国民经济和社会发展统计公报。